漢字使い分け辞典

武部良明

角川文庫
22571

まえがき

漢字というのは、表意文字といわれているように、一字一字が意味を持っている。漢字を用いるには、それぞれの漢字の意味を重んじなければならない。これが、漢字の用法の基本である。

その場合、漢字には同音の字が多く、それらを組み合わせた同音の語も多い。中には、「器」と「機」、「体制」と「態勢」のように紛らわしいものもある。また、漢字には、「作る」と「造る」、「引き延ばす」と「引き伸ばす」のように、同訓の語もある。これらを正しく使い分けるのが、漢字の用法である。

しかし、こういう場合に、すべてを使い分けるかというと、必ずしもそうではない。中には、「探検」と「探険」のようにゆれているものがあり、「河原」と「川原」なども、どちらを用いてもよいのである。ただし、どちらでも間違いではないとしても、一般に用いられているのは「探検」「河原」のほうである。

このように見てくると、漢字の用法は極めて複雑である。それにもかかわらず、国語辞典や漢和辞典は、これに満足な解答を与えてくれない。表記辞典や用字用語辞典も、現代表記に詳しく、旧表記を軽視している。そこで、問題となる漢字について旧表記の実情を明らかにし、それとの関連で現代表記を示したのがこの本である。

したがって、この本は、現代表記で書く場合だけでなく、常用漢字表などによらないで書く場合にも役立つ、漢字用法の手引きである。この手引きが、それぞれの立場で縦横に活用されることを、切に期待するものである。

著　者

目次

凡例

本書の内容

一、**項目の種類** 本書は、漢字の使い方に迷う次のような項目について、旧表記での書き方と、現代表記での表記などを解説したものである。なお、現代表記は、「当用漢字表」「現代かなづかい」(一九四六年告示)、「常用漢字表」(一九八一年)の施行以降に日本語に取り入れられ定着した表記、或いは望ましいとされる表記を指す。旧表記は、それまでに明治以来広く用いられた表記を指す。

(1)**同音異字** 「器」と「機」のように、同音の漢字で、意味が似ているために使い分けに迷うもの。特に、「聯⇩連」のように、同音の漢字による書き換えについては、その根拠を明らかにした。

(2)**同訓異字** 「作る」と「造る」のように、同訓の漢字で意味が似ているために使い分けに迷うもの。これについては、旧表記での使い分けを明らかにし、それとの関連で現代における表記の傾向や書き方を示した。

(3)**同音異義語** 「体制」と「態勢」のように、音読の熟語で意味の似ているものを重点的に取り上げた。また、「徽章⇩記章」のような同音の漢字による書き換え、「探検・探険」のように漢字表記がゆれているものの扱いについては、特にその現代における一般的傾向を示した。

(4)**同訓異義語**　「引き延ばす」と「引き伸ばす」のように、訓読の複合語で使い分けに迷うものを重点的に取り上げた。「河原」と「川原」のように漢字表記がゆれているものについても取り上げ、現在の一般的傾向を明らかにした。

二、**収録の範囲**　右の各項目を取り上げるについては、現代の日本語として一般的に用いられている範囲に限った。したがって、「危・殆（あやふし）」のような漢文での使い分け、「命・尊（みこと）」のような古語での使い分けは除外した。

三、**巻末付録**

「日本語と漢字の用い方」　本書に取り上げた内容を中心に、日本語の中での漢字の役割を解説したもの。

使用上の留意点

一、**見出し語と配列**　収録項目のすべてを、その種類別とは関係なく、すべて五十音順に配列した。ただし、同じ読みの場合には、音読・訓読の順とし、それぞれの中は適宜に配列した。

二、**見出し語の表記**　見出し語は、音読の部分を片仮名、訓読の部分を平仮名とし、そのあとに、品詞名と漢字表記を掲げた。

〈例〉　**タイセイ**　**名**　**【体制・態勢】**

　　　うかがう　**他動**　**【窺・候・伺】**

三、**各漢字の見出し**　見出し語で取り上げた各漢字については、ゴシック体で漢字見出しとした。その際に、次のような三種類を区別した。

伺　**無じるしの漢字**……常用漢字表に掲げられていて（表内字）、その読み方も音訓欄に掲げられている（表内音訓）もの。

候　⇩伺　「▲」**じるしの漢字**……常用漢字表に掲げられているが（表内字）、その読み方が音訓欄に掲げられていないもの（表外音訓）。「⇩伺」は、現代表記で書く場合に、「伺」に書き換えることを示す。

窺　⇩かな　「×」**じるしの漢字**……常用漢字表に掲げられていないもの（表外字）。「⇩かな」は、現代表記で書く場合に、仮名書きになることを示す。

四、**意味の解説**　漢字見出しの漢字のそれぞれにつき、同音・同訓の範囲内での使い分けが明らかになるように、意味の解説を加えた。

五、**用例**　解説の次に、例として用例を掲げた。この用例は、見出し漢字をそのまま用いたものであるから、現代表記で書く際に、「⇩」の指示に従って書き換えるもの、またその傾向にある場合がある。

六、**参考欄　注意欄**　項目ごとに、必要に応じて次のような欄を設け、補足的な説明を加えた。

(1) 参考　個々の漢字の意味を中心に、現代表記での書き換えの根拠、表記のゆれを統一する場合の根拠などを取り上げた。また、漢字使用の歴史的な経緯、文法的機能に応じた用法などについても解説した。

(2) 注意　漢字使用上の注意事項、送り仮名の付け方などについて取り上げた。また、他の項で取り上げた事柄との関連についても解説した。

七、**本書の表記法**　解説文、用例を通じ、現代表記を基準とした。ただし、次のような場合には旧表記または仮名書きを用いた。

(1) **解説文**　意味の解説で、見出し漢字の読み方をそのまま用いる場合、参考欄・注意欄で見出し語の各表記すべてを含む引用などに、特に片仮名書きを用いた。また、参考欄等で漢字の意味を「　」で示す場合には平仮名書きを多くし、注意欄で見出し漢字の二種以上にわたる送り仮名を取り上げる場合には、特に平仮名書きとした。

(2) **用例欄**　旧表記での用例は、その漢字を含む部分を、語を単位として旧表記の漢字書きとした。

その他、現代表記で仮名書きになるもののうち分かりにくいものについては、適宜旧表記の漢字書きとし、読み仮名を加えた。また、現代表記での漢字書きで読みにくいものについても、これに準じた。

略語と用語

一、品詞表示に関するもの。

名…名詞　**形**…形容詞　**形動**…形容動詞

自動…自動詞　**他動**…他動詞　**自・他**…両用動詞

副…副詞　**接**…接続詞

名・サ変…名詞でサ行変格動詞の用法があるもの。

名・形動…名詞で形容動詞の用法があるもの。

連体…連体詞　**助数**…助数詞

語素…造語要素　漢字一字では語を成さないが、熟語などを造る要素となるもの。

それぞれの漢字見出しごとに品詞の異なるものについては、見出し語の下にそれらを含めた品詞表示をし、各漢字見出しごとにそれぞれの品詞名を示した。

二、漢字とその音訓に関するもの。

表内字　**表外字**　常用漢字表に掲げられている漢字を表内字、それ以外の漢字を表外字とする。

表内音訓　表外音訓　常用漢字表の音訓欄に掲げられている音訓を表内音・表内訓、それ以外を表外音・表外訓とする。

付表　常用漢字表の、付表の中には、当て字・熟字訓などが掲げられているが、これらも表内音訓である。

改定音訓表　旧音訓表　常用漢字表が行われる前の当用漢字表については、昭和二十三年に当用漢字音訓表が内閣告示となったあと、昭和四十八年に改定されている。前者を旧音訓表、後者を改定音訓表という。これらについても、必要なものを取り上げた。

三、送り仮名に関するもの。

本則　送り仮名の付け方の基本的な原則となるもの。

例外　本則には合わないが、慣用として行われていて、本則によらず、これによるもの。

許容　本則による形とともに慣用として行われていて、本則以外にこれによってもよいもの。

あ

ア　語素【亜・堊】

堊　⇩亜　壁や外回りを造るとき、下塗りの上に塗る外側のしっくい。例白堊の議事堂　白堊館　黄堊

参考「堊」は「しっくい」の意味、「亜」は「つぎ」の意味。しかし、「堊ハ、亜ナリ」とされている。壁を塗るとき、まず下塗りをし、その次に塗る土になるから、「亜熱帯」など、「次」の意味を表す「亜（亞）」にツチアシを付けた。その場合にツチアシを除き、現代表記では「堊」を同音の「亜」に書き換える。

あい　語素【間・合・相】

間　⇩合　時間的、期間的に二つの時点のアイダにあること。例幕間　間語り　間狂言　間服　間着

合　①お互いに向かい合って行うこと。例合いの手　付き合い　試合　合図　②二つのものがちょうど同じになること。例合い鍵　合い縁　合い言葉　③特別の関係から見た物事の在り方。例意味合い　色合い　義理合い　頃合い

相　①お互いに向かい合った関係になること。例相手　相客　相席　相棒　相弟子　相槌を打つ　相合い傘　相乗り　相身互い　両々相俟って　相対する　相対ずく　相半ばする　相寄り相助ける　②あらたまった言い方として、手紙文などに用いる接頭辞。例相成る　相済む　相変わらず　相次ぐ

注意㊀アイショウは「合い性」とも書くが、「相性」のほうが一般的。㊁「間・相」は、活用しないから送り仮名を付けない。「合」は、動詞「合う」から転じた名詞として、送り仮名

「い」を付けることもある。「場合・合図」など慣用の固定しているものは、送り仮名を付けない。

アイカン 名 **【哀感・哀歓】**

哀感　しみじみと感じる悲しい感じ。例哀感を生む　哀感に打たれる　涙を伴う哀感

哀歓　そのときそのときの悲しみと喜び。例哀歓こもごも至る　人生の哀歓を味わう　哀歓悲喜の物語

あいショウ 名 **【相性・合性】**

相性　男女などの間でお互いの性格がよく合うこと。
例相性が良い　相性を見てもらう　水と火の相性　夫婦の相性　主従の相性

合性　⇩相性　二人の間の性格が合っていること。

参考「相」は「おたがい」の意味、「合」は「ぴったりあう」意味。易の「相生（そうせい）・相克（そうこく）」などとの関連もあり、本来は「相性」と書いた。それが「合う」意味を強調し、「合い性」とも書かれるようになった。今は、本来の形「相性」が一般的である。

あう 自動 **【会・遇・合・遭・逢】**

会　特定の人のそばに行って一緒になること。例客と会う時刻　人に会いに行く　立会人

▲遇　⇩会　そうなると思っていないときに一緒になること。例道で遇う　偶然に遇う　よく遇えたものだ　ここで遇ったが百年め　幸運に遇って喜ぶ　出遇う

合　①物事がちょうど同じにそろうこと。
例計算が合う　体に合う洋服　気が合う　好みに合う　よく似合う　時計が合っている　辻褄（つじつま）が合う　数が合わない　割に合わない仕事　②お互いに向かい合って行うこと。例話

し合う　殴り合う　ぶつかり合う

遭　好ましくないものが来て一緒になること。例災難に遭う　俄か雨に遭う　野党の反対に遭う　酷い目に遭う　どんなことに遭おうとも

×逢　⇩会　両方から来て一緒になること。例彼女に逢いたい　巡り逢う　素晴らしい出逢い　逢い引き

あおい　形　【青・蒼・碧】

青　三原色の一つとしてのアオのようす。また、藍色・緑色にも用いる。例青い色　青い紙　藍より青い　青い松　青畳　青葉　青物市場　青田刈り　青い果物　青信号

×蒼　⇩青　白みの多いアオのようす。例蒼い顔　蒼白い　蒼い光を出す

×碧　⇩青　玉のようにきれいに澄み切ったアオのようす。例碧い宝石　碧い海　碧い空

注意　名詞としてのアオは「青」と書き、三原色の一つとしてのアオ、または、それを中心とした色を表すのに用いる。例赤と青　青の信号　真っ青

あおぐ　他動　【仰・扇】

仰　①顔を上げて上のほうを見ること。例空を仰ぐ　師と仰ぐ　②上の人に特に頼んで物事をしてもらうこと。例会長に仰ぐ　教えを仰ぐ　裁可を仰ぐ

▲扇　⇩かな　ウチワなどを動かして風を起こすこと。例団扇で扇ぐ　火を扇ぐ

注意「毒をアオグ」は、語源的には「顔を上に向けて無理に飲む」意味で、「毒を仰ぐ」と書く。

あおる　他動　【呷・煽】

×呷　⇩かな　酒などの液体を一息に飲むこと。また、盛んに飲むこと。例酒を呷る　呷るように飲む

×煽 ⇩〔かな〕 風を強く起こして特定の仕事を行わせること。〔例〕火勢を煽る 興味を煽る 人気を煽る 民衆を煽る ストを煽る 煽り立てる 買い煽る

あかあか 形動【赤々・明々】

赤々 アカそのものという感じを受けるようす。〔例〕火が赤々と燃える 一面に赤々と塗る 赤々と熟す

明々 すべてがよく見えるほどアカルイようす。〔例〕電灯が明々と輝く 明々とした明かり

〔参考〕「赤」という色を表すアカは、「明るい」のアカと同じ語源だとされている。

あかい 形【紅・朱・赭・赤・丹・緋】

▲紅 ⇩赤 桃色がかったアカのようす。鮮やかなアカにも用いる。〔例〕紅い薔薇(ばら) 紅い唇(くちびる) 紅い灯(ひ)の点(とも)る色街 紅いムード

▲朱 ⇩赤 橙色(だいだいいろ)に近いアカのようす。〔例〕朱い墨 朱い塗りの渡り廊下

×赭 ⇩赤 アカイ鮮やかな土色のようす。また、ベニガラ色にも用いる。〔例〕赭い山肌(やまはだ) 顔が赭くなる

赤 三原色の一つとしてのアカのようす。〔例〕赤い色 赤い紙 赤い羽根 血で赤く染まる 赤信号 赤々と燃える 真っ赤(まっか)

▲丹 ⇩赤 白みの多いアカのようす。〔例〕丹い磁器

×緋 ⇩赤 非常に濃いアカのようす。〔例〕緋い毛氈(もうせん)

〔注意〕㊀名詞としてのアカには、旧表記で「紅」または「赤」を用いた。〔例〕紅と白の餅(もち) 紅白(あかしろ)の幕 赤と青の信号 赤勝て白勝て ㊁色を表す名詞として用いる場合、「朱」は「シュ」または「あけ」、「緋」は「ヒ」と読むのが一般的である。

あがなう　他動　【購・贖】

▲購　⇩かな　金を出して物を手に入れること。例書を購う　争って購う　購い求める

×贖　⇩かな　金や品物を出して罪を埋め合わせること。例罪を贖う　刑を贖う　贖い金　罪の贖いをする

あからむ　自動　【赤・明】

赤　全体が赤い色に変わること。例顔が赤らむ　皮膚が赤らむ　西の空が赤らんで見える。

明　全体に光が多くなること。例東の空が明らむ　夜が明らむ

注意「赤」の場合は、名詞「赤」を含む語として、「らむ」と送る。「明」の場合は、特に語幹の一部を送る形容詞「明るい」に合わせて、「らむ」と送る。

あかり　名　【灯・明】

▲灯　⇩明　周りに光を出すもの。例灯りを点ける　灯りを消す　遠くに灯りが見える　街の灯り

明　全体に光が多い状態。例明かりが差す　明かり窓　明かり取り　月明かり　薄明かり　雪明かり

注意「灯」は、読みやすくするため「り」を送ることが多い。「灯」だけでは「あかり」とも「あかし」とも読める。「明」の送り仮名も、旧表記では「り」だけであった。現代表記で「かり」と送るのは、動詞「明く」に合わせたものである。ただし、現代表記でも、「明り」のように、「か」を省く送り仮名が許容されている。

あがる　自動　【挙・上・騰・揚】

挙　持ち上げてよく見えるようになること。

例氏名が挙がる　証拠が挙がる　犯人が挙がる

上　①「下」の対。低いところから高いところまで進むこと。例地位が上がる　能率が上がる　学校へ上がる　お宅へ上がる　②物事がすべて終わること。例仕事が上がる　雨が上がる　双六の上がり　病気上がり　学者上がりの政治家　商売は上がったりだ

▲騰　⇩上　馬が跳ねるように、急に低いところから高いところへ進むこと。例相場が騰る　物価が騰る

揚　ふわふわと高いところへ向かうこと。例花火が揚がる　火の手が揚がる　歓声が揚がる　男前が揚がる　国威が揚がる　風采が揚がる

参考「上がる」は、他動詞として、「食べる」意味の尊敬語にも用いる。例食事を上がる　召し上がる

注意「あがる」の送り仮名は、旧表記では「る」だけであった。現代表記で「がる」と送るのは、「あげる」を「げる」と送るのに合わせたものである。「騰」にはこのような対応がないので、送り仮名も活用語尾の「る」だけになる。ただし、現代表記でも、「挙る・上る・揚る」のように、「が」を省く送り仮名が許容されている。

あきる　自動【厭・飽】

×厭　⇩飽　物事を続けて行うのがイヤになること。例仕事に厭きる　勉強に厭きて遊ぶ　厭き厭きする

飽　物事に十分に満足すること。例飽きるほど食べる　飽きることを知らない　飽くまで行う

参考「飽くことを知らぬ」「飽くまで」などの形が見られるのは、「あきる」が、古くは四段に活用していたからである。

あく　**自動**　【開・空・明】

開　「閉」の対。動いて空間ができるようになること。例戸が開く　幕が開く　目が開く　開いた口が塞(ふさ)がらない　穴の開くほど見る　開かずの間

空　中にある物が無くなること。例席が空く　手が空く　空き間　空き家　空き地　空き車　空き瓶　がら空き　空き巣狙(ねら)い

明　光がたくさんあるようになること。また、中がよく分かるようになること。例背の明いた洋服　一字分明いている　埒(らち)が明く

あくる　**連体**　【明・翌】

明　本来は「あける」。

▲翌　⇩明　特定の日、月、年などの次に当たるようす。例翌る九日　翌る朝　翌る日　翌る月の五日　翌る年

参考「あくる」は、語源的には動詞「明ける」の文語の連体形「あくる」である。そのため、旧表記で、「明る」とも書かれていた。

注意「明」の場合に、現代表記で「明くる」と「くる」を送るのは、動詞「明ける」に合わせたものである。

あける　**他動**　【開・空・明】

開　「閉」の対。動かして空間ができるようにすること。例窓を開ける　幕を開ける　箱の蓋(ふた)を開ける　後進に道を開ける　九時に店を開ける

空　中にある物を無くすこと。例中身を空ける　席を空ける　家を空けて外出する　時間を空ける

明　光がたくさんあるようにすること。また、中がよく分かるようにすること。例通路を明ける　部屋を明ける　明け渡す　一字分明けて書く　打ち明ける

参考「明ける」は、自動詞として、「一定の期

間が終わる」意味に用いる。例夜が明ける　年季が明ける

あげる 他動【挙・上・揚】

挙　①持ち上げてよく見えるようにすること。例手を挙げる　杯を挙げる　例を挙げる　氏名を挙げる　式を挙げる　犯人を挙げる　兵を挙げる　言挙げする　②すべてを出してしまうこと。例全力を挙げる　国を挙げて歓迎する　世を挙げて

上　①「下」の対。低いところから高いところまで進ませること。例頭を上げる　子供を学校へ上げる　値段を上げる　人に物を上げる　効果を上げる　腕前を上げる　悲鳴を上げる　上げたり下げたり　給与を引き上げる　見上げる　申し上げる　繰り上げる　売上金　②物事を終わりまで行うこと。例仕事を上げる　仕上げる　刷り上げる　読み上げる

揚　①ふわふわと高いところへ向かわせること。例旗を揚げる　凧(たこ)を揚げる　花火を揚げる　天麩羅(てんぷら)を揚げる　国威を揚げる　揚げ幕　②水上・水中から陸上に移すこと。また、一つのところから別のところに移すこと。例船荷を揚げる　陸へ揚げる　沈船を引き揚げる　水揚げ　会場から引き揚げる　外地引揚者

注意　㊀アゲイタは「揚げ板」とも書くが、「上げ板」のほうが一般的。㊁「上げる」は、補助動詞として、本来「(目上の人に利益を)与える」意味で用いられたが、今は「…してやる」の丁寧語として用いる。この場合、現代表記では、「書いてあげる」のように、仮名で書く。

あご 名【頤・顎・頷】

×頤　⇩かな　動物の口を形づくる上下の部分のうち、下のほうの部分。例頤のない顔

頤が外れる　頤を撫でる　頤で人を使う　頤を出す

顎 ⇩かな 動物の口を形づくる上下それぞれの部分。例上顎　下顎

頷 ⇩かな 「頤」に同じ。

あし 名【脚・足】

脚 ①物を支える部分。また、物の下の部分。例机の脚　橋の脚　襟脚　②物が、ある場所から他の場所へ動くときの動き。例脚が速い　船脚　雨脚

足 ①「手」の対。膝から下の部分。例足の裏　足を慣らす　手足　足首　足音　足手纏い　足を洗う　②特定の場所まで行くこと。例足繁く通う　客足　足跡　足止め　足並み　逃げ足

注意 アシドメ・アシモトは「足留め・足元」とも書くが、「足止め・足下」のほうが一般的。

あし 名【葦・葭・芦・蘆】

葦 ⇩かな 大きくなったアシ。例葦の原　葦のまろや　葦簾　葦舟

葭 ⇩かな 「蘆」に同じ。

芦 ⇩かな 「蘆」の略字。

蘆 ⇩かな 穂の出ていないアシ。例蘆の葉　蘆笛

参考 「あし」が「悪し」に通じるところから、「よし」と呼び替えることもある。

あしどめ 名【足止・足留】

足止 外へ出ていくことをやめさせること。例雨で足止めを食う　足止めに昇給させる　足止め金

足留 ⇩足止 動かさずに同じ場所にいさせること。

参考 「止」は「動かさない」意味、「留」は「居続けさせる」意味。本来は「足留」であっ

たが、「やめさせる」点を強調し、「足止」も用いられた。今は、字画の少ない「足止」が一般である。

あしもと 名【足下・足許・足元】

足下 足に隠れる範囲のところ。例足下に注意 足下を固める 足下にも及ばない 人の足下を見る

足▲許 ⇩足下 足の立っている場所に近いところ。

足元 ⇩足下 足の立っている、そのところ。

参考 アシモトは、「足下」が本来の書き方であったが、「手許・身許」などとの関連で「足許」、「根元・地元」などとの関連で「足元」とも書かれるようになっている。

あしらう 他動【遇・配】

▲遇 ⇩かな 相手の気持ちをあまり考えないで人を扱うこと。例軽く遇う 鼻で遇う

▲配 ⇩かな いろいろのものを形よく置くこと。例庭に松を配う 塩焼きに筆生姜を配う

参考 「遇う」は、古くは「相手の気持ちを考えて人を扱う」意味であったが、今は、「あまり考えないで扱う」意味の用い方になっている。

あずかる 自、他【与・預】

▲与 ⇩かな 自動 物事に関係を持つこと。特に、目上の人と関係を持つこと。例ご相談に与る ご馳走に与る 政務に与る 与り知らない 与って力がある

預 他動 ①頼まれたものを引き受けて安全に持ち続けること。例金を預かる 子供を預かる ②特定の仕事を、すべて任されること。例台所を預かる 会計を預かる 喧嘩を預かる しばらく預かっておく

注意 「預」の送り仮名を「かる」とするのは、

「預ける」に合わせたものである。「与」にはこのような対応がないので、送り仮名も活用語尾の「る」だけになる。

あだ 名 【仇・徒】

×仇 ⇩かな 自分に向かって大きな害を与えた相手。また、その害。例仇を討つ　仇討ち　恩を仇で返す　仇をなす　情けが仇となる

▲徒 ⇩かな 役に立つ内容や効果が何もないこと。例厚意が徒になる　徒疎(おろそ)かにできない　徒花

あたい 名 【価・直・値】

価 商売をするときの金高で表した数量。例商品に価を付ける　価が高くて買えない

▲直 ⇩値「値」に同じ。

値 そのものにちょうどよい数量。例未知数xの値を求める　そのものの持つ値　世に出す値がある　一読の値がある　一見に値する

あたかも 副 【宛・恰】

▲宛 ⇩かな よく似た物事を例に出して、それと同じようになるようす。例宛も火事場のような騒ぎ　宛も太陽のごとく輝く　宛も昼と同じ

×恰 ⇩かな ちょうどそのときになるようす。例時恰も独立二百年祭を迎え　恰も良し

あたたか 形動 【温・暖】

温 そのものの全体の温度が高くて満足なようす。例温かな食事　水が温かだ　家庭が温かに行く

暖 体の全体で感じる温度が高くて気持ちがいいようす。例暖かな毛布　暖かな良い日　日中の暖かなうちに　部屋を暖かにして寝る

あたたかい 形【温・暖】

温　そのものの全体の温度が高くて満足なようす。例温かい風呂(ふろ)　温かい料理　体が温かくなる　人情が温かい　温かい扱い　温かく迎える　家庭の温かみ

暖　体の全体で感じる温度が高くて気持ちがいいようす。例暖かい気候　暖かい国　暖かい日　暖かい色　布団の暖かみ　懐(ふところ)が暖かい

注意「あたたかい」の送り仮名を「かい」とするのは、形容動詞の語幹「あたたか」の送り仮名を「か」とするのに合わせたものである。

あたたまる 自動【温・煖・暖】

温　そのものの全体の温度が上がって、満足な状態になること。例水が温まる　体が温まる　心温まる話

×煖　⇩暖　体の全体で感じる温度が上がって、気持ちがいい状態になること。例室内が煖まる　布団の中が煖まる　煖まった空気　席の煖まる暇(いとま)もない

暖　本来は「あたたか・あたたかい」。

注意「あたたまる」の送り仮名を「まる」とするのは、「あたためる」を「める」と送るのに合わせたものである。

あたためる 他動【温・煖・暖】

温　そのものの全体の温度を上げて、満足な状態にすること。例水を温める　体を温める　旧交を温める

×煖　⇩暖　体の全体で感じる温度を上げて、気持ちがいい状態にすること。例室内を煖める　空気を煖める　手足を煖めてやる

暖　本来は「あたたか・あたたかい」。

あたる 自動【該・充・中・当・方】

▲該　⇩当　その条件にちょうど合うこと。

例拘留に該る罪　反乱罪に該る事件　該る条文がない

充　足りないところにちょうど入ること。例建築費に充たる財源

▲中　⇩かな　①目的物のところにちょうど届くこと。例的に中る　中らずといえども遠からず　②体に害になること。例暑さに中る　食べ物に中る

当　①他のものに触れるようになること。例ボールが体に当たる　風当たり　当たり障り　原本に当たって調べる　予報が当たる　局に当たる　開会に当たって　一人当たり千円　②それだけの価値があること。例一個百円に当たる　任に当たる

▲方　⇩当　ちょうどそのときになること。例この時に方り　この難局に方って

注意「あたる」の送り仮名は、旧表記では「る」だけであった。現代表記で「たる」と送るのは、「あてる」を「てる」と送るのに合わせたものである。「該・方」にはこのような対応がないので、送り仮名も活用語尾の「る」だけになる。ただし、現代表記でも、「充る・当る」のように、「た」を省く送り仮名が許容されている。

アツ　語素【圧・遏】

圧　下にあるものを上のほうから強くオサエツケルこと。例圧迫　圧縮　圧力　威圧　弾圧　気圧　水圧　重圧　聴衆を圧する

×遏　⇩圧　進んでくるものをそれ以上進まないようにオサエツケテ止めること。例抑遏　鎮遏　防遏

参考「圧」と「遏」は「おさえ方」の違いで、「抑遏・鎮遏」などは、旧表記でも「抑圧・鎮圧」のほうが一般的であった。これを他にも及ぼし、「防ぎ止める」意味で「伝染病の侵入を防遏する」などと用いる「防遏」を、「防圧」とも書くことがある。

あつい 形 **【厚・篤】**

厚　「薄」の対。表と裏の間の隔たりが大きいようす。例厚い壁で隔てる　生地が厚い　支持者の層が厚い　手厚い待遇　厚く織る　厚い本　厚手

▲篤　①⇩厚　真心を込めて物事を行うようす。例人情が篤い　友情が篤い　徳が篤い　信仰が篤い　篤い恩賞　篤く感謝する　②⇩かな　病気の程度が進んで相当に重くなっているようす。例病が篤い　病が篤くなる　篤い病に伏す

参考「篤」については、「薄」の対とも考えられるので、現代表記では「厚」に書き換えることがある。ただし、「病が篤い」など、「薄」の対と考えられない場合は、仮名で「あつい」とも書く。

あつい 形 **【暑・熱】**

暑　「寒」の対。体の全体で感じる温度が高過ぎて気持ちがよくないようす。例夏は暑い　暑い部屋　暑くて寝られない　暑がり屋　蒸し暑い

熱　「冷」の対。そのものの全体の温度が非常に高いようす。例熱い湯に入る　熱いご飯　体が熱い　熱くて持てない　お熱い仲のご両人　熱々の若夫婦

アッセイ 名 **【圧制・圧政】**

圧制　強い権力を用いて無理にオサエツケルこと。例圧制を防ぐ　自由の圧制者　圧制政治　圧制的

圧政　強い権力でオサエツケテ行う政治。例暴君の圧政に苦しむ　圧政を続ける政府　武力による圧政

参考　本来の書き方は「圧制」であり、その意味で「圧政」と書くのは誤りである。しかし、「圧制政治」の略語として「圧政」と書くのは、

誤りではない。

あてる　**他動**　**【宛・充・中・当】**

宛　特定のところに向けて送ること。例父に宛てた手紙　宛て名　本人宛てに送る

充　足りないところにちょうど入れること。例経費に充てる　支払いに充てる　保安要員に充てる

▲中　⇩かな　①目的物のところにちょうど届くようにすること。例矢を的に中てる　②体に害をなすこと。例毒気に中てられる

当　他のものに触れるようにすること。例板を当てる　胸に手を当てて考える　日光に当てる　割り当てる　仮名に漢字を当てる　当て字　答えを当てる　当てにする　当て外れ　当て推量　目当て

あと　**名**　**【後・痕・址・趾・迹・跡】**

後　「前」の対。物事が行われる順序として見た場合のその次。例三日後　後から行く　後を振り返る　後へ回す　後を頼む　後先をよく考える　後の祭り

痕　傷などを受けた結果として残っているしるし。例おできの痕　血の痕　涙の痕　傷痕

×址　⇩跡　「趾」に同じ。

×趾　⇩跡　建物などの建っていた土台だけが残っているところ。例城の趾　館の趾が残る

×迹　⇩跡　「跡」に同じ。

跡　①物事が行われた場所に残っているしるし。例足の跡　跡を晦（くら）ます　苦心の跡が見える　容疑者の跡を追う　焼け跡　跡形もなく　②受け継ぐ家や仕事。例跡を継ぐ　跡目相続

注意「アト片付け」「アト始末」なども、順序としての「後」か、場所としての「跡」かによって使い分ける。例食事の後片付け　火事場の

跡片付け　食事の後始末　火事場の跡始末

あな　名【穴・孔・坑】

穴　特にへこんで、奥に底のあるアナ。例地面に穴を掘る　穴があったら入りたい　穴蔵　節穴　会計に穴を明ける　穴の開くほど見る

▲孔　⇩穴　一部分を取り除いて、突き抜けているアナ。例紙に孔を開ける　針で孔を開ける　ボタンの孔　針の孔　鼻の孔　毛孔

▲坑　⇩穴　金属や石炭などを採るために掘り進んだアナ。例坑を掘って進む　坑が水に浸(つ)く　古い坑に隠れる　坑が崩れる

あね　名【姉・姐】

姉　同じ親から生まれた関係にある年上の女。例兄と姉　姉妹　姉貴　姉君　姉御(あねご)さん　姉さん女房

×姐　⇩かな　特定の集団の中で先輩の女。例姐さん株の人　姐御に頼まれる　姐さん冠(かぶ)り　姐分

参考　アニのほうには、「姉・姐」のような書き分けがなく、両方とも「兄」と書く。

注意　旧表記では、「夫の姉・妻の姉・兄の妻」の場合に、「義姉」と書いて「あね」と読んだが、現代表記では、この場合も「姉」と書く。

あばく　他動【発・暴】

▲発　⇩かな　物の中に隠してあるものを開けて見ること。例墓を発く　墳陵を発く　棺を発く

暴　隠していることを無理に取り出して、人に知られるようにすること。例秘密を暴く　陰謀を暴く　秘事を暴く　密通を暴く　暴き立てる

あぶら 名 【膏・脂・油】

×**膏** ⇩[かな] 人間や動物の体からにじみ出る粘液状のアブラ。[例]鼻の膏　蟇(がま)の膏　国民の血と膏　膏汗を掻(か)く　膏薬を塗る

脂 人間や動物の肉の一部になっている固体状のアブラ。[例]牛肉の脂　脂身　脂性(あぶらしょう)　脂が乗る

油 火をつけると燃える液体状のアブラ。[例]油を燃やす　胡麻(ごま)油　機械油　油で揚げる　水と油

[注意]「アブラっけ」「アブラっこい」「アブラぎる」なども、それぞれの意味によって書き分ける。

あぶる 他動 【炙・焙】

×**炙** ⇩[かな] 肉類を火に当てて軽く焼くこと。[例]魚を炙る　肉の塊を炙る　炙り肉

×**焙** ⇩[かな] 物を火の上に置いて水分を取り除くこと。[例]海苔(のり)を焙る　手を焙る　焙って乾かす　焙り出し　焙り餅(もち)　手焙り

あます 他動 【剰・余】

▲**剰** ⇩余 実際に使ったあとに残りを出すこと。[例]予算を剰す　剰すところ僅(わず)かに千円

余 物事を特定の範囲すべてにまでは及ぼさないこと。[例]余すところなく調べる　余すところ僅(わず)かに三日　出発まで五分を余すだけとなった

あまねく 副 【洽・普・遍】

×**洽** ⇩[かな] すみずみまで水がしみ込むように届いているようす。[例]皇恩洽く及ぶ　洽く全土に

▲**普** ⇩[かな] 全体に一様に行き渡っているようす。[例]普く天下に知らせる　普く行き渡る

▲**遍** ⇩[かな] 全体に十分に広がっているよ

うす。例光が遍く届く　恵みを遍く掛ける　遍く調べる
参考 文語にはアマネシという形容詞があり、詩や歌に用いられるが、その場合も、アマネクと同じ使い分けになる。

あまる 自動【剰・余】

▲剰 ⇩余　実際に使ったあとに残りが出ること。例予算が剰る　要員が剰る　経費を十分に見ても剰る

余 物事が特定の範囲の外にまで及ぶこと。例金が余るほどある　有り余る　身に余る光栄　思案に余る問題　字余りの俳句

あみ 名【編・網】

編 互いに組み合わせて作る意味の動詞「編む」の名詞化したもの。例編みの目が粗い　毛糸の編み目　編み笠　編み針　編み物

網 目を大きく編んだアミ。例目の粗い網　網の目が切れる　ナイロンの網　網シャツ　網戸　網棚　網元　網打ち　餅を焼く網
参考「編」も「網」も、語源的には同じものであるが、文字遣いの上では、動詞の意味を持っている名詞と、動詞から転じた名詞との使い分けになる。
注意「編」の場合は、動詞「編む」から転じた名詞として、送り仮名「み」を付けるのが基本だが、略す場合もある。「網」の場合は、本来の名詞として、送り仮名を付けない。

あや 名【文・綾】

▲文 ⇩かな　飾りのように付いているいろいろの形。また、物事の細かいありさま。例木目の文　文のある言い回し　事件の文　文目も分かぬ

×綾 ⇩かな　細かい形を織り出してある織物。例綾に織る　綾絹　綾地　綾取り　綾織り　綾雲

あやしい　形【怪・奇・妖】

怪　実際がよく分からないために、疑問に思うようす。例怪しい男　怪しい物音　手つきが怪しい　行けるかどうか怪しい　怪しげな挙動　二人の間が怪しい

▲奇　⇩かな　どうしてそうなるか、よく分からないほど神秘的なようす。例奇しい光　奇しい鳥が飛ぶ　奇しく光る夜空の星

妖　女の姿が男を惑わすほどの何かを持っているようす。例妖しい姿　妖しく装う

あやまる　他動【誤・謝】

誤　物事を正しくないやり方で行うこと。例適用を誤る　誤って落とす　書き誤る　誤りを見付ける

謝　悪かったと考えて、そのことを言うこと。例手落ちを謝る　謝って済ませる　謝りなさい　謝れば許す　謝り証文　平謝り

参考　「うっかり悪いことをしてしまう」意味の「過」は、アヤマルではなく、アヤマツとして用いる。例過って殺す　過ちを改める

あらい　形【荒・粗】

荒　勢いが盛んで、穏やかでないようす。例波が荒い　金遣いが荒い　気が荒い　鼻息が荒い　荒々しい　荒立てる　荒海　荒削り　荒療治　荒っぽい人

粗　「精」の対。一つ一つが小さくないようす。例編みの目が粗い　縫い方が粗い　粒が粗い　肌理(きめ)が粗い　粗い仕事　粗塗り　粗筋　粗っぽい見方

あらたまる　自動【改・革】

改　物事が良いほうに変わること。例気風が改まる　年が改まって一九九五年を迎える　改まった表現

▲革　⇩かな　病気の程度が進んで非常に重

くなること。［例］病が革る　病勢が革る

［注意］「改」の送り仮名を「まる」とするのは、「改める」に合わせたものである。「革」にはこのような対応がないので、送り仮名も活用語尾の「る」だけになる。

あらためる　他動　【改・検・更】

改　物事を良い方に変えること。［例］制度を改める　行いを改める　書き改める　改めて訪問する

▲検　⇩改　物事を詳しく調べること。［例］鞄（かばん）の中を検める　乗車券を検める　道具の数を検める

▲更　⇩改　古いものを新しいものと取り替えること。［例］免許証を更める　契約を更める

あらわす　他動　【顕・現・著・表・露】

▲顕　⇩著　「隠」の対。知られていないものを世の人に広く知られるようにすること。［例］名を顕す　善行を顕す　非を顕す

現　隠れているものをそのままの形で外に出して見えるようにすること。［例］会場に姿を現す　頭角を現す　手腕を現す　正体を現す

著　知っていることや考えていることを書物の形にして世に出すこと。［例］書物を著す　自叙伝を著す　生前に著した本

表　中にあるものを別の形で外に出して見えるようにすること。［例］言葉に表す　図に表す　数字に表す　喜びを顔に表す　趣旨を表す　祝意を表す　名は体を表す　効果を表す　言い表す　書き表す

▲露　⇩現　覆い隠しておくべきものをそのまま外に出すこと。［例］陰部を露す　馬脚を露す

［参考］他動詞アラワスの場合、主として用いるのは「表」と「著」である。

［注意］常用漢字表では「あらわす」の送り仮名は「表す・著す」だが、「ヒョウす・チョす」

とも読める。この誤読を防ぐため、現代表記でも、「表わす・著わす・現わす」という送り仮名が許容されている。

あらわれる 自動 【顕・現・著・表・露】

▲顕 ⇩著 「隠」の対。知られていないものが世の人に広く知られるようになること。例世に顕れる　名が顕れる

現 隠れているものがそのままの形で外に出て見えるようになること。例太陽が現れる　怪獣が現れる　極楽が現れる

著 本来は「あらわす」。

表 中にあるものが別の形で外に出て見えるようになること。例誠意が表れる　趣旨が表れる　効果が表れる　喜びの表れ

▲露 ⇩現 覆い隠れているべきものがそのまま外に出ること。例炭層が地表に露れる　恥部が露れる　機密が露れる　悪事が露れる

参考 自動詞アラワレルの場合、主として用いるのは「現」である。

注意 「あらわれる」の場合は、「表わす・著わす」という許容された送り仮名に準じ、現代表記でも、「現われる・表われる・著われる」という送り仮名が許容されている。

ある 自動 【在・有】

在 物事が一定の場所を持っていること。例日本はアジアの東に在る　野(や)に在る人　物の在り方　在りし日の面影　在り処(か)　在り荷　在り高　在り来り

有 「無」の対。①物などを持っていること。例妻が有る　子が三人有る　財産が有る　教養が有る　話が有る　対策が有る　有り金　有り切れ　有り合わせの品　②実際に存在すること。例有ること無いことを言い触らす　有り余る　有り触れている　有り難い　有様　有り体(てい)　有明(ありあけ)の月

注意 ㈠「これは本でアル」「机が置いてア

ル」「名誉アル伝統」「高くはアルまい」など、補助動詞的な用い方の場合には、仮名で「ある」と書く。現代表記では、その他でも、「在り方」「有り金」など複合の場合を除き、仮名で書くことが多い。㊁アラユルは、旧表記で「所有」と書いた。現代表記では、仮名で「あらゆる」と書く。

あわせる　他動【協・合・併】

▲**協**　⇩合　お互いに持っているものをすべて一緒にすること。例力を協せる　心を協せて励む

合　物事をちょうど同じにそろえること。例手を合わせて拝む　体に合わせて裁つ　数を合わせる　時計の針を合わせる　答えを合わせる　調子を合わせて打つ　辻褄（つじつま）を合わせる

併　二つの物事を一緒にすること。例クラスを併せる　二つの会社を併せる　併せ学習させる　両者を併せて考える　併せて健康を祈る

注意「合」の送り仮名は、旧表記では「せる」だけであった。現代表記で「わせる」と送るのは、「合う」に合わせたものである。「併・協」にはこのような対応がないので、送り仮名も活用語尾の「せる」だけになる。ただし、現代表記でも、「合せる」のように、「わ」を省く送り仮名が許容されている。

あわれ　名・形動【哀・憫・憐】

哀　そのものの持っているしみじみとした趣。しみじみと感じられる悲しさ。また、そのような感じを持っていること。例哀れを感じる　世の哀れ　物の哀れ　哀れな趣　哀れな末路

×**憫**　⇩哀　悪い結果になることがはっきりしているときに感じられる心配。例女の憫れ　憫れな運命

憐（×）　⇩哀　同じ気持ちになっていろいろ考える心。例憐れを掛ける　憐れに思って助け合う

注意　㊀「あわれ」は名詞であるが、読みやすくするため、最後の音節「れ」を送る。㊁形容詞「アワレっぽい」も、それぞれの意味によって書き分ける。

あわれむ　他動【哀・憫・憐】

哀　そのものの持っている趣をしみじみと味わうこと。例月を哀れむ　花を哀れむ

憫（×）　⇩哀　悪い結果にならないかと心配すること。例貧民を憫れむ　憫れむべき女　憫れみを掛ける

憐（×）　⇩哀　同じ気持ちになっていろいろ考えること。例生き物を憐れむ　同病相憐れむ　憐れみ深い

注意　「あわれむ」の送り仮名を「れむ」とするのは、名詞「あわれ」の場合に、特に「れ」を送るのに合わせたものである。

アン　語素【案・按】

案　①物事をいろいろ考えて工夫すること。②物事についていろいろ心配すること。例思案　案文　案件　一計を案じる　案の定　身の上を案じる　案ずるより産むが易し

按（×）　⇩案　物事をいろいろ調べて考えること。例考按　検按　按配　按分　按分比例　私（ひそ）かに按ずるに

参考　「按」も「案」も「考えること」で、「按・案、互イニ通ズ」とされている。旧表記でも、「考按・考案」「検按・検案」など、両様の書き方が行われていた。これを他にも及ぼし、「按」を、同音の「案」に書き換えるのが現代表記である。

注意　「按」には「なでさする」意味もあり、「按摩」がその用例になるが、現代表記では、仮名で「あんま」と書くのが一般的である。

アン　語素【暗・諳・闇・黯】

暗　「明」の対。日の光が陰ったために光がないようす。例暗室　暗箱　暗雲　暗々　暗中模索　暗示　暗号　暗澹（あんたん）　暗礁　暗躍　暗殺

×**諳**　⇩暗　書いた文字の助けを借りないで行うようす。例諳記　諳算　諳唱　諳識

▲**闇**　⇩暗　入り口から光が入らないために何も見えないようす。例闇夜　闇黒　闇合　闇愚　闇然

×**黯**　⇩暗　黒という色で表せるほど、非常に暗いようす。例黯然

参考　旧表記でも、「諳記・暗記」「闇夜・暗夜」のように、「暗・諳・闇・黯」には、二様の書き方のある語が多かった。現代表記ではこれらを、すべて「暗」に書き換える傾向にある。

い

イ　語素【委・萎】

萎　草木がしおれるように力が無くなること。例萎縮　萎靡（いび）沈滞

参考　「委」は、稲穂が女のように垂れ下がる意味で「したがう」意味に用いられ、「まかせる・ゆだねる」に転じた。「萎」は、草が垂れ下がってしおれるところから、「委」にクサカンムリを付けた。しかし、旧表記でも、「萎靡」は「委靡」とも書かれていた。これに準じ、現代表記では「萎縮」も「委縮」に書き換えることがある。

イ　語素【威・偉】

威　他の人を従わせる強い力があること。

また、そういう力で怖がらせること。例威名　威光　威力　威容　威風堂々　威厳　威圧　脅威　威を振るう

偉　他の人や物事よりも上であって、りっぱであること。例偉人　偉観　偉業　偉勲　偉大　偉とする

注意　イヨウは「偉容」とも書くが、「威容」のほうがより威厳のあるさまが強い。

イ　語素【異・違】

異　「同」の対。問題になっている物事が、全く別のものであるようす。例異性　異物　異彩　異常　異例　異変　差異　大同小異

違　問題になっている物事が、同じでないようす。また、そうなること。例相違　違和感　違約　違法　違式　違算

注意　サイ・ソウイは「差異・相異」と書かれたこともあるが、今は、「差異・相違」と書くのが一般的。

いう　自・他【謂・云・言】

謂　⇩言　そのものにそういう名を付けること。例車とは自動車を謂う　謂うところの謂わば

云　⇩かな　それと同じ種類のものの一つであることを明らかにすること。例日本と云う国家　田中さんと云う医者　何千人と云う人　そう云うもの　こう云った話　山と云う山はすべて

言　思っていることを言葉に表して出すこと。例物を言う　お礼を言う　文句を言う　「はい」と言った　人の言うこと　言い表す　言うまでもない

参考　「云」が「言」の草書体に似ているところから、旧表記では、「言」という文字の代わりに、「云」を使うこともあった。

注意　㊀「頭ががんがんイウ」など、発言・言明の意味から離れた場合には、仮名で「いう」

と書く。また、現代表記では、「言う」のような軽い意味の語を、仮名で書くことがある。[二]イワユルは、旧表記で「所謂」と書いた。現代表記では、仮名で「いわゆる」と書く。

いかす 他動 **【活・生】**

▲活 ⇩生 ①実際に生命を持っているように感じさせること。[例]目のところを活かす ②特定の目的のために十分な効果を持たせること。[例]廃物を活かす 予算を活かすも殺すも 時間を活かして使う

生 「死」の対。生命を持って存在させること。[例]魚を生かしておく 生かしておくものか 人を生かすも殺すも 消した字を生かす

[注意]「いかす」の送り仮名を「かす」とするのは、「いきる」を「きる」と送るのに合わせたものである。

いかり 名 **【碇・錨】**

×碇 ⇩[かな] 舟が動かないようにするために水の底に置く錘（おもり）の石。このほうが古い形。[例]碇綱 碇草 碇虫 揚げ屋に碇を下ろす

×錨 ⇩[かな] 舟が動かないようにするために水の底に鎖で垂らす鉄製の道具。[例]港に錨を下ろす 錨を上げる 四つ目錨 錨鎖

[参考]歴史的には石を用いた「碇」のほうが古く、鉄製の「錨」が新しい。そのため、比喩的な用い方には、「碇」を書いた形が多い。

イギ 名 **【異義・異議】**

異義 他と違っている意味。[例]発音が同じで異義の語 異義を持つ語 同音異義語

異議 他と違っている考え。[例]異議を唱える 異議を申し立てる 異議なし 異議も言えない

イキョウ 名 **【異郷・異境】**

異郷 その人の故郷や生まれ育った国から、

遠く離れた第二の故郷。例異郷の空　異郷に病む　異郷の鬼となる

異境　⇩異郷　その人の故郷や生まれ育った国から、遠く離れた別の土地。特に外国。

参考「異」は「ことなる」意味。「郷（ひとざと）」か「境（単なる地域）」かで「異郷」と「異境」を書き分けることもあるが、一般的には情緒的な「異郷」が用いられている。ただし、「異境」のほうは、「普通と異なった土地」という意味から、「異境を探検する」「異境で異人に会う」のように用いられたこともある。

注意 異郷を「ふるさとを離れた土地。他郷」とし、異境を「生まれ育った国を離れた土地。他国」として、使い分けることもある。

いきる　自動【活・生】

▲活　⇩生　①実際に生命を持っているように感じられること。例活きがいい　活き仏　活き人形　②特定の目的のために十分な効果を持つこと。例才能が活きる　黒の石が活きる　活きた教訓　活き字引き

生　「死」の対。生命を持って存在すること。例明治に生きた人　芸術に生きる　生きて恥を搔（か）く　生きる望みを失う　生きた心地がしない　生き神様　生き馬の目を抜く　生き返る　生き甲斐（がい）を感じる

いくさ　名【軍・戦】

▲軍　⇩かな　武士や軍人の集団。例軍を進める　軍の神　軍大将　軍船（いくさぶね）

戦　お互いに武力を用いて行う勝負。例戦を起こす　戦に勝つ　戦の庭

いける　他動【活・生・埋】

▲活　⇩生　実際に生命を持っているように整えること。例花を活ける　活け魚　活け造り

生　生命を持っているままにしておくこと。

例生けておく　生け捕り　生け垣

▲埋　⇩かな　あとで必要なときに使えるように灰や土の中に入れること。例炭火を埋ける　葱(ねぎ)を埋ける

注意「生きたまま神にささげる」意味のイケニエは、旧表記で「贄・牲・犠牲」などと書いた。現代表記では、仮名で「いけにえ」と書くことが多い。

イケン　名、サ変　【意見・異見】

意見　①名　問題について持っている考え。例各自の意見　意見の異なる人　反対意見　意見書　②名・サ変　悪いことを行わないように注意を与えること。例父に意見される　意見三両堪忍五両　意見がましい

異見　名　問題について持っている、ほかの人とは別の考え。例異見を唱える　異見を立てる　異見を生じる　異見を抑える

参考　同音語ではあるが、アクセントは、「意見」が頭高型、「異見」が平板型である。

注意「意見②」の意味で「異見」を用いたこともあるが、今は用いない。

いこう　自動　【憩・息】

憩　少しの間仕事から離れて休むこと。例途中で憩う　憩いの一時(ひととき)　憩いの場

▲息　⇩憩　しばらくの間仕事から離れて体を休めること。例一段落して息う　息いの一日　息いの日曜日

イサイ　名　【偉才・異彩】

偉才　特に優れた才能。例偉才を現す　天下の偉才

異彩　他と異なるよいありさま。例異彩を放つ

注意「偉才」の意味で「異才」を用いたこともある。

いさお 名【勲・功】

勲 ⇩かな 君主のために尽くした、りっぱな働き。例戦で勲を立てる　勲なきを憂える

功 ⇩かな 任務のために尽くした、りっぱな働き。例研究で功を立てる　功を急ぐ

いさぎよい 形【潔・屑】

潔 思い切りがよく、りっぱなようす。例潔い最期　潔く引き受ける　潔く諦(あきら)める

屑 ⇩潔 行いに汚れたところがなく、好ましいようす。例私(ひそ)かに行うことを屑しとしない　借金を屑しとしないで断る

いささか 副【些・聊】

些 ⇩かな 分量が少ないようす。また、程度が低いようす。例些か持っている　些か驚いた

聊 ⇩かな （「いささかも」の形で、下に打消を伴い）少しの分量もないようす。例聊かも逆らったことがない　聊かも物に動じない

イサン 名【違算・遺算】

違算 計画が予定したものと同じでないこと。例違算のないようにする　万(ばん)違算なきを期する

遺算 ⇩違算 計画に不完全なところがあること。

参考「違」は「ちがう」意味、「遺」は「しのこす」意味。それに「算（かぞえる）」を組み合わせた「違算」は「見当違い」、「遺算」は「見込みちがい」であって、それぞれ別の意味の語である。しかし、「イサンのないようにする」という形では、「違算」も「遺算」も用いられた。この場合、今は、「違算」を用いるのが一般的である。

イシ　名【意志・意思・遺志】

意志　物事を行おう、または行うまい、とする強い気持ち。例意志の強い人　意志薄弱　意志的な口元

意思　物事に対して持っている考え。例個人の意思を尊重する　本人の意思に任せる　意思の有無を確かめる　意思を形成する　意思の疎通を欠く　意思表示　自由意思　意思能力

遺志　死んだ人、どこかへ行ってしまった人が、生きていたとき、そこにいたときに持っていた意志。例故人の遺志　遺志を継ぐ

参考「意志」は、心理学用語として、「知・情・意」の「意」に当たる。文法用語も、「意志の助動詞」「意志未来」である。「意思」は、法令用語として、「法律的効果を求めようとする考え」「行為に対する自覚」などの意味に用いる。

イジョウ　名・サ変【委譲・移譲】

委譲　権限などを上から下へ任せること。例各部課に委譲する　適用業種を政令に委譲する

移譲　権限などを他の独立のところへ渡すこと。例地方公共団体に移譲する　夫から妻に移譲する

イジョウ　名、形動【異常・異状】

異常　名・形動「正常」の対。普通とは別のありさまが見られること。例異常な状態　異常に緊張する　異常な努力を傾ける　異常乾燥

異状　名　安心できないような特別のありさまが見られること。例異状を呈する　体の異状を訴える　異状を発見する　異状なし

参考ノーマルが「正常」であるのに対し、アブノーマルが「異常」である。これに対し、

「異状」のほうは、「異常状態」の略である。

イショク　名・サ変【委嘱・依嘱】

委嘱　特定の仕事を部外の人に頼んで行ってもらうこと。例研究を委嘱する　審議会委員を委嘱する　委嘱を受けて行う　委嘱状

依嘱　⇩委嘱　特定の仕事について他の人を頼りにすること。

参考「嘱」は「たのむ」意味。「委（ゆだねる）」か「依（たよりにする）」かで「委嘱」と「依嘱」を書き分けることもあるが、同じような意味に用いられている。その場合、法令用語としては、「委託・任命」の意味で「委嘱」のほうを用いるため、一般的にも、「委嘱」に統一して用いることが多い。

いずれ　代名、副【何・孰】

▲**何**　⇩かな　代名　多くのものの中の一つ、または、二つのものの中の一つを取り出す疑問の代名詞。例何れを取るか迷う　何れが菖蒲（あやめ）か杜若（かきつばた）　何れか一つ　何れにしても　何れにせよ　何れも

×**孰**　⇩かな　副　遠くない将来を示すようす。例孰れまた　孰れそのうちに　孰れ二、三日中に　孰れお目に掛かった折に　孰れは結婚することだし

注意　旧表記では、「何」が「なに」と読まれることを防ぐため、特に最後の音節「れ」を送った。「孰」の場合は、副詞として最後の音節「れ」を送った。

いそしむ　自動【勤・励】

▲**勤**　⇩かな　「励」に同じ。

▲**励**　⇩かな　物事を毎日真心を込めて行うこと。例仕事に励しむ　勉学に励しむ　読書に励しむ

注意　旧表記で「いそしむ」の送り仮名を「しむ」としたのは、「いそし」という形容詞があ

って「し」と送ったのに合わせたものである。

イタク 名・サ変 **【委託・依託】**

委託 「受託」の対。特定の仕事を専門の人に頼んで行ってもらうこと。例第三者に委託する　委託注文　委託品　委託販売　委託学生

依託 物を支えにして、それに寄り掛からせること。例互いに依託する　射撃に際し銃を樹木等に依託する　依託射撃

参考「依託を受ける」「依託生」のように、「委託」の意味で「依託」を用いたこともあるが、この意味では、今は、「委託」に統一して用いるのが一般的である。

注意 旧表記では、「依託」の意味で「依托」とも書いたが、「托」は表外字であるため、現代表記では、この場合にも「依託」を用いる。

いだく 他動 **【懐・抱】**

▲懐 ⇩抱　心の中に、自然に出てくる考えや気持ちを持つこと。例疑問を懐く　疑惑を懐く　恨みを懐く

抱 ①周りから囲むようにしてその中に置くこと。例子を抱く母　山に抱かれた村　②心の中に、考えや気持ちとして持つこと。例希望を抱く　志を抱く

いただく 他動 **【戴・頂】**

▲戴 ⇩頂　①上の人から物を受け取ること。例お手紙を戴く　②頭の上に置くこと。例頭に霜を戴く　雪を戴く山々　会長に戴く　③「食う・飲む」の謙譲語。例ご飯を戴く　お酒を戴く

頂 「戴」に同じ。

注意「戴・頂」は、補助動詞として、「目上の人から利益を受ける」意味にも用いる。この場合、現代表記では、「書いていただく」のように、仮名で書く。

いたむ 自、他 **【傷・痛・悼】**

傷 自動 物事が完全でないように変わること。例家が傷む　道路が傷む　機械が傷む　靴が傷む　果物が傷む　本の表紙が傷む　根が傷む　傷み物

痛 自動 体に苦しみを感じること。また、心に強い悲しみや苦しみを感じること。例足が痛む　頭が痛む　心が痛む　痛み入る

悼 他動 悲しみの気持ちを強く持つこと。例友人の死を悼む　故人を悼む　殉職を悼む

いためる 他動 **【炒・撓】**

炒(×) ⇩かな 少ない油で焦げ付かないように料理すること。例油で炒める　ご飯を炒める　葱(ねぎ)を炒める

撓(×) ⇩かな 動物の革を特別の液に浸して、槌(つち)でたたいて固めること。例革を撓める　撓め革

いためる 他動 **【傷・痛】**

傷 物事を完全でないように変えること。例建物を傷める　着物の裾(すそ)を傷める　体を傷める

痛 体や心に苦しみを感じさせること。また、心に強い悲しみや苦しみを感じさせること。例腰を痛める　胸を痛める　心を痛める　気を痛める　痛め付ける

いたる 自動 **【至・到】**

至 進んでいって特定の段階まで行くこと。例事ここに至る　至れり尽くせり　今に至るまで　死に至る　東京より大阪に至る間　社長より一般社員に至るまで　立ち至る　至って未熟　子供のごときに至っては　至らぬ者　光栄の至りに思う

到(▲) ⇩至 進んでいって特定の地点まで行くこと。例目的地に到る　東京を出て大阪に

到る　到るところにある　到らぬ隈（くま）もない

イチ　名【一・壱】

一　数字一般に用いる。例一万　一枚　一、二分

壱　重要な文書では、数字の混同や改竄（かいざん）を避けるため、「壱」を用いる。例金壱万円　参拾弐万壱千円

参考「一」は、書いたあとで、「二・三・五・六・七・十・百・千・万」などに書き改めることができる。それを防ぐため、「一」の代わりに「壱」を用いる。

イチオウ　副【一応・一往】

一応　細かい点で十分とはいえないが、とりあえず行うようす。例一応やってみる　一応見てから返す　一応は尤（もっと）もだ　一応も二応も考えたが

一往　⇩一応　細かい点で十分とはいえないが、一度だけ行うようす。

参考 イチオウは、「一往」が本来の書き方であった。それが、「一度往（ゆ）く」という意味が忘れられ、「応急」などの「応」を当てるようになった。しかし、「一応」のほうは、「すべて」の意味で、「一応の事務」「一応の費用」などと用いた語である。

注意「一応」のほうが一般的になっていて、本来の形「一往」を用いる人は少なくなった。また、仮名で「いちおう」と書くことも行われている。

イチリツ　名【一律・一率】

一律　すべてに対して同じように扱うこと。例一律に扱う　一律に増額する　一律一体　千編一律

一率　すべてに対して一定の比率で行うこと。例一率に減らす　一率減免

参考 本来の書き方は「一律」であり、その意

味で「一率」と書くのは誤りである。しかし、「一定比率」の意味で「一率」という語が生まれ、特に比率が同じ場合に用いるようになった。

イツ　語素【逸・佚】

逸　①兎(うさぎ)のように走って逃げ隠れること。例逸脱　逸書　逸話　散逸　②兎のように気ままに遊び楽しむこと。例安逸　放逸　逸遊　逸楽　③多くの中で特に優れていること。例秀逸　逸物　逸材　逸品

佚　⇩逸　①人が気ままに遊び楽しむこと。例安佚　放佚　佚遊　佚楽　②物がなくなること。例散佚

参考「佚ハ、逸ニ同ジ」とされている。そのため、旧表記でも、「安佚・放佚・佚遊・佚楽」などは、「安逸・放逸・逸遊・逸楽」とも書かれていた。これを他にも及ぼし、「佚」を、同音で意味の似ている「逸」に書き換えることが現代では多い。

いつわる　他動【偽・詐】

偽　事実と違うことをわざと言うこと。例病気と偽る　偽りを言う　偽りのない世　偽らざる告白　偽り飾る　偽り欺く

詐　⇩偽　事実と違うことを事実だと思わせること。例申告を詐る　所得額を詐る　係官を詐る　氏名を詐って申し込む

イドウ　名・サ変【移動・異動】

移動　そのもののある位置を動かして変えること。また、位置が動いて変わること。例部隊を移動する　土砂が移動する　権利の移動　移動図書館　移動郵便局　民族大移動　移動性高気圧

異動　地位や状態がその前の地位や状態と変わること。例人事の異動　春の大異動　納税地の異動　財産の異動を調査する　異動を生じる

参考 同音語に、「相違」の意味を持つ「異同」もある。「異動を生じる」は「変化がある」意味になるが、「異同を生じる」は「相違がある」意味になる。

いとけない 形 【稚・幼】

稚 ⇩かな 年が小さくて、まだ深い考えもないようす。例稚い子供　稚く遊ぶ

幼 ⇩かな 「稚」に同じ。

いぬ 名 【狗・犬・戌】

狗 ⇩犬 動物としてのイヌのうち、小さな種類のものに用いることがある。例喪家の狗　狗の肉

犬 動物としてのイヌ。例犬の遠吠え　犬も歩けば　犬橇　犬死に　犬も食わぬ　警察の犬になる

戌 ⇩かな 十二支の十一番め。例戌年の生まれ　戌の日　戌の方角　戌の刻

注意 方角のイヌイ（北西）は、「乾」と書く。仮名で「いぬい」とも書く。

イフク 名・サ変 【威伏・畏服】

威伏 名・他動 権力をもって抑えること。例兵力をもって威伏する　隣国を威伏する　天下を威伏する

畏服 名・自動 敬意を持って従うこと。例兵力に畏服する　師匠に畏服する　部下に畏服される

イヘン 名 【異変・違変】

異変 物事が普通とは全く別の状態になること。例異変が起こる　暖冬異変

違変 約束したことを守らないこと。例違変がないようにする　契約違変

いましめる 他動 【戒・誡・警・縛】

戒 悪いことを行わないように注意を与え

ること。例学生を戒める　浪費を戒める　将来を戒める　先人の戒め　もって戒めとする

×誡　⇩戒　「戒」に同じ。

▲警　⇩戒　気付かなかった事柄を明らかにして、気を付けるように注意を与えること。例世を警める文

▲縛　⇩かな　捕らえた者が逃げないように、縄などを用いること。例重く縛める　縛めに就く　縛めを解く　縛め縄

いむ　自、他　【忌・諱・斎】

忌　他動　汚れたものなどを憎んで遠ざけること。例忌むべき行為　忌み嫌う　忌み言葉　忌み明け

×諱　⇩かな　他動　汚れたものとして口に出さないこと。例諱み名

▲斎　⇩かな　自動　汚れを避けて身を慎むこと。例斎み仕える　斎み籠(こも)る　斎み月　斎み絹

いも　名　【芋・薯・藷】

芋　イモのうち丸い形のもの。さといも。例芋を洗う　芋の子　芋の葉　芋幹(いもがら)　芋田楽(でんがく)　里芋　じゃが芋　芋侍

×薯　⇩芋　イモのうち細長い形のもの。やまいも。例薯を蒸(ふ)かす　焼き薯　薯粥(いもがゆ)　薯焼酎(じょうちゅう)　薯蔓(いもづる)式に　山薯　薩摩薯(さつまいも)

×藷　⇩芋　「薯」に同じ。

参考　㊀旧表記で「じゃがいも」を「馬鈴薯」と書いたのは、中国語の書き方を借りて、熟字訓にしたものである。中国語では、「馬の鈴の形をした薯」というのが語源だとされている。㊁旧表記では「香芋」「陽芋」とも書いたが、いずれも「芋」を用いていた。

いや　形動、感動　【厭・嫌・否】

×厭　⇩嫌　形動　「嫌」に同じ。

嫌　形動　気持ちよく思うことができないよ

うす。例嫌な奴　勉強が嫌になる　行くのは嫌だ　嫌に暑い　嫌々ながら　嫌というほど嫌がらせ　嫌気が差す　嫌味を言う

▲否　⇩かな　感動　相手の言うことを打ち消すときに用いることば。例否、違う　否でも応でも　否応なしに　否々やる

注意　㊀「イヤもう」など、驚いたときの感動詞イヤは、旧表記でも仮名で書いた。㊁「いよいよ・ますます」の意味のイヤは、旧表記で「弥」と書いた。現代表記では、仮名で「いや」と書く。例弥栄える　弥が上にも　弥増す

いやしい　形【賤・卑】

×賤　⇩卑　「貴」の対。それ自身の持っている価値や身分が他より下であるようす。例職業に貴い、賤しいはない

卑　「尊」の対。教養がなくて悪い感じを与えるようす。例品性の卑しい人　人品卑しからぬ紳士　卑しい身装の男　金に卑しい　卑しい目つき

いやす　他動【医・癒】

▲医　⇩かな　「癒」に同じ。

癒　病気、苦しみ、悩みなどが無くなるようにすること。例病を癒やす　傷を癒やす　渇を癒やす　腹を癒やす

注意　「いやす」の送り仮名を「やす」とするのは、「いえる」を「える」と送るのに合わせたものである。

イヨウ　名【威容・偉容】

威容　強い力があって、りっぱに見える姿。例威容を誇る　威容を整える

偉容　⇩威容　他より優れていて、りっぱに見える姿。富士山の偉容

参考　「容」は「かたち」で「すがた」の意味。「威（つよい力）」か「偉（えらい）」かで「威容」と「偉容」を書き分けることもあるが、一

般的には意味の強い「威容」が用いられている。

イリョウ 名 【衣料・衣糧】

衣料 着るものとその材料になる布地。例衣料としての適否　衣料繊維　衣料品

衣糧 着るものと食べるもの。例被災地に衣糧を送る　衣糧にも事欠く　衣糧袋

参考「衣料」は、「衣・食・住」の「衣」である。これに対し、「衣糧」は、「衣と食」である。

いる 自動 【入・要】

入 「出」の対。①外のほうから内のほうへ進むこと。例気に入る　悦に入る　技神に入る　堂に入ったもの　罅（ひび）が入る　仲間入り　大入り満員　②強くその状態になってしまう意味を添える接尾辞。例恐れ入る　恥じ入る　寝入る

要 どうしてもなくてはならないものになること。例金が一万円要る　保証人が要る　親の承諾が要る　要るだけ取る　何も要らない

注意「さしあたって必要」の意味のイリヨウは、「入」を用い、「入り用」と書く。

いる 他動 【煎・炒】

煎 器に入れて、火の上で水分を取り除くように料理すること。例卵を煎る　豆腐を煎る

×炒 ⇩かな　器に入れて、火の上で少し焦げるように料理すること。例豆を炒る　胡麻（ごま）を炒る

いれる 他動 【入・納・容】

入 「出」の対。外のほうから内のほうへ進ませること。例中に入れる　車庫に入れる　学校に入れる　念を入れる　力を入れて行う　肩を入れる　入れ替える　取り入れる

▲納 ⇩入　特定の持ち主のものとすること。

例利息を納れる　涼を納れる

▲容　⇩入　①特定の場所の中に置くこと。例百人容れる教室　容れ物　喙(くちばし)を容れる　②相手の言うことをよろしいと認めること。例要求を容れる　希望を容れる　忠告を容れる　人を容れる雅量

いろどる　他動【彩・色】

彩　色を取り合わせて、きれいにすること。例花壇を彩る草花　会場を彩る女性　西の空が夕日に彩られる　彩りを添える　彩りも鮮やかに

色　⇩彩　「彩」に同じ。

参考　イロドルは、語源的には「色」と「取る」の複合した形であり、古くは「色どる」とも書いたこともあった。ただし、常用漢字表の音訓欄でも、「彩」に「いろどる」という訓が掲げられているから、これを用いるのが現在は一般的である。

いわ　名【岩・磐】

岩　堅く大きな石。例岩に砕ける波　岩山　岩場　岩穴　岩屋　岩清水(いわしみず)　岩登り　夫婦岩(めおといわ)

×磐　⇩岩　広く大きな石。例磐の橋　一枚磐

参考　「岩」は、本来は「巌」の略字であるが、「岩」を「いわ」、「巌」を「いわお」と読み分けて用いるのが一般的。

イン　語素【音・韻】

音　言葉を話すときに用いる声。また、言葉で言い表したもの。例母音　子音　福音　音信

韻　言葉の単位としての声の、終わりのほうに聞こえる調子の良い部分。例韻律　韻文　余韻　松韻

注意　「母音・子音」の読み方について、音声学用語ではボイン・シインとするが、物理学用

語ではボオン・シオンとする。

イン 語素【陰・隠】

陰　「陽」の対。物の後ろの暗いところ。例緑陰　陰影　陰徳　陰謀　陰惨

隠　外から見えないようにすること。例隠匿　隠忍自重　隠然たる勢力　隠居

イン 語素【隠・湮】

×湮　⇩隠　物が水の中に沈んで見えなくなるように無くなること。例湮滅

参考　「湮」は「水中に沈んで見えなくなる」意味、「隠」は「かくれる」で、「外から見えなくなる」意味。「見えなくなる」点では共通の意味を持っているため、「湮」を、同音で意味の似ている「隠」に書き換えるのが現代表記である。

インエイ 名【陰影・陰翳】

陰影　光が当たらなくて暗くなる部分。例陰影を付ける　陰影が漂う　陰影を含む趣言葉の陰影

陰×翳　⇩陰影　物に覆われて全体に暗い部分。

参考　「影」は「光によってできる暗い部分」の意味、「翳」は「全体に暗い部分」の意味。それに「陰（かげ・物の裏側）」を組み合わせた「陰影」と「陰翳」は、旧表記でも同じ意味に用いられていた。現代表記ではこれを、「陰影」に統一して用いるのが一般的である。

インシュウ 名【因習・因襲】

因習　古くから行われているしきたりのうち、今となってはあまり良くないもの。例因習に囚（とら）われる　因習を打破する

因襲　⇩因習　古くからのしきたりをそのまま受け継いで、それに従うこと。また、そのしきたり。

参考「習」は「ならう」で、「手本どおり行う」意味、「襲」は「おそう」で、「うけつぐ」意味。「因」は「よる」で「もとのまま従う」意味。「因襲」のほうは、動詞として「旧弊に因襲する」などとも用いたが、今は、名詞にのみ用いる。そのため、字画の少ない「因習」に統一して用いるのが一般的である。

インタイ　名・サ変　【引退・隠退】

引退　現在就いている役職や地位をヤメルこと。例現役を引退する　会長を引退する　引退興行

隠退　現在行っている活動をすべてヤメテ、静かに暮らすこと。例郷里に隠退する　隠退の生活を送る

参考「引退」も「隠退」も、現在の職や活動をヤメル点では同じである。ただし、「引退」はヤメルこと自体に重点があり、「隠退」はそのあと静かに暮らすことに重点がある。

インユ　名　【引喩・隠喩】

引喩　ことわざや故事成語を元にして、「これが手に入れば鬼に金棒だ」のように表す言い方。

隠喩　「…のような」などの言い方（直喩）をしないで、「人生は旅だ」のように、直接続ける言い方。

インリョウ　名　【飲料・飲量】

飲料　食料品として飲むためにこしらえてあるもの。例飲料として用いる　清涼飲料　飲料水

飲量　飲み物を飲む分量、特に、酒類を飲む分量。例飲量が過ぎる　飲量が度を超す　飲量不足

う

うい　形【愛・憂】

愛　⇩かな　かわいくて、人を引き付けるようす。例愛い娘　愛い奴（やつ）じゃ

憂　心配事や苦しいことがあって、気が晴れないようす。例憂い世の中　物憂い　憂き目　憂き身　憂さを晴らす

参考「自分に気が晴れない思いをさせる」意味から転じて、「それほどかわいい」意味になった語である。

注意「初めて」の意味の語素ウイは、「初」と書く。このほうは旧仮名遣いが「うひ」であるから、語源的にも別の語である。例初産　初孫　初陣　初々しい

うえる　他動【栽・樹・植】

栽　⇩植　特に若い木や草花をウエル場合に用いることがある。

樹　⇩植　特に大きくなった木をウエル場合に用いることがある。

植　草木が枯れないように、根を土に入れてウエルこと。例庭木を植える　植え付ける　植え木　田植え

うえる　自動【餓・飢・饑】

餓　⇩飢　食べ物が食べられなくて苦しい思いをすること。例病が重くて餓える　飢（う）えても餓（う）えず

飢　食べ物が少なくて苦しい思いをすること。例糧食に飢える　飢えて死ぬ　文化に飢える

饑　⇩飢　「飢」に同じ。

うかがう 他動【窺・候・伺】

窺[×] ⇩かな 中がどうなっているか、中でどうしているかを、気付かれないように見ること。例邸内を窺う　内部を窺う　動向を窺う　顔色を窺う　機会を窺う　窺い知れない　真意を窺うに苦しむ

候[▲] ⇩伺　特に「ごきげんをウカガウ」場合に用いることがある。

伺　「尋ねる・訪れる」の謙譲語。例都合を伺う　ご機嫌を伺う　お宅に伺う　この点を伺いたい　進退伺を出す　伺いを立てる

うきよ 名【浮世・憂世】

浮世　楽しく生きるべきこの世の中。今の世の中。例浮き世を楽しむ　浮き世遊び　浮き世離れ　浮世絵

憂世　⇩浮世　苦しいことが多いこの世の中。生活しにくい世の中。例憂き世と諦(あきら)める　憂き世の風

参考 仏教思想は「憂世」で、「浮世」はその反動であった。しかし、「浮」には「はかない」意味もあるため、すべてを含め、「浮世」を用いるようになった。

うけがう 他動【肯・諾】

肯[▲] ⇩かな 問題になっていることをよろしいと認めること。例肯えないことは許せない　常識では肯うことができない

諾[▲] ⇩かな 頼まれたことを引き受けること。例簡単に諾うことのできない仕事　諾わなければ苦しい立場に置かれる

うける 他動【享・受・承・請】

享[▲] ⇩受　特に良いものを与えられること。例明治に生を享ける　恵みを享ける　才を享ける

受　①向こうから来たものを自分のものに

すること。また、それに対して先方の望みどおりにすること。［例］品を受ける　父の性質を受ける　傷を受ける　試験を受ける　命令を受ける　注文を受ける　受け取る　受取（うけとり）　受け付ける　受付（うけつけ）　引き受ける　受け答え　②他から働き掛けられて、その影響があること。［例］保護を受ける　相談を受ける　影響を受ける　受身（うけみ）

▲承　⇩受　前からの物事を続けて行うこと。［例］前任者の後を承ける　家業を承ける　承け継ぐ

請　与えられた仕事を責任をもって行うこと。［例］仕事を請ける　請け合う　請け負う　請負（うけおい）　元請け　下請け　請け出す　身請け　請け判　請け書

うし　名【牛・丑】

牛　動物としてのウシ。［例］馬と牛　牛の角　牛飼い　牛の肉　牛の歩み　牛車

×丑　⇩［かな］　十二支の二番め。［例］丑年の生まれ　土用の丑の日　丑の方角　丑の刻　草木も眠る丑三つ時（うしみつどき）

［注意］　方角のウシトラ（北東）は、「艮」と書く。仮名で「うしとら」とも書く。

うしなう　他動【失・亡】

失　持っているもの、持つべきものを無くすこと。［例］職を失う　気を失う　機会を失う

▲亡　⇩失　特別の関係にある人が死ぬこと。［例］父を亡う　事故で亡う

うすい　形【淡・薄】

▲淡　⇩薄　「濃」の対。色、味など、溶け込んだものの程度が低いようす。［例］色彩が淡い　淡い溶液　影が淡い　淡い味の料理　淡紫

薄　「厚」の対。表と裏の間の隔たりが小さいようす。［例］生地が薄い　薄い氷　薄い本　情が薄い　薄手　薄板　薄のろ

うた 名【歌・唄】

歌　①節を付けて言う言葉のうち、西洋式のもの。例歌の時間　学校の歌　歌姫　②日本古来の和歌、短歌、長歌など。例歌を詠む　歌合わせ　歌がるた

唄　節を付けて言う言葉のうち、日本式のもの。特に、三味線などに合わせて歌うもの。例長唄　小唄　端唄　地唄　舟唄　馬子唄

うたう 他動【謳・歌・謡】

謳　⇩かな　ほかの人によく分かるように強調すること。例条文に謳う　趣旨を謳う　徳を謳う　勇名を謳われる　謳い文句

歌　節を付けて言葉を言うこと。例歌を歌う　ピアノに合わせて歌う　花は咲き鳥は歌う　歌い手

謡　謡曲などを節を付けて声に出すこと。例謡(うたい)を謡う　謡い物

注意「歌」の名詞形は「うた」であるが、「謡」の名詞形は「うたい」になる。例学校の歌　能の謡

うち 名【家・中・内・裡】

家　⇩かな　人間の住んでいる建物。例家に帰る　家を建てる　隣の家　同じ家に住む

中　⇩かな　囲まれた部分の中側。例手の中を見せる　頭の中　心の中　学生の中から強国の中に入る　十の中一つだけ　その中三割

内　「外」の対。区切られた部分の中側。例内と外　それより内　今の内に　一日の内に終わる　日の暮れない内に　内一割だけ払う　内に反省する　内の人　内の会社　内々で行う　内訳　内輪　身内の者

裡　⇩かな　ちょうどそれを行っているとき。例好評の裡に終わる　暗黙の裡に了解する　平和の裡に事を運ぶ　うらやむの裡に

不用意の裡に

うつ　他動【撃・射・打・討・拍・搏・伐】

撃　鉄砲の弾などを目標に向かって勢いよく出すこと。例大砲を撃つ　的を撃つ　鳥を猟銃で撃つ　砲弾を撃ち合う　迎え撃つ　狙(ねら)い撃ち　早撃ちの名人

▲射　⇩撃　「撃」に同じ。

打　①物を続けてたたくこと。例釘(くぎ)を打つ　碁を打つ　電報を打つ　心を打つ話　②意味を強める接頭辞。例打ち消す　打ち明ける

討　武器を用いて殺すこと。例仇(あだ)を討つ　賊を討つ　義士の討ち入り　相手を討ち取る　夜討ちを掛ける　返り討ちに遭う

▲拍　⇩打　リズムを付けて両手をたたくこと。例手を拍つ　拍子(ひょうし)を拍つ

×搏　⇩打　力強くリズムを付けること。例脈を搏つ　羽を搏つ

▲伐　⇩討　「討」に同じ。

注意「一騎ウチ・追いウチ・組みウチ・同士ウチ」は「—討ち」「—打ち」とも書く。

うつす　他動【移・映・写・遷・感染】

移　動かして別のところまで持っていくこと。例場所を奥に移す　居を移す　移し替える

映　光によって別のところに現すこと。例幻灯を映す　壁に映す　スクリーンに映す　光で映して見る

写　形を別のところにそのまま表すこと。例書類を写す　答えを写す　写真を写す　風景を文章に写す

▲遷　⇩移　動かして良い場所まで持っていくこと。例神社を遷す　十年ごとに宮を遷す　都を遷す

▲感▲染　⇩かな　他の人も同じ病気にかからせること。例風邪(かぜ)を感染す　悪い思想を感染される

うったえる　他動【訴・愬】

訴　困ったときに特定の人や物に助けてもらうこと。例裁判に訴える　暴力に訴える　訴えを起こす

×愬　⇩訴　自分の置かれている境遇や自分の感じている苦しみなどをほかの人に知らせること。例苦痛を愬える　不平を愬える　衷情を愬える　良識に愬える

うつる　自動【移・映・写・遷・感染】

移　動いて別のところまで行くこと。例隣に移る　移り気　世の移り変わり

映　①光によって別のところに現れること。例目に映る　鏡に姿が映る　壁に影が映る　②見た目によく見えること。例着物がよく映るお嬢さん

写　形が別のところにそのまま現れること。例下が写って見える　よく写るカメラ　写真の中央に写っている人　写真写りのいい人

▲遷　⇩移　動いて良い場所まで行くこと。例神社が遷る　都が京都から東京に遷る

▲感▲染　⇩かな　他の人も同じ病気にかかること。例風邪が感染るのを防ぐ

うつろ　名、形動【虚・空・洞】

▲虚　⇩かな　形動　力がなくてぼんやりしているようす。例虚ろな目つき　虚ろな顔

▲空　⇩かな　形動　中に何もないようす。例中が空ろになっている　空ろ舟

▲洞　⇩かな　名　大きな木の幹にある大きな穴。例木の洞に隠れる　洞木（うつろぎ）

うてな　名【萼・台】

×萼　⇩かな　植物の花の外側に付いていて花びらなどを支えている部分。例花の萼　緑の萼

▲台　⇩かな　①遠くまで見渡すことができる高い建物。例玉の台　台に登る　②仏教で極楽に行った者が座る場所。例蓮(はす)の台　同じ台を契る

うなずく　自動【頷・肯】

×頷　⇩かな　よく聴いていることを知らせるために首を縦に振ること。例頻(しき)りに頷く　頷いて聴く

▲肯　⇩かな　問題になっていることをよろしいと認めること。例肯くまで話す　その申し出は肯けない

注意　旧仮名遣いは「うなづく」であるが、現代仮名遣いは、本則に従って、「うなずく」となる。

うぶ　語素、名・形動【産・初】

産　語素　生まれることや生まれた子供などを表すことば。例産屋　産湯　産井　産着　産声を上げる　産毛　産祝い

▲初　⇩かな　名・形動　生まれたときのままで汚れていないこと。例初のまま　初な娘　初な学生　初な考え

うま　名【午・馬】

▲午　⇩かな　十二支の七番め。例午年の生まれ　丙午(ひのえうま)　午の方角　午の刻

馬　動物としてのウマ。例牛と馬　どこの馬の骨か　馬が合う　馬方　馬市　馬面　馬追い　馬返し

参考　旧表記では、「馬小屋」の意味のウマヤを「廏」、「宿場」の意味のウマヤを「駅・駅家」と書いた。現代表記では、「廏」は「馬屋」、「駅」は仮名で書くことが多い。

うまい　形【甘・巧・旨・美味】

▲甘　⇩かな　食べ物の味が良いようす。例甘い肉　甘い料理　甘く煮る　甘煮　甘味の

ない魚

▲巧 ⇩かな 「拙」の対。物事のやり方が良いようす。例巧い絵 話が巧い 煮方が巧い 巧く騙す(だま) 巧くやる 巧く逃げる

▲旨 ⇩かな 物事に悪い点がないようす。例旨い具合に進む 旨い仕事 旨過ぎる話 旨く処理する 旨く行く 旨味のない仕事

▲美▲味 ⇩かな 「不味」の対。「甘」に同じ。

うまれる 自動【産・生】

産 子供が卵や母親の体から外へ出ること。例子が産まれる 予定日が来てもなかなか産まれない

生 今までなかったものが新しく世に出ること。例天才が生まれる 京都に生まれる 新記録が生まれる 疑惑が生まれる 下町生まれ

注意「うまれる」の送り仮名は、旧表記では「れる」だけであった。現代表記で「まれる」と送るのは、「うむ」を「む」と送るのに合わせたものである。ただし、現代表記でも、「産れる・生れる」のように、「ま」を省く送り仮名が許容されている。

うみ 名【海・湖】

海 ①「陸」の対。地球の表面の陸でないところ。例七つの海 海を渡る 海の幸 ②一面に同じ状態になっているところ。例火の海となる 泥の海

▲湖 ⇩かな 大きな沼、池、湖など。例静かな山の湖

うむ 他動【産・生】

産 母親の体が子供や卵を外へ出すこと。例子を産む 卵を産み付ける 産みの苦しみ 産み月

生 今までなかったものを新しく世に出す

こと。例天才を生む　新記録を生む

うらむ　他動【怨・憾・恨】

▲怨　⇩恨「恩」の対。自分のために害になることをされて、いつまでも忘れない強い気持ちを持つこと。例無情を怨む　恩も怨みもない　親を怨まず　怨み言

▲憾　⇩かな　自分の思うとおりにならなくて残念に思うこと。例失敗を憾む　機会なきを憾む　言い尽くせない憾みがある　公平を欠く憾み　憾むらくは

恨　物事に対して満足しない気持ちを強く持つこと。例政策を恨む　恨みの金　恨みを呑(の)む　恨み重なる

うるおう　自動【潤・霑】

潤　水分が十分に与えられること。例喉(のど)が潤う　土が潤う　潤いのある声

×霑　⇩潤　良い物事を与えられて、豊かな状態になること。例文化に霑う　恩沢に霑う　懐が霑う

うるおす　他動【潤・霑】

潤　水分を十分に与えること。例喉(のど)を潤す　乾いた土を潤す雨　草木を潤す

×霑　⇩潤　良い物事を与えて、豊かな状態にすること。例生活を霑す　民を霑す　内職が家計を霑す

うれい　名【愁・憂】

愁　物事に対して持つ悲しい気持ち。例春の愁い　愁いを帯びる　愁いに沈む　愁いの眉(まゆ)

憂　悪いことが起こりそうだと考えるときに持つ悲しい気持ち。例災害を招く憂いがある　後顧の憂い　再発の憂いはない　備えあれば憂いなし

注意「うれい」に「い」を送るのは、動詞

「うれえる」の名詞形「うれえ」に準じた形になるからである。

うれえる 他動【愁・憂】

愁 物事に対して悲しい気持ちを持つこと。例友の死を愁える　身の上を愁える

憂 悪いことが起こりそうだと考えて、悲しい気持ちを持つこと。例将来を憂える　憂え顔　憂え事

注意「うれえる」の名詞形は「うれえ」であるが、上二段活用の形も用いられたことがあるため、単独の名詞形としては「うれい」のほうが一般的。

うわ 語素【上・浮】

上 「下」の対。物のウエのほう。また、オモテのほう。例上着　上皮　上積み　上放れ　上書き　上塗り

浮 ふらふらしていて落ち着かないこと。例浮気　浮つく

参考「浮気」を「うわき」、「浮つく」を「うわつく」と読むのは、常用漢字表の付表の中に掲げられている表内訓である。

うわや 名【上屋・上家】

上屋 柱に屋根を付けただけの建物。また、港にある倉庫。例ホームの上屋　岸壁の上屋　上屋渡し

上家 ⇩上屋　柱に屋根を付けただけのイエ。

参考「屋」は「場所」の意味、「家」は「いえ」の意味。古くは「上家」と書いたが、法令用語・学術用語が「上屋」を用いているため、今は「上屋」が一般である。

ウンコウ 名、サ変【運行・運航】

運行 一定の道筋に従って進むこと。例列車の運行　バスの運行表　血液の運行　天体

の運行　四季の運行　道路を運行する　事業の運行

運航　船や航空機が一定の道筋を進むこと。［例］連絡船の運航　定期航空路の運航表　港内を運航する

ウンソウ　名・サ変【運送・運漕】

運送　人や荷物を大きく離れている一つの場所から他の場所に持っていくこと。［例］自動車で運送する　運送人　物品運送　旅客運送

運×漕　⇩運送　特に、船で荷物を運送すること。［例］小舟で運漕する　水路運漕

［参考］「送」は「おくる」意味、「漕」は「舟をこぐ」意味。そこで、「漕」を、同音で意味の似ている「送」に書き換えるのが現代表記である。

［注意］「運漕」を「運送」と書き換えただけでは、意味が不明確になることもある。その場合には、「船で運送する」など、修飾語を補うことが必要である。

え

エ　語素【恵・慧】

チエ〔知恵・智恵・智慧〕（三五八ページ下段）を見よ。

え　名【画・絵】

▲画　⇩絵　①物の形だけを写したエ。［例］デッサンの画　漫画の画　似顔画　小説の挿画　②特に日本画の意味に用いることがある。［例］画の展覧会

絵　①美しい色を付け加えたエ。［例］絵の具　絵はがき　口絵　錦絵（にしきえ）　浮世絵　大和絵　絵巻物　②特に一色だけのエ。［例］墨絵　影絵

［参考］「画」を「え」と読むのは訓よみである

が、「絵」を「え」と読むのは音よみである。「絵」の音は、漢音カイ、呉音エである。

エイ 語素 **【英・頴】**

エイサイ〔英才・頴才〕（六六ページ上段）を見よ。

エイ 語素 **【英・叡】**

エイチ〔英知・英智・叡智〕（六六ページ下段）を見よ。

エイ 語素 **【英・鋭】**

英 普通より力が大きくてりっぱであること。例英雄　英霊　英断を下す

鋭 勢いが一つのところに集まっていること。例精鋭　鋭敏　鋭意努力する

エイ 語素 **【栄・営】**

栄 勢いがますます盛んになること。例繁栄　栄華　光栄の至り　栄冠　栄典　栄枯盛衰　栄養

営 一定の目的を持って物事を行うこと。例造営　営繕　営業　経営　営利事業　国営　私営

エイ 語素 **【影・翳】**

×**翳** ⇩影 羽を上から覆うときにできる暗い部分のように、全体に暗い部分。例暗翳　陰翳

参考「翳」は「全体に暗い部分」の意味、「影」は「光によってできる暗い部分」の意味。旧表記でも、「陰影」と「陰翳」は、同じ意味に用いられていた。これを他にも及ぼし、現代では「翳」を、同音で意味の似ている「影」に書き換えることが多い。

エイキ 名 **【英気・鋭気】**

英気 普通の人よりも優れている性質。例

英気を養う　英気を失う　天性の英気　英気堂々

鋭気　良い意味で激しいところのある性質。例鋭気を増す　鋭気を挫く

参考「英」は「すぐれている」意味、「鋭」は「するどい」意味。人の性質を「すぐれている」と見るか、「するどい」と見るかで、「英気」と「鋭気」を使い分ける。

エイサイ　名【英才・穎才】

英才　頭の働きが特に優れている者。例門下に英才を集める　天下の英才　英才教育

穎才　⇩英才　頭の働きが群を抜いて良い者。

参考「英」は「すぐれている」意味、「穎」は「穎」の俗字で、「群を抜いて頭が良い」意味。それに「才（頭の働き）」を組み合わせた「英才」と「穎才」は、旧表記でも同じ意味に用いられていた。今はこれを、「英才」に統一して用いるのが一般的。

エイセイ　名【永世・永生】

永世　同じ状態で、いつまでも終わることなく続く年月。例永世に続く　永世中立国

永生　同じ状態で、いつまでも終わることなく生きていくこと。例永生を羨む　永生を捨てる

エイゾウ　名【映像・影像】

映像　光の作用で写し出された姿。例テレビの映像　鏡の映像　鮮明な映像　映像を結ぶ

影像　絵画で表した神仏や人の姿。例神の影像　創立者の影像　影像を拝む

エイチ　名【英知・英智・叡智】

英智　⇩英知　他よりも優れた頭の働き。例英智の秀でた者　浅からざる英智によって

叡智（×叡×智）　⇩英知　論理的な方法で考えをまとめる頭の働き。例感情を克服する叡智　叡智界

参考「英」は「すぐれている」意味、「叡」は「深く物を見る」意味。旧表記でも、「英智」を「叡智」と書くことがあった。ただし、哲学用語は「叡智」であったが、これも「英智」にし、また、「智」を、同音で意味の似ている「知」に書き換えるのが現代表記である。

エイメイ　名【英名・栄名】

英名　普通の人よりも優れている評判。例英名天下に轟く　赫々たる英名

栄名　輝かしい名誉。特にりっぱであるという評判。

参考「英」は「すぐれている」意味、「栄」は「さかえる」意味。その評判を「すぐれている」と見るか、「さかえる」と見るかで、「英名」と「栄名」を使い分けていたが、今は、「英雄・英才」などとの関連から、「英名」を用いるのが一般的である。

エイヨウ　名【栄養・営養】

栄養　生物の活動の必要な特別の成分。例栄養を取る　栄養のある食品　栄養価　栄養失調　栄養士

営養　⇩栄養　「栄養」となる前に用いられた語。

参考「栄」は「さかえる」、「営」は「いとなむ」意味、「養」は「やしなう」意味。エイヨウは「いとなみやしなうもの」の意味で、「営養」と書かれていた。それが、「繁栄」などの関連から「栄養」と書かれるようになり、法令用語も「栄養」を用いている。今は、「営養」はほとんど用いられていない。

えがく　他動【画・描】

画（▲画）　⇩描　物の形をそのまま写し表すこと。

例模様を画く　漫画を画く　田中太郎画(えがく)

描　物の形に似せて写し表すこと。例肖像を描く　情景を描いた文章　描き出す

エツ　語素【閲・謁】

閲　物事をよく調べること。例閲覧　閲読　閲兵　検閲　校閲　原稿を内閲する

謁　目上の人にお目に掛かること。例拝謁　謁見　内謁を賜う

えもの　名【獲物・得物】

獲物　漁、猟、戦いなどで取ったもの。例獲物の多い日　獲物を漁(あさ)る　獲物を狙(ねら)う　獲物を得て帰る

得物　自信を持って使うことができる武器。例得物を提(ひっさ)げる　得物を振り上げる　得物でやられる

えらぶ　他動【選・撰・択】

選　多くの中から目的に合ったものを取り出すこと。例議員を選ぶ　クラス委員を選ぶ　目的地を投票で選ぶ　選び出す

×撰　⇩選　材料を集めた中から取り出して書物を作ること。例歌集を撰ぶ　貫之(つらゆき)の撰んだ古今集

▲択　⇩選　多くの中から悪いものを捨て去り、良いものを取り出すこと。例職業を択ぶ　人を択ぶ　作品集から択ぶ　手段を択ばず

えり　名【衿・襟・領】

×衿　⇩襟　洋服の首の回りに当たる部分。例衿刳(ぐ)り　詰め衿　衿飾り　衿無し

襟　和服の首の回りに当たる部分。例半襟　襟布　襟巻き　襟を正す　襟を開いて話す

▲領　⇩襟　人の首の後ろの部分。例領の白い人　領元　領首　領脚

注意　肉体の一部としてのエリは、和服を中心に考え、旧表記でも「襟・襟元・襟首・襟脚」

などと書いた。

える 他動 【獲・得】

獲 鳥や獣を捕まえること。例猟で兎(うさぎ)を獲る 戦利品を獲る

得 取って自分のものにすること。例勝利を得る 許可を得る

参考 一「得る」は「うる」とも読み、「自分のものにする」意味に用いる。例名声を得る 得るところが多い 二「得る」は「できる」意味にも用い、「うる・える」と読む。この場合、現代表記では仮名書きにすることが多い。例考え得ること 実行し得ない計画 せざるを得ない やむを得ない

エン 語素 【炎・焰】

炎 火が燃えて、火の先のホノオが高く上がること。例炎上 炎天 炎暑 肺炎 炎症 炎々と燃える

×焰 ⇩炎 燃えている火の先に見えるホノオの部分。例火焰 気焰

参考「炎」も「焰」も「火」に関係があるが、「炎」は動詞としての「燃え上がること」であり、「焰」は「燃えるときに出るホノオ」という名詞である。意味のとらえ方は異なるが、いずれもホノオに関係があるため、「焰」を、同音で意味の似ている「炎」に書き換えるのが現代表記である。

エン 語素 【炎・煙】

炎 火が燃えて、その火の先が高く上がること。また、燃えている火の先に見える部分。ほのお。例火炎 炎熱 炎焼 炎上 炎暑 炎天 信号用の発炎筒

煙 物が焼けるときに上のほうへ出ていく白い部分。けむり。例煙突 噴煙 雲煙 煙火 煙幕 訓練用の発煙筒

参考「炎」は「焰」の書き換えにも用いたた

め、本来の「炎（もえる）」のほかに、「焔（ほのお）」の意味も持っている。

エン 語素【延・衍】

衍 ⇩かな 水が行き渡るように、広く一面に広がること。例敷衍（ふえん）

参考「衍」は「ひろく広がる」意味。「延」は「つぎたして長くなる」意味から、「圧延」など「ひろく広がる」意味にも用いられる。

エン 語素【園・苑】

園 草花などを植える一定の場所。例園庭　園遊会　庭園　公園　花園　植物園　動物園

苑 ⇩園 大きな木の多い、広い一定の場所。例苑地　苑樹　苑門　御苑　神苑　禁苑　外苑

参考「園」も「苑」も「その」の意味。「園」は草花を主とし、「苑」は樹木を主とするところが異なっている。しかし、「庭」という点では共通の意味を持っているため、「苑」を、同音で意味の似ている「園」に書き換えるのが現代表記である。ただし、「神宮外苑」などの固有名詞は、旧表記のままである。

エン 語素【援・捐】

捐 ⇩援 自分の得たものを差し出すこと。例義捐金

参考「捐」は「さしだす」意味、「援」は「たすける」意味。そこで、「義捐金」の場合に全体の意味を考え、「捐」を、同音の「援」に書き換えるのが現代表記である。

エン 語素【援・掩】

エンゴ〔援護・掩護〕（次項）を見よ。

エンゴ 名・サ変【援護・掩護】

援護 困っている人々を助けること。例難民を援護する　援護の手を伸べる　援護資金

援護事業

×**掩護**　味方を敵の攻撃から助けること。例総攻撃を掩護する　砲兵隊掩護の下に　掩護射撃　掩護砲火　障害物の掩護下

参考「援」は「たすける」、「掩」は「上からおおう」意味。「護」は「まもる」で「ふせぐ」意味。したがって、「掩護」と「援護」は、別の意味の語である。しかし、「たすける」点では共通の意味を持っているため、「掩護」の「掩」を同音の「援」に書き換えた時期があり、混用されている。

オ　語素【汚・悪】

汚　りっぱなものを、だめにすること。また、そのようなようす。例汚濁　汚物　汚染　汚名　汚点

悪　むかむかするほど、いやだと思うこと。例憎悪　好悪　嫌悪

お　語素【男・牡・雄】

▲**男**　「女」の対。人間や神のオトコ。例男神　男坂　男滝

×**牡**　⇩雄　「牝」の対。人が飼って役立てている動物のオス。例牡牛　牡馬　牡鶏（おんどり）

雄　「雌」の対。生物一般のオス。例雄蝶雌蝶（おちょうめちょう）　雄花　雄蕊（おしべ）　雄鳥（おんどり）　雄々しい

参考常用漢字表の音訓欄では「女」に「め」の訓が掲げられているが、「男」には「お」が掲げられていない。しかし、「男」を「雄」に書き換えては、「女（め）」とのつりあいから見て好ましくない。また、仮名で「お」と書くと、敬語の接頭辞と紛らわしい。そうなると、旧表記のまま、漢字で「男」と書くより仕方がない。

お　名【緒・尾】

緒　細長くこしらえた、きれいな紐(ひも)。[例]袋の緒　下駄(げた)の緒　鼻緒　提げ緒　玉の緒

尾　動物の尻(しり)に付いている細長い部分。[例]犬の尾　尾を振る　尾を引く　尾花

オウ　語素【王・皇・翁】

王　その分野で最も力を持っている人、また、そういう人に付ける敬称。[例]王となる　王位　ローマ法王　星の王子様　王子と王女　発明王　ホームラン王　百獣の王

皇　天皇または天皇に関係のある人。[例]後白河法皇　皇子が皇太子となる　天皇　人皇(にんのう)第百二十四代

翁　尊敬を受けている男の老人。または、そういう人に付ける敬称。[例]翁の意見　老翁　エジソン翁

[参考]「蕉翁(芭蕉(ばしょう))・杜翁(とおう)(トルストイ)・沙翁(しゃおう)(シェークスピア)」などとも使う。

おう　他動【逐・追】

▲逐　⇩追　物事の一定の順番に従うこと。[例]順を逐う　条を逐って審議する　日を逐って苦しくなる　年を逐って盛んになる　漸を逐って

追　動くもののあとから進んでいくこと。[例]犯人を追う　後を追う　理想を追う　仕事に追われる　追い回す　追い出す　追い払う　追い風

[注意]「背中に物を載せる」意味の「オウ」は、「負う」と書く。[例]子を負う　責任を負う　借金を負う

おえる　自・他【終・卒・了】

終　「始」の対。物事が一段落し、それ以上は続かないこと。[例]授業が終える　一日が終える　仕事を終える　書き終える

▲卒　⇩終　行うべきことをすべて行ってしまうこと。例高等学校の課程を卒える　学校を卒えて就職

▲了　⇩終　行うべきことを一応は行ってしまうこと。例第二学年の課程を了える　二年が了えてあと一年

おお　**語素**　**【多・大】**

多　「少」の対。物事の数や量が上であること。例多い　多めに入れる　多過ぎる　多かれ少なかれ

大　「小」の対。物事の形や程度が上であること。例大きい　大目に見る　大海　大君　大息　大水　大雪　大兄さん　大地震　大判　大勢　大当たり　大慌て　大入り満員　大いに　大いなる

注意　旧仮名遣いが「おほ」であるから、現代仮名遣いは、その「ほ」を「お」とし、「おお」となる。

おおう　**他動**　**【掩・蓋・被・覆・蔽】**

×掩　⇩覆　物の上からフタをしてふさぐこと。例惨状目を掩う　耳を掩わんばかりの騒音

▲蓋　⇩覆　物を広い範囲全体に行き渡らせること。例気世を蓋う　名声天下を蓋う

▲被　⇩覆　物の上から全体にかぶせること。例白布で被う　雪に被われる　被いをしておく　被いガラス

覆　物を上から囲むように包むこと。例顔を覆う　毛布で体を覆う　金箔(きんぱく)で覆う　憂色に覆われる　覆いを掛ける　日覆い

▲蔽　⇩覆　途中に物を置いて見えなくすること。例松に蔽われた門　棺を蔽う　真相を蔽う　非を蔽う　罪を蔽う　蔽いがたい事実

おおがた　**名**　**【大型・大形】**

大型　元になるものからこしらえたカタチ

が大きいもの。例大型の自動車　大型テレビ　大型台風

大形　目に見えるカタチが大きいもの。例大形の模様　大形のしるし　大形の箱　大形の花

おおギョウ　形動　【大仰・大業】

大仰　物事から受ける感じが実際より大きいこと。例小さなことを大仰に言う　大仰な嘘(うそ)を吐(つ)く

大業　⇩大仰　物事の全体が普通より大きいこと。例万事大業になる　大業な結婚式をする

参考「仰」は「あおぎみる」意味、「業」は「しごと」の意味。「大仰」と「大業」は、別の意味の語であったが、混用されるようになった。

おおむね　名・副　【概・率】

▲概　⇩かな　物事全体の大部分に当たるところ。また、そのようす。例これが教養の概ねである　概ね良好と認める　概ね日本人で占める

▲率　⇩かな　物事のほとんど全体にわたること。また、そのようす。例率ねを承知する　率ね問題がない　形は率ね似ている

注意　語源的には「大旨」であり、旧仮名遣いは「おほむね」である。現代仮名遣いは、その「ほ」を「お」とし、「おおむね」となる。

おか　名　【丘・岡・傍・陸】

丘　「岡①」に同じ。

岡　①土地が周りよりも全体に高くなっているところ。例岡に登る　小高い岡　港の見える岡

②そのもののあるところのそば、また少し離れたところ。例岡で妬(や)く　岡惚(おかぼ)れ　岡場所　岡っ引き

▲傍　⇩かな　「岡②」に同じ。

▲陸 ⇩かな 「水面」の対。水のないところ。また、風呂(ふろ)の流し場。例陸に上がる 陸釣り 陸稲(おかぼ) 陸湯

おかす 他動【侵・犯・冒】

侵 他のところへ無理に入り込むこと。例他人の土地を侵す 住居を侵す罪 国境を侵す 聖域を侵す 権利を侵す 秘密を侵す 白蟻(しろあり)に侵される

犯 行ってはならない悪い行いをすること。例法を犯す 罪を犯す 過ちを犯す 婦女を犯す

冒 普通ではできないことを無理に行うこと。例危険を冒す 風雨を冒して進む 尊厳を冒す 面(おもて)を冒して諫(いさ)める 姓を冒す 病に冒される

オク 語素【憶・臆】

憶 心でいろいろ思い出すこと。例記憶 追憶 憶念 憶想

臆 ①心でいろいろ思うこと。例臆測 臆説 臆断 ②物事をしたい気持ちが進まなくなること。例気が臆する 臆病 臆面もなく

参考 「憶」も「臆」も心に思うことであり、その点で共通の意味を持っている。そのため、「臆測・臆説・臆断」などは、「憶測・憶説・憶断」とも書かれる。

おく 他動【擱・措・置】

×擱 ⇩かな 手に持っているものを下に下ろすこと。例筆を擱く ペンを擱く

▲措 ⇩かな しばらくの間そのままにして残すこと。例姑(しばら)く措く さて措く 彼を措いて適任者はいない 感激措く能(あた)わず 差し措きがたい

置 一定の場所や位置にあるようにすること。例台の上に置く 机を置く 番人を置く 一行置いて書く 三日置きに行く 置物 物

置

注意「置く」は、補助動詞として、「事前に行う」意味にも用いる。この場合、現代表記では、「書いておく・置いておく」のように、仮名で書く。

おくる 他動【送・贈】

送 物を目的のところまで持っていくこと。例荷物を送る　順に席を送る　卒業生を送る　見送る　商品の送り状　送り仮名

贈 ほかの人に物を与えること。例お祝いの品を贈る　花輪を贈る　感謝状を贈る　故人に位を贈る

参考「送り仮名」というのは、「目的のところまで持っていく仮名」のことである。例えば、「書」という漢字は音が「ショ」、訓が「かく」である。その「かく」の場合に、活用語尾を表す仮名「く」を、特に漢字「書」の後ろまで持っていくから、「く」を「送り仮名」と称することになる。この場合、漢字「書」を、「か」と読む漢字と考えるのは誤りである。

おくれる 自動【後・遅】

後 他のものよりあとになること。例後れて出発する　時計が後れる　知能が後れる　流行に後れる　人に後れを取る　後れを取り戻す　気後れ　立ち後れ　手後れ　時代後れ　後れ馳(ば)せながら　後れ毛

遅 一定の時刻・時期よりあとになること。例会合に遅れる　事故で到着が遅れる　完成が遅れる

おこす 他動【起・興・熾】

起 ①立つようにさせること。また、目を覚まさせること。例体を起こす　寝た子を起こす　②物事を新しく始めること。例事件を起こす　新たに会社を起こす　訴訟を起こす　工事を起こす　引き起こす

興　物事を盛んな状態にすること。例産業を興す　家を興す　衰えた会社を興す

熾×　⇩かな　火を盛んに燃やすこと。例火を熾す　炭を熾す　消し炭を熾す

注意「起」の送り仮名は、旧表記では「す」だけであった。現代表記で「こす」と送るのは、「起きる」に合わせたものである。「興・熾」にはこのような対応がないので、送り仮名も活用語尾の「す」だけになる。ただし、現代表記でも、「起す」のように、「こ」を省く送り仮名が許容されている。

おこる　自動【起・興・熾・怒】

起　物事が新しく始まること。例電気が起こる　持病が起こる　事故が起こる　問題が起こる　したい気持ちが起こる　空気が起こる　物事の起こり

興　物事が盛んな状態になること。例産業が興る　家が興る　国が興る

熾×　⇩かな　火が盛んに燃えること。例火が熾る　炭が熾る　炭火が熾る

怒　満足しない気持ちを外に出すこと。また、強い言葉を言ってしかること。例真っ赤になって怒る　先生に怒られる　怒りっぽい人

注意「起」の送り仮名は、旧表記では「る」だけであった。現代表記で「こる」と送るのは、「起きる」に合わせたものである。「興・熾・怒」にはこのような対応がないので、送り仮名も活用語尾の「る」だけになる。ただし、現代表記でも、「起る」のように、「こ」を省く送り仮名が許容されている。

おごる　自、他【驕・奢】

驕×　⇩かな　自動　自分を実際より偉いものと思うこと。例気が驕る　驕る者久しからず　驕り高ぶる

奢×　⇩かな　自・他　ぜいたくな行いをする

こと。例口が奢る　奢りを極める　夕食を奢ってもらう

おさえる　他動【圧・押・抑】

▲圧　⇩押　動かないように、上から強く力を加えること。例石で圧さえる　力で圧さえる

押　動かないように、手で一部をつかまえること。例指で押さえる　紙の端を押さえる　涙を押さえる　証拠を押さえる　要点を押さえる　差し押さえる

抑　高いところへ上がらないように、上から反対の力を加えること。例物価の上昇を抑える　要求を抑える　発言を抑える　怒りを抑える　抑えが利く

注意「おさえる」の送り仮名は、旧表記では「える」だけであった。現代表記で「さえる」と送るのは、「おす」を「す」と送るのに合わせたものである。「抑」にはこのような対応がないので、送り仮名も活用語尾の「える」だけになる。ただし、現代表記でも、「押える」のように、「さ」を省く送り仮名が許容されている。

おさまる　自動【収・納】

収　集めたものが、外から中に入ること。例博物館に収まる　争いが収まる

納　集めたものが、入るべきところに入ること。例国庫に納まる　元の鞘(さや)に納まる　箱に納まる

注意「おさまる」の送り仮名を「まる」とするのは、「おさめる」を「める」と送るのに合わせたものである。

おさまる　自動【修・治】

修　学問・技芸などが自分のものになって正しくなること。例学が修まる　身持ちが修まらない

治　「乱」の対。物事が正しく置かれるようになること。例世が治まる　国内がよく治まる　痛みが治まる　暴動が治まる

注意「おさまる」の送り仮名を「まる」とするのは、「おさめる」を「める」と送るのに合わせたものである。

おさめる　他動【収・納】

収　集めたものを、外から中に入れること。例財布に収める　目録に収める　利益を収める　効果を収める　勝ちを収める　成功を収める

納　集めたものを、入れるべきところに入れること。例税を納める　授業料を納める　注文の品を納める　金庫に納める　刀を鞘（さや）に納める　胸に納めておく

注意ミオサメは「見収め」とも書くが、「見納め」のほうが一般的。

おさめる　他動【修・治】

修　学問・技芸などを自分のものにして正しくすること。例学を修める　技を修める　大学で修めた学科　身を修める　行いを修める

治　「乱」の対。物事を正しく置くようにすること。例国を治める　領地を治める　乱を治める　水を治める　山を治める　丸く治める

おじ　名【伯父・叔父・小父】

伯父　本人の父または母の兄に当たる人。例父の兄に当たる伯父　伯父に保証人を頼む

叔父　本人の父または母の弟に当たる人。例母の弟に当たる叔父　叔父が独立する

小▲父　⇩かな　年上の中年の男の人を親しんで呼ぶことば。例近所の小父様　隣の小父さんと小母（おば）さん

おしえる 他動【教・訓】

教　知らないことについてよく知るようにさせること。例英語を教える　学校で教える　場所を教える　教えの庭　教え子

▲訓　⇩教　決まりに従って一つ一つ分かるようにさせること。例人の道を訓える　訓え諭す　訓えを守る

おしむ 他動【愛・惜・吝】

▲愛　⇩惜　大切にして、いつまでも持ち続けたいと思うこと。例花を愛しむ　月を愛しむ

惜　①大切なものとして、大事に扱うこと。例寸暇を惜しむ　名を惜しむ　売り惜しみ　②続けられないことを残念に思うこと。例別れを惜しむ　死を惜しむ

×吝　⇩惜　できるだけ物や金を出さないこと。例金を吝しむ　努力を吝しむ　出し吝しみ　物吝しみ

おす 名【牡・雄】

×牡　⇩雄　「牝」の対。人が飼って役立てている動物のオス。例犬の牡　鶏の牡　牡牛　牡馬

雄　「雌」の対。生物一般のオス。例鼠(ねずみ)の雄　蚊の雄

おす 他動【圧・押・推・捺】

▲圧　⇩押　上から強く力を加えること。例石で圧す　機械で圧し付ける　圧し殺す　寝圧し　漬物の圧し　圧しも圧されもしない　圧しの一手

押　「引」の対。後ろや上から力を加えて動かすこと。また、無理に行うこと。例ベルを押す　荷車を押す　念を押す　横車を押す　押し出す　押し倒す　病気を押して行く　押し通す　押すな押すなの盛況

推　①人を地位に就かせるようにすること。例会長に推す　会社へ推す　②考えを進めること。例この点から推すと　推して知るべしだ　推し量る

捺　⇩押　物の上に力を加えてしるしを付けること。例印を捺す　判を捺す　模様を捺し付ける

おそい　形　**【遅・晩】**

遅　「速」の対。一つのところから、もう一つのところまで動くのに掛かる時間が多いようす。例仕事が遅い　テンポが遅い　足が遅い　遅い車

晩　⇩遅　「早」の対。物事を始めたり終わったりする時刻や時期が後であるようす。例時間が晩い　もう夜が晩い　晩い春　晩く起きる

おそれ　名　**【畏・恐・惧・虞・怖】**

畏　目上の相手に対して感じる敬うべき気持ち。例畏れ多い　畏れ多くも　神に対する畏れ

恐　相手の力が自分より強いときに感じる不安な気持ち。例敵に恐れを持つ　恐れの気持ち

惧　⇩虞　「虞」に同じ。

虞　悪いことが起こりそうなときに感じる不安な気持ち。例風俗を乱す虞　出水の虞なしとしない

怖　⇩恐　「恐」に同じ。

注意　「虞」は名詞のみに用い、送り仮名を付けない。ただし、法令用語は、仮名書きの「おそれ」であり、一般にも仮名書きである。

おそれる　自動　**【畏・恐・惧・怖】**

畏　目上の相手に対して、敬うべきものとして特別の気持ちを持つこと。例神を畏れる　畏れ敬う

恐　相手の力が自分より強いことに不安な気持ちを持つこと。例敵を恐れる　恐れる相手はいない

▲惧　⇩恐　悪いことが起こりそうで、不安な気持ちを持つこと。例失敗を惧れる　決裂を惧れる

▲怖　⇩恐　「恐」に同じ。

おそわれる　自動　【×魘・襲】

×魘　⇩かな　怖い思いをして苦しめられること。例悪夢に魘われる　高熱に魘われる

襲　安心しているときに急に攻められること。例敵に襲われる　夜中に襲われる

注意「おそわれる」は、動詞「おそう」の受身の形であるから、送り仮名も「われる」となる。

おちつく　自動　【落着・落付】

落着　①物事が動かない状態になること。例事件が落ち着く　宿に落ち着く　②態度がうわついてなく、重々しいこと。例落ち着いて話す　落ち着きを失う

落付　物事が最後にそこまで進むこと。例転がる玉の落ち付くところ　話がそこに落ち付く

おちる　自動　【▲堕・▲墜・落】

▲堕　⇩落　良い状態から悪い状態になること。例地獄に堕ちる　俗に堕ちる　罪に堕ちる

▲墜　⇩落　上にあるべきものが下のほうへ行くこと。例飛行機が墜ちる　威信が地に墜ちる　星が墜ちる

落　上のほうから下のほうへ行くこと。例木の葉が落ちる　馬から落ちる　穴に落ちる　日が落ちる　城が落ちる　試験に落ちる　色が落ちる　落ち目

おとす 他動 【堕・墜・落】

▲**堕** ⇩落　良い状態から悪い状態にすること。例地獄に堕とす　身を堕とす

▲**墜** ⇩落　上にあるべきものを下のほうへ行かせること。例敵機を墜とす　名声を墜とす

落　上のほうから下のほうへ行かせること。例木の実を落とす　財布を落とす　汚れを落とす　落とし物

注意「おとす」の送り仮名は、旧表記では「す」だけであった。現代表記で「とす」と送るのは、「おちる」を「ちる」と送るのに合わせたものである。ただし、現代表記でも、「落す」のように、「と」を省く送り仮名が許容されている。

おどす 他動 【威・嚇・脅】

▲**威** ⇩脅　力が強いことを見せて怖がらせること。例敵を威す　国境を威す

▲**嚇** ⇩脅「威」に同じ。

脅　言うとおりにしないとこうするぞと言って怖がらせること。例留守番を脅す　脅し文句を言う

注意「よろいの板をつなぎ合わせる」意味の動詞オドスも、旧表記で「威す」と書くが、現代表記では、仮名で「おどす」と書く。このほうは「緒を通す」から来たとされており、旧仮名遣いが「をどす」である。したがって、旧仮名遣いも「おどす」で「こわがらせる」意味の「威す」とは、別の語である。

おどる 自動 【躍・踊】

躍　勢いよく跳んだり跳ねたりすること。例魚が躍る　馬が躍り上がる　胸が躍る　小躍りして喜ぶ

踊　リズムに合わせて体を動かすこと。例ダンスを踊る　踊らされて動く　踊りを習う

踊り子　盆踊り　手踊り　階段の踊り場

おば　名【伯母・叔母・小母】

伯母　本人の父または母の姉に当たる人。例父の姉に当たる伯母　伯母の世話になる

叔母　本人の父または母の妹に当たる人。例母の妹に当たる叔母　叔母が結婚する

小▲母　⇩かな　年上の中年の女の人を親しんで呼ぶことば。例近所の小母様　隣の小父(おじ)さんと小母さん

おびる　他動【帯・佩】

帯　①責任を持って言われたとおりに行うこと。例命(めい)を帯びる　任務を帯びる　②特別の状態を少しだけ含むこと。例赤みを帯びる　愁いを帯びる

×佩　⇩帯　体や腰に着けて持つこと。例刀を佩びる　勲章を佩びる

おも　語素【主・重】

主　全体の中で中心となっていて大切なようす。例主根(おもね)　主な人　主に自宅で行う　自宅を主にする

重　①全体の目方が多いようす。例重荷　重湯　重苦しい　重々しい　②全体が特に大切なようす。例重立った人　家庭を重んじる

おもう　他動【惟・憶・懐・思・想・念】

×惟　⇩思　ただそのことだけを考えていること。「惟うに」という形で用いることが多い。例伏して惟うに　私(ひそ)かに惟うに

▲憶　⇩思　前にあった物事をいつも頭の中に浮かべていること。例恋人を憶う　憶って忘れない

▲懐　⇩思　心の中で自然に考えるようになること。例子の将来を懐う　成り行きを懐う

思　頭の中で感じること。そのように考え

ること。例悲しく思う　思い付く　思う存分　遊ぶ　問題だと思う　したいと思う

▲想 ⇩思　全体の形や状態を頭の中に浮かべること。例昔を想う　想い起こす　想い出　想いを懸ける

▲念 ⇩思　忘れないようにいつもそのことを考えていること。例仏を念う　神を念う

おもて　名【表・面】

表　「裏」の対。物の外側や前側。例紙の表　表書き　表で遊ぶ　表門　表立つ　表向き

面　人の顔に当たる部分。例細面の人　能の面　面も振らずに走る　面を冒して言う　矢面に立つ

おもや　名【母屋・母家】

母屋　屋敷の中の建物で主となっている部分。例母屋に住む　母屋と離れ　母屋を渡す

母家　⇩母屋　屋敷の中で主人の住む中央の家。

参考　㈠語源的には「主屋・主家」であるが、「母」の訓「おも」を用い、「母屋・母家」と書くようになった。㈡常用漢字表の付表の中には、「母屋」も「母家」も「おもや」として掲げられているから、いずれも表内訓である。ただし、一般には、「主となっている部分」を表すところから、「母屋」が用いられている。

おりる　自動【下・降】

下　「上」の対。高いところから低いところへ進むこと。例坂を下りる　石段を下りる　幕が下りる　許可が下りる　錠が下りる　野(や)に下りる

降　①「乗」の対。車などの中から外へ出ること。例電車を降りる　近くの駅で降りる　列車から飛び降りる　乗り降り　②「登」の対。低いところにある目的の場所へ行くこと。例壇を降りる　エレベーターで降りる　霜が

降りる　高所から飛び降りる　舞い降りる　月面に降り立つ

おる　他動【織・折】

織　糸などを組み合わせてこしらえること。例布を織る　織り成す　趣旨を織り込む　手織り　織物

折　物を強く曲げること。例紙を折る　枝を折る　我を折る　折り返す　広告を折り込む　手折る

参考　旧仮名遣いは、「織」が「おる」、「折」が「をる」で、この二つは語源的に別の語である。しかし、「物を仕上げる」点では共通の意味が感じられるため、特にここに取り上げたものである。

おろす　他動【下・降・卸】

下　「上」の対。高いところから低いところへ進ませること。例枝を下ろす　新品を下ろす　看板を下ろす　貯金を下ろす　見下ろす　書き下ろす

降　①「乗」の対。車などの中から外へ出させること。例次の駅で降ろしてください　②「登」の対。低いところにある目的の場所へ行かせること。例ロープで荷物を降ろす　主役から降ろされる

卸　①問屋から小売商に売り渡すこと。また、荷物を下に置くこと。例小売りに卸す　卸値　店卸し　積み荷を卸す　②すり砕いたり、切り裂いたりすること。例大根を卸す　魚を三枚に卸す

注意　「おろす」の送り仮名は、旧表記では「す」だけであった。現代表記で「ろす」と送るのは、「おりる」を「りる」と送るのに合わせたものである。「卸」にはこのような対応がないので、送り仮名も活用語尾の「す」だけになる。

おわる　自・他【終・卒・畢・了】

終　「始」の対。物事が一段落し、それ以上は続かないこと。例授業が終わる　一日が終わる　仕事を終わる　書き終わる　終わりになる

▲卒　⇩終　行うべきことをすべて行ってしまうこと。例高等学校の課程を卒わる　学校が卒わって就職

×畢　⇩終　物事がすべて止まり、それ以上は続けることができないこと。例生涯を畢る　能事畢れり

▲了　⇩終　行うべきことを一応は行ってしまうこと。例第二学年の課程を了わる　二年が了わってあと一年

注意 一「おわる」の送り仮名は、旧表記では「る」だけであった。現代表記で「わる」と送るのは、「おえる」を「える」と送るのに合わせたものである。「畢」にはこのような対応がないので、送り仮名も活用語尾の「る」だけになる。ただし、現代表記でも、「終る」のように、「わ」を省く送り仮名が許容されている。
二「終わる」の名詞に転じた形「終わり」「終り」は、記号的に用いる場合に送り仮名を省き、「終」とする。

オン　語素【温・穏】

温　①全体の温度が高くてちょうどいいこと。例温暖　温水　温泉　温床　②人の性質がおとなしくて良いこと。例温厚　温良　温順

穏　特別の物事が起こらないこと。例平穏　穏健　穏当　穏便

注意 オンワは「穏和」とも書くが、「温和」のほうが一般的。

オンギ　名【恩義・恩誼】

恩義　目上の人から受けたことに関して、

返さなければならないと感じる特別の気持ちを持つこと。例恩義に感じる　何の恩義もない

恩×誼　⇩恩義　目下の人のためになることをして、親しい関係を持つこと。例恩誼を施す　恩誼に報いる

参考「義」は「正しい行い」の意味、「誼」は「親しい交わり」の意味。それに「恩（めぐみ）」を組み合わせた「恩義」と「恩誼」は、別の意味の語である。しかし、「恩」という点では共通の意味を持っているため、旧表記でも同じような意味に用いることがあった。これを、「恩義」に統一して用いるのが現代表記である。

オンジョウ　名【温情・恩情】

温情　真心のこもった親切な心。例温情を示す　温情に満ちた持てなし　温情主義

恩情　目上の者と目下の者との間に生まれる慈しみの心。例親子の恩情　師弟の恩情

オンプ　名【音符・音譜】

音符　音楽で音の高さや長短を示す記号。例音符正しく弾く　全音符　二分音符　四分音符

音譜　音楽を一定の記号で書き表したもの。例音譜に書く　音譜を頼りに弾く　楽曲の音譜

オンワ　名・形動【温和・穏和】

温和　①気候がちょうどよくて気持ちがいいこと。例温和な毎日　気候温和　②人の性質がおとなしくて親しみがあること。例温和な人柄　性格温和

穏和　⇩温和　人の性質が静かで親しみがあること。

参考「和」は「やわらぐ」意味。人の性質については、「温（おとなしい）」か「穏（おだやか）」かで書き分けることもあるが、一般には、

意味の広い「温和」が用いられている。

か

カ　語素【花・華】

花　草や木に咲くハナそのもの。例桜花　花弁　花壇　花鳥風月　雪月花　開花期

華　色や形がきれいでりっぱなこと。例華道　華美　豪華　栄華　繁華街　華族　中華民国

カ　語素【科・課】

科　全体を幾つかに分けた、その一つ一つ。例教科　文科　理科　本科　専科　別科　眼科　放射線科　科外講義　高校の科目　予算科目　分科会

課　割り当てた仕事。それを行う単位。例課業　課題　日課　課外活動　会計課　分課規程　課税課目

カ　語素【荷・貨】

荷　①持ち運ぶ品物。例出荷　入荷　集荷　手数料　②物を上に載せること。例負荷　荷重

貨　値打ちのある品物。例貨物　貨幣　雑貨　貨車　滞貨　在貨　集貨配達

カ　語素【過・苛】

カコク〔過酷・苛酷〕（一〇七ページ下段）を見よ。

カ　語素【箇・個】

箇　①物事の一つ一つを指し示すことば。例箇所　箇条　箇条書き　②⇩かな　物を数えるときに用いることば。例一箇所　三箇条　六箇月

▲個 ⇩箇　「箇」に同じ。

〔参考〕「カ」という音で常用漢字表の音訓欄に掲げられているのは、「箇」であるから、現代表記でも「箇」を用いることになる。かつて新聞では「個」に「カ」という音を加え、「箇」を、同音の「個」に書き換えていた。

〔注意〕㈠物を数えるときに、法令では「箇」を用いる。㈡旧表記では、タケカンムリの一つを採って、「ケ」と書くことも行われた。それに準じ、現代表記でも、「六カ月」のように、片仮名の「カ」を用いることがある。

カ　語素　【佳・嘉】

佳　お祝いする値打ちが十分にあるほど良いこと。〔例〕佳作　佳句　佳境　佳景　絶佳

×嘉　⇩佳　褒める値打ちが十分にあるほど良いこと。〔例〕嘉会　嘉名　嘉節　嘉日　嘉言　嘉話

〔参考〕「佳」は「よい」意味、「嘉」は「よみする」意味。しかし、「嘉会・佳会」「嘉名・佳名」「嘉節・佳節」などは、両様に書かれていた。これを他にも及ぼし、「嘉」を、同音の「佳」に書き換えるのが現代表記である。

〔注意〕「嘉」は、他人の行為を褒める意味で、「ご嘉賞にあずかる」「ご嘉納ください」などとも用いるが、この場合は「佳」に書き換えない。

ガ　語素　【賀・雅】

賀　めでたいことに対して喜びの気持ちを表すこと。〔例〕賀詞　賀寿　賀宴　賀春　賀正　賀状　賀表　年賀　参賀　来賀　祝賀　慶賀

雅　「俗」の対。特別の趣があって上品なこと。〔例〕雅言　雅文　雅号　雅致　雅味　雅趣　雅宴　古雅　典雅　風雅　優雅　高雅

カイ　語素　【会・界】

会　多くの人が集まっている特別のまとまり。また、多くの人が集まって行う催し物。

例会を催す　宴会　忘年会　集会　秋の学会　音楽会の入場券

界　一定の立場で区切られた範囲。例社交界　各界の有力者　学界の定説　音楽界の大物

カイ　語素【回・恢】

カイフク〔回復・快復・恢復〕（九七ページ上段）を見よ。

カイ　語素【回・廻】

回　輪の形のように動いて元のところへ来ること。例回答　回帰　三回忌　回収　巡回　旋回

×廻　⇩回　輪の形のようにぐるぐる動くこと。例廻送　廻転　廻航　廻覧　廻状　廻路　廻廊

参考「廻ハ、回ニ同ジ」とされている。「廻」のほうは、さらに「すすむ」意味を表すため、「回（まわる）」にエンニョウを付けた。しかし、旧表記でも、「廻」の代わりに「回」を用いる書き方が広く行われていた。これらを、すべて「回」に統一するのが現代表記である。

カイ　語素【回・蛔】

×蛔　⇩回　腹の中にいる長い虫。例蛔虫

参考「蛔」は、腹の中を動き回る虫という意味で、「回（まわる）」にムシヘンを付けた。その場合にムシヘンを除き、「蛔」を、同音の「回」に書き換えるのが現代表記である。

カイ　語素【戒・誡・誨】

戒　悪いことが起こらないように、よく気を付けること。例警戒　厳戒　戒厳令　戒心　戒具　懲戒　戒律　十戒　女戒　破戒

×誡　⇩戒　悪いことを再びしないように、言葉で言い聞かせること。例誡告　訓誡　教誡　厳誡

誨[×]　言葉でよく言い聞かせて教え導くこと。例教誨　誨示　誨諭

参考「戒」は「気をつける」意味、「誡」は「言葉でいましめる」意味、「誨」は「言葉でおしえる」意味。旧表記で、「誡告・訓誡」は「戒告・訓戒」とも書かれていたことから、「誡」を、同音の「戒」に書き換えるのが現代表記である。

カイ　語素【解・諧】

ワカイ〔和解・和諧〕（五四六ページ上段）を見よ。

カイ　語素【壊・潰】

壊　元の形が壊れてだめになること。例破壊　壊敗　壊血病

潰　⇩壊　元の形が崩れてだめになること。例潰滅　潰走　潰乱　倒潰　崩潰　決潰　全潰

参考「壊」は「こわれる」意味、「潰」は「くずれる」意味。「だめになる」点では共通の意味を持っている。そのため、旧表記でも、「潰」「壊」両様の語が多かった。これを他にも及ぼし、現在表記では、「潰」を、同音の「壊」に書き換えることが多い。

カイ　語素【快・怪】

快　受ける気持ちが非常に良いこと。例快感　快挙　快勝　快晴　快調　快諾　壮快　痛快　不快

怪　どうしてそうなるか分からないこと。例怪奇　怪異　怪談　怪盗　怪物　怪力　奇怪

ガイ　語素【害・碍】

碍[×]　⇩害　進んでいくものを途中で止めて進めないようにすること。例障碍　妨碍

参考「碍」は「さまたげる」意味、「害」は

「そこなう」から転じて「さまたげる」意味。そのため、旧表記でも、「障碍・障害」「妨碍・妨害」両様に書かれていた。このうち、「障碍・障害」については、漢字表記をさけ、「障がい」と表記する場合がある。

注意 電気を絶縁するための陶磁器製の器具「碍子」の現代表記は、学術用語が仮名書きの「がいし」である。

ガイ 語素 【慨・概】

慨 思うようにならなくて残念だという気持ちを持つこと。例慨嘆　憤慨　慨世の士　感慨無量

概 全体ではないが大体のありさま。例概要　概略　概況　概観　概説　概論　概評　概数　概算　概括　概念　大概　気概のある人

カイカツ 名・形動 【快活・快闊】

快活 行動が気持ちよく生き生きしていること。例快活な青年　快活な気性

快×闊 ⇩快活　性格がさっぱりしていて、こせこせしないこと。例快闊な笑い　快闊な人物

参考 「活」は「いきいきしている」、「闊」は「ひろびろしている」意味。「快」は「こころよい」意味。「快活」は「一日の快活、千年に当たる」、「快闊」は「快闊とした風景」のように、それぞれ行動・性格以外に用いたこともある。しかし、行動・性格の点では、両語とも同じような意味を持っているため、「快闊」の「闊」を同音の「活」に書き換え、「快活」に「快闊」の意味も含ませるのが現代表記である。

カイカン 名 【快漢・怪漢】

快漢 気持ちがさっぱりしていて、男らしい人物。例町内の快漢　快漢に助けられる

怪漢 何をするか分からない、いやな人物。

例夜道の怪漢　怪漢に襲われる

カイケツ　名　【快傑・怪傑】

快傑　気持ちのいい行動をする、優れた人物。例救国の快傑　快傑黒頭巾（ずきん）

怪傑　特別な力を持っている、優れた人物。

参考「怪」は「あやしい」、「快」は「こころよい」意味。「傑」は「すぐれた人」の意味。カイケツとしては「怪傑」が本来の書き方であるが、その行為から受ける感じを重視したためか、「快傑」という表記もみられる。

カイコ　名・サ変　【回顧・懐古】

回顧　以前のことを振り返って思い出すこと。例少年時代を回顧する　回顧の種になる　回顧録

懐古　古い時代の物事に心が引かれること。例懐古の情に引かれる　懐古の感　懐古趣味

カイゴ　名・サ変　【悔悟・改悟】

悔悟　自分の行ったことについて、悪かった、しなければよかったということが、よく分かること。例悔悟の情を持つ　良心の前に悔悟する

改悟　⇩悔悟　自分の行いを改めなければならないことが、よく分かること。

参考「悔」は「くいる」、「改」は「あらためる」意味。「悟」は「さとる」で、「よくわかる」意味。カイゴは「くいさとって、あらためる」意味で、「悔悟」のほうが本来の書き方であった。しかし、「あらためる」点が強調され、「改悟」とも書かれるようになった。今は、本来の形「悔悟」が一般的である。

注意　カイゴには、もう一つ「知恵を開き真理を悟る」意味の仏教用語「開悟」があり、「修行によって開悟する」「転迷開悟」などと用いる。

カイシン　**名**　**【会心・快心】**

会心　思ったとおりの仕上がりに満足すること。例会心の作　会心の出来上がり　会心これに過ぎるものはない　会心の笑みを浮かべる

快心　⇩会心　晴れ晴れした気持ちになること。

参考　カイシンは、「心にあった」意味で「会心の友」などと用いられた語であり、その意味で「快心」と書くのは誤りである。それが、「思ったとおりの仕上がり」の意味になり、「快挙」「快感」などとの関連から、「快心」とも書かれるようになった。今は、本来の書き方「会心」が一般である。

カイセン　**名、サ変**　**【海戦・会戦】**

海戦　**名**　海上で行う戦い。例日本海海戦　トラファルガーの海戦　近海で海戦がある

会戦　**名・サ変**　大きな兵力が陸上で出会って行う戦い。例奉天の会戦　広野で会戦する

カイソウ　**名・サ変**　**【回送・回漕】**

回送　送られてきたものを別のところへ送ること。例郵便物を移転先へ回送する　回送車

回×漕　船で人や荷物を運ぶこと。回船運漕。例米を回漕する　回漕業

参考　㊀「送」は「おくる」意味、「漕」は「舟をこぐ」意味。そこで、「漕」を、同音で意味の似ている「送」に書き換えたこともあった。㊁旧表記では「廻送」「廻漕」とも書いたが、「廻」も、同音で意味の似ている「回」に書き換えるのが現代表記である。

カイソウ　**名**　**【海草・海藻】**

海草　海中に生えるアマモ、イトモ、スガモなどの種子植物。うみくさ。

海藻　海中に生えるコンブ、ヒジキ、ワカメなどの胞子植物。うみも。

カイソク　名【快速・快足】

快速　気持ちがよく感じるほど速度が速いこと。例快速を貴ぶ　快速列車　特別快速

快足　非常に速く歩いたり走ったりすること。例快足を続ける　快足に驚く　マラソン選手の快足

カイテイ　名・サ変【改定・改訂・改締】

改定　前のものを直して新しく決めること。例運賃を改定する　恩給を改定する　改定計画

改訂　まちがっている点を正しく直すこと。例誤りを改訂する　掛金の率を改訂する　改訂版

改締　契約や条約をもう一度結び直すこと。例条約を改締する　約定を改締する　改締期

注意「改訂」と「改定」に関し、法令用語は「改定」に統一して用いるようになった。そのため、一般にも、「改訂版」などを除き、「改定」が用いられている。

カイトウ　名・サ変【解答・回答】

解答　問題に対して、自分の考えを表すこと。例試験問題の解答　模範解答　解答欄　解答付き問題集

回答　質問や要求に対して、公の考えを表すこと。例照会に回答する　抗議の回答　回答を要求する

カイニン　名・サ変【解任・改任】

解任　「嘱任」の対。特定の役職にいる人を辞めさせること。例任期満了の役員を解任する　清算人の解任　解任を求める決議

改任　特定の役職にいる人を辞めさせて、他の人をその役職に就かせること。例任期中

の役員を改任する　改任を要する事態　改任された者の任期

カイハイ　名・サ変【改廃・開廃】

改廃　今まであるものを直したり、やめたりすること。改正と廃止。例規則を改廃する　制度の改廃

開廃　新しく物事を始めることと、今まである物事をやめること。開始と廃止。例運行を開廃する　出張所の開廃　開廃に伴う人事異動

カイフク　名・サ変【回復・快復・恢復】

回復　もう一度元の良い状態になること。例実力を回復する　天候の回復を待つ　元気回復　機能回復

快復　病人の病気が治って、元の健康に戻ること。例ご快復を祈る　病人が快復する　快復不能の重体

恢×復　①⇩回復　無くしたものを取り戻すこと。②⇩快復　無くした健康を取り戻すこと。

参考「恢」は「盛んにする」で、「とりもどす」意味。「回」は「めぐらす」、「快」は「こころよい」意味。「復」は「元にもどる」意味。カイフクの本来の形は「恢復」であったが、旧表記でも簡略に「回復」と書かれていた。また、病気の場合には、「全快」「快気祝い」などとの関連から、「快復」とも書かれた。これらのうち、「回復」「快復」を用いるのが現代表記である。

カイホウ　名・サ変【解放・開放】

解放　自由にさせなかったものを自由にさせること。例婦人を解放する　奴隷を解放する　労働から解放される　感情から解放される　民族解放運動

開放　自由に出入りできなかったところへ

自由に出入りさせること。例校庭を開放する　国有林を開放する　意識が開放される　庭園の開放　門戸開放主義

かう 他動【交・支】

交　互いに擦れ違うように動くこと。例飛び交う　行き交う　筋交い　羽交い絞め

▲支　⇩かな　倒れないように、寄り掛からせること。例棒を支う　突っ支い棒

かえす 他動【還・帰・反・孵・復・返】

▲還　⇩返　もう一度元の状態にすること。例俗人に還す　昔に還す

帰　出たところへもう一度行かせること。例親元へ帰す　空車で帰す

▲反　⇩かな　立っていたものを倒すこと。例茶碗（ちゃわん）を反す　花瓶を反す

×孵　⇩かな　卵から子が生まれるようにすること。例雛（ひな）を孵す　卵を孵す

▲復　⇩帰「往」の対。行ったときと反対に進ませること。例同じ道を復す　来た道を復す

返　元のところへもう一度持っていくこと。例借りた本を返す　図書館へ返す　借金を返す　読み返す　恩返し　返す返すも

かえりみる 他動【顧・省】

顧　頭を後ろに回して、その状態を見ること。例後ろの席を顧みる　過去を顧みる　顧みて他を言う

省　今までの自分の行いについて、もう一度よく考えること。例自らを省みる　心に省みる　日に三度省みる　省みて恥じるところがない

かえる 自動【還・帰・反・孵・復・返】

▲還　⇩返　もう一度元の状態になること。例俗人に還る　昔に還る

帰　出たところへもう一度行くこと。例家に帰る　故郷へ帰る　飛行機で帰る　帰らぬ人となる

▲反　⇩かな　立っていたものが倒れること。例コップが反る　花立てが反る

×孵　⇩かな　卵から子が生まれること。例雛（ひな）が孵る　卵が孵る　孵りたてのひよこ

▲復　⇩帰　「往」の対。行ったときと反対に進むこと。例同じ道を復る　来た道を復る

返　元のところへもう一度戻ってくること。例元のところへ返る　貸した金が返る　正気に返る　振り返る　生き返る

かえる　他動【換・更・替・代・迭・変】

換　物を相手に渡して、別の物を受け取ること。例物を金に換える　背に腹は換えられぬ　車を乗り換える　名義を書き換える　言い換えれば

▲更　⇩替　今までのものを捨てて、新しくすること。例免許証を更える　契約を更える

替　前の物事をやめて、別の物事を行うこと。例商売を替える　池の水を替える　着替える

代　別の物や人が、その役をすること。例書面をもって挨拶（あいさつ）に代える　命には代えられない

▲迭　⇩替　今までの担当者を辞めさせて、別の担当者を置くこと。例責任者を迭える　大臣を迭える

変　前の状態とは違った状態にすること。例形を変える　予定を変える　位置を変える　観点を変える

かおる　自動【薫・香】

薫　肌で気持ちのいい動きを感じること。例風薫る五月　風の薫り　薫り高い五月

香　鼻で良いほうのニオイを感じること。例花が香る　香りが高い　花の香り　茶の香

り　土の香り　香り高い果物

カガイ　名【科外・課外】

科外　教える内容を幾つかに分けた一つ一つの単位以外のもの。例科外に講義する　学校の科外講演

課外　物事を教えていく途中の段階を幾つかに分けた一つ一つの段階以外のもの。例課外に練習する　学生の課外活動

カガク　名、サ変【化学・科学】

化学　名「物理」の類。物質の性質や反応を研究する学問。ケミストリー。例応用化学　化学工業　化学反応　化学変化　化学薬品　化学繊維　石油化学

科学　名・サ変　一定の方法で物事を研究する学問一般。サイエンス。例自然科学　人文科学　科学技術　科学的考察　科学する心

参考　二つのカガクを区別するため、「化学」を特にバケガクと読むことがある。

かかずらう　自動【係・拘】

▲係　⇩かな　縁が切れないで、つながりを持つこと。例現世に係う　係ってはいられない

▲拘　⇩かな　めんどうなことが気にかかって、問題になること。例細目に拘う　裁判に拘う

かがみ　名【鑑・鏡】

▲鑑　⇩かな　物事のよりどころとなるりっぱな物事。例武士の鑑　孝子の鑑　女鑑（おんなかがみ）

鏡　光の反射を利用して物を映して見るカガミ。例鏡に映す　鏡の間　手鏡　鏡板　正月の鏡餅（かがみもち）

かかり　名【掛・係】

掛　ほかの仕事をしないで、その仕事だけ

を行うこと。例出札掛　発送掛　浄書掛

係　全体の仕事のうち、割り当てられた仕事を行うこと。例進行係　調査係　係官　係り検事

かかる　自動【架・課・掛・係・懸・罹】

架　二つの物の間にまたがること。例電線が架かる　橋が架かる

▲課　⇩かな　行わなければならない仕事が割り当てられること。例税金が課かる　兵役が課かる

掛　物の上に置くこと。物事が必要になること。物事を始めること。例カバーが掛かる　迷惑が掛かる　襲い掛かる　一週間掛かる　一万円掛かる　手数が掛かる　仕事に掛かる　医者に掛かる

係　特別の関係になること。例本件に係る訴訟　議員提出に係る法案　係り合う

懸　結んで離れないようになって下がること。例月が中天に懸かる　責任が双肩に懸かる　優勝が懸かる　気懸かりなこと

×罹　⇩かな　好ましくない状態になること。例病気に罹る　盗難に罹る

注意「かかる」の送り仮名は、旧表記では「る」だけであった。現代表記で「かる」と送るのは、「かける」を「ける」と送るのに合わせたものである。「係・罹」にはこのような対応がないので、送り仮名も活用語尾の「る」だけになる。ただし、現代表記でも、「架る・係る・掛る・懸る」のように、「か」を省く送り仮名が許容されている。

かかわる　自動【関・係・拘】

関　ある事柄と関係をもつこと。例何の関わりもない「係」に同じ。

▲係　⇩かな　特別の悪い関係になること。例命に係わる　体面に係わる　名誉に係わる　沽券(こけん)に係わる

▲拘 ⇩かな 必要以上に問題にすること。例拘るところなく　晴雨に拘らず出発する

注意「係わる」の送り仮名は、「かかる」と読まれることを防ぐため、旧表記でも「わる」と送るのが一般的であった。「関・拘」にはこのような誤読が起こらないため、送り仮名も活用語尾の「る」だけであったが、「関」が常用音訓に採用される際、「係」に準じて「わる」と送るようになった。

カキ 名【夏季・夏期】

夏季 一年を四つに区切ったうちの一つとしてのナツの間。例夏季の水泳大会　夏季休業　夏季渇水

夏期 一定の尺度で日や月のまとまりを一区切りと定めたうちのナツの分。例夏期の講習会　夏期休暇　夏期大学　夏期手当

かき 名【垣・牆】

垣 家の周りの囲い。例垣を巡らす　垣根　生け垣

×牆 ⇩かな 一定の囲いの中。例兄弟(けいてい)牆に鬩(せめ)ぐ

かぎ 名【鍵・鉤】

鍵 錠を開けたり閉めたりするときに用いるカギ。例鍵を掛ける　鍵を預かる　鍵の穴　合い鍵　解決の鍵を握る

×鉤 ⇩かな 先の曲がったやや長い形のもの。例鉤に掛ける　鉤で引っ掛ける　鉤の手に曲がる　鉤形に書く　手鉤(てかぎ)

カギョウ 名【家業・稼業】

家業 その家で代々受け継いできた仕事。例家業を継ぐ　家業を疎(おろそ)かにして遊ぶ　魚屋を家業とする人　家業専従者

稼業 生活するために行う仕事。例稼業に精を出す　稼業を持たないで遊ぶ　百姓稼業

は辛い

カク 語素【画・劃】

画 境や手順を作ること。境を作るようにして線を書くこと。また、そのようにして書いた線。例図形を画する 画一的 計画 参画 画策 字画 点画 漢字の画数 一点一画

劃 ⇩画 鋭い刀などで境を付けて分けること。例時代を劃する 区劃 企劃 劃期的 劃然

参考「画（えがく）」も「劃（くぎる）」も、「境をつくる」点では同じ意味を持っている。そのため、旧表記でも、「企劃・企画」など、両様に書かれるものがあった。これを他にも及ぼし、「劃」を、同音で意味の似ている「画」に書き換えるのが現代表記である。

カク 語素【格・挌・骼】

挌 ⇩格 手で打ち合うこと。例挌闘

骼 ⇩格 動物を組み立てている骨。例骨骼

参考「挌」は「うつ」意味、「骼」は「ほねぐみ」の意味。「挌ハ、通ジテ格ニ作ル」とされている。そのため、「挌闘」は、「格闘」とも書かれていた。「骼」も、「骨骼」の場合に「骨格」とも書かれていた。これらのうち、「格」のほうを用いるのが現代表記である。

カク 語素【郭・廓】

郭 都市や城の外囲い。例郭外 郭中 城郭

廓 ①⇩郭 都市や城の外回り。物の外回り。例外廓 遊廓 輪廓 ②大きいようす。例廓大

参考「廓ハ、アルイハ郭ニ作ル」とされている。そのため、①の意については旧表記でも、「外廓・外郭」「輪廓・輪郭」など、両様に書か

れていた。これを他にも及ぼし、「廓」を、同音の「郭」に書き換えるのが現代表記である。

カク 語素 【確・恪】

恪(×) 心でよく気を付けて仕事を行うこと。例恪守　恪勤

参考「恪」は「しっかり」の意味、「確」は「たしか」の意味。そのため、旧表記では、「恪守」も「確守」も同じような意味に用いられていた。

カク 語素 【獲・穫】

獲 動物などを捕まえて自分のものにすること。例捕獲　漁獲高　漁獲量　獲得

穫 穀物などを集めて自分のものにすること。例収穫　多穫農業

カク 語素 【獲・攫】

攫(×) ⇩獲　手でつかみ取ること。例一攫千金

参考「攫」は「つかむ」意味、「獲」は「える」意味。「一攫千金」を「一獲千金」と書くのは、本来は誤りである。ただし、この場合、「攫」を、同音で意味の似ている「獲」に書き換えるのが現代表記である。

かく 他動 【画・書・描】

画(▲) ⇩かな　形そのままを写して残すこと。例模様を画く　製図を画く

書 文字を見えるようにして残すこと。例文字を書く　氏名を書く　手紙を書く　文章を書く　符号を書く　表(ひょう)を書く　書き取る

描 形を似せるように写して残すこと。例油絵を描く　肖像を描く

カクサ 名 【格差・較差】

格差 段階を付けた場合にできる違い。例格差を付ける　企業格差を是正する　学校格

差

較差　二つ以上の物事を比べてみたときの違い。例較差がある　不当な較差を是正する　業種間の較差　温度較差

参考　二つのカクサを区別するため、「較差」を特にコウサと読むことがある。

カクシュ　名・サ変【確守・恪守】

確守　言われたことをしっかりと行うこと。例方針を確守する　命令を確守する

×恪守　行うべきことをつつしんで正しく行うこと。例父の遺志を恪守する　本分を恪守する

参考「確」は「たしか」、「恪」は「しっかり」の意味。「守」は「まもる」意味。そのため、「確守」と「恪守」は、旧表記でも同じような意味に用いられていた。

ガクシュウ　名・サ変【学習・学修】

学習　学問や技術を勉強して身に着けること。例英語を学習する　裁縫の学習　学習指導要領

学修　一定の学問や技術を勉強し終わること。例学修すべき課程　学科の学修　学修単位

かくす　他動【隠・匿】

隠　「顕」の対。物事を見えないようにすること。例姿を隠す　隠し立て

▲匿　⇩隠　物事を人に知られないようにすること。例名を匿す　逃亡者を匿す　犯人を匿す

カクゼン　形動【画然・確然】

画然　物事の区別が、はっきりと定まっているようす。例画然と分かれる　画然たる特徴　明暗画然

確然　物事の状態が、しっかりと定まって

いるようす。例確然と守る　確然たる志　高志確然

参考「画然」は、旧表記「劃然」の「劃」を、同音で意味の似ている「画」に書き換えた現代表記である。

かくれる 自動【隠・崩】

隠　「顕」の対。物事が見えないようになること。例木陰に隠れる　人込みに隠れる　月が雲に隠れる　雲隠れ　隠れて住む　隠れ家

崩　⇩かな　身分の高い人が死ぬこと。例天皇がお崩れになる

かげ 名【陰・蔭・影】

陰　物の裏側に当たるところ。例山の陰　島陰に隠れる　陰の声　陰弁慶　陰口　陰ながら

蔭　⇩かな　いろいろ有利に取り計らってもらうこと。例先生のお蔭で　お蔭様で　お蔭を被る

影　光によってできた物の形。また、物の形そのもの。例影が映る　影武者　月の影　影を隠す　影が薄い　影も形も見えない　人影　影絵

かける 他動【架・課・掛・懸・賭】

架　二つの物の間にまたがらせること。例電線を架ける　橋を架ける

課　⇩かな　行わなければならない仕事を割り当てること。例土地に税金を課ける　兵役の義務を課ける

掛　物の上に置くこと。物事をそれに当てること。例腰を掛ける　壁に掛ける　カバーを掛ける　迷惑を掛ける　保険を掛ける　立て掛ける　一か月掛ける　一万円掛ける　手間を掛ける

懸　結んで離れないようにして下げること。例賞金を懸ける　気に懸ける　思いを懸ける

命を懸けて

賭　勝った人が受け取る約束で、金や物を出すこと。例金品を賭ける　賭け事　賭けで負ける

かける　自動【駆・駈・翔】

駆　「駈」に同じ。

×駈　⇩駆　人や動物が速く走ること。例子供が駈ける　馬が駈ける　駈け付ける　駈け足　駈け引き　抜け駈けの功名　駈け出しの記者

×翔　⇩かな　鳥などが空を自由に飛ぶこと。例青空を翔ける鳥　大空を翔ける旅客機

かげる　自動【陰・翳】

陰　本来は「かげ（物の裏側）」。

×翳　⇩陰　光が届かなくて暗くなること。例日が翳る　辺りが翳る　八分通り翳る　照り翳り

カコク　名・形動【過酷・苛酷】

過酷　情けを掛けない程度が非常にひどいこと。例過酷な手段　過酷に罰する

苛酷　ひどくいじめて苦しめること。例苛酷な課税　人民を苛酷に扱う

参考　「過」は「度をすごす」意味、「苛」は「いじめくるしめる」意味。「酷」は「むごい」意味。「苛酷」を「過酷」と書くのは、本来は誤りであったが、以前は「苛」が常用漢字でなかったため「苛」を、同音の「過」に書き換えて用いたためである。

かこつ　他動【喞・託】

×喞　⇩かな　小さい声で、いろいろと不平を言うこと。例憂き身を喞つ　喞つ相手もいない

▲託　⇩かな　満足できなくて悲しい気持ちになっている原因を、他の物に関係づけて言

うこと。例長雨を託つ　託ち寄せる　託ち顔で言う

かさ 名【暈・傘・瘡・笠】

暈 ⇩かな 太陽や月の周りにできる光の輪。例月の暈　暈を取る

傘 雨や日光を防ぐために手でさすカサ。例傘を差す　番傘　唐傘　日傘　相合い傘　松茸(まつたけ)の傘

瘡 ⇩かな 皮膚にできるできものなど。例頭に瘡ができる　瘡蓋(かさぶた)

笠 ⇩かな 雨や日光を防ぐために頭にかぶるカサ。例笠を冠(かぶ)る　編み笠　電灯の笠　笠に着る

かさなる 自動【重・累】

重 物の上に同じ物が次々と置かれること。例紙が重なる　岩が重なる　月日が重なる　行事が重なって出席できない　重なってよく見えない

累 ⇩重 同じことが何回も繰り返されること。例事件が累なる　犯行が累なる　不幸が累なる

注意「かさなる」の送り仮名を「なる」とするのは、「かさねる」を「ねる」と送るのに合わせたものである。

かさねる 他動【襲・重・累】

襲 ⇩重 着物の上に別の着物を着ること。例羽織を襲ねる　下襲(したがさね)

重 物の上に同じ物を次々と置くこと。例紙を重ねる　努力を重ねる　重ねて言う　重ね重ねのご親切　重ねの餅(もち)　重ねての日

累 ⇩重 同じことを何回も繰り返すこと。例事件を累ねる　犯行を累ねる

注意 名詞「襲(かさね)」は、旧表記では送り仮名を付けなかった。現代表記で「重」に書き換えた場合に「重ね」と「ね」を送るのは、動詞「重ね

る」が名詞に転じた形とするからである。

かじ 名【楫・舵・梶】

楫 ⇩かな 舟をこぐために用いる口やカイ。例楫を漕(こ)ぐ　楫の音

舵 ⇩かな 舟の進む方向を変える装置。例舟の舵　舵を取る　面舵(おもかじ)　取り舵

梶 ⇩かな 車を引くために前に付けた棒。例人力車の梶　梶を上げる　梶棒

かしこい 形【畏・賢】

畏 ⇩かな 目上に対して、敬うべきものとして特別の気持ちを持つようす。例申すも畏い　畏くも天皇陛下におかせられては

賢 頭が良くて、物事がいろいろできるようす。例賢い子供　賢く立ち回る　悪賢い

かしずく 自動【侍・傅】

侍 ⇩かな 主人として尊敬し、守り仕えること。例主君に侍く　忠臣に侍かれる　長者の家に侍く　夫に侍く　侍き仕える

傅 ⇩かな 子供などを大切にし、守り育てること。例幼君に傅く　忘れ形見に傅く　傅き育てる

注意 旧仮名遣いは「かしづく」であるが、現代仮名遣いは、本則に従って、「かしずく」となる。

カジュウ 名、サ変、形動【加重・過重・荷重】

加重 名・サ変 「軽減」の対。そのものの持っている重さに、さらに別の重さを増やすこと。例負担を加重する　要件を加重する　加重平均　加重犯

過重 名・形動 普通の状態より非常に重くなること。例負担が過重になる　過重な労働　過重な受験勉強

荷重 名 全体に掛かる重さそのもの。例トラックの荷重　柱に掛かる荷重　荷重に耐

える

カショウ　名・形動【過小・過少・寡少】

過小　「過大」の対。物事の程度が、非常にチイサイこと。例過小な資本　過小評価

過少　「過多」の対。物事の分量が、非常にスクナイこと。例過少な金額　過少申告

寡少　「衆多」の対。物事の数がスクナイこと。例寡少な勢力　寡少労働力

かす　名【滓・糟・粕】

滓　⇩かな　良い部分を取り去ったあとに残るもの。例滓が溜(た)まる　人間の滓　滓侍　滓野郎　滓も同様

糟　⇩かな　酒の元から酒を搾り取ったあとに残るもの。例酒の糟　酒糟

粕　⇩かな　液体を搾り取ったあとに残るもの。例豆の粕　油粕　味噌(みそ)っ粕　搾り粕　板粕

かす　他動【仮・藉・貸】

仮　「藉」に同じ。

藉　⇩仮　必要とするものをそのときだけ与えること。例日時を藉す　藉すに時をもってする　耳を藉す

貸　「借」の対。自分のものをそのときだけ使わせること。例金を貸す　一夜の宿を貸す　貸し出す

参考　「仮す」の場合は、「仮」を音読してサ行に活用させたもので、「仮」の訓ではない。

かすか　形動【微・幽】

微　⇩かな　物の分量が非常に少ないようす。例微かにある　微かに持っている　微かに笑う　残り微かになる　微かな財産　微かな希望

幽　⇩かな　物がはっきり感じられないようす。例幽かに見える　幽かに聞こえる　幽

かに光る　幽かな影　幽かな音　幽かに生きている

カする 他動 【科・課】

科　法律に従って刑罰を与えること。例刑を科する　懲罰を科する　制裁を科する

課　行わなければならない仕事を割り当てること。例労務を課する　租税を課する　制限を課する

かする 他動 【擦・掠】

▲擦　⇩かな　軽く触って削り取ること。例転んで腕を擦る　擦り傷　上前(うわまえ)を擦る

×掠　⇩かな　通り過ぎるときなどに軽く触ること。例風が頰(ほお)を掠る　掠り取られる

かぜ 名 【風・風邪】

風　空気が動くことによって起こるカゼ。例風が吹く　風の神　子供は風の子

風邪　病気としてのカゼ。例風邪を引く　風邪薬

参考「風邪」を「かぜ」と読むのは、常用漢字表の付表の中に掲げられている表内訓である。

カセツ 名 【仮説・仮設】

仮説　物理学や化学でいろいろな現象を統一的に説明するために作る理論。例仮説を立てる　説明するための仮説　アボガドロの仮説

仮設　数学や論理学で物事が成り立つための元になる条件。例仮設と証明　命題の仮設

カセツ 名・サ変 【仮設・架設】

仮設　建物などを永久的でなく、臨時に造ること。例仮設の小屋　仮設の設備　病院を仮設する

架設　一方から他方へ渡してつなぐこと。例鉄橋を架設する　電線を架設する　電話架

設費

カソウ　**名・サ変**　**【仮想・仮装】**

仮想　そうならないかもしれないが、そうなった場合のことを考えること。例こうなると仮想した場合　仮想敵国

仮装　ふだんの姿と違う姿をそのときだけすること。例仮装して踊る　仮装行列　仮装巡洋艦

かぞえる　**他動**　**【算・数】**

▲算　⇩数　全体のカズを調べること。例日を算える　年を算える　挙げて算うべからず　算え方

数　一つ一つ並べて、カズを調べること。例友を数える　数え入れる　数え上げる　数え立てる　数え歌　数えのうちに入る

カタ　**名・形動**　**【過多・夥多】**

過多　「過少」の対。物事が必要以上にあること。例人口が過多になる　胃酸過多　疲労過多

×夥多　⇩過多　物事が非常にたくさんあること。例費用が夥多になる　要員夥多

参考「過」は「すぎる」意味、「夥」は「おびただしい」意味。それに「多（おおい）」を組み合わせた「過多」と「夥多」は、別の意味の語である。しかし、「人口」などについては、「多すぎる」とも「非常に多い」とも考えられるので、旧表記で「過多」とも「夥多」とも書かれていた。これを他の場合にも及ぼし、「過多」に統一して用いるのが現代表記である。

かた　**名**　**【形・型】**

形　目に見える物のカタチ。例波形　山形　袋形　髪形　自由形　柔道の形　跡形もない　大形の模様

型　一つ一つの物のカタチをこしらえる元

になるもの。例自動車の型　時計の型　舞踊の型　血液型　鋳型　大型の車　うるさ型　型に嵌(は)める　型のごとく

かたい　形【堅・固・硬・難】

堅　「脆」の対。中まで詰まっていて形が変わらないようす。例堅い材木　堅炭　志が堅い　身持ちが堅い　堅い話　手堅い商売　義理堅い　堅苦しい

固　全体が強くて形が変わらないようす。例固い革　結束が固い　固い決心　固い信念　固く練る　固練り白粉(おしろい)　固く信じる　頭が固い

硬　「軟」の対。力を加えても形が変わらないようす。例硬い土　硬い表現　表情が硬い

難　「易」の対。物事を行うのがムズカシイようす。例理解し難い　難きを強いる

参考「難き」は文語であるが、これも表内訓である。

かたがわり　名【肩代・肩替】

肩代　仕事や負債を持っている人が行わなければならないことを、ほかの人が行うこと。例仕事の肩代わりをしてもらう　借金の肩代わり

肩替　⇩肩代　仕事や負債を持っている人が辞めて、そこにほかの人が入ること。

参考「代」は「他の役をする」意味、「替」は「いれかわる」意味。カタガワリは、本来は駕(か)籠(ご)を担ぐ人が交替する意味であったが、その場合にも「肩代わり」「肩替わり」が、同じ意味に用いられていた。今は、字画の少ない「肩代わり」を用いるのが一般的である。

かたき　名【仇・敵】

仇×　⇩敵　自分が深い恨みを持っている相手。例親の仇　仇を捜す　猿と犬は仇同士

敵　争い事を行うときの相手。例年来の敵

敵の軍勢　敵として不足はない　源氏と平家は敵同士

かたじけない　形【▲辱・×忝】

▲**辱**　⇩［かな］役に立つことをしてもらって、ありがたく思うようす。例ご親切辱い　万事辱い　辱く頂く

×**忝**　⇩［かな］目上に対してありがたいと思って、特別の気持ちを持つようす。例忝くも家臣の屋敷においでいただく　忝くも天皇陛下には

かたち　名【形・▲貌】

形　物の持っている姿。例山の形　耳の形　形になる　影も形もない

▲**貌**　⇩形　物の全体のありさま。例顔の貌　満足の貌　強い風の吹く貌　貌を言葉で表す

かたどる　自動【▲象・▲模】

▲**象**　⇩［かな］形のない物事を形で見えるようにすること。例信条に象る七つの星　国の理想に象る国旗

▲**模**　⇩［かな］物事の形に似せてこしらえること。例山影に模る大作　紋所に模る模様

かたまり　名【塊・固】

塊　形を持っているが、さらに小さく分けることができるもの。例土の塊　欲の塊

固　小さいものが集まって一つの形になったもの。例学生の固まり　汗の固まり

［注意］「固」の場合は、動詞「固まる」から転じた名詞として、送り仮名「まり」を付ける。「塊」は、本来の名詞として、送り仮名を付けない。

かたよる　自動【偏・片寄】

偏　正しい状態でなくなること。例針が右に偏る　思想が過激に偏る　栄養が偏る　知

識が偏っている　偏った取り扱い

片寄　真ん中から外れて一方に集まること。例隅に片寄る　人口が都会に片寄る

かたる　他動【語・騙】

語　物事を言葉で順序よく伝えること。例経緯を語る　語るに落ちる　語り合う　語り草　講談の語り口

騙　⇩かな　人をダマシテ金や物を取り上げること。例人を騙る　金を騙られる　例の騙り口にやられる

かたわら　名、副【側・旁・傍】

側　⇩傍　名　物の横のほうのところ。例道の側ら　机の側らに置く　側らに座る

旁　⇩傍　「傍」に同じ。

傍　①名　物のあるそばのところ。例家の傍ら　松の木の傍らに植える　傍らに集まる　②名・副　同時に行うことを表すことば。例仕事の傍ら、ラジオを聴く　会社へ勤める傍ら、学校へ通う　勉強もするし、傍ら野球もする　稼ぐ傍らから使ってしまう

注意「かたわら」は、読みやすくするため、特に最後の音節「ら」を送り仮名とする。

カタン　名・サ変【加担・荷担】

加担　味方になって、力を添えること。例弱者に加担する　敵側に加担する

荷担　力を貸して助けること。

参考　カタンは「一緒に荷物をかつぐ」意味で、「経典を荷担して下向する」などと用いた語であり、その意味で「加担」と書くのは誤りである。それが、「力を貸して助ける」意味になり、「加勢」「加護」などとの関連から、「加担」とも書かれるようになった。今は、新しい意味に合う「加担」が一般的である。

カッ 語素 【格・恰】

恰　⇩格　ちょうどそのように思うようす。例恰好

参考 ㊀「恰好」は、本来「ちょうどよいように思うようす」で、「恰好な品」のように用いた語である。それが、「ちょうどよい形」「形そのもの」の意味になり、「恰好がよい」などと用いるようになった。そこで、全体の意味を考え、「恰（あたかも）」の部分を、同音の「格（正しい標準）」に書き換えるのが現代表記である。㊁「恰」の音はコウ（旧仮名遣いカフ）、「格」の音はカク。その「フ」「ク」が、詰まる音「ッ」に変わった。こうして同音になるのが、「恰好」「格好」である。

カツ 語素 【括・轄】

括　物事を一つにまとめること。例一括　包括　統括　総括　概括

轄　上に立って仕事を取り締まること。例管轄　所轄事務　所轄署　直轄地

注意「統括・統轄」「総括・総轄」については、「まとめる」か「とりしまる」かで使い分けることもあるが、今は、あまり区別なく「統括・総括」と表記することが多い。

カツ 語素 【活・濶】

カイカツ〔快活・快闊〕（九三ページ上段）を見よ。

かつ 自動 【克・勝】

克　⇩かな　したいことをしないように強く抑えること。例欲望に克つ　己(おのれ)に克つ　悲しみに克つ

勝　①「負」の対。競技や戦争で敵を破ること。例敵に勝つ　試合に勝つ　勝ち負け　②その傾向が強く現れること。例赤みの勝った茶色　食い気が勝つ　勝ち気な女

かつえる 自動【餓・飢・饑】

▲餓 ⇩かな 食べ物が食べられなくて苦しい思いをすること。例病重くて餓える　飢えても餓えず

▲飢 ⇩かな 食べ物が少なくて苦しい思いをすること。例糧食に飢える　飢えて死ぬ　文化に飢える

×饑 ⇩かな 「飢」に同じ。

カッコ 形動【確固・確乎】

確固 しっかりとしていて動かないようす。例確固たる信念　確固自守

確×乎 ⇩確固 しっかりとしているようす。例確乎として動かず　確乎不抜

参考「乎」は、副詞化する接尾辞。「確」の下にこれを付けた「確乎」は、「確（たしか）」の意味を副詞化する。「確固」のほうは、「確」と「固（かたい）」という、同じ意味の字を重ねた語。いずれも同じような意味を持っているため、これを「確固」に統一して用いるのが現代表記である。

かつて 副【×嘗・×曾】

×嘗 ⇩かな そういうことが過去に行われたことがあるようす。例嘗て渡来したとき　嘗て読んだことがある　嘗ての事件

×曾 ⇩かな そういうことが過去に一度も行われたことがないようす。（下に打消のことばが来る）例曾て見たこともない　未だ曾て

カテイ 名【過程・課程】

過程 物事が進んでいく途中の段階を幾つかに分けた場合の一つ一つの変化。例生産の過程　一定の過程を経る　衰微の過程を辿る　思考過程

課程 物事を教えていく途中の段階を幾つ

かに分けた場合の一つ一つの段階。［例］小学校の課程　所定の課程　三か年の課程　課程を修了する　教科課程

かど　名【角・門・廉】

角　物の端のとがっているところ。［例］机の角　角を曲がる　角の店　角が立つ　角が取れる　角を丸める　角張る　街角　曲がり角　角石（かどいし）

門　家の囲いの出入り口。［例］門を広げる　笑う門には　門口　門松　門ごとに　お門違い　門出を祝う

▲廉　⇩［かな］　問題にする理由を表すことば。［例］違反の廉で罰金を課せられる　この廉によって

カドウ　名・サ変【可動・稼働】

可動　動くことができること。［例］可動の車両数　ラッシュ時の可動車　可動性　可動起重機

稼働　動かして役に立つようにすること。［例］稼働の施設　車両の稼働率　稼働日数　稼働人口

カドウ　名【花道・華道】

花道　⇩華道「華道」に同じ。古くはこれを用いた。

華道　イケバナの総称。［例］華道の流派　華道の師匠

かなう　自動【叶・協・適・敵】

×叶　⇩［かな］　思うとおりになること。［例］望みが叶う　願いが叶う　心に叶う　願ったり叶ったり　行くこと叶わず　叶わぬ恋　叶わぬこととは知りながら

▲協　⇩［かな］　「叶」に同じ。

▲適　⇩［かな］　ちょうどよく合うこと。［例］目的に適う　趣旨に適う　御意（ぎょい）に適う　道理に

適う

▲敵 ⇩[かな] 争う相手としてちょうどよいこと。[例]とても敵うものではない　敵う者なし　敵わぬ相手

かなしい 形【哀・愛・悲】

▲哀 ⇩悲　心に感じて特別の趣があるようす。[例]哀しい秋　物哀しい月

▲愛 ⇩[かな]　恋し合う男女の間などに特別の気持ちが起こるようす。[例]愛しい姫君　愛しい妻を失う

悲　不幸などに遭って泣きたくなるようす。[例]悲しい話　悲しい目に遭う　悲しい境遇　悲しい別れ　悲しいことには　悲しみに沈む　物悲しい毎日

かね 名【金・鉄】

金 ①キン・ギン・ドウ・テツなど。[例]黄金(こがね)　金物(かなもの)　金仏　②貨幣などのこと。[例]お金で買う　金に目が眩(くら)む　金に糸目を付けない　金ずくで入手する

▲鉄 ⇩[かな]　特にテツのこと。[例]鉄の橋　鉄の草鞋(わらじ)

[注意] クロガネ・アカガネ・シロガネは、旧表記で「鉄・銅・銀」と書いた。現代表記では、平仮名で書く。

かね 名【鉦・鐘】

×鉦 ⇩[かな]　下に置いておいて、たたくカネ。[例]鉦を叩(たた)く　鉦と太鼓で探す　念仏の鉦

鐘　上につるしておいて、打つカネ。[例]鐘を突く　鐘の音(ね)が響く　夕暮れの鐘　早鐘(はやがね)を打つ

カネツ 名・サ変【加熱・過熱】

加熱　物の持つ温度を上げること。[例]水を入れて加熱する　電気による加熱　加熱した液体　加熱分解

過熱　物の温度が必要以上に上がること。例アイロンが過熱する　過熱したエンジン　景気の過熱

かぶる　他動【冠・被】

▲冠　⇩かな　物を頭の上に形よく置くこと。例帽子を冠る　頭巾(ずきん)を冠る　冠り物

▲被　⇩かな　物を全体の上に置いて覆うこと。例毛布を被る　お面(めん)を被る　水を被る　火の粉を被る　責任を被る　罪を被る　頰被(ほおかぶ)り　猫被(ねこかぶ)り

かま　名【罐・釜・窯】

▲罐　⇩かな　水を蒸気として利用するときに用いるカマ。例機関車の罐　暖房用の罐　蒸気罐

釜　飯を炊くときなどに用いるカマ。例同じ釜の飯　茶釜　飯炊き釜　湯沸かし釜　釜(かま)茹(ゆ)で　釜揚

窯　高温で処理するときなどに用いるカマ。例炭を焼く窯　煉瓦(れんが)の窯　セメント窯

参考　常用漢字表では「缶（罐）」（罐は缶の旧字）と掲げられているが、例欄はカンヅメの意味に限られている。

かまびすしい　形【喧・囂】

×喧　⇩かな　声が大きくて我慢できないようす。例喧しい叫び　蟬(せみ)の声が喧しい　喧しく怒鳴る　喧しく練り歩く　喧しい宣伝

×囂　⇩かな　音が大きくて我慢できないようす。例囂しい騒音　囂しい爆音　囂しく鳴り渡る

かむ　他動【咬・噛・嚼】

×咬　⇩かな　上下の歯を動かして、傷を付けること。例犬が人を咬む　ライオンに咬まれる　咬み傷

×噛　⇩かな　間に入れて、上下の歯を動かか

すこと。例歯で噛む　噛んで切る　下唇を噛む　物を噛み分ける　歯車が噛み合う　岩を噛む波

×嚼　⇩かな　繰り返し歯を動かして、切り砕くこと。例嚼みに嚼む　嚼んで吐き出す　嚼んで含める

かめ　名【×甕・▲瓶】

×甕　水や酒を入れる大きなカメ。例甕に水を蓄える　紺屋の甕　甕の中に住む人

▲瓶　酒・酢・塩などを入れる小さなカメ。花を生けるのにも用いた。例酒を甕から瓶に移す　瓶を舐（な）める　骨壺（こつつぼ）の瓶　花瓶（はながめ）

参考「瓶」のほうは「びん」と読むようになったため、カメに対しては、旧表記でも「甕」が一般的であった。

カモク　名【科目・課目】

科目　①教える内容を幾つかに分けた一つ一つの単位。例文学部の科目　選択科目　②物事を幾つかに分けた一つ一つの項目。例予算科目　勘定科目

課目　税金をかける場合の一つ一つの項目。例課税の課目　法定課目　課目価額

注意「課目」には「習得しなければならない項目」の意味もあり、「教練の課目」などと用いたこともあったため、現在では、本来の「科目」の意味で「課目」と書くことも多くなっている。

かや　名【×萱・×茅】

×萱　⇩かな　ススキ、チガヤ、スゲなどを含めたカヤ一般。例萱の茂る河原（かわら）　萱の茂み

×茅　⇩かな　屋根をふくのに用いるチガヤ。例茅の軒端　茅で葺（ふ）く　茅葺きの家

参考「萱」は、本来はユリ科の植物ワスレグサだとされているが、旧表記で「かや」と読まれていた。

かや 名【蚊帳・蚊屋】

蚊帳 蚊を防ぐために寝床を覆う布製のカヤ。例蚊帳を吊(つ)る　麻の蚊帳　枕(まくら)蚊帳

蚊屋 ⇩蚊帳　語源的には「蚊を防ぐ屋」であるために用いられた語。

参考「帳」は「とばり」の意味。「蚊帳」を「かや」と読むのは熟字訓であるが、常用漢字表の付表の中に掲げられている表内訓である。

から 名【殻・空】

殻 貝や実などの外側を覆っている固い部分。例殻を破る　卵の殻　枝豆の殻　裳(も)抜けの殻　抜け殻　貝殻　籾殻(もみがら)

空 中にあるべきものが何もないこと。例空の車　空の財布　空箱　空騒ぎ　空元気　空手で帰る

からい 形【鹹・辛】

×鹹 ⇩辛　シオのような味が強いようす。例鹹い海水　鹹い塩魚　鹹く煮る　塩鹹い

辛 トウガラシのような味が強いようす。例辛い山葵(わさび)　点が辛い　辛くも勝った　辛うじて逃れた

かり 名【狩・猟】

狩 ①人や動物を見付けて捕まえること。例野犬狩り　暴力団狩り　山狩り　②自然の中を探して、物を取ったり、花などの美しさを楽しむこと。例松茸(まつたけ)狩り　潮干狩り　紅葉狩り

▲猟 ⇩狩　特に野生の鳥や獣を、追い回して捕まえるときに用いることがある。例猟りに行く　兎(うさぎ)猟り

かりそめ 名、副【仮初・苟且】

仮初 名　永久でなく、ほんのしばらくの間のこと。例仮初の宿　仮初の恋　仮初の親

子　仮初の言葉　仮初に許す　仮初ながら　仮初事

×苟▲且 ⇩[かな] **副** たとえほんのしばらくの間でも。[例]苟且にも怠ってはならない　苟且にも見えなくなれば　苟且にも帰郷したからには

カリョウ **名**【**科料・過料**】

科料 刑法に掲げられた財産刑の一つで、刑として最も軽いもの。[例]拘留又は科料　科料を完納する　科料に当たる罪

過料 法律や規則を守らせるために設けた金銭罰。[例]過料の規定を設ける　懲戒罰としての過料

[参考]「科料」をトガリョウ、「過料」をアヤマチリョウと読んで、区別することがある。

かりる **他動**【**藉・借**】

×藉 ⇩[かな] 他のものの助けを受けること。[例]口を藉りる　名を藉りる　命(めい)を藉りる

借 「貸」の対。他人の物をそのときだけ使わせてもらうこと。[例]金を借りる　一夜の宿を借りる　人手を借りる　借り入れる　貸し借り

かる **他動**【**刈・駆・狩**】

刈 生えている植物などを、切って集めること。[例]稲を刈る　頭を刈る　刈り入れる　刈り株

駆 人や動物を、追い回して働かせること。[例]馬を駆る　馬車を駆って行く　囚人を駆り立てる　投票に駆り出す　思いに駆られる　好奇心に駆られる

狩 野生の鳥や獣を、追い回して捕まえること。[例]猪(いのしし)を狩る　狩り場　獲物を狩り出す　狩り込み

かれる　自動【枯・涸・嗄】

枯　木や草の元気が無くなること。例木が枯れる　枯れ草　枯れ薄(すすき)　冬枯れ

×涸　⇩かな　水が無くなること。例水源が涸れる　財源が涸れる　夏涸れ

×嗄　⇩かな　声がかすれること。例声が嗄れる　嗄れ声で話す

注意「深い味わいを持つようになる」意味のカレルは、「枯れる」と書く。例芸が枯れる　枯れた趣

かわ　名【河・川】

河　①⇩川　外国のカワ。また、その名称に付ける接尾辞。例セーヌ河　アマゾン河　天の河　三途(さんず)の河　②固有名詞的なものでカワの文字を書くもの。例河太郎　白河夜舟(よふね)　三河(みかわ)万歳

川　①山の間の水が流れているところ。例川の水　谷川　川上　川風　②日本のカワ。また、その名称に付ける接尾辞。例北上川　江戸川

かわ　名【革・皮】

革　獣の表面を覆っている部分の毛を取り除いて柔らかくしたもの。なめしがわ。例革の靴　革鞄(かばん)　革で綴(と)じる　革具　鞣(なめ)し革

皮　動物や植物の表面を覆っている部分。けがわ。例虎(とら)の皮　木の皮　果物の皮　饅頭(まんじゅう)の皮　面(つら)の皮　化けの皮　皮を剝(は)ぐ　毛皮

かわく　自動【渇・乾・燥】

渇　「飢」の類。水分が非常に欲しい状態になること。例喉(のど)が渇く　渇きを覚える

乾　「湿」の対。水分が無くなって本来の形に戻ること。例干し物が乾く　乾いた土

▲燥　⇩乾　「潤」の対。含まれている水分が少なくなること。例空気が燥く　板が燥く

かわら 名【河原・川原】

河原　大きな川の両側の、いつもは水の流れていない部分。例河原で遊ぶ

川原　⇩河原　小さな川の両側の、いつもは水の流れていない部分。

参考 一「河」と「川」をカワの大小によって書き分けたこともあるため、その点から「河原」と「川原」を書き分けることもある。また、「河原」と書けば、京都の賀茂川のカワラを指したこともある。二常用漢字表の付表の中には、「河原」も「川原」も「かわら」として掲げられているから、いずれも表内訓である。ただし、一般的には、「河原」のほうが用いられることが多い。

かわる 自動【換・更・替・代・迭・変】

換　物が相手に渡って、別の物が渡されること。例物が金に換わる　乗り換わる

▲更　⇩替　今までのものを捨てて、新しくなること。例免許証が更わる　契約が更わる

替　前の物事をやめて、別の物事が行われること。例商売が替わる　年度が替わる　二の替わり

代　別の物や人が、その役になること。例父に代わって言う　石炭に代わる燃料　米の代わりをする食糧

▲迭　⇩替　今までの担当者が辞めて、別の担当者が置かれること。例社長が迭わる　責任者が迭わる

変　前の状態とは違った状態になること。例色が変わる　位置が変わる　心変わり　変わった人

注意 一カタガワリは「肩替わり」とも書くが、「肩代わり」のほうが一般的。二「かわる」の送り仮名は、旧表記では「る」だけであった。現代表記で「わる」と送るのは、「かえる」を「える」と送るのに合わせたものである。ただ

し、現代表記でも、「換る・替る・代る・変る」のように、「わ」を省く送り仮名が許容されている。

カン　語素【干・旱】

旱×　⇩干　長い間にわたって雨が降らないために、土地の水気が無くなること。例旱天　旱害

参考　「旱」は「干（ひる）」にヒ（日）をかぶせたのが成り立ち。「ひでり」の意味の場合に、「旱」を、同音の「干」に書き換えることもある。

カン　語素【干・乾】

干　水が無くなること。例干潮　干拓　干天　干害

乾　「湿」の対。湿りけが無くなること。例乾燥　乾物　乾電池　乾板　乾杯

参考　現代表記の「干」は、「旱」の書き換えにも用いるため、本来の「干（ひる）」のほかに、「旱（ひでり）」の意味も持っている。

カン　語素【勘・堪】

勘　物事をよく考えて行うこと。例勘弁　勘案

堪　苦しみを我慢すること。例堪忍

カン　語素【換・喚】

換　物を相手に渡して、別の物を受け取ること。例交換　転換　換金　換算　換言すれば

喚　声を出して、相手を呼ぶこと。例召喚　喚問　喚声　喚起

カン　語素【喚・喊】

カンセイ〔歓声・喚声・喊声〕（一三二ページ下段）を見よ。

カン 語素【感・観・看】

感 物事に対して特別の気持ちを持つこと。例痛感　同感　反感　霊感　予感　感銘　感激　敏感　実感　音感　感心　感想　安心感　優越感　悲壮感

観 物事の実際をよく見ること。例観測　観察　観客　観点　参観　傍観　楽観　人生観　先入観

看 手をかざしてよく見ること。そばに付き添うこと。例看板　看取　看破　看病　看護

カン 名【感・勘・観】

感 物事に対して持つ特別な気持ち。例感に堪えない　感極まる　隔世の感がある　第六感

勘 五官では得られない特別な心の働き。例勘が鋭い　勘所(かんどころ)　勘違い

観 物事が持っている実際のありさま。例一大公園の観がある　別人の観を呈する

カン 語素【関・函】

×函 ⇩関　包んで中に入れること。例函数

参考「函」は「いれる」意味。したがって、「函数」という漢字の組み合わせからは、「対応して定まる数」という意味は出て来ない。「函数」については中国で function という原語の音 fun を、「函」の音カン（現代中国音 han）で写したものといい、これが日本に入ったもの。現代表記の「関数」は、全体の意味を「かかりあう数」と考え、「函」の部分を、同音で「かかりあう」意味の「関」に書き換えたものである。

カン 語素【管・環・還】

管 中が空いている長い輪。例鉄管　土管　鉛管　気管　血管　毛細管　試験管　管楽器

管状組織

環　輪の形になっているもの。例環状線
循環　環礁　金環　連環　環境

還　一回りしてまた元に戻ること。例還元
還付　還暦　返還　送還　償還　生還　帰還

カン　語素【歓・款】

歓　喜んで親切にすること。例歓を尽くす
歓待　歓談　歓喜　歓迎会　交歓会　歓楽街

款　①親しく付き合うこと。例款を通じる
②全体を分けた項目の単位。また、条文に分けて書き記したもの。例款項目　約款　定款
借款

参考「歓」は「よろこび」の意味、「款」は「よしみ」の意味。「歓待・款待」「歓談・款談」など両様に書かれるものもあるが、今は、「歓」のほうが一般的である。「款を通じる」は、むしろ「ひそかに敵に通じる」という、悪い意味に用いられている。

カン　名【罐・缶】

罐　⇩缶　ブリキ製の保存用のいれもの。
例罐を開ける　罐詰（かんづめ）　製罐業　空き罐

参考「罐」は漢音・呉音ともカン、「缶」は漢音フウ、呉音フ。この二字は本来別の文字であるが、常用漢字表では「缶（罐）」（罐は缶の旧字）と掲げられている。

カン　語素【観・瞰】

×瞰　上のほうから下を見下ろすこと。例会場を鳥瞰する　鳥瞰図

参考「瞰」は「みおろす」意味、「観」は「よくみる」意味。そこで、「瞰」を、同音で意味の似ている「観」に書き換えることが一時行われた。

カン　語素【簡・翰】

ショカン〔書簡・書翰〕（二七一ページ下段）

を見よ。

ガン 語素【岩・巌】

岩 堅く大きな石。例岩石　岩塊　岩礁　岩床　岩門　岩壁　岩塩　火成岩　石灰岩

巌 ⇩岩　イワのうち特に大きなもの。例巌穴　巌窟　巌頭　巌際　山巌

参考「巖」（巌はその俗字）は、「岩」の通用字とされている。そこで、「巌」も「岩」も同じに扱い、「巌」を、「岩」に書き換えることが行われた。

ガン 語素【眼・嵌】

ゾウガン〔象眼・象嵌〕（三二二ページ上段）を見よ。

カンガイ 名【干害・寒害】

干害 ひでりが続くことによって受ける農作物などの被害。例稲の実りを妨げる干害　夏の干害

寒害 順調でない寒さによって受ける農作物などの被害。例稲の生長を妨げる寒害　春の寒害

参考「干害」は、旧表記「旱害」の「旱」を、同音で意味の似ている「干」に書き換えた現代表記である。

かんがえる 自、他【勘・稽・考】

勘 ⇩考　他動　物事を頭の中で比べて調べること。例子供のことを勘える　身の上を勘える

稽 ⇩かな　自動　他の物事と比べて論を進めること。例情勢に稽えて　重要性に稽え

考 他動　物事を頭の中で理論的に進めていくこと。例問題を考える　考え合わせる　考え込む　考えを言う　考え方　考え物　考え違い

参考「稽」の場合には、今は、「鑑（かんが）

みる」という語を用いるのが一般的である。

カンサ　名・サ変　【監査・鑑査】

監査　行われていることについて、適当かどうかを調べて明らかにすること。例収支を監査する　監査で指摘される　監事の監査　会計監査　会社の監査役

鑑査　物事を一定の立場から調べて、本物かどうか、どれが優れているかなどを明らかにすること。例真偽を鑑査する　応募作品を鑑査する　鑑査で落ちる　搬入鑑査　美術展の鑑査員

カンサツ　名・サ変　【観察・監察】

観察　物事の状態や変化を注意深くよく見て考えること。例発育を観察する　動静を観察する　習性観察　観察記録　保護観察　観察者　観察眼　観察力

監察　詳しく調べて、悪いことをしていないかどうかを見張ること。例業務を監察する　行政を監察する　監察官　監察医

カンシ　名・サ変　【監視・看視・環視】

監視　行われていることについて、悪いことが起こらないように、いつも見張っていること。例業務を監視する　行動を監視する　監視人　監視網

看視　機械や設備について、正しく動いているかどうかを、いつも注意していること。例機械を看視する　間接に看視する　計器看視員

環視　物事の周りで、多くの人がそれをよく見ていること。例一行（いっこう）を環視する　衆人環視の中で

カンジ　名　【幹事・監事】

幹事　会合や集会に必要な世話を、主となって行う役目の人。例忘年会の幹事　審議会

の幹事　幹事を選出する　幹事役を務める　幹事長

監事　公益法人の財産や業務について、適当かどうかを調べて明らかにする役目の人。例社団法人の監事　監事を選任する　監事の監査　監事に代わる監督機関

カンジュ　名・サ変　【感受・甘受】

感受　物事に感じて、それを気持ちの上に表すこと。例刺激を感受する　感受性が強い

甘受　与えられた物事を、仕方がないとして受け入れること。例非難を甘受する　冷遇を甘受する

カンショウ　名・サ変　【干渉・関渉】

干渉　他人の事柄に立ち入って、自分の考えに従わせること。例選挙に干渉する　内政に干渉する　干渉を受ける　三国干渉　互いに干渉しない　音波の干渉

関渉　⇩干渉　他人の事柄に関係を持つこと。例他人と関渉する　他の部課と関渉する　互いに関渉がない

参考　「干」は「おかす」意味、「関」は「かかりあう」意味。それに「渉（さわりわたる）」を組み合わせた「干渉」と「関渉」は、別の意味の語であった。それが、法令用語では「干渉」に統一されたため、カンショウを、「干渉」と書くのが一般的である。

カンショウ　名・サ変　【鑑賞・観賞・観照】

鑑賞　芸術品をよく見て、その良さを味わうこと。例美術を鑑賞する　演劇の鑑賞　映画鑑賞会

観賞　自然をよく見て、その良さを楽しむこと。例山水を観賞する　観賞植物　菊花観賞会

観照　頭を働かせて、物事の本当の姿を明らかにすること。例現実を観照する　冷静に

観照する

カンシン　名、サ変、形動　**【感心・寒心・歓心・関心】**

感心　名・サ変・形動　ほめるべき物事に接して、心が強く動かされること。例行為に感心する　くだらないことに感心するな　感心なことをする　感心な子供

寒心　名・サ変　物事に対して、悪くならないかと心配すること。例寒心に堪えない　寒心すべき事態

歓心　名　よくしてもらったことに対して、心から喜ぶこと。例歓心を得る　歓心を買う　歓心を失う

関心　名　特定の物事に対して、特に心を引かれること。例関心を持つ　関心のある事柄　関心事

カンジン　名・形動　**【肝心・肝腎】**

肝心　肝臓と心臓のように、特に必要で大切なこと。例肝心のものがない　肝心な点　肝心要（かなめ）のこと

肝腎　肝臓と腎臓（じんぞう）のように、特に必要で大切なこと。

参考　「肝臓・心臓・腎臓」は、いずれも人体で特に大切なところ。それを組み合わせた「肝心」と「肝腎」は、同じ意味であったが、一時「肝心」に統一して用いられた。

カンセイ　名　**【歓声・喚声・喊声】**

歓声　非常に喜んだときに出す大きな声。例勝利の歓声　大成功の歓声　思わず歓声を放つ

喚声　普通は出さないような大きな特別の声。例群衆の喚声　デモの喚声に湧（わ）き立つ

喊声　⇩喚声　大勢で敵に向かって走るときに出す大きな声。例突撃の喊声　奇襲の喊声に驚く

参考 「喊」は「さけぶ」意味、「喚」は「わめく」意味。そこで、「喊」を同音で意味の似ている「喚」に書き換え、「喚声」に「喊声」の意味も含ませるのが現代表記である。

カンタイ　名・サ変【歓待・款待】

歓待　喜んで親切に相手を取り扱うこと。例一行を歓待する　歓待を受ける　真心込めた歓待

款待　⇩歓待　親しい付き合いの相手として取り扱うこと。

参考 カンタイは「よしみをもってもてなす」意味で、「款待」が本来の書き方であった。しかし、「款」に「よしみ」の意味のあることが忘れられ、「歓迎」「歓呼」などとの関連から、「よろこび」の意味の「歓」を用い、「歓待」とも書かれるようになった。今は、その実体をよく表す「歓待」のほうが一般的である。

カンタン　名・形動【簡単・簡短】

簡単　込み入っていなくて、分かりやすいこと。例簡単な説明　簡単な構造　簡単に解ける問題

簡短　⇩簡単　込み入っていなくて、必要なことだけになっていること。例簡短な話　簡短な手紙

参考 「単」は「複」の対で、「ひとつ」の意味。「短」は「長」の対で、「みじかい」意味。それに「簡（てがる）」を組み合わせた「簡単」と「簡短」は、別の意味の語であった。しかし、「こみいっていない」点では共通の意味を持っているため、「簡単」が「簡短」の意味も併せ持つようになり、ともに用いられた。現在では、カンタンは、「簡単」と書くのが一般的である。

注意 特に「簡短」の意味を表す場合に、「短簡」という語が用いられたこともある。これを、「単簡」と書くのは誤りである。

カンダン　名・サ変　【歓談・款談】

歓談　喜んで楽しく相手と話し合うこと。例友と歓談する　歓談に時を過ごす　歓談の一時（ひととき）

款談　⇩歓談　親しい付き合いの相手として話し合うこと。

参考　カンダンは「よしみをもって話し合う」意味で、「款談」が本来の書き方であった。しかし、「款」に「よしみ」の意味のあることが忘れられ、「歓迎」「歓呼」などとの関連から、「よろこび」の意味の「歓」を用い、「歓談」とも書かれるようになった。今は、その実体をよく表す「歓談」のほうが一般的である。

カンチ　名・サ変　【関知・感知】

関知　特別の物事について事情を知っていること。例関知するところではない　全く関知しない事柄

感知　普通では気付かない物事の存在に気が付くこと。例動静を感知する　敵に感知される

カンテン　名　【観点・看点】

観点　物事をよく見る場合に取る一定の立場。例観点が違う　この観点から考えると

看点　⇩観点　物事を見守る場合に取る一定の立場。

参考　「観」は「よくみる」意味、「看」は「みまもる」意味。それに「点（たちば）」を組み合わせた「観点」と「看点」は、同じ意味に用いられていた。今は、「観察・観測」などとの関連から、「観点」と書くのが一般的である。

カンヨ　名・サ変　【関与・干与・干預】

関与　他の事柄を、一緒になって行うこと。例事件に関与する　自分の関与しない事柄

干与　⇩関与　自分の考えに従って、他の

事柄に立ち入ること。例政治に干与する　暴動に干与した者

干預 ⇩関与　他の事柄に立ち入って、それに関係を持つこと。例司法に干預する請願　互いに干預しない

参考「関」は「かかりあう」、「干」は「おかす」意味。「与」は「一緒に行う」意味、「預」は「物をあずかる」で「かかりあう」意味。その点で「関与」「干与」「干預」は、それぞれ別の意味の語であった。それを、法令用語としては、「関与」に統一することになった。普通にカンヨといえば「他の事柄を一緒になって行う」意味であり、「関与」と書くのが一般的である。

き

キ　語素【気・汽】

気　一定の形や体積を持っていない点で、空気のようなもの。目に見えないが、特別の働きを持っているもの。例空気　水蒸気　気体　電気　天気　気候　元気　活気　気質　気分　勇気　病気

汽　水が百度以上に熱せられたときにできるもの。ゆげ。例汽車　汽船　汽笛　汽罐（きかん）

キ　語素【季・期】

季　春夏秋冬に区切られたそれぞれの月日。例季節　四季　季刊の報告書　夏季水泳大会　前季の試合成績　次季の有望チーム

期　一定の尺度で区切りを定めた、それぞれのまとまった月日。例学期　前期と後期　夏期講習会　前期の決算　任期　農繁期　雨期

注意「雨キ・乾キ」は、季節の場合「雨季・

乾季」と書くが、日本のような時期の場合「雨期・乾期」。

キ 語素【奇・綺】

キレイ〔奇麗・綺麗〕（一五九ページ下段）を見よ。

キ 語素【奇・畸】

×畸 ⇩奇 普通の状態と変わっていること。例畸人 畸談

参考「奇」は「普通と変わっている」意味、「畸」は「田の形が四角でなく変わっている」ところから、「奇」にタヘンを付けた。「奇」には良い意味があるが、「畸」のほうは「変わっている」意味が強い。しかし、「普通と変わっている」点では共通し、「奇人」と「畸人」にも共通の意味が見られた。これを他にも及ぼし、「畸」を、同音の「奇」に書き換えるのが現代表記である。

キ 語素【奇・詭】

×詭 ①⇩奇 本当でないことを、特別の言い方で本当だと思わせること。例詭弁 ②論理学の論法で虚偽の論

参考「奇」は「普通と変わっている」意味、「詭」は「いつわりあざむく」意味。「詭弁」を「奇弁」と書くのは、本来は誤りである。しかし、「詭弁」の場合に全体の意味を考え、「詭」を、同音の「奇」に書き換えることがある。

キ 語素【希・稀】

×稀 ⇩希 同類の物事が非常に少ないこと。例稀元素 稀硫酸 稀薄 稀少 稀釈 稀代 稀世 稀書 古稀

参考「稀」は「すくない」意味、「希」は「すこしある」意味。しかし、「稀ハ、通ジテ希ニ作ル」とされている。そのため、旧表記でも「稀少・希少」「稀代・希代」など、両様に書か

れていた。これを他にも及ぼし、「稀」を、同音の「希」に書き換えることもある。

キ 語素【規・軌】

規 物事のやり方として定めること。例規則　規律　行為の規範　規格品　新規

軌 ①車が通る道。また、通ったあと。例軌道　軌跡　軌を一にする　②物事の当然のやり方。例常軌を逸する　不軌の行為　文章軌範

キ 語素【器・機】

器 形を持っていて、一定の働きをするもの。例器物　食器　楽器　器械体操　計量器　受話器　電熱器　消火器　電気器具　兵器　文明の利器

機 複雑な組み立てで、一定の働きをするもの。例織機　工作機械　電話機　印刷機　録音機　写真機　掃除機　噴霧機　火災報知機　金銭登録機　農機具

参考 ㈠「写真キ」のように、「器」から「機」に改められたものは、その構造が複雑になったからである。㈡「拡声キ」のように、「拡声器」は「ラウドスピーカー」、「拡声機」は「マイク・アンプ・スピーカーを含む装置全体」というように、使い分けているものもある。

キ 語素【記・徽】

キショウ〔記章・徽章〕（一四四ページ下段）を見よ。

キ 語素【紀・記】

紀 正しい順序に置くこと。また、そのように書いたもの。例紀元　風紀　紀行文　神代紀

記 言葉を文字で書くこと。また、その書いたもの。例記入　記事　日記　伝記　探検記　創世記

キ 語素【飢・饑】

饑 ⇩飢　食べ物が無くなって、生きることができないほど腹が減ること。例饑餓　饑寒　饑渇

参考「飢ハ、通ジテ饑ニ作ル」とされている。そのため、旧表記でも「うえる」意の「饑餓・飢餓」「饑寒・飢寒」「饑渇・飢渇」など、いずれも両様に書かれていた。現在これらを、「飢」に書き換える場合がある。

キ 語素【棄・毀】

棄　使うことができるものを、使わないようにすること。例棄権　投棄　放棄　遺棄　書類の破棄

毀　そのものの持つ本来の働きを、だめにしてしまうこと。例毀損　判決の破毀

参考「棄」は「すてる」意味、「毀」は「こわす」意味。そのため、「破毀」を「破棄」と書くことも行われている。

き 名【樹・木】

樹 ⇩木　地面に生えているままのキ。例緑の樹に囲まれる　樹の多い街

木　植物としてのキ。材料としてのキ。例草や木　木に竹を接ぐ　木で造る　木の箱

参考「木」は、「こ」とも読む。例木の葉　木陰

ギ 語素【技・伎】

技　理論を実際に当てはめて行うこと。例技術　技法　技士　技官　特技　妙技

伎 ⇩技　理論を実際に当てはめて行う人。また、その実際。例伎巧　伎能　伎芸

参考「技」は「わざ」の意味、「伎」は「わざおぎ」から転じて、「行うわざ」の意味。「伎巧・伎能・伎芸」などは、旧表記でも「技巧・技能・技芸」のほうが一般的であった。これを、

「技」に統一して用いるのが現代表記である。

注意 ㈠「伎」も「技」も、漢音キ、呉音ギであるが、常用漢字表音訓欄では、「技」に「キ」という音が掲げられていない。したがって、「歌舞伎」は「歌舞技」に書き換えない。㈡「歌舞伎」は、語源的には動詞「かぶく（頭を傾ける・はでな行いをする）」の名詞に転じたものであり、その点で「歌舞伎」という書き方は当て字である。これについては、固有名詞としてその表記を重んじ、「歌舞伎」と書くのが一般である。ただし、古く女性が演じていたころは「歌舞妓」と書かれていた。

ギ 語素【疑・擬】

疑 「信」の対。本当はどうなのか、よく分からないこと。例疑問　疑惑　疑念　疑心暗鬼　疑似　容疑者　質疑　半信半疑

擬 本物ではないが、よく似ていること。例擬造　擬音　擬古文　擬国会　模擬試験　擬制資本

ギ 語素【偽・欺】

偽 「真」の対。本物でない物事を本物のように思わせること。例偽善　偽造　偽作　偽版　偽物　偽証　偽名　虚偽　真偽　詐偽登録

欺 うそを言って、迷わせること。例詐欺　欺瞞（ぎまん）

ギ 語素【義・誼】

オンギ〔恩義・恩誼〕（八七ページ下段）を見よ。

ギ 語素【義・儀・議】

義 人の行うべき正しいやり方。例道義　信義　節義　講義　大義名分

儀 決められた方法に従って行うやり方。例礼儀　儀式　婚儀　威儀　大儀なこと

議　互いに自分の考えを言うこと。例討議　協議　審議　議会　和議　議論

キイン　名・サ変　【起因・基因】

起因　物事がそれを原因として起こること。また、その原因。例公務に起因する傷病　障害の起因　戦争の起因　公害の起因物質

基因　物事がそれを根拠として起こること。また、その根拠。例不注意に基因する事故　圧政に基因する反乱　革命の基因

参考　「起」は「おこる」意味、「基」は「もといとなる」意味。それに「因（もと）」を組み合わせた「起因」と「基因」は、「原因」か「根拠」かによって使い分けることもある。しかし、その違いが明らかでない場合には、「起因」と書くのが一般的である。

キウン　名　【機運・気運】

機運　物事を行うのにちょうどよい状態。例機運が熟する　機運が動く

気運　時代が進んでいく方向。例天地の気運　気運が変わる

参考　「機」は「はずみ」で「チャンス」の意味、「気」は「自然現象」で「ありさま」の意味。それに「運（めぐりあわせ）」を組み合わせた「機運」と「気運」は、別の意味の語である。しかし、「時の特別の状態」という点では共通の意味を持っているため、同じような場合にも用いられた。今は、キウンを「気運」本来の意味に用いることが少なくなり、もっぱら「機運」の意味に用いている。そのため、キウンとしては、「機運」と書くのが一般的である。

キエン　名　【奇縁・機縁】

奇縁　物事のふしぎな巡り合わせ。例結婚したのも奇縁だと思う　奇縁と感じる

機縁　物事が起こるきっかけ。例それが機縁で結婚した　機縁を求める

キカイ 名【機械・器械】

機械 複雑な組み立てで、一定の働きをするもの。例 工作機械　医療機械　機械を操作する　機械的

器械 形を持っていて、一定の働きをするもの。例 測定器械　実験器械　器械を運用する　器械体操

キカン 名【器官・機関】

器官 生物体の中で、一定の作用を行うもの。例 消化器官　呼吸器官　発音器官

機関 ①複雑な組み立てで、動力の元になるもの。例 蒸気機関　機関士　②組織体の中で、一定の仕事を行うもの。例 国家機関　立法機関　審議機関

注意 「ボイラー」をキカンというとき、「汽缶」と書く。「缶」は「罐」の新字体。

キギョウ 名【企業・起業】

企業 経済活動を続けて行うために作ったもの。例 企業を経営する　民間の企業　公企業　中小企業

起業 新しく経済活動を始めること。例 起業を企てる　起業の目的　起業基金　起業費　起業式

きく 自、他【効・利】

効 自動 物の働きの結果、良い状態になること。例 薬が効く　宣伝が効く　効き目が現れる

利 自・他 物事を思うとおりに動かすことができること。例 左手が利く　機転が利く　応用が利く　無理が利く　口を利く　味が利く　気が利かない

きく　他動【訊・聴・聞】

訊（×） ⇩聞　知らないことについて、ほかの人に教えてくれと言うこと。例道を訊く　訊き返す　訊き書き

聴　①特に注意して、音の内容を耳で感じ取ること。例音楽を聴く　事情を聴く　考えを聴く　胸のうちを聴く　国民の声を聴く　聴き取る　聴き手　聴き耳を立てる　②相手の言うことを認めて、そのとおり行うこと。例要求を聴く　言うことを聴く

聞　音を耳で感じること。例話し声を聞く　物音を聞く　噂（うわさ）を聞く　聞き流す　聞き齧（かじ）る

注意　自動詞の「きこえる」には、「聞」のみを用いる。その場合の送り仮名は、旧表記では「える」であった。現代表記で「聞こえる」と送るのは、「聞く」に合わせたものである。ただし、現代表記でも、「聞える」のように、「こ」を省く送り仮名が許容されている。

キゲン　名【起源・起原】

起源　物事が新たに生じる元になるところ。例制度の起源　起源を究明する　事物起源

起原　⇩起源　物事が新たに生じる初めのところ。

参考　「源」は「みなもと」の意味、「原」は「はじめ」の意味。それに「起（おこる）」を組み合わせた「起源」と「起原」は、同じ意味に用いられた。今は、「もと」の意味のはっきりする「源」のほうが一般である。

キコウ　名・サ変【寄港・寄航】

寄港　目的地に向かっている船が、途中の港に着くこと。例ハワイに寄港する　故障のため寄港する

寄航　目的地に向かっている船が、途中でほかのところへ向かって進むこと。例ハワイに向かって寄航する　寄航港

キコウ 名・サ変【帰港・帰航】
帰港　ほかのところへ行っていた船が、出発した港に着くこと。例使命を終わって帰港する　帰港の歓迎
帰航　「往航」の対。目的地に着いた船が、出発した港に向かって進むこと。例本国に向かって帰航する　帰航の途に就く

キザイ 名【機材・器材】
機材　機械と材料。例建設用の機材　復旧機材　機材を運搬する
器材　器具と材料。例教育用の器材　衛生器材　器材を携行する

きさき 名【后・妃】
▲后　⇩かな　天皇の正式の妻。例天皇のお后　后や女御（にょうご）　后の宮　后詞（ことば）
▲妃　⇩かな　王侯や貴族の正式の妻。皇族の正式の妻。例皇太子のお妃　王の妃となる

きざし 名【兆・徴・萌】
兆　物事が起こりそうだと感じられるしるし。例流行の兆しが見える　悪の兆しを感じる　春の兆し
▲徴　⇩兆　物事が起こる前に現れる、はっきりしたしるし。例おめでたの徴しがある　死の徴しが現れる
×萌　⇩兆　草や木が芽を出すこと。例若芽の萌し　緑の萌し

きざす 自動【兆・萌】
兆　物事が起こりそうだと感じられること。例平和が兆す　悪心（あくしん）が兆す
×萌　⇩兆　草や木が芽を出すこと。例若芽が萌す　緑が萌す

キジュン　名【基準・規準】

基準　物事の基礎として守るべき条件。例認可の基準　労働基準法　建築基準

規準　物事の手本として守るべき標準。例処世の規準　道徳の規準

参考「基」は「もとい」の意味。「規」は「コンパス」、「準」は「みずもり」で、共に標準となるものの意味。そのため、「基準」も「規準」も、同じような意味に捉えがちだが、微妙に違うので注意を要する。

キショ　名【奇書・希書】

奇書　非常に珍しい書物。例超小型の奇書　幽霊を扱った奇書

希書　世間にあまりない書物。例古写本の希書　限定出版の希書

参考「希書」は、旧表記「稀書」の「稀」を、同音で意味の似ている「希」に書き換えた表記である。

キショウ　名【記章・徽章】

記章　記念として配り渡すしるし。例従軍記章　参加者の記章

×徽章　身分や資格などを表すために付けるしるし。例学校の徽章　帽子に付ける徽章　会員の徽章

参考「記」は「しるし」の意味、「徽」は「はたじるし」の意味。「しるし」という点では共通の意味を持っているため、「徽章」の「徽」を同音の「記」に書き換えたことがあり、混用されている。

ギショウ　名・サ変【偽証・偽称】

偽証　証人が事実と異なる証言を行うこと。例法廷で偽証する　偽証を追及する　偽証罪

偽称　事実と異なる呼び方をすること。また、その呼び方。例田中と偽称する　偽称を

見破る

キジン 名 【奇人・畸人】

奇人 普通の状態と変わっている人。特に、性質や行いが普通の人よりも優れているほうに変わっている人。例奇人の風がある 寛政の三奇人

畸人 ⇩奇人 普通の状態と変わっている人。特に、性質や行いが普通と変わっていて、がんこなところがある人。例畸人で通っている人 明治の一畸人

参考「奇」は「普通と変わっている」意味、「畸」は「田の形が四角でなく、変わっている」意味。「奇」には良い意味があるが、「畸」のほうは「変わっている」意味が強い。しかし、「普通と変わっている」点では共通の意味を持っているため、「畸人」の「畸」を同音の「奇」に書き換え、「奇人」に「畸人」の意味も含ませるのが現代表記である。

きず 名 【瑕・疵・傷・創】

瑕 ⇩かな ①宝石の表面にあって、光るのを妨げる部分。例玉に瑕 瑕のないダイヤ ②不注意によって起こった不完全や過ち。例瑕の目立つ工事 早合点が瑕だ 古瑕を暴く

疵 ⇩かな 物の表面にあって、不完全だと思われる部分。例品物の疵 壁の疵 疵物 無疵の品

傷 体の表面にあって、切られたり、突かれたり、打たれたりした部分。例傷が痛む 脛(すね)に傷持つ身 切り傷 擦り傷 傷つく 傷つける

創 ⇩傷 物や体の表面にあって、刀や刃物で切り付けられた部分。例身に三か所の創を受ける 刀創(かたなきず)

キセイ 名 【既製・既成】

既製 「注文」の対。商品としてでき上がっ

ているもの。例既製の洋服　既製品

既成　「未成」の対。事柄としてでき上がっているもの。例既成の事実　既成の法律　鉄道の既成線

キセイ　**名・サ変**　**【規制・規正・規整】**

規制　規則に従って、これ以上はいけないとすること。例交通を規制する　労使関係の規制

規正　悪い点や不都合な点を良い形にすること。例政治資金を規正する　電波の規正

規整　一定のやり方で最後の仕上げを行うこと。例計器を規整する　時計の規整

注意　法令用語としては、この三つのキセイを「規制」に統一することになっている。

キツ　**語素**　**【喫・吃】**

喫　食べたり飲んだりすること。例喫茶　喫煙

吃　⇩喫　物を飲み込むこと。例吃水線　吃水量

参考　「吃」は、本来は「どもる」意味であるが、「声をのみこむ」ところから「のみこむ」意味にも用い、その点では、「吃ハ、喫ト同ジ」とされている。そこで、「船が水に浮かぶときに沈む深さ」の「吃水」の「吃」も、同音の「喫」に書き換えて用いることがある。

注意　「吃」を本来の「どもる」意味に用いる場合には、「喫」に書き換えない。

キテイ　**名、サ変**　**【規定・規程】**

規定　**名・サ変**　決まりとして作ること。また、そのようにして作った個々の決まり。例前項の規定　適用規定　法律で規定する　第三条で規定してある事柄

規程　**名**　関係する事柄全体の決まりをまとめたもの。例運用に関する規程　取扱規程　事務分掌規程

キテン 名 **【起点・基点】**

起点 「終点」の対。物事の始まるところ。特に、交通機関の出発点。例東京を起点とする鉄道　新制度の起点となったところ

基点 距離や時間を示すモトになるところ。例東京を基点として半径百キロの範囲　基点とする時刻

キテン 名 **【機転・気転】**

機転 物事に応じてその場で良い考えが出ること。例機転が利く　機転のない人

気転 ⇩機転　物事に応じていろいろと気が付くこと。

参考 「機」は「チャンス」の意味、「気」は「こころもち」の意味。それに「転（めぐる）」を組み合わせた「機転」と「気転」は、同じような意味に用いられている。今は、「機運」の場合と同じく、「機転」と書くのが一般的である。

キドウ 名、サ変 **【起動・機動】**

起動 名・サ変 動力の元になる部分が、動き始めること。例起動するときの力が大きい　起動が遅い　発展の起動力となる

機動 名 部隊が、必要に応じて、すぐに速く動くこと。例機動の力が大きい　巧みに機動を行う　機動部隊　警視庁機動隊　攻撃の機動力となる

きぬ 名 **【衣・絹】**

▲衣 ⇩かな 体の上から覆って着るもの。例白衣　衣擦れ　衣被(きぬかぶ)り　歯に衣着せぬ言い方

絹 蚕の繭から採れる糸でこしらえた布。例絹を裂く　絹の着物　絹地　絹物　絹糸　絹織物

キネン　**名・サ変**　**【記念・紀念】**

記念　特定の思い出として残しておくこと。また、その物事。例記念に松を植える　十周年記念　創立記念日　記念写真　記念すべき日

紀念　⇩記念　旧「史蹟名勝天然紀念物保存法」が「紀念」を用いたように、これが本来の形。

参考　現行の「文化財保護法」では、「史跡名勝天然記念物」と改められている。キネンとしては、「記念」が一般的に用いられている。

きまる　**自動**　**【極・決】**

▲極　⇩決　互いにこうしようということが、これ以上変わらないようになること。例月一回に極まる　本極まりになる　極まりが付く　お極まりの話　極まり切ったこと　極まりが悪い

決　これからこうしようということが、これ以上変わらないようになること。例規則で決まる　原案どおり決まる　文句が出るに決まっている

注意　「きまる」の送り仮名は、旧表記では「る」だけであった。現代表記で「まる」と送るのは、「きめる」を「める」と送るのに合わせたものである。ただし、現代表記でも、「決る」のように、「ま」を省く送り仮名が許容されている。

きみ　**名、代名、語素**　**【君・公】**

君　①**名**　天皇のこと。例君が代　大君　君に忠　②**語素**　敬って付けることば。例父君　姉君　君様　③**代名**　「僕」の対。相手を親しんで呼ぶことば。例君と一緒　君の意見　君と僕の間柄　君ら

▲公　⇩君　名　君主の名に敬って付けることば。例領主の公

きみ 名 【黄身・黄味】

黄身 「白身」の対。卵の中の白身に包まれた丸い部分。例卵の黄身　黄身だけ取り出す

黄味 「白味」の類。キイロの状態になっていること。例黄味を帯びる　黄味が増してくる

きめる 他動 【極・決】

極 ⇩決　互いにこうしようということを、これ以上変わらないようにすること。例月一回と極める　契約を極める　取り極める　本極めにする

決 これからこうしようということを、これ以上変わらないようにすること。例規則を決める　態度を決める　勝負を決める　どれにするか決める

きも 名 【肝・胆】

肝 人間や動物のはらわたの一つとしてのキモ。また、はらわた全部。例鶏の肝　鰻(うなぎ)の肝　生き肝　先生の肝煎(きもい)りで就職する　肝っ魂(たま)

胆 ⇩肝　どんな物事が起こっても、驚いたり慌てたりしない強い気持ち。例胆が大きい　胆を冷やす　胆を潰(つぶ)す　胆試し

キュウ 語素 【求・究】

求 欲しいという気持ちを強く持つこと。例求職　求愛　請求　美の探求　利潤を追求する

究 調べたり考えたりして、明らかにすること。例究明　論究　考究　本質の探究　真理を追究する

キュウ 語素 【糾・糺】

糾 細い紐(ひも)などを、ねじって合わせること。例糾合　紛糾

糺（×） ⇩糾　筋道に合っているかどうかを、はっきりさせること。例糺明　糺弾　糺問

参考「糾、アルイハ糺ニ作ル」とされている。そのため、旧表記でも「キュウ明・キュウ弾・キュウ問」については、「糺」の代わりに「糾」を用いる書き方も行われていた。これらを、すべて「糾」に統一するのが現代表記である。

キュウキョク　名【究極・究局・窮極】

究極　物事の行き着く果て。例究極の目的　究極の勝利　究極のところ同じになる

究局　⇩究極　物事の行き着く場所。

窮極　⇩究極　物事がそれ以上進まない果て。

参考「究」は「深く進む」、「窮」は「それ以上進めない」意味。「極」は「はて」、「局」は「場所」の意味。それらを組み合わせた「究極・究局・窮極」は同じ意味になるが、「究極」を用いることが多かった。今も、「究極」と書くのが一般的である。

キュウがた　名【旧型・旧形】

旧型　元になるものからこしらえたカタチが古いもの。例旧型の自動車　旧型テレビ

旧形　目に見えるカタチが古いもの。例旧形の模様　旧形のしるし

キュウサイ　名、サ変【救済・救災】

救済　名・サ変　災害や不幸から助け出すこと。例被災地を救済する　貧民を救済する　難民救済

救災　名　災害を受けた人を助け出すこと。例救災に赴く　救災物資　救災融資

キュウする　自動【休・窮】

休　すべてのことが、終わりになってしまうこと。例万事休する　能事休する　わがこ

と休する　休して已(や)むのみ

窮　ほかの方法がなくて、それ以上は進めないこと。例生活に窮する　応対に窮する　窮すれば通じる

キュウハク　名・サ変【急迫・窮迫】

急迫　物事が進んで、危険な状態になること。例事態が急迫する　情勢が急迫する　急迫した国際関係

窮迫　追い詰められて、どうにもならなくなること。例財政が窮迫する　生活が窮迫する　窮迫に陥る

キュウメイ　名・サ変【究明・糾明】

究明　物事をよく調べて、はっきりさせること。例原因を究明する　実情を究明する

糾明　罪や不正を問いただして、はっきりさせること。例容疑者を糾明する　悪事を糾明する

参考「糾明」は、旧表記「糺明」の「糺」を、同音で意味の同じ「糾」に書き換えた現代表記である。

キョ　語素【拠・醵】

醵　⇩拠　費用を出し合って、物事を行うこと。例醵金　醵出年金

参考「醵」は、本来は「金を出し合って酒を飲む」意味で、「よりかかる」意味を持つツクリに、ヘンとしてサケヅクリ（ヒヨミノトリ）を付けた。これを、同じツクリのテヘンで同音の「拠（據）」に書き換えるのが現代表記である。

キョ　語素【虚・墟】

墟　⇩虚　建物や城のあった跡。例廃墟

参考「虚」は、「くぼんだ丘」から転じ、「中に何もない」意味となった。そこで、本来の意味ではツチヘンを付けて「墟」とした。そのツ

チヘンを除き、「墟」を、同音の「虚」に書き換えることがある。

ギョ　語素【魚・漁】

魚　サカナそのもの。例魚類　魚群　熱帯魚　淡水魚　鮮魚　魚拓

漁　サカナを捕まえること。例漁業　漁村　漁船　漁具　漁網　漁獲高

ギョ　語素【御・馭・禦】

馭　⇩御　馬や車を自分の思うとおりに動かすこと。例馭者　馭射　制馭

禦　⇩御　自由に動かないように抑えること。例統禦　防禦　制禦

参考「馭」は「うごかす」意味、「禦」は「おさえる」意味。そのため、旧表記では、「制馭」も「制禦」も同じ意味に用いていたが、また、「制御」とも書かれていた。「御」も、「馬をあつかう」意味や「とめる」意味を持っているからである。そこで、「制ギョ」の場合に「制御」を用いるとともに、他の「馭」「禦」も、同音の「御」に書き換えるのが現代表記である。

きよい　形【浄・清】

浄　⇩清　道徳に合わないところがないようす。例浄い心　浄い愛　浄い金　浄い一票

清　汚いところがないようす。例清い流れ　清い目　清い月の光　清い夜

キョウ　語素【凶・兇】

凶　「吉」の対。不幸の原因となる物事。例吉凶　凶事　凶報　凶荒　凶作　凶年

兇　⇩凶　特に悪いこと。また、悪い人。例兇悪　兇器　兇刃　兇行　兇変　兇漢　兇手　兇徒　元兇

参考「凶ハ、通ジテ兇ニ作ル」とされている。そのため、旧表記でも「兇悪・兇器」などは、「凶悪・凶器」とも書かれていた。これを他に

るのが現代表記である。

も及ぼし、「兇」を、同音の「凶」に書き換え

キョウ　**語素**　**【凶・狂】**

凶　普通と大きく違っていて、非常に悪いこと。例凶作　凶年　凶事　吉凶　凶悪　凶行　凶漢　凶徒

狂　普通と大きく違っていて、勢いが強過ぎること。例狂態　狂暴

参考　現代表記の「凶」は「兇」の書き換えにも用いるため、本来の「凶（わざわい）」のほかに、「兇（わるい）」の意味も持っている。

キョウ　**語素**　**【共・協】**

共　仲間として一緒になること。例共有　共存共栄　共済組合　共同で行う　共同事業

協　力を合わせて一緒に行うこと。例協力　協賛　協同する　協同組合

キョウ　**語素**　**【供・饗】**

×饗　⇩供　酒やごちそうを出して、客を喜ばせること。例饗応　饗宴

参考　「饗」は「もてなす」意味、「供」は「そなえる」意味。そのため、「饗応」が本来の書き方であるが、「饗」の部分を、同音の「供」に書き換えるのが現代表記である。

キョウ　**語素**　**【恐・兢・恟】**

キョウキョウ〔恐々・兢々・恟々〕（一五四ページ下段）を見よ。

キョウ　**語素**　**【恐・脅】**

恐　相手の力が自分より強いために、不安な気持ちになること。例恐怖　恐縮　恐慌

脅　強い力を見せて、相手を不安な気持ちにさせること。例脅迫　脅威

キョウ **語素**【境・郷】

境 土地の区切り。区切られた範囲。例国境　境界　辺境　仙境　魔境　無我の境

郷 人の住む土地。例故郷　郷里　温泉郷　桃源郷

注意 イキョウは「異境」とも書くが、「異郷」のほうが一般的。

キョウ **語素**【境・疆】

ヘンキョウ〔辺境・辺疆〕（四七四ページ下段）を見よ。

キョウ **語素**【強・鞏】

キョウコ〔強固・鞏固〕（一五五ページ上段）を見よ。

キョウエン **名・サ変**【共演・競演】

共演 二人以上で一緒に演じること。例女優と歌舞伎(かぶき)役者が共演する　共演が成功する　日米共演作

競演 二人以上が、互いに演技の優劣を争うこと。例三人の主役が競演する　競演に成功する　競演会

キョウキョウ **形動**【恐々・兢々・恟々】

恐々 怖がって、おそるおそる行うようす。例恐々然として　恐々謹言

兢々 ⇩恐々　怖がって、びくびくしているようす。例戦々兢々　兢々として守りに就く

恟々 ⇩恐々　落ち着かないで、おどおどしているようす。例人心恟々　恟々として暮らす

参考 「恐」は「おそれる」、「兢」は「びくびくする」、「恟」は「おどおどする」意味。いずれも心理的に共通するものを持っているため、現代表記では「兢・恟」を、同音で意味の似て

いる常用漢字の「恐」に書き換えて用いる。

キョウコ 名・形動【強固・鞏固】

強固 力があって形が変わらないこと。例意志の強固な人　強固な信仰　強固な精神力

鞏固 ⇩強固　しっかりしていて形が変わらないこと。

参考「強」は「つよい」意味、「鞏」は「しっかり」の意味。それに「固（かたい）」を組み合わせた「強固」と「鞏固」は、旧表記でも同じ意味に用いていた。これを、「強固」に統一して用いるのが現代表記である。

キョウコウ 名、サ変、形動【強行・強硬】

強行 名・サ変　物事を無理に行うこと。例作業を強行する　計画を強行する　強行突破

強硬 名・形動　自分の考えを、強く言い張って曲げないこと。例強硬な態度　強硬な意見　強硬策

キョウゴウ 名【強豪・強剛】

強豪 大きな力を持っていて、りっぱな人。例球界の強豪　強豪と対戦する　強豪のチーム

強剛 大きな力を持っていて、しっかりしていること。強くて屈しないさま。例強剛な意志

参考「豪」は「えらい人」、「剛」は「まげない」意味。「強」は「つよい」意味。人の意味の名詞として用いるのは、「強豪」、そのさまを表す名詞や形容動詞としては「強剛」を用いる。

ギョウセキ 名【業績・行跡】

業績 仕事や研究の結果としてでき上がったもの。例上期の業績　研究業績　業績が不振

行跡 その人の行為を道徳上から見たもの。例行跡が不良　不行跡　好ましくない行跡

キョウソウ　名・サ変【競争・競走】

競争　お互いに相手より勝とう、優れようと努力すること。例収穫を競争する　生存競争　競争試験

競走　お互いに早く目的地に着こうとして、一定の距離を進むこと。例駅まで競走する　百メートル競走　徒競走　自動車競走

キョウテン　名【教典・経典】

教典　教育や宗教で、よりどころを示した書物。例教典に従って教える　真言宗の教典　回教の教典

経典　その宗教で守るべき事柄を書いた書物。例仏教の経典　経典としての聖書やコーラン

キョウドウ　名、サ変【共同・協同】

共同　名　二人以上の者が、一緒に仕事を行うこと。例共同で行う　共同事業　共同募金　共同作業　共同一致　共同社会　共同水道　共同体　共同化

協同　名・サ変　二人以上の者が、心を合わせて仕事を行うこと。例協同して行う　二社が協同する　協同組合　協同組織　産学協同

キョウハク　名・サ変【脅迫・強迫】

脅迫　特定の事柄を行わせるために、いやならこうするぞと言って怖がらせること。例脅迫による寄付　脅迫して辞職させる　職務の執行に脅迫を加える　脅迫状　脅迫罪　暴行又は脅迫

強迫　考えを正しく言わせないために、いやならこうするぞと言って怖がらせること。例強迫による意思表示　強迫して婚姻する　遺言書の作成に強迫を加える　詐欺又は強迫　強迫神経症　強迫観念

キョウフ　名・サ変【恐怖・驚怖】

恐怖　危ないことが起こりそうな気がして、不安に感じること。例幽霊に恐怖する　恐怖して退く　恐怖の心　恐怖のハイジャック　恐怖症

驚怖　思い掛けないことが起こって、不安に感じること。例手紙に驚怖する　驚怖して語る

キョウヨウ　名・サ変【共用・供用】

共用　「専用」の対。二人以上の者が、共同で使うこと。例水道を共用する　共用の施設

供用　使うことができるようにすること。例必要な施設を供用する　供用の開始

ギョカイ　名【魚介・魚貝】

魚介　魚類と貝類。海産動物一般。例魚介を取る　魚介の族　魚介類

魚貝　「魚介」の意味で用いられることのある語。

参考「介」は「かたいから」の意味でカイは音読、「貝」は「かい」の意味でカイは訓読。海産動物一般を表すギョカイは、「魚介」が本来の書き方であった。その「介」の意味が忘れられ、「貝」を用いて「魚貝」とも書かれるようになった。このほうが意味も分かりやすいが、誤りだと感じる人もいる。

キョクゲン　名、サ変【極限・局限・極言】

極限　名　物事が進んで行き着く最後のところ。例人力の極限　極限に達する　極限を超える　極限値を求める　極限算法　極限電力

局限　名・サ変　一定の部分だけを範囲とすること。例問題を局限する　時期を局限する　局限された地域

極言　名・サ変　思っていることを、すべて

言ってしまうこと。例遠慮なく極言する　悪徳政治家とまで極言する　極言すれば

きよめる 他動 【浄・清】

浄 ⇩清　道徳に合わないところが、ないようにすること。例罪を浄める　心を浄める

清 汚いところが、ないようにすること。例水を清める　手を清める

きらめく 自動 【煌・燦】

煌 ⇩かな　小さいけれどもきらきらと、はっきり光ること。例夜空に煌く星　煌く光を目指して進む

燦 ⇩かな　一面にきらきらと美しく光ること。例シャンデリアの燦く会場　燦く衣装　文武百官の燦く中

キリツ 名 【規律・紀律】

規律 ①生活や行いを整える元になるもの。例規律正しい生活　規律を守る　②内部を整える元になるもの。例議院内部の規律に関する規則　電波の規律

紀律 上下関係の厳しいところで、行いを整える元になるもの。例服務の紀律　陸海軍の紀律　紀律を保持するための警察権

注意 法令用語としては、この二つのキリツを、「規律」に統一することになっている。そのため、キリツとしては、「規律」と書くのが一般である。

きる 他動 【馘・斬・切・截・剪・伐】

馘 ⇩切　職業などで続いている関係を、無理にやめさせること。例従業員の首を馘る　不況で馘られる

斬 生きているものを、刀などで傷を付けて殺すこと。例刀で斬る　山伏（やまぶし）を斬る　斬られて倒れる　斬り殺す

切 続いているものを、無理に二つに離す

こと。例糸を切る　縁を切る　回路を切る　電話を切る　水を切って進む　床に炉を切る　横切る　切り落とす

截 ⇩切　まとまっているものを、適当に分けること。例布を截る　石を截り出す

剪 ⇩切　伸びていく植物を、鋏などで適当に整えること。例枝を剪る　新芽を剪る　剪り整える

伐 ⇩切　立っている植物を、力を加えて横にしてしまうこと。例立木を伐る　樫の木を伐る　伐り倒す

参考「切る」は、接尾辞として、「すべてをしてしまう」「十分にしてしまう」「することをやめてしまう」などの意味にも用いる。例読み切る　困り切る　思い切る

きれ　名【切・布・裂】

切　切り離したものの一つ一つ。例木の切れ　一切れ　紙切れ　棒切れ　切れ端

布 ⇩切　織物を切り離した一つ一つ。例絹の布　錦の布　布地　布で着物を作る　有り布

裂 ⇩切　古い時代の織物や書画の不完全な残り。例古代裂　高野裂

注意「布」と「裂」は、活用しないから送り仮名を付けない。「切」は、動詞「きる」から転じた名詞として、送り仮名「れ」を付ける。

キレイ　形動【奇麗・綺麗】

奇麗　普通と変わっていて美しいこと。例奇麗な着物　奇麗に飾る

綺麗　アヤギヌのように美しいこと。

参考「奇」は「普通と変わっている」意味、「綺」は「斜めに交わる糸で模様を織り出した美しい絹地、あやぎぬ」の意味。それに「麗（うるわしい）」を組み合わせた「奇麗」と「綺麗」は、旧表記でも同じ意味に用いられていたため、「奇麗」に書き換えたこともあった。

きわまる 自動【窮・極・谷】

窮 どこまでも進んで終わりになること。例窮まるところがない　窮まりなき宇宙　窮まりなき発展

極 終わりまで進んで、それ以上は進めないこと。例不都合極まる言動　不吉極まる　感極まって叫ぶ

▲谷 ⇩窮　進むことも、戻ることも、できなくなること。例進退谷まる　谷まって悪事を働く

注意「きわまる」の送り仮名を「まる」とするのは、「きわめる」を「める」と送るのに合わせたものである。

きわめる 他動【究・窮・極】

究 調べたり考えたりして明らかにすること。例学を究める　真相を究める　論じ究める

窮 終わりになるところまで、どこまでも進むこと。例誠を窮める　口を窮めて言う

極 終わりまで進んで、それ以上は進めないこと。例山頂を極める　栄華を極める　悲しみを極める　位人臣を極める　見極める　極めて優秀な成績

キンコ 名【禁錮・禁固】

禁錮 刑の一種。犯罪者を一定の場所に閉じ込めておくもの。例禁錮に処する　懲役又は禁錮

禁固 「禁錮」の書き換えとして用いられることのある語。

参考㊀「錮」は「ふさぐ」、「固」は「かためる」意味。「禁」は「さしとめる」意味。「禁錮」の「錮」のカネヘンを除き、同音の「固」に書き換えて「禁固」とすることもあるが、法令用語は「禁錮（「錮」に振り仮名を付ける）」のままである。㊁「禁固」は、本来は「官吏に

なることを差し止める刑」であり、その意味では、「禁錮」と同じに用いられた語である。

く

ク 語素【区・句】

区 幾つかに分けたそれぞれの部分。例区分 地区 管区 選挙区 土地を区切る

句 言葉の切れ目と切れ目の間の部分。例句点 文句 名詞句 上(かみ)の句 文を句切る

くう 他動【食・喰】

食 ①「飲」の類。タベモノを口から入れること。例飯を食う 物も食わずに 飲み食いする ②金や物を必要とすること。例時間を食う 電気を食う

喰(×) ⇩食 ①大いに食べたり飲んだりすること。例寿司(すし)を喰う 立ち喰い 虫が喰う ②良くない場面に出遭うこと。例お目玉を喰う 泡を喰う

参考「喰」は国字で、クチでタベル意味を表す。

グウ 語素【偶・遇】

偶 ①二つで組みになるもの。例偶数 対偶 好偶 配偶者 ②そう思っていないときにそのようになること。例偶然 偶発的 偶感

遇 そう思っていないときに一緒になること。例遭遇 奇遇 千載一遇

クキョウ 名【苦境・苦況】

苦境 自分ではどうにもできない困った立場。例苦境に陥る 苦境に沈む 苦境に立つ 苦境を脱する

苦況 ⇩苦境 自分ではどうにもできない

困った状態。

参考「境」は「場所」、「況」は「ありさま」の意味。それに「苦（くるしい）」を組み合わせた「苦境」と「苦況」は、同じ意味に用いられていた。今は、「環境」などとの関連から、「苦境」を用いるのが一般的である。

くくる 他動【縊・括】

×縊 ⇩かな 首の回りに紐（ひも）などを回して、息ができないようにすること。例首を縊る　縊って死ぬ

▲括 ⇩かな 離れているものを一つにまとめること。例十本ずつ括る　子供を柱に括る　括弧で括る

クジュウ 名、形動【苦渋・苦汁】

苦渋 名・形動 ①物事が思うとおりに進まなくてクルシムこと。例苦渋な表情　苦渋の色を浮かべる　②文章が分かりにくいこと。例苦渋な表現

苦汁 名 物事が悪く進んでクルシムこと。例苦汁を嘗（な）める　苦汁を味わう

クゼツ 名【口舌・口説】

口舌 口でいう争い。特に恋人同士のもの。例口舌が絶えない

口説 ⇩口舌 「口舌」に同じ。

参考 本来はクチでイウ意味で「口舌」と書いた。それが「説得」との関係から、「口説」とも書かれた。

くだす 他動【下・降】

下 「上」の対。高いところから低いところへ進ませること。例手を下す　川を下す　命令を下す　判決を下す　腹を下す　書き下す

▲降 ⇩下 ①「昇」の対。低いところにある目的の場所へ行かせること。例下界へ降す　臣籍へ降す　②戦いで負かして従わせること。

例強敵を降す　主将を降す　相手を降す

くだり　名　【件・行】

▲**件**　⇩かな　文章に書かれている全体の一部分。例攻撃の件だけ読む　ここの件がよく分からない

▲**行**　⇩かな　文章に書かれている縦の一行分。例三行半（みくだりはん）の離縁状　最初の行だけ読む

参考「前文に掲げた事柄」も「件」であるが、このほうは音便で「くだん」と読む。例よって件のごとし

くだる　自動　【下・降】

下　「上」の対。高いところから低いところへ進むこと。例川を下る　坂を下る　命令が下る　判決が下る　腹が下る　野（や）に下る　下り列車　百人を下る

▲**降**　⇩下　①「昇」の対。低いところにある目的の場所へ行くこと。例天から降る　臣籍に降る　天降り　②戦いで負けて従うこと。例敵に降る　軍門に降る

くちばし　名　【喙・嘴】

×**喙**　⇩かな　関係しなくてもよい事柄に対して意見を言うこと。例喙を入れる　第三者の喙

×**嘴**　⇩かな　鳥の口の上下の顎（あご）が突き出てできた部分。例嘴で突付（つつ）く　鶴（つる）の嘴　嘴が長い　嘴を尖（とが）らす　嘴の黄色い若造

クツ　語素　【屈・窟】

窟　⇩屈　岩の間にできた奥の深い横穴。転じて、人や物が集まるところ。例理窟

参考「窟」は「かがんで入る横穴」の意味。そこで、「屈（かがむ）」にアナカンムリをかぶせた。「理窟」の場合にアナカンムリのない、同音の「屈」に書き換えることがある。

注意　リクツは、「理の集まる穴」という意味

で「よこあな」の「窟」を用い、「理窟」と書いた。ただし、「窟」を「屈」に書き換えて用いることができるのは、「理屈」だけである。「窟」を本来の「よこあな」の意味に用いる場合には、「屈」に書き換えない。

くつ　名【靴・沓・履】

靴　革などでこしらえた履物。例革靴　白靴　ゴム靴　上靴（うわぐつ）　靴を隔てて　靴下

沓　⇩かな　足に履く履物一般。例沓と冠　沓持ち　沓脱ぎ石　沓を入れる

履　⇩かな　「沓」に同じ。

クップク　名・サ変【屈服・屈伏】

屈服　相手の勢いが強いために、負けて相手に従うこと。例力尽きて屈服する　敵に屈服する　正論に屈服する

屈伏　⇩屈服　相手の勢いが強いために、体を低くして従うこと。

参考「服」は「したがう」、「伏」は「ひれふす」意味。「屈」は「かがむ」意味。「屈伏」は「相手を敬って体を低くするあいさつ」の意味にも用いた。今は、クップクを「負けて従う」意味に用いることが多いため、「屈服」のほうが一般的である。

くつわ　名【銜・轡】

銜　⇩かな　「轡」に同じ。

轡　⇩かな　馬を乗りこなすために、その口にはめるもの。例馬の轡　轡を並べて進む　猿轡

参考　本来は「銜」が「くつわ」で、「轡」は「たづな」である。しかし、旧表記では、「轡」も「くつわ」に用いていた。

くに　名【郷・国・邦】

郷　⇩かな　その人の生まれ育った土地。例郷の両親　夏は郷に帰る　東京で郷の人に

会う　お郷はどちら

国　国家や特定の地域などクニ一般。例日本の国　大和(やまと)の国　北の国　国破れて山河あり　国柄

▲**邦**　⇩国　自分の属するクニ。例邦を思う心　外国で邦の人に会う

参考「故郷」を「くに」と読むこともある。

くび　名【馘・頸・首】

×**馘**　⇩首　職業などで続いている関係を、無理にやめさせること。例従業員を馘にする　会社を馘になる

×**頸**　⇩首　頭と胴の間の細い部分。また、中程の細くなっている部分。例頸に飾りを付ける　頸を縊(くく)る　瓶の頸　頸輪　頸枷(くびかせ)　手頸

首　胴の上にある頭の部分。また、物の上に付いている部分。例首を横に振る　首が回らない　首を刎(は)ねる　首を落とす　首実検

くびれる　自動【縊・括】

×**縊**　⇩かな　首の回りに紐(ひも)などが回って、息ができないようになること。例紐で縊れる　縊れて死ぬ

▲**括**　⇩かな　物の中程が他に比べて特に細くなること。例中央が括れる　胴が括れる　瓢簞(ひょうたん)の括れたところ　道が括れる

くぼむ　自動【凹・窪】

▲**凹**　物の中程や特定の部分が低くなること。例表面が凹む　道が凹む　凹んだ目　落ち凹む

×**窪**　⇩かな　土地が周りの部分より低くなること。例窪んだ敷地　中央の窪んだ丘　窪みに水が溜(た)まる

くみうち　名【組打・組討】

組打　組み合って争うこと。例口論が過ぎ

て組み打ちになる　組み打ちで勝つ

組討　組み合って相手を殺すこと。例刀を捨てて組み討ちになる　組み討ちの功名

参考「打」は「たたく」意味、「討」は「ほろぼす」意味。その点から、生命にかかわるかどうかで「組み打ち」と「組み討ち」を使い分けることもある。しかし、その違いが明らかでないため、今は、「組み打ち」と書くのが一般的である。

くむ　他動【汲・酌】

汲　⇩かな　水などを、すくって取り出すこと。例水を汲む　潮を汲む　柄杓（ひしゃく）で汲み取る　汲み干す

酌　①酒や茶などを、ついで器の中に入れること。例酒を酌む　酌み交わす　②相手の気持ちや物事の実際を理解すること。例情を酌む　事情を酌む　情趣を酌む　意味を酌み取る

くゆらす　他動【薫・燻】

薫　⇩かな「燻」に同じ。

燻　⇩かな　煙やにおいなどを出すこと。例煙草（たばこ）を燻らす　葉巻を燻らす　香を燻らす

注意「くゆらす」の送り仮名を「らす」とするのは、「くゆる」を「る」と送るのに合わせたものである。

くら　名【庫・倉・蔵】

庫　⇩蔵　でき上がった製品を置いておく建物。例酒を庫から出す　庫出しに課税する　庫移し　庫入れ

倉　穀物を蓄えておく建物。貨物を保管する建物。例駅前の倉　米倉　倉荷証券　倉敷料　倉渡しの値段

蔵　物を蓄えておく建物。特に、日本式の土蔵。例本家の蔵　蔵座敷　穴蔵　蔵元　蔵払い　大蔵省

くらう 他動 【食・喰】

食 本来は「くう」。

×喰 ⇩食 ①大いに食べたり飲んだりすること。例寿司を喰らう 酒を喰らう 喰らい付く ②よくない場面に出遭うこと。例大目玉を喰らう 不意を喰らう うっちゃりを喰らう

参考 「喰」は国字で、クチでタベル意味を表す。

注意 「くらう」の送り仮名は、旧表記では「う」だけであった。現代表記で「らう」と送るのは、「くう」を「う」と送るのに合わせたものである。

くらべる 他動 【較・競・比】

▲較 ⇩比 「比」に同じ。

▲競 ⇩比 どちらが上であるか、勝ち負けを決めること。例力を競べる 腕を競べる 駆け競べ 根競べ

比 どこがどう違うかを、はっきりさせること。例金額を比べる 男女を比べる その点を比べると 比べ合わせる 比べ物にならない

くるま 名 【車・俥】

車 心棒を中心にして回る輪。そういう装置を持った乗り物、特に、自動車。例車を回す 車座になる 荷車 横車を押す 車で行く

×俥 ⇩車 車を持った乗り物の一つ、人力車。例俥で行く 俥屋 俥引き

参考 「俥」は国字で、ヒトの引くクルマを表す。

くろ 名 【玄・黒】

▲玄 ⇩かな 「素」の対。そのものの持つ本来の色としてのクロ。例玄米 玄人

黒　「白」の対。濃い墨の色のようなクロ。例黒と白　黒丸　黒漆　黒髪

参考「玄人」を「くろうと」と読むのは、常用漢字表の付表の中に掲げられている表内訓である。

注意形容詞としてのクロイは、「黒い」と書く。

くわえる　他動【加・銜・啣】

加　前からあるものに別のものを合わせること。例二に三を加える　仲間に加える　力を加える　害を加える　付け加える　加え算

×銜　⇩かな　物を当てて口が自由に動かないようにすること。例手拭(てぬぐ)いを銜える　轡(くつわ)を銜えた馬

×啣　⇩かな　口に軽く挟んだままにすること。例煙草(たばこ)を啣える　指を啣えて見る　啣え煙草

くわしい　形【委・詳・精】

▲委　⇩詳　「詳」に同じ。

詳　「略」の対。細かい事柄まで明らかにしてあること。例解説が詳しい　詳しい図　詳しく話す

▲精　⇩詳　「粗」の対。細かい事柄までよく知っていること。例地理に精しい　芸に精しい　精しく知る

クン　語素【薫・燻】

×燻　⇩薫　物を燃やして煙がたくさん出るようにすること。例燻製　燻蒸

参考「燻」は「いぶす」意味、「薫」は「かおる」意味。クンセイは、その製法からいえば「いぶしてつくる」から、「燻製」のほうである。しかし、でき上がった製品については、「かおりがある」ところから、連想のよい「薫」を用い、「薫製」とも書かれる。

グン 語素【軍・群】

軍　戦うために集まった人々。例軍を進める　軍勢　義勇軍　陸海空の大軍　軍需

群　一つのところに集まった動物や人。例群を成す　群を抜く　群衆　魚群　群雄割拠　蝗（いなご）の大群

クンイク 名・サ変【訓育・薫育】

訓育　知・情・意の全体について教え導くこと。例児童を訓育する　生徒の訓育　訓育係

薫育　徳をもって教え導くこと。例薫育教化

グンキ 名【軍紀・軍規・軍機】

軍紀　軍隊の中の上下関係を保つ元になるもの。例軍紀を保つ　軍紀が乱れる　軍紀振粛

軍規　軍隊の中で守らなければならない決まり。例軍規を定める　軍規に反する　軍規違反

軍機　軍事に関する重大な秘密。例軍機を守る　軍機が漏れる　軍機保護法

クンジ 名、サ変【訓示・訓辞】

訓示　名・サ変　上の者が下の者に対して心得などの注意事項を示すこと。また、そのような注意事項を書面で示したもの。例社長が訓示する　訓示を掲示する

訓辞　名　上の者が下の者に対して示す心得などの注意事項のうち、口頭で言うもの。例社長の訓辞を聴く　校長の訓辞を頂く

グンシュウ 名、サ変【群衆・群集・群聚】

群衆　名　特定の場所に来た数多くの人々。例数万の群衆　群衆を指揮した者　群衆の顔

群集 **名・サ変** 特定の場所に数多くの人々が来ること。例群集する学生　参拝者が群集する　群集心理

群聚 ⇩群集 **名・サ変** 特定の場所に数多くの人々が固まること。

け

ケ **語素**【化・仮】

化 そのものの本来の状態でない状態になること。例化粧　変化(へんげ)

仮 少しの間だけ本来の状態とは別の状態でいること。例仮病

ゲ **語素**【下・解】

下 「上」の対。高いところから低いところへ進むこと。例下痢　下剤　下知　下卑る

解 一緒になっているものを、分けて離すこと。例解毒剤　解熱錠　解脱

ケイ **語素**【系・係】

系 何かの関係にもとづいたつながりを持つこと。例家系　系統　系列　系譜　体系　文科系　太陽系

係 特別の続きぐあいになること。例関係　係数　係累　連係　係船　係留

参考 現代表記の「係」は「繋」の書き換えにも用いるため、本来の「係（つづきぐあい）」のほかに、「繋（つなぐ）」の意味も持っている。

ケイ **語素**【形・型】

形 目に見える物のカタチ。例外形　形状　地形　図形　円形　正方形　有形無形　造形　美術

型 一つ一つの物のカタチをこしらえる元になるもの。例典型　原型　母型　紙型　模

型　類型　造型機

ケイ　**語素**　**【係・繋】**

×繋　⇩係　二つのものを結んで離れないようにすること。例繋船　繋留　繋属　繋争　連繋

参考「繋」は「つなぐ」意味、「係」は「つづきぐあい」の意味。しかし、旧表記でも、「繋属・繋争」は「係属・係争」のほうが一般的であった。これを他にも及ぼし、「繋」を、同音で意味の似ている「係」に書き換えることがある。

ケイ　**語素**　**【敬・慶】**

敬　目上の者に対して大切にしようとする気持ちを持つこと。例敬意　敬服　敬慕　敬老　敬語　尊敬

慶　お祝いする値打ちがあること。例慶賀　慶祝　慶雲　慶弔　慶事　大慶　余慶

ケイゴ　**名・サ変**　**【警護・警固】**

警護　危ないことが起こらないように人などの周りを守ること。例警護の警官　途中を警護する

警固　⇩警護　危ないことが起こらないようにその場の周りを強くすること。例警固の武士　四方を警固する

参考「護」は「ふせぐ」、「固」は「かためる」意味。「警」は「注意する」意味。この場合、「まもる」意味での本来の書き方は「警固」であった。それが、「護衛・守護」などとの関連から、「警護」とも書かれるようになった。

ケイショウ　**名**　**【景勝・形勝】**

景勝　景色が、他の景色よりもスグレテいること。例景勝の地　山河の景勝

形勝　①⇩景勝　土地の形が、他の土地の

形よりもスグレテいること。②敵を防ぐによい要害の地。

参考「景」は「けしき」の意味、「形」は「かたち」の意味。それに「勝（すぐれる）」を組み合わせた「景勝」と「形勝」は、同じ意味に用いられた。今は、「景色」との関連から、「景勝」のほうが一般的である。

ケイセイ　名・サ変　【警世・警醒】

警世　世間の人に対して注意を与えること。例警世の鐘　警世の文　警世する先覚者

警醒　⇩警世　注意を与えて、迷いを覚まさせること。例世人を警醒する

参考「世」は「よのなか」の意味、「醒」は「さます」意味。それに「警（注意する）」を組み合わせた「警世」と「警醒」は、本来別の意味の語である。しかし、「注意する」点では共通の意味を持っているため、「警醒」の「醒」を同音の「世」に書き換え、「警世」に「警醒」の意味も含ませるのが現代表記である。

ケイゾク　名・サ変　【継続・係属】

継続　同じことが、そのまま行われていくこと。例工事を継続する　継続審議　継続的に行う

係属　特定の物事に関係を持っていること。例大学係属の高等学校　係属中の訴訟

参考「係属」は、旧表記「繫属」の「繫」を、同音で意味の似ている「係」に書き換えた現代表記である。

ケイロ　名　【経路・径路】

経路　物事が進んでいく筋道。例通行の経路　目的達成の経路　経路を話す

径路　山中や庭園などの細い道。例公園の径路　屈折した径路　径路を行く

けがす　他動　【穢・汚・瀆】

穢 ⇩汚 きれいなものを、汚くすること。例身を穢す 履歴を穢す

汚 りっぱなものを、だめにすること。例名を汚す 末席を汚す 跡を汚す

瀆 ⇩汚 不正なことや無礼なことを行うこと。例職を瀆す 尊厳を瀆す 神を瀆す

けがれる 自動【穢・汚】

穢 ⇩汚 きれいなものが、汚くなること。例身が穢れる 悪に穢れる

汚 りっぱなものが、だめになること。例名が汚れる 家名が汚れる 貞操が汚れる

ゲキ 語素【激・劇】

激 普通の程度以上になるようす。例激臭 激痛 激暑 激烈 激戦 激論 過激 激化 激減 激動 激突 激流 激浪 激務 激職

劇 力が特に強く働いて苦しいようす。例劇薬 劇毒 劇物

注意「激」は「はげしい」で「はなはだしい」意味、「劇」も「はげしい」であるが「くるしい」意味。そのため、「ゲキ臭・ゲキ痛・ゲキ暑・ゲキ烈・ゲキ論・ゲキ化・ゲキ務・ゲキ職」などには、「激」も「劇」もともに用いられた。今は、「劇薬」「劇毒」以外は、「激」を用いるのが一般的である。

ゲキ 語素【激・戟】

シゲキ〔刺激・刺戟〕（二三三ページ上段）を見よ。

ゲキシュウ 名【激臭・劇臭】

激臭 普通の程度以上のいやなニオイ。例激臭を放つ 激臭の発生地点

劇臭 ⇩激臭 苦しいほど強く感じるいやなニオイ。

参考「激」は「はなはだしい」意味、「劇」は「くるしい」意味。それに「臭（くさい）」を組

み合わせた「激臭」と「劇臭」は、同じ意味に用いられた。今は、「激臭」を用いるのが一般的である。

ゲキシン　名【激震・劇震】

激震　普通の程度以上のひどい地震。例激震に襲われる　家屋の全壊する激震

劇震　⇩激震　苦しく感じるほどのひどい地震。

参考 ㊀「激」は「はなはだしい」意味、「劇」は「くるしい」意味。それに「震（ゆれうごく）」を組み合わせた「激震」と「劇震」は、同じ意味に用いられた。今は、「激震」を用いるのが一般的である。㊁かつて気象庁が用いていた震度階級で、「激震」は、最大級の地震をいい、現在の震度7以上を表した。

ゲキツウ　名【激痛・劇痛】

激痛　普通の程度以上のひどいイタミ。例激痛が起こる　激痛に悩む　間欠的な激痛

劇痛　⇩激痛　苦しいほど強く感じるひどいイタミ。

参考「激」は「はなはだしい」意味、「劇」は「くるしい」意味。それに「痛（いたみ）」を組み合わせた「激痛」と「劇痛」は、同じ意味に用いられた。今は、「激痛」を用いるのが一般的である。

ケシキ　名【景色・気色】

景色　目に見える自然の状態。また、それの持つ趣。例山水の景色　長閑（のどか）な景色　景色を壊す　雪景色

気色　物の外側から見た状態。また、そこから受ける感じ。例空の気色　物思う気色　気色を損じる　気色ばかり　気色ばむ

参考「気色」を「けしき」と読むのは、常用漢字表の付表の中に掲げられている表内音である。

けずる 他動【削・梳】

削　刃物などを用いて、物の表面を薄く取り除くこと。例板を削る　鉋（かんな）で削る　予算を削る

梳　⇩かな　櫛（くし）を用いて、髪の毛を解かすこと。例髪を梳る　櫛で梳る

ケツ 語素【欠・歇】

歇　⇩欠　息などが、一度止まってまた出ること。例間歇泉　間歇熱

参考「歇」は「止まってまた出る」意味、「欠」は「足りない」意味。そこで、「間歇」の場合に全体の意味を考え、「歇」の部分を、同音の「欠」に書き換えるのが現代表記である。

ケツ 語素【欠・缺・闕】

缺　⇩欠　壊れて、足りないところがあること。例隊員の缺員　缺勤届　缺席届

闕　⇩欠　し残して、足りないところがあること。例官の闕　職員の闕員　闕席判決　闕額

参考㊀「缺」も「闕」も、「足りない」意味では同じである。しかし、旧表記では、法令用語として「闕」のほうを用いた。㊁「欠」は、本来は音ケンで「あくび」の意味であるが、「足りない」意味に転じて「欠缺（けんけつ）（あるべきものがない）」などとも用いた。しかし、古くから「缺」の略字に用いていたため、常用漢字表の場合も、「欠（缺）」となっている。そのため、「缺」も「闕」も、「欠」に書き換えるのが現代表記である。

ケツ 語素【決・訣】

訣　⇩決　いとまごいをして別れること。例訣別

参考「訣」は「わかれる」意味、「決」は「きめる」意味。「訣別」を「決別」と書くのは、

本来は誤りである。しかし、全体の意味を考え、「訣」の部分を、同音の「決」に書き換えることがある。

ケツ **語素** **【決・蹶】**

ケッキ〔決起・蹶起〕（次項）を見よ。

ケッキ **名・サ変** **【決起・蹶起】**

決起　思い切って立ち上がること。例決起して出発する　決起して退席する

×蹶起　⇩決起　勢いよく立ち上がること。例国のために蹶起する　蹶起大会

参考「決」は「きめる」意味、「蹶」は「つまずく」から転じて「おどりあがる」意味。「起」は「おきる」意味。「決起」は心理的、「蹶起」は外見的。しかし、「立ち上がる」点では共通の意味を持っているため、「蹶起」の「蹶」を同音の「決」に書き換え、「決起」に「蹶起」の意味も含ませるのが現代表記である。

ケッサイ **名・サ変** **【決済・決裁】**

決済　代金を支払って売買を終わらせること。例取引を決済する　貸借の決済　現金決済　未決済の勘定

決裁　部下の出した案を上役の者が決めること。例部長が決裁する　社長の決裁を仰ぐ　決裁書　未決裁の案件

ケッチャク **名・サ変** **【決着・結着】**

決着　いろいろのことがあって、最後に特定の状態になること。例紛争が決着する　決着を付ける　決着を見る　決着の値段　ぎりぎり決着のところ

結着　⇩決着　いろいろのことがあって、その結果として特定の状態になること。

参考「決」は「きまる」意味、「結」は「おわる」意味。「着」は「そこまで行く」意味。「結着」は「むすびつける」意味で、「きまりがつ

く」ほうは、「決着」が本来の書き方であった。それが、「結論・結果」などとの関連から、「結着」とも書かれるようになった。今は、本来の形「決着」のほうが一般的である。

ケン **語素**【**見・簡**】

リョウケン〔了見・料見・料簡・了簡〕（五四〇ページ下段）を見よ。

ケン **語素**【**建・健**】

建　タテモノなどをこしらえること。例建造　建設　建築　土建業　建国　再建

健　体が強くて、悪いところがないこと。例健康　健全　健在　強健　健児　健闘

ケン **語素**【**険・嶮**】

ケンソ〔険阻・嶮岨〕（一八〇ページ上段）を見よ。

ケン **語素**【**険・慳**】

ジャケン〔邪険・邪慳〕（二四三ページ下段）を見よ。

ケン **語素**【**検・験**】

検　正しいかどうかを、調べて決めること。例検査　検討　検定　検算

験　実際はどうかを、調べて決めること。例実験　試験　体験　経験

注意　ケンザンは「験算」とも書くが、「検算」のほうが一般的。

ゲン **語素**【**幻・眩**】

ゲンワク〔幻惑・眩惑〕（一八一ページ上段）を見よ。

ゲン **語素**【**弦・絃**】

弦　弓のツル。また、その形をしたもの。

例円の弦　正弦　上弦の月　弦月

絃（×）⇩弦　弓のツルのように張った糸。例管絃楽　絃歌　三絃　絃管　断絃

参考「ゲン楽器」というのは、弓のツルをかき鳴らしたものとされている。そのため、古くは、「管弦」というように、「弦」を用いていた。後に、特に楽器の場合に、ユミヘンをイトヘンに改めて「絃」とした。これを、本来の形「弦」に戻すのが現代表記である。

ゲン　語素【現・原】

現　今ここにあるもの。例現今　現行　現職　現状を保つ　現地に行く　現品と見本　現物で支給する

原　今あるものの元の形。例原案　原義　原文　原書　原作　原状に復する　原地に戻す　原品と模造品　原物が分からない

ゲン　語素【原・源】

原　物事の初めになるもの。例原因　原住民　原始的　原料　原動力　病原体

源　物事の生じる元になるところ。例源泉　源流　水源　根源　本源　起源　語源　財源　給源　資源　震源　熱源　電源

注意「原」は「はじめ」の意味、「源」は「みなもと」の意味。「ゲン流・根ゲン・起ゲン・語ゲン」などには、「源」も「原」も用いた。今は、「もと」の意味で両様の書き方があるものについては、その意味のはっきりする「源」のほうが一般的である。

ゲン　語素【厳・儼】

ゲンゼン〔厳然・儼然〕（一七九ページ下段）を見よ。

ゲンカ　名【原価・現価】

原価　完成させるまでに必要とした金額。例原価を計算する　生産原価　商品の原価

現価　そのものに付けられた現在の相場。例現価を照会する　市場現価　約束手形の現価

ケンゲン　名・サ変　【建言・献言】

建言　官庁に対して意見を申し立てること。例政府に建言する　訴願と建言

献言　⇩建言　上司に対して意見を申し上げること。例課長に献言する　社長への献言

参考「建」は「もうしたてる」意味、「献」は「ささげる」意味。それに「言（いう）」を組み合わせた場合、官庁に対しては「建言」、上司に対しては「献言」と使い分けたこともある。今は、封建的な意味合いの強い「献言」を避け、上司に対しても「建言」を用いるのが一般的である。

ケンザン　名・サ変　【検算・験算】

検算　計算が正しいかどうか、もう一度調べること。例運算のあとの検算　検算して誤りを見付ける

験算　⇩検算　計算の実際を、もう一度調べること。

参考「検」は「しらべる」意味、「験」は「ためす」意味。それに「算（かぞえる）」を組み合わせた「検算」と「験算」は、同じ意味に用いられていた。今は、字画の少ない「検算」が一般である。

ゲンジョウ　名　【現状・原状】

現状　そのものの今の状態。例現状に満足する　現状を維持する　現状を打破する。

原状　そのものが以前にあった状態。例原状に復する　原状に戻す　原状を回復する

ゲンゼン　形動　【厳然・儼然】

厳然　まじめで、そばへ行きにくいようす。例厳然と構える　厳然たる事実

儼×然　⇩厳然　りっぱで、そばへ行きにくいようす。例儼然と存する　儼然たる居城

参考「厳」は「おごそか」の意味、「儼」は「いかめしい」意味。その点で、「厳然」と「儼然」は、別の意味の語である。しかし、「近寄りがたい」点で共通の意味を持つため、同じような意味に用いられていた。これを、現代表記では「厳然」に統一して用いる。

ケンソ　名・形動【険阻・嶮岨】

険阻　道や坂が歩きにくくて、登るのに困難なこと。例険阻な山　険阻の地

嶮×岨×　⇩険阻　山が石でできていて、登るのに困難なこと。

参考 一「険」は「あぶない」、「阻」は「はばむ」意味。「嶮」は「けわしい」、「岨」は「いしやま」の意味。それらを組み合わせた「嶮阻」と「険阻」は、旧表記でも同じような意味に用いられていた。これを、「険阻」に統一して用いるのが現代表記である。二「険阻」のほうは顔つきや性格にも用いるが、その意味で「嶮阻」と書くことはなかった。その点では、「険阻」のほうが意味の広い語である。

ゲンソ　名【元素・原素】

元素　化学的に見てそれ以上は分解できない単位。例酸素という元素　化学元素　元素鉱物

原素　物を形づくるモトになっているもの。例性質の原素　文明開化の原素

参考「元」は「もと」の意味、「原」は「みなもと」の意味。それに「素（もと）」を組み合わせた「元素」と「原素」は、別の意味の語である。また、「元素」を「原子」との関連で、「原素」と書くのは誤りである。しかし、今は、ゲンソを「原素」の意味で用いなくなったから、ゲンソといえば「元素」のことである。比喩的に用いる場合も、「元素」と書いてよいわけで

ある。

ケンバン 名【見番・検番】

見番 見張りをする人。その人のいるところ。花街で芸者の取り締まりをする事務所。例見番に頼む

検番 ⇩見番 検査をする人。その人のいるところ。

参考「見」は「みはる」、「検」は「しらべる」意味。ケンバンは、「芸者出欠の札」を「見る」場所で、「見板」と書かれた。それが「店番」「玄関番」などとの関連から「番」を用い、「見番」「検番」と書かれるようになった。今は、「見番」と書くのが一般的である。

ゲンワク 名・サ変【幻惑・眩惑】

幻惑 実際にはないものがあるように見えて迷うこと。例魔術に幻惑される 幻惑に悩まされる

眩惑 正しく見えなくなって迷うこと。例世人を眩惑する 外見に眩惑される

参考「幻」は「まぼろし」の意味、「眩」は「くらむ」意味。それに「惑（まどう）」を組み合わせた「幻惑」と「眩惑」は、別の意味の語である。

コ 語素【古・故】

古 過ぎてしまった前の時代。例古代 古文 古典 古書 古墳 古風 古人の言 古老 古参

故 ①元からあるもの。例故事 故実 故知 故国 故郷 ②死んだ人。例故人の遺志 故博士

注意 コロウは「故老」とも書くが、「古老」

のほうが一般的。

コ 語素【固・乎】

×乎 ⇩固 ようすを表す接尾辞。例確乎 断乎

参考「乎」は、副詞化する接尾辞。「固」は「かたい」意味。しかし、「確乎」と「確固」は、同じような意味に用いられていた。これを「断乎」にも及ぼし、「乎」を、同音の「固」に書き換えるのが現代表記である。

コ 語素【固・個】

固 ①全体が強くて形が変わらないこと。例固形 固体燃料 強固 ②初めから変わらないこと。例固有 固執 固定 固疾

個 一つ一つの物。例個々 個人 個体 個数 個性 個別 別個 一個百円

参考 現代表記の「個」は「箇」の書き換えにも用いるため、本来の「個（一つ一つ）」のほかに、「箇（数える単位）」の意味を持っている。

コ 語素【枯・涸】

コカツ〔枯渇・涸渇〕（二〇二ページ上段）を見よ。

コ 語素【個・箇】

個 一つ一つの物。例個々 個性 各個 個別

▲箇 ⇩個 物を数える単位。例一箇百円 箇数 別箇

参考「箇ハ、俗ニ個ニ作ル」とされている。そのため、旧表記でも、「箇」を「コ」と読む場合に、「個」を書くことがあった。そのうち、「個」のほうを用いるのが現代表記である。

こ 名【蚕・子・仔・児・小・粉】

▲蚕 ⇩かな 特に、カイコのこと。例蚕を飼う 春蚕

子　親から生まれたもの。人一般にも用いる。例人の子　男の子　風の子　江戸っ子　売り子　子会社

仔　⇩子　特に、動物のコ。例猫の仔　仔馬　仔牛　親犬と仔犬　仔猫を三匹産む

児　⇩子　特に、年の少ないコ。例いい児　稚児

小　「大」の対。物事の程度が下であること。例小舅（こじゅうと）　小猫一匹通らぬ　小奇麗　大雪小雪

粉　大きな塊が小さく分かれてできたもの。例小麦粉　火の粉　身を粉にして働く

参考「稚児」を「ちご」と読むのは、常用漢字表の付表の中に掲げられている表内訓である。

ゴ　語素【後・后】

后　⇩後　「前」の対。物事が行われる場合のあとのほう。例午后　食后

参考「后」は呉音ゴで、「後」の略字としても用いた。これを、本来の「後」で書くのが現代表記である。

ゴ　語素【後・伍】

ラクゴ〔落後・落伍〕（五三五ページ上段）を見よ。

ゴイ　名【語意・語彙】

語意　言葉の持っている内容としてのイミ。例語意を明らかにする　語意を誤解する

語彙　一定の範囲に用いられる単語の全体。例日本語の語彙　農村語彙　語彙の豊富な人　語彙集

参考「彙」は「あつまり」の意味。「語彙」の現代表記として、「彙」を同音の「囲（はんい）」に書き換え、「語囲」としたこともあるが、一般的ではない。

こいねがう　他動【希・冀・庶幾】

希　⇩かな　そうなってほしいと、強く考

えること。例成功を希う　希っても叶わぬ恋

×冀 ⇩かな　そうしたいと、強く考えること。例心に冀うこと　冀って已まぬ

▲庶▲幾 ⇩かな　そうあればいいと、強く考えること。例無事を庶幾う　庶幾わくは

コウ　語素【公・侯】

公　地位や家柄の高い人。敬称・愛称にも用いる。例公子　貴公　主人公　ワン公　議員諸公　公爵

侯　国を治める人。例王侯　諸侯の領地　侯爵

参考　爵位には「公・侯・伯・子・男」の五段階があるが、日本では廃止されている。

コウ　語素【孔・腔】

孔　周りがふさがっていて、そこだけが向こう側に開いているところ。例鼻孔　眼孔

×腔 ⇩かな　中が大きくて、奥が向こう側に開いていないところ。例鼻腔　口腔　腹腔　体腔　腔腸動物　満腔の感謝

参考「孔」は「底のないあな」の意味、「腔」は「むろ」の意味。そのため、これに「鼻（はな）」を組み合わせた「鼻孔（はなあな）」と「鼻腔（はなむろ）」は別の意味の語であり、「腔」を同音の「孔」に書き換えることはしない。

注意「腔」は漢音、呉音ともコウであるが、ツクリが「空（クウ）」であるところから、クウという読み方も慣用されている。医学用語としてはクウのほうが採用されているため、「口腔外科・口腔衛生」の「口腔」は、「コウクウ」と読む。

コウ　語素【広・弘】

×弘 ⇩広　大きな範囲に行われるようにすること。例弘報

参考「弘」は「ひろめる」意味、「広い」は

「ひろい」意味。しかし、訓読の「弘(ひろ)める」を「広める」に書き換えるのと同じく、「弘」を、同音で意味の似ている「広」に書き換えるのが現代表記である。

コウ 語素 **【広・宏】**

広 土地などの面積が大きいこと。例広範囲 広狭 広野 広軌 広義 広告

×宏 ⇩広 建物などの面積が大きく奥深いこと。例宏壮 宏大 宏遠

参考「広」は「ひろい」意味、「宏」は「ひろく大きい」意味。旧表記でも、「宏大・広大」「宏遠・広遠」は、同じような意味に用いていた。これを他にも及ぼし、「宏」を、同音で意味の似ている常用漢字の「広」に書き換えるのが現代表記である。

コウ 語素 **【広・曠】**

コウヤ〔広野・曠野〕（一九八ページ上段）を見よ。

コウ 語素 **【功・効】**

功 物事を行ったあとに残る良いこと。例功を奏する 労して功なし 成功 功名 功罪

効 物事の働きの結果として現れる良いこと。例熱病に効がある 特効薬 効力 効能 効果 有効

コウ 語素 **【交・淆】**

コンコウ〔混交・混淆・渾淆〕（二〇九ページ下段）を見よ。

コウ 語素 **【向・嚮】**

×嚮 ⇩向 先のほうにある目標に向かって進んでいくこと。例意嚮 嚮背

参考「嚮ハ、向ト通用ス」とされている。「向(むかう)」と同じ意味で用いる場合に、音符の

「郷（漢音キョウ、慣用音ゴウであるが、呉音はコウ）」を加え、これを「嚮」とした。そのため、旧表記でも、「意嚮・意向」「嚮背・向背」は、同じ意味に用いていた。これを、「向」に統一するのが現代表記である。

コウ　語素【行・航】

行　歩いたり車に乗ったりして陸を進むこと。例行を共にする　歩行　紀行文　行楽客　人生行路　歩調を取って行進する　行進曲

航　船などで水を渡ること。飛行機などで空を飛ぶこと。例航海　航空　就航　渡航　海上航路　船首を北に向けて航進する

コウ　語素【好・厚・幸】

好　ちょうど望ましいこと。例好日　好言　好感　好調　好結果　良好

厚　「薄」の対。分量が多いこと。例厚情　厚志　厚遇　温厚　濃厚

幸　巡り合わせが良いこと。例幸運　幸便　幸福　不幸　薄幸　射幸心

参考　現代表記の「幸」は「倖」の書き換えにも用いるため、本来の「幸（さいわい）」のほかに、「倖（偶然のさいわい）」の意味も持っている。

注意　コウウンは「好運」とも書くが、「幸運」のほうが一般的。

コウ　語素【考・敲】

スイコウ〔推考・推敲〕（二八九ページ上段）を見よ。

コウ　語素【更・甦】

コウセイ〔厚生・更生・甦生・更正〕（一九三ページ下段）を見よ。

コウ　語素【幸・倖】

幸　巡り合わせが良いこと。例幸運　幸便

幸福

倖 ⇩幸　ほとんど望めない良い巡り合わせ。例射倖心　薄倖

参考「幸」は「さいわい」の意味、「倖」は「偶然のさいわい」の意味。そのため、旧表記で、「薄倖」は「薄幸」とも書かれていた。これを他にも及ぼし、「倖」を同音の「幸」に書き換えるのが現代表記である。

コウ 語素【皇・惶】

ソウコウ〔倉皇・蒼惶〕（三二三ページ上段）を見よ。

コウ 語素【高・亢・昂】

亢 調子の高い状態になること。例心悸亢進

昂 上のほうへ向かって勢いよく進むこと。例昂騰　昂揚　インフレ昂進　激昂

参考「亢」は「たかぶる」、「昂」は「あがる」意味。「高」は「たかい」意味。いずれも「たかい」点で共通の意味を持っているため、「亢」「昂」を、同音で意味の似ている「高」に書き換えることがある。

コウ 語素【控・扣】

扣 ⇩控　別の用途に使うために取っておくこと。例扣除　扣制

参考「扣」は「たたく」から転じて「ひかえる」意味、「控」は「ひかえる」意味。そのため、旧表記でも「扣除・控除」「扣制・控制」など、両様の書き方が行われていた。その場合に、「控」のほうを用いるのが現代表記である。

コウ 語素【鉱・礦】

鉱 金属を含んでいる塊。例鉱石　黄銅鉱　鉄鉱石　金属鉱業

礦 ⇩鉱　原料になる石。例炭礦　石炭礦業

参考「鉱」は「あらがね」の意味、「礦」は「原料石」の意味。そこで、「礦」を、同音で意味の似ている「鉱」に書き換えるのが現代表記である。

コウ 語素 **【鉱・鋼】**

鉱 金属を含んでいる塊。例鉱石　黄銅鉱　鉄鉱石　鉱山　炭鉱　採鉱

鋼 特に硬く強くした鉄。例鋼鉄　圧延鋼　鉄鋼業　鋼材　鋼塊

参考 現代表記の「鉱」は「礦」の書き換えにも用いるため、本来の「鉱（あらがね）」のほかに、「礦（原料石）」の意味も持っている。

コウ 語素 **【興・亢・昂】**

コウフン〔興奮・亢奮・昂奮〕（一九七ページ上段）を見よ。

コウ 語素 **【構・購】**

構 組み合わせて、こしらえること。例構造　構成　構築　構図　構想　機構　構内

購 金を払って、物を受け取ること。例購入　購求　購買力　購読者

コウ 語素 **【講・媾】**

コウワ〔講和・媾和〕（二〇〇ページ上段）を見よ。

こう 他動 **【乞・請】**

乞 してくれるように頼むこと。例案内を乞う　教えを乞う　哀れみを乞う　暇乞い（いとまごい）

請 許してくれるように頼むこと。例認可を請う　休暇を請う

参考 コウには、「身も心も引かれる」意味の「恋う」がある。ただし、万葉仮名の表記は、「乞・請」のコが乙類、「恋」のコが甲類で、この二つは、語源的に全く別の語である。

ゴウ　語素【強・剛・豪】

強　「弱」の対。力が大きいこと。例強勇　強情　強力（ごうりき）　強盗　強引

剛　「柔」の対。力が大きくて、しっかりしていること。例剛の者　剛健　剛直　内剛外柔　金剛（こんごう）

豪　普通より勢いが大きいこと。例豪華　豪勢　豪語　豪雨　豪傑　文豪

注意　一ゴウタンは「剛胆」とも書くが、「豪胆」のほうが一般的。二「ゴウを煮やす」「ゴウ腹（はら）」は、仏教用語「業火（地獄の激しい火）」が腹の中で燃える意味であって、「業を煮やす」「業腹」と書く。

ゴウ　語素【豪・濠】

×濠　⇩豪　「オーストラリア」の略称。例濠州　濠国　日濠貿易

参考　「オーストラリア」に漢字で「濠太剌利」と当てたところから、その頭文字を取って「濠州・濠国」と書いた。その場合に「濠」のサンズイを除き、「濠」を、同音で常用漢字の「豪」に書き換えるのが現代表記である。「洲」も同音で意味の似ている常用漢字の「州」に書き換えるから、現代表記では「豪州・豪国」となる。

注意　「濠」は「水のあるホリ」、「壕」は「水のないホリ」。

コウイ　名【好意・厚意】

好意　人に対して持つ、悪げのない気持ち。例好意を寄せる　好意を感じる　好意的に行う

厚意　思いやりのある、親切な気持ち。例厚意に感謝する　厚意で就職する

参考　「好」は「よい」「のぞましい」意味、「厚」は「てあつい」意味。それに「意（こころ）」を組み合わせた「好意」と「厚意」には

共通の意味もあるが、「好意」のほうが広い意味に用いられている。

コウイン 名・サ変【勾引・拘引】

勾引 被告人、被疑者などを強制的に一定の場所に連れて行くこと。例令状で勾引する　逮捕又は勾引　勾引して留置する　勾引状

拘引 「勾引」の書き換えとして用いられることのある語。

参考 「勾」は「つれていく」意味、「拘」は「とどめる」意味。「引」は「ひく」意味。「勾引」の「勾」を同音の「拘」に書き換えて「拘引」とすることもあるが、法令用語は「勾引(「勾」に振り仮名を付ける)」のままである。

コウウン 名・形動【幸運・好運】

幸運 十分に満足できる巡り合わせ。例幸運に恵まれる　幸運の至り　幸運な結婚　幸運にも合格した

好運 ⇩幸運　非常に望ましい巡り合わせ。

参考 「幸」は「さいわい」の意味、「好」は「のぞましい」意味。「めぐりあわせ」の「運」を「さいわい」とするか、「のぞましい」とするかで「幸運」「好運」を使い分けることもある。今は、その巡り合わせから受ける気持ちを重んじ、「幸運」と書くのが一般的である。

コウエン 形動【広遠・高遠】

広遠 範囲が大きく、ずっと離れたところまで及んでいること。例広遠な地　広遠な昔　広遠な計略

高遠 「卑近」の対。目標が高く、ずっと後の将来まで考えていること。例高遠な理想　高遠な議論

参考 ㈠「広遠」は、旧表記「宏遠」の「宏」を、同音で意味の似ている「広」に書き換えた現代表記である。㈡「高遠」のほうは、「高遠な眺め」のように、「高くて遠い」意味に用い

たこともある。

ゴウカ　名　【業火・劫火】

業火　地獄で罪人を焼くとされている激しい火。例地獄の業火　業火に追われる

劫火　⇩業火　この世の最後として、すべてを焼いてしまうとされている激しい火。

参考　仏教用語としての「業火」と「劫火」は別の意味の語であるが、「大きな火事」の意味では同じように用いられていた。この場合に、現代表記では「業火」を用いることが多い。

コウガク　名　【好学・向学】

好学　学問を勉強することが熱心なこと。例好学の士が集まる　好学者　好学グループ

向学　学問を熱心に勉強しようとすること。例向学の志を果たす　向学心を燃やす

コウギ　名　【好技・巧技】

好技　やり方が望ましいこと。例好技に魅せられる　選手の好技　好技を誇る

巧技　⇩好技　やり方が、細かい点まで上手なこと。

参考　「好」は「のぞましい」意味、「巧」は「たくみ」な意味。やり方を「のぞましい」と評価するか、「たくみ」と評価するかで使い分けるが、その違いが明らかでないため、混用されることがある。

コウキュウ　名・サ変　【考究・攻究】

考究　物事について、深く考えたり調べたりして明らかにすること。例方法を考究する

攻究　物事について、深く勉強したり調べたりして明らかにすること。例学理を攻究する

参考　㊀「考」は「かんがえる」意味、「攻」は「おさめる」意味。それに「究（しらべる）」を組み合わせたコウキュウは、一般的な

事柄について「考究」、学問的な事柄について「攻究」と書き分けることもある。今は、学問的な事柄について「専攻・論考」などを用い、コウキュウとしては、「考究」のほうが一般的である。㊁古くは、「講じる」意味で、「四書五経を講究する」「典礼の講究」などと用いた「講究」もある。

コウギョウ　名　【工業・鉱業】

工業　原料を加工して、それを役に立つ状態にする産業。例製造工業　重工業　軽工業　石油化学工業　工業化　工業所有権

鉱業　地中から鉱物を採って、それを純粋な状態にする産業。例金属鉱業　石炭鉱業　石油鉱業　鉱業権

参考「工業」をエコウギョウ、「鉱業」をカネコウギョウと読んで、区別したこともあった。

コウギョウ　名・サ変　【興行・興業】

興行　入場料を取って、演劇、見世物などを見せること。例地方興行　引退興行　興行界

興業　新しく事業を始めること。例興業銀行　興業殖産　興業会社

コウコク　名・サ変　【広告・公告】

広告　商品などを、広く一般の人に知らせること。例化粧品の広告　求人を広告する　広告による宣伝

公告　特定の事項を、広く一般の人に知らせること。例債権申出の公告　特許権を公告する　規定による公告　公告による告知　公告を覆す

コウサツ　名・サ変　【考察・高察】

考察　物事を明らかにするために、調べて考えること。例原因を考察する　考察するところによると

高察　事柄について、こうだろうと正しい見当を付けること。特に、他人のそのような行いについて敬っていうときに用いる。例ご高察を賜る　ご高察のとおり　ご高察にお任せする

コウジュツ　名・サ変　【口述・公述】

口述　自分の考えを言葉で言うこと。例秘書に口述して速記させる　口述の筆記　手紙の口述

公述　公聴会などで自分の意見を発表すること。例公聴会で公述する　文書による公述　公述人

コウジョウ　名　【厚情・交情】

厚情　思いやりのある親切な気持ち。例ご厚情に感謝する　ご厚情を無にする

交情　親しい付き合いの気持ち。例交情を求める　相変わらずのご交情を　友人としての交情

コウシン　名・サ変　【高進・亢進・昂進】

亢進　⇩高進　感情や神経が高ぶっていくこと。例心臓の鼓動が亢進する　心悸(しんき)亢進

昂進　⇩高進　物事が上に向かっていくこと。例インフレが昂進する　物価が昂進する

参考「亢」は「たかぶる」、「昂」は「あがる」、「高」は「たかい」意味。そこで、「亢進」「昂進」は、同音で意味の似ている「高進」に書き換えることがある。

コウセイ　名、サ変　【厚生・更生・甦生・更正】

厚生　名　生活を豊かにすること。例職員の厚生　会社の厚生施設　厚生活動　厚生省

更生　名・サ変　精神的に元の状態に戻ること。例自力で更生させる　更生保護　会社更生法

甦生（×甦）　⇩更生　名・サ変　神の恵みによって新しくなること。例甦生を信じる

更正　名・サ変　間違っていることに気付いたとき、それを正しく直すこと。例登記を更正する　更正決定

参考「更」は「あたらしくなる」意味、「甦」は「よみがえる」意味。それに「生（うまれる）」を組み合わせたコウセイについては、全体の意味を考えて「甦生」の「甦」を同音の「更」に書き換え、「更生」に「甦生」の意味も含ませるのが現代表記である。

コウソ　名・サ変　【公訴・控訴】

公訴　検察官が裁判所に訴えて、罰してもらうように求めること。例検事の公訴理由　公訴を棄却する

控訴　第一審の判決に不服なとき、上級の裁判所に裁判のやり直しを求めること。例一審に不服で控訴する　控訴について弁護士に相談する　検事控訴

コウタイ　名・サ変　【交代・交替】

交代　前の人の行っていた仕事を、別の人が受け継いで行うこと。例議長が交代する　選手交代

交替　同じ仕事を、時間を分けて別の人が行うこと。例交替で勤務する　交替制

参考㊀「交」は「とりかえる」意味。「代（役目をかわる）」か「替（いれかわる）」かで「交代」「交替」を書き分けることもあるが、旧表記では「交代」のほうが一般的であった。現代表記では、旧音訓表で「代」に「タイ」という音を掲げなかったため、「交替」に統一されたこともある。しかし、改定音訓表は「代」に「タイ」という音も掲げたため、本来の使い分けに従って使い分けることになる。㊁法令用語には、「あらためかえる」意味で、「担当者の更代」など、「更代」という語もあるが、今は、

「交代」に統一されている。

ゴウタン　**名・形動**　**【豪胆・剛胆】**

豪胆　物事を思い切って行う、りっぱな心構えを持っていること。[例]豪胆な言動　豪胆無比

剛胆　物事を思い切って行う、強い心構えを持っていること。

[参考]「豪」は「りっぱ」、「剛」は「つよい」意味。それに「胆（きもったま）」を組み合わせた「豪胆」と「剛胆」は、同じ意味に用いられる。

コウテイ　**名**　**【行程・航程】**

行程　陸を行く場合の、目的地までの距離。[例]東京から大阪までの行程　一日の行程を十里とする

航程　船や飛行機で行く場合の、目的地までの距離。[例]東京からロンドンまでの航程

[参考]コウテイとしては、他に「作業順序」としての「工程」があり、「工程を分ける」「製造工程」などと用いられる。

コウテイ　**名・サ変**　**【考定・考訂・更訂】**

考定　不明な事柄を、よく考えて明らかにすること。[例]学名を考定する　疑問点を考定する

考訂　本文の誤りなどを、よく考えて正しく直すこと。[例]史料を考訂する　日付を考訂する　比較考訂

更訂　適当でなくなった事柄を、適当な形に直すこと。[例]条件を更訂する　三年ごとに更訂する

コウテイ　**名・サ変**　**【校訂・校定】**

校訂　本文の誤りなどを、他の資料と比べて正しい形に直すこと。[例]源氏物語を校訂する　校訂本

校定　書類などの文章や字句の悪いところを直して、最も良い形にすること。例原案を校定する　上司に校定してもらう　会議に諮って校定する

参考「訂」は「誤りをただす」、「定」は「本文をさだめる」意味。「校」は「くらべる」意味。それらを組み合わせた「校訂」と「校定」は、それぞれ作業が異なるため、その点から使い分けることもある。しかし、どちらに重点が置かれるかが明らかでない場合には、「校訂」を用いるのが一般的である。

コウデン　名【香典・香奠】

香典　死んだ人を弔うために供える金銭。例香典を供える　香典袋　香典返し

香×奠　⇩香典　死者を祭るために供える金銭。

参考「典」は「書物」から転じて「儀式の作法」の意味、「奠」は「さだめる」から転じて「そなえもの」の意味。「香」は「よいかおり」の意味。旧表記としては「香奠」のほうが一般であったが、同じ意味で「香典」も用いている。

コウトウ　名【口答・口頭】

口答　話し言葉で答えること。例口答を要求する　口問口答

口頭　考えを、話し言葉で言うこと。例口頭で答える　口頭の報告　口頭試問　口頭審理　口頭辞令

コウノウ　名【効能・功能】

効能　良い効果が得られる働き。例効能のある薬　温泉の効能　効能を並べる　効能書き

功能　りっぱな作用をする働き。

参考「効」は「ききめ」、「功」は「いさお」の意味。「能」は「はたらき」の意味。「功能」は、「功績と能力」の意味で「功能を尽くす」

などと用いられた語である。それが薬の場合にも用いられ、「効きめ・効力」などとの関連から、「効能」とも書かれるようになった。その意味では、今は、「効能」を用いるのが一般的である。

コウフン　名・サ変　【興奮・亢奮・昂奮】

興奮　感情や神経が、動き出して強くなること。例神経が興奮する　興奮剤

亢奮　⇩興奮　感情や神経が、高ぶって強くなること。

昂奮　⇩興奮　感情や神経が、高まって強くなること。

参考「興」は「おこる」で「さかんになる」意味、「亢」は「たかぶる」意味、「昂」は「あがる」で「たかまる」意味。それに「奮（元気を出す）」を組み合わせた「興奮」「亢奮」「昂奮」はいずれも同じ意味であるが、旧表記でも、「興奮」が広く用いられていた。これを、「興奮」に統一して用いるのが現代表記である。

こうべ　名　【首・頭】

首　⇩かな　胴の上にある頭の部分。例首を上げる　首を巡らす　首を刎ねる　首を落とす　鬼の首

頭　⇩かな　特に、アタマの部分。例頭を撫でる　頭を剃る　頭の骨　頭が舎利になる　頭の鉢

コウホウ　名　【公報・広報】

公報　公の機関が発行する機関紙。また、それに載っている知らせ。例選挙公報　公報で告示する

広報　役所や会社が、仕事の内容について広く知らせること。例広報活動　広報課　広報車

参考「広報」は、旧表記「弘報」の「弘」を、同音で意味の似ている「広」に書き換えた現代

表記である。

こうむる 他動 【被・蒙】

被 周りから、不幸なことを受けること。例損害を被る　災難を被る　非難を被る

×蒙 ⇩被　目上の人から、良いようにしてもらうこと。例恩情を蒙る　ご免を蒙る　知遇を蒙る

コウヤ 名 【広野・曠野】

広野 面積の大きな野原。例冬の広野　広野に遊ぶ

×曠野 ⇩広野　何もない、大きな原野。例満州の曠野　曠野をさまよう

参考 「広」は「ひろい」意味、「曠」は「むなしい」意味。それに「野（のはら）」を組み合わせた場合、「広野」よりも「曠野」のほうが広く寂しい感じを持ち、その点で使い分けられていた。しかし、「広い野」という点では共通の意味を持っているため、現代ではこれを「広野」に用いることが多い。

コウヤク 名・サ変 【口約・公約】

口約 文書を作らないで、話し合うだけで約束すること。例とりあえず口約する　口約を文書にする

公約 個人に対してでなく、一般の人に対して約束すること。例政党の公約　選挙の際の公約

コウユウ 名、サ変 【交友・交遊】

交友 名 友達として付き合うこと。また、その友達。例交友からの手紙　交友の弁護士　交友関係

交遊 名・サ変 親しく付き合うこと。例広く交遊する　交遊を好む　交遊を慎む　女性交遊

注意 コウユウには、「よい友達」の意味で

「好友を得て喜ぶ」などと用いる「好友」、「同じ学校の卒業生」の意味で「校友会」などと用いる「校友」もある。

コウヨウ 名・サ変 【紅葉・黄葉】

紅葉 植物の緑の葉が、秋になってアカイ色に変わること。例楓(かえで)が紅葉する　燃えるがごとき紅葉

黄葉 植物の緑の葉が、秋になってキイロイ色に変わること。例銀杏(いちょう)が黄葉する　黄金のごとき黄葉

コウリュウ 名・サ変 【拘留・勾留】

拘留 刑の一種。犯罪者を、一定の場所から出さないもの。例三十日未満の拘留に処する　拘留又は科料

勾留 「保釈」の対。被告人、被疑者などを、強制的に一定の場所に連れていくこと。例被疑者を勾留する　勾留期間を延長する　勾留の要件　未決勾留

参考 ㊀「拘」は「とどめる」意味、「勾」は「つれていく」意味。それに「留(うごかさない)」を組み合わせた「拘留」と「勾留」は別の意味の語であり、「勾」を同音の「拘」に書き換えることはしない。㊁「勾留」を「拘置」と言い換えることもあるが、法令用語は「勾留(「勾」に振り仮名を付ける)」のままである。

コウリョウ 名・形動 【荒涼・荒寥】

荒涼 風景などが、親しみの感じられないくらい寂しいこと。例荒涼たる山々　荒涼の趣を添える

荒×寥 ⇩荒涼　役に立つものが、何もなくて寂しいこと。例荒寥たる原野　荒寥の感を持つ

参考 「涼」は「すずしい」から転じて「さむざむとしている」意味、「寥」は「何もなくてむなしい」意味。「荒」は「あれはてる」意味。

したがって、「荒涼」よりも「荒寥」のほうが寂しい感じを持ち、その点で使い分けられたこともある。しかし、「さびしい」という点では共通の意味を持っているため、現代ではこれを「荒涼」に用いることが多い。

コウロ　名　【行路・航路】

行路　陸を旅行するときの、一定の通り道。例行路は山中を通る　行路難　行路病者　人生行路

航路　船や飛行機の行き来する、一定の通り道。例航路は海峡を通る　定期航路　外国航路　航路標識

コウワ　名・サ変　【講和・媾和】

講和　戦っていた二つの国が仲直りをすること。例講和が成立する　講和条約

媾和　⇩講和　二つの国がお互いに親しくなること。

参考　「講」は「やわらぐ」、「媾」は「したしむ」意味。「和」は「なかよくする」意味。「講和」は戦いをやめることに重点が置かれ、「媾和」は親しく交わることに重点が置かれる語である。しかし、旧表記でも、「講和」と「媾和」は同じ意味に用いられていた。これを、「講和」に統一して用いるのが現代表記である。

こえる　自動　【越・超】

越　特定の場所を過ぎて、その先へ進むこと。例峠を越える　海を越える　困難を乗り越える　四十の坂を越える　年を越える　越えて三年になる

超　一定の分量・基準を上回ること。例限度を超える　五百円を超える額　四十歳を超えた人　人間の能力を超える　現代を超える　利害を超えた問題

参考　㈠「五百円を超える額」という場合、「五百円」を含まない。その点で、「五百円」を

含む「五百円以上」とは、意味が異なる用い方である。

こおり 名【**凍・氷**】

凍 液体が固体になる意味の動詞「凍る」の名詞化したもの。例湖の凍りが遅い　凍り豆腐　凍り大根

氷 水が零度以下になって固まったもの。例氷が張る　湖の氷が厚い　氷詰め　氷枕(こおりまくら)　氷水

注意「凍」の場合は、動詞「凍る」から転じた名詞として、送り仮名「り」を付ける。「氷」の場合は、本来の名詞として、送り仮名を付けない。

ゴカク 名【**互角・互格**】

互角 二つの力が同じくらいで、その間に差がないこと。例互角の勝負　互角で張り合う　軍備が互角

互格 ⇩互角　二つの等級が同じくらいで、その間に差がないこと

参考 ゴカクは、「牛の角が左右とも同じで差がない」意味であり、「牛角」が本来の書き方であった。それが、「お互いに同じ」というところから「互角」と書かれるようになり、これが一般化している。一時、「資格・品格」などとの関連から「互格」と書かれることもあったが、このほうは誤りとされている。

こがた 名【**小型・小形**】

小型 元になるものからこしらえたカタチが小さいもの。例小型の自動車　小型テレビ　小型台風

小形 目に見えるカタチが小さいもの。例小形の模様　小形のしるし　小形の箱　小形の花

コカツ 名・サ変 **【枯渇・涸渇】**

枯渇 しおれて、水分が無くなること。例土地が枯渇する　心が枯渇する　思想が枯渇する。

×涸渇 ⇩枯渇　乾いて、水分が無くなること。

参考「枯」は「木がかれる」意味、「涸」は「水がかれる」意味。それに「渇（かわく・水分がなくなる）」を組み合わせた「枯渇」と「涸渇」は、旧表記でも同じ意味に用いられていた。これを、「枯渇」に統一して用いるのが現代表記である。

ゴカン 名 **【五感・五官】**

五感 見る・聞く・嗅（か）ぐ・触れる・味わうという五つの感覚。例五感が鋭い　五感を鈍らせる　五感の刺激に反応する　正常な五感

五官 目・耳・鼻・皮膚・舌という五つの器官。例五官で感じる　五官の機能　五官を休ませる　五官が刺激を受ける　健全な五官　五臓五官

コク 語素 **【克・剋】**

×剋 ⇩克　相手よりも、上に出ようとすること。例下剋上　相剋

参考「剋」も「克」も「うちかつ」意味であり、「克ハ、通ジテ剋ニ作ル」とされている。そこで、その意味の「剋」を同音の「克」に書き換えるのが現代表記である。

こく 他動 **【扱・放】**

▲扱 ⇩かな　細長いものを、強くこすること。しごく。例棒を扱く　稲を扱く

▲放 ⇩かな　尻（しり）の穴や口から、勢いよく出すこと。例屁（へ）を放く　嘘（うそ）を放く

参考「扱」には「根ごと引き抜く」意味もあるが、このほうは濁音でコグと読み、「扱ぐ」

と書く。現代表記では、仮名で「こぐ」と書く。例大根を扱ぐ

ゴゲン 名【語源・語原】

語源 単語のできたモトになるところ。例語源を探る 語源未詳 民俗語源

語原 ⇩語源 単語のできた初めになるもの。

参考「源」は「みなもと」の意味、「原」は「はじめ」の意味。それに「語（ことば）」を組み合わせた「語源」と「語原」は、同じ意味に用いられた。今は、「もと」の意味のはっきりする「源」のほうが一般的である。

ここに 連語【茲・是・此処・此所】

×茲 ⇩かな 今の時において。例茲に提案する 本日茲に 特に茲に 事茲に至る

▲是 ⇩かな この点において。例問題は是にある 是において

×此▲処 ⇩かな この場所において。例此処にいる人 此処に集まる

×此▲所 ⇩かな 「此処」に同じ。

注意 ココヲモッテは、旧表記で「是を以て」と書いた。現代表記では、仮名で「ここをもって」と書く。

コジン 名【古人・故人】

古人 昔の優れた人。例古人の言によれば 古人の口伝（くでん） 古人曰（いわ）く

故人 すでに死んだ人。例故人を偲（しの）ぶ 故人の遺志 すでに故人となる 故人の冥福（めいふく）を祈る

こす 自動【越・超】

越 特定の場所を過ぎて、その先まで行くこと。例峠を越す 年を越す 先を越す 引っ越す 乗り越して引き返す これに越したことはない

超　一定の分量を過ぎて、その先まで行くこと。例限度を超す　一万人を超す学生　三十度を超す暑さ

こす　他動　【濾・漉】

濾×　⇩かな　細かいすき間を通して、液体の中に含まれている混じり物やカスを取り除くこと。例汚水を濾す　液を濾す　コーヒーを濾す　濾し紙

漉×　⇩かな　細かいすき間を通して、やわらかくした全体の粒を小さくすること。例味噌(みそ)を漉す　餡(あん)を漉す　絹漉しの豆腐　漉し餡　漉し網

こたえる　自動　【応・堪・対・答】

応　①受けた求めに対して、その望みどおりにすること。例期待に応える　要望に応える　恩顧に応える　②行ったことに対して、それ相当のものが返ってくること。例歯に応える　手応えがある　読み応えのある論文

堪▲　⇩かな　受けた刺激に対して、強く感じること。それを我慢すること。例骨身に堪える　心臓に堪える　寒さが堪える　堪えられない

対▲　⇩かな　目上の人から受けた恵みに対して、真心を尽くして働くこと。例恩顧に対える　聖恩に対える

答　受けた問いに対して、考えを言ったり書いたりすること。例出題に答える　照会に答える　正しい答え　谺(こだま)が答える　受け答え　口答えする

こと　語素　【異・殊】

異　「同」の対。全く別のものであること。例異にする　異なる　異国　異人

殊　「別」の類。特に普通と違っていること。例殊に大きい　殊更喜ぶ　殊の外

こと 名【琴・箏】

琴 本来は「七本の糸を張った弦楽器」で、「きんのこと」ともいう。奈良・平安時代に演奏されたが、現在は行われない。

箏 ⇩琴 本来は「十三本の糸を張った弦楽器」で、「そうのこと」ともいう。奈良時代からあり、現在一般に演奏されているコトは、このほうである。

参考 単にコトというときは、旧表記でも「琴」を書くことが多く、現在でも「琴」を用いるのが一般的である。

ことごとく 副【悉・尽】

悉 ⇩かな 一つ一つ全部にわたるようす。例悉く調べる 悉く取り除く 悉く集める

尽 ⇩かな 残らず全部にわたるようす。例尽く信じる 尽く無くなる 尽く滅びる

ことさら 副【故・殊更】

故 ⇩かな そうしなくてもよいことを、特に行うようす。例故ら祈る 故ら間違える 故ら理屈を言う

殊更 特に普通と違っているようす。例殊更喜ぶ 殊更寒い日 殊更不作の年

注意 「故」を「ことさら」と読む場合には、副詞として、最後の音節「ら」を送り仮名とする。

ことば 名【詞・辞・言葉】

詞 ⇩かな 歌について説明的にいう部分。また、一定のまとまりを持っている連語。例詞書き 懸け詞 枕詞(まくらことば) 序詞 働き詞

辞 ⇩かな 一定の内容を持っている話や文章。例開会の辞 推薦の辞

言葉 音声や文字による表現。それを組み立てている語やその総体。例言葉で言う 悪

い言葉　言葉を返す　言葉遣い　日本の言葉　話し言葉　言葉少なに

こども　名【子供・小供】

子供　「親」の対。親から生まれたもの。例子供が産まれる　子供を学校に入れる　子供の世話

小供　「大人(おとな)」の対。まだ大人にならないもの。例小供の料金　小供は半額

参考 一「子」は「親」の対、「小」は「大」の対。「供」は語源的には「者ども」「女ども」の「ども」で、複数を表す。しかし、今では単数に用いることが多い。二「小供」の場合には、「大人(だいにん)」「中人(ちゅうにん)」の対として「小人(しょうにん)」を用いるようになったため、コドモとしては、「子供」と書くのが一般である。ただし、五月五日を「こどもの日」とするように、仮名で「こども」と書くことも行われている。

ことわり　名【断・理】

断　相手からの申し出を受け入れないこと。例断りを言う　断りもなく　断り状　断り書き

▲理　⇩かな　物事の正しい考え方。例物事の理　理も知らぬ人

注意 一「断」の場合は、動詞「断る」から転じた名詞として、送り仮名「り」を付ける。「理」の場合は、本来の名詞として、送り仮名を付けない。二「ことわる」の送り仮名を「断る」とすると、「断って」が「タッテ」とも読めることになる。この誤読を防ぐため、現代表記では「断わる」という送り仮名が許容されているから、「断わり」も許容されている。

こま　名【駒・狛】

駒　①小さい馬。例駒の嘶(いなな)き　二歳駒　②将棋や双六に使う小片。例駒を進める　駒を

取る

狛 ⇩かな 獅子に似た動物。神社などに向かい合わせに置かれている像。こまいぬ。

参考 万葉仮名の表記は、「駒」のコが甲類、「狛」のコが乙類で、この二つは、語源的に全く別の語である。しかし、動物として共通の意味が感じられるため、特にここに取り上げたものである。

こま 名【齣・小間】

齣 ⇩かな 長く続いているものの一部分。例フィルムの齣　小説の一齣

小間 全体の場所を小さく区切ったそれぞれの部分。例展覧会場の小間　小間割り

こまやか 形動【細・濃】

細 特に小さいようす。また、詳しいようす。例細やかな粒　細やかに話す

濃 ⇩かな 色が薄くないようす。また、相手を思う気持ちが行き渡るようす。例松の緑も濃やか　濃やかに彩る　濃やかな愛情

こむ 自動【混・込】

混 その場所が人で一杯になること。例人が混む　電車が混む　混み合う　人混み

込 物の中に入ること。例手が込む　飛び込む　寝込む　込み入った話　込み上げる　送料込みの値段

参考「込」は国字で、ハイッテイクことを表す。

こめる 自、他【罩・籠・込】

罩 ⇩込 自動 煙などが辺りいっぱいになること。例霧が罩める　靄が罩める　立ち罩める

籠 ⇩込 他動 集めて中に入れること。例真心を籠める　祈願を籠める　心を籠めて世話をする

込　**他動**　物の中に入れること。例弾を込める　送料を込めて請求する　閉じ込める　押し込める

こもの　**名**　**【小物・小者】**

小物　こまごまとした付属品。例細工の込んだ小物　和装用の小物　小物売場

小者　地位・身分・勢力などのない人。例小者が何を言うか　大物になれない小者

コロウ　**名**　**【古老・故老】**

古老　長い間そこに住んでいて、昔のことをよく知っている年寄りの人。例土地の古老　古老の言葉

故老　⇩古老　前からそこに住んでいて、昔のことをよく知っている年寄りの人。

参考「古」は「ふるい」意味、「故」は「もとから」の意味。それに「老（としより）」を組み合わせた「古老」と「故老」は、同じ意味に用いられた。今は、「故」が「故人・故博士」など悪い連想を伴うため、「古老」のほうが一般的である。

こわい　**形**　**【恐・強・怖】**

▲恐　⇩怖　「怖」に同じ。

▲強　⇩かな　物が固くて、自由にならないようす。例飯が強い　強い革　手強い

怖　何か起こりそうで、不安な気持ちを持つようす。例幽霊が怖い　怖い顔をする　怖々近寄る

こわす　**他動**　**【壊・毀】**

壊　元の形を、変えたり無くしたりすること。例家を壊す　火薬を使って壊す

▲毀　⇩壊　そのものの持つ本来の働きを、だめにすること。例機械を毀す　計器を毀す　胃を毀す

こわれる 自動【壊・毀】

壊 元の形が、変わったり無くなったりすること。例橋が壊れる　堤防が壊れる　地震で家が壊れる

毀 ⇩壊　そのものの持つ本来の働きが、だめになること。例機械が毀れる　茶碗(ちゃわん)が毀れる　話が毀れる

コン 語素【混・昏・渾】

コンコウ〔混交・混淆・渾淆〕（このページ下段）を見よ。

コンメイ〔混迷・昏迷〕（二一〇ページ上段）を見よ。

コンゲン 名【根源・根原・根元】

根源 物事を成り立たせるモトのところ。例根源を探る　事の根源　根源を絶つ

根原 ⇩根源　物事を成り立たせる初めのところ。

根元 ⇩根源　物事の生まれ初めのところ。

参考「源」は「みなもと」、「原」は「はじめ」の意味。「元」は「もと」で「はじめ」の意味。それに「根（ねもと）」を組み合わせた「根源」「根原」「根元」は、いずれも同じ意味に用いられた。今は、「起源・語源」などと同じく、「根源」を用いるのが一般的である。

コンコウ 名・サ変【混交・混淆・渾淆】

混淆 ⇩混交　いろいろのものが、全体に一緒になること。例事実と意見を混淆する　玉石混淆

渾淆 ⇩混交　いろいろのものが、同じように一緒になること。

参考「混」は「一緒になる」、「渾」は「にごりまじる」意味。それに「淆（にごりまじる）」を組み合わせた「混淆」と「渾淆」は、同じ意味に用いられた。このうち、「混淆」の

「淆」を、同音で意味の似ている「交（くみあわせる）」に書き換えるのが現代表記である。

コンセン **名・サ変** **【混線・混戦】**

混線　いろいろの信号が一緒になって、どれが本来のものか分からなくなること。例電話が混線する

混戦　敵と味方が一緒になってしまって、どちらが勝つか分からなくなること。例両軍が混戦する

コンメイ **名・サ変** **【混迷・昏迷】**

混迷　いろいろの物事が一緒になって、先の見通しがつかないこと。例政局が混迷する　世相が混迷する　混迷の世の中

×昏迷　⇩混迷　どうしてよいかが明らかでなく、訳が分からなくなること。例心が昏迷する　思想の昏迷

参考「混」は「一緒になる」意味、「昏」は「くらい」意味。それに「迷（まよう）」を組み合わせた「混迷」と「昏迷」は、別の意味の語である。しかし、両語とも「まよう」点では共通の意味を持っているため、「昏迷」の「昏」を同音の「混」に書き換え、「混迷」に「昏迷」の意味も含ませるのが現代表記である。

サ **語素** **【差・叉】**

×叉　⇩差　二つのものが交わること。例交叉　三叉路

参考「叉」は「線状のものがたがいにまじわる」意味。「差」は「いりちがう」意味。そこで、「交叉点」の「叉」を、同音で意味の似ている「差」に書き換えることがある。

注意「叉」は「ふたまた」の意味で「音叉」

などと用いるが、この場合には「差」に書き換えない。

サ 語素【唆・詐】

唆 行わせるように仕向けて、それを行わせること。例教唆　示唆

詐 本当でないことを言って、本当のように思わせること。例詐欺　詐称

ザ 語素【座・坐】

座 特定の位置を占める場所。例座に着く　座右に置く　座長　座談会　満座の者　仏像の台座

×坐 ⇩座　特別の形で位置を占めて動かないこと。例坐像　坐高　端坐　正坐して黙する　坐禅　坐業　坐礁　坐薬　坐食　坐視　連坐

参考「座」は名詞としての「すわる場所」の意味、「坐」は動詞としての「すわる」意味。意味のとらえ方は異なるが、同じことを表すため、「坐」を、同音で意味の似ている「座」に書き換えるのが現代表記である。

サイ 助数【才・歳】

才 ⇩歳　年齢を差すときに付けることば。例三才　満二十一才

参考「才」は「歳」の略字としても用いられるが、本来の「歳」で書くことが多い。

サイ 語素【砕・摧】

ハサイ〔破砕・破摧〕（四三〇ページ上段）を見よ。

サイ 語素【栽・裁】

栽 木や草を植えて大きくすること。例栽培　盆栽　前栽　植栽

裁 ①布などを目的に合わせて切ること。例裁縫　洋裁　和裁　裁断　②物事を良いよ

うに決めること。例裁判　裁決　裁量

サイ　語素【彩・采】

采　いろいろの色で飾った姿。例風采　拍手喝采

参考「采」は、「いろどる」意味のとき、サンヅクリ（かざる）を付けて「彩」とした。

サイ　語素【祭・斎】

祭　神や仏を慰めるために儀式を行うこと。例祭器　祭司　祭りの祭場・祭壇・祭主　祭神　祭政一致　祭典　大祭　祭日(さいじつ)

斎　神や仏に仕えるために体を清めること。例斎戒　斎宮　葬式の斎場・斎壇・斎主　斎日(さいにち)

サイ　語素【歳・載】

歳　本来は、立春から次の節分までの一年。今は、元日から大晦日(おおみそか)までの一年。例歳月　歳時記　歳入　歳出　歳末　歳晩　満五歳

載　毎年新たになる一年。例千載一遇　千百載

サイ　名、サ変【差異・差違】

差異　名　他のものと比べて別の性質になっているところ。例差異を明らかにする　両者の差異　差異がある

差違　名・サ変　他のものと性質などが同じでなくなること。また、同じでない性質。

参考「異」は「ことなる」意味、「違」は「ちがう」意味。それに「差（いりちがう）」を組み合わせた「差異」と「差違」には、「別になっている点」を強調するか、「同じでない点」を強調するかの違いが見られたが、「差違」のほうは、「差違する点」などと、動詞にも用いた。今は、サイを名詞にのみ用いるため、「差異」と書くのが一般的である。

ザイ　語素【材・財】

材　物をこしらえるもとになるもの。また、いろいろ役に立つもの。例材木　材料　石材　鉄材　素材　資材　教材　人材　良材　建築材

財　金銭的に値打ちのあるもの。例財産　財宝　財貨　家財　財力　財源　財団　文化財　消費財

ザイカ　名【在貨・在荷】

在貨　商品などが現在あること。また、現在ある商品。例在貨を調整する　倉庫の在貨

在荷　荷物などが現在あること。また、現在ある荷物。

参考「貨」は「値打ちのある品物」の意味、「荷」は「持ち運ぶ品物」の意味。ザイカは商品が倉庫などにあることをいうので、今は、「在庫」という語を用いるのが一般的である。

サイクン　名【細君・妻君】

細君　①他人に対して、自分の妻をいうことば。例家(うち)の細君　②同輩や目下の人の妻をいうことば。例君のところの細君

妻君　⇩細君　同輩や目下の人の妻をいうことば。

参考「細」は「ちいさい」意味。「細君」は、謙譲語として、自分の妻の意味に使われた語である。それが他人の妻の意味にも誤って使われ、「妻（つま）」の文字を当てて用いることもある。今は、本来の形「細君」が一般的であるが、他人の妻をいうときは、自分と同じか目下に用いる。

サイケツ　名・サ変【採決・裁決】

採決　会議で、議事の結果を明らかにすること。例議案の採決　討論採決　強行採決　採決に加わる

裁決　法律上の争いについて、処分を明らかにすること。例行政庁の裁決　明快な裁決　裁決を申請する　裁決決定　裁決を下す

サイケン　名【債権・債券】

債権　金を貸した者が、借りた者に対して持っている権利。例債権が生じる　債権者の氏名　債権と債務　債権管理官

債券　必要な資金を、借り入れた場合の証券。例債券を発行する　氏名を債券に記載する　無記名の債券　株券と債券　割引債券

サイゴ　名【最後・最期】

最後　「最初」の対。物事のいちばん終わりのところ。例最後の授業　最後に行う　映画の最後　最後通告　払ったら最後

最期　生きてきた命が終わるとき。例最期を遂げる　勇壮な最期　尊い最期　勇士の最期

サイショウ　名【最小・最少】

最小　「最大」の対。いちばんチイサイこと。例最小の努力で　最小公倍数　最小限度

最少　「最多」の対。いちばんスクナイこと。例最少の損害　最少額　最少年者　最少年齢層

サイシン　名【細心・砕身】

細心　コマカイところまで、よく気を付けること。例細心の検討をする　細心の注意を払う。

砕身　いろいろ考えて、努力すること。例砕身の苦を嘗(な)める　粉骨砕身

サイセイ　名・サ変【再生・再製】

再生　だめになったものや失われたものを、もう一度役に立てること。例再生して励む　記憶を再生する　録音の再生　再生ゴム　再

生繊維

再製　製品を使って、それよりも良い製品をこしらえること。例生糸を再製する　再製塩　再製糖　戸籍を再製する

サイフク　**名**　**【祭服・斎服】**

祭服　大祭のときに着る服。例衣冠束帯の祭服　祭服の神官

斎服　物忌みのときに着る服。また、神事のときに着る服　例白絹の斎服

参考「祭服」は「まつりのきもの」の意味、「斎服」は「ものいみのきもの」の意味。そのため、「祭服」と「斎服」は、本来の用途が異なるわけである。しかし、どちらがよいかよく分からない場合には、「祭服」を用いるのが無難である。

サイロク　**名・サ変**　**【採録・載録】**

採録　取り上げて記事にすること。例投書原稿を採録する　特集に採録する　辞書に採録する

載録　⇩採録　書物や記録に書き記すこと。

参考「採」は「あつめる」意味、「載」は「物の上におく」意味。それに「録（しるす）」を組み合わせた「採録」は「とりあげる」ほうに重点があり、「載録」は「のせる」ほうに重点がある。今は、サイロクを「とりあげる」意味に用いるため、「採録」が一般的である。

さお　**名・助数**　**【竿・棹】**

竿×　⇩かな　①**名**　枝や葉を取り去った竹の細長い棒。例竿に干す　物干し竿　竹竿　竿秤（さおばかり）　間竿（けんざお）　旗竿　②**助数**　簞笥（たんす）などを数えるのに用いることば。例長持（ながもち）一竿

棹×　⇩かな　①**名**　舟を進めるために用いる細長い丸太の棒。例棹を差す　棹で沖へ出る　②**助数**　羊羹（ようかん）などを数えるのに用いることば。例練り羊羹三棹

さかさ 名 【逆・倒】

逆 普通とは反対になっていること。例逆さに巻く　逆さに立つ　逆さから見る

▲倒 ⇩逆　上下が反対になっていること。例倒さに懸かる　倒さ富士

注意「逆」は「さか」と読み、「逆手・逆様・逆立ち・逆恨み」などと用いる。そのため、「さかさ」の場合には、送り仮名として「さ」を付ける。

さがす 他動 【捜・探】

捜 見えなくなったものを見付け出そうとして、あちこち見回しながら動くこと。例家（うち）の中を捜す　落とし物を捜す　無くした財布を捜す　犯人を捜す

探 欲しいものを見付け出そうとして、あちこち見回しながら動くこと。例空家を探す　職を探す　電話帳で探す　手頃（てごろ）な財布を探す　欠点を探す

さかずき 名 【杯・盃】

杯 酒を飲むときに用いる、小さな器。例杯を挙げる　杯を干す　杯で一杯　杯一杯の薬

×盃 ⇩杯　酒を飲むときに用いる、儀式用の器。例固めの盃　別れの盃　記念の盃　水盃

参考「盃」は、本来は「杯」の俗字であるが、サラのほうがキよりもりっぱに見えるため、旧表記では、賞品や記念品などに「盃」を書くことが多かった。この場合も、正字の「杯」で書くのが現代表記である。

さかな 名 【魚・肴】

魚 食べ物としてのウオ。例魚を焼く　魚の料理　魚籠（さかなかご）　魚屋　魚臭い　魚捕り

×肴 ⇩かな　酒を飲むときに添える食べ物。

例酒の肴　宴会の肴にする　肴置き　肴代　肴銭

さかのぼる 自動【遡・溯・逆上】

遡 普通の勢いとは反対の方向に進んでいくこと。例川を遡る　歴史を遡る　四月に遡って増額

溯[×] ⇩逆上「遡」に同じ。

逆上 上から下へ行くべきものが下から上へ行くこと。例気が逆上る　川の水が逆上っても

さかん 形動【旺・盛】

旺[▲] ⇩盛　気力が大きいようす。例士気が旺ん　老いてますます旺ん　旺んな老人

盛「衰」の対。勢いが大きいようす。例工業が盛ん　雨が盛んに降る　輸出の盛んな国

注意「さかん」は、動詞「さかる」の名詞に転じた形「さかり」の音便形として、送り仮名「ん」を付ける。

さき 名【先・前・曩】

先 順序がマエであること。例先に進む　先のほう　先頃(さきごろ)　先程　行き先　先払い　先回り　先走る　先物買い　三日先の予定

前[▲] ⇩かな　それよりもマエであること。例前の大臣　三日前の雨

曩[×] ⇩かな　今よりもマエであること。例曩に述べたとおり　曩に行われた答弁

サク 語素【作・策】

作 物をこしらえること。例作家　作文　作戦　会心の作　傑作　秀作　述作

策 前に考えておくこと。例反対を策する　対策　策略　策謀　術策　策動　画策　策定　策を立てる

注意 サクセンは「策戦」とも書くが、「作戦」のほうが一般的。

サク 語素【削・鑿】

鑿 ⇩削　ノミなどを用いて穴を開けること。例開鑿　掘鑿　鑿井　鑿岩機

参考「鑿」は「うがつ」、「削」は「けずる」意味。「とりさる」点では共通の意味を持っているため、「鑿」を、同音の「削」に書き換えることがある。

サク 語素【酢・醋】

醋 ⇩酢　果物などが発酵したときにできる、酸っぱい味の液。例醋酸

参考「醋」も「酢」も「すっぱい液」であって、「醋、酢トイウ」とされている。そこで「醋」を、同音で意味の同じ「酢」に書き換えることがある。

さく 他動【割・裂】

割 ①刃物で切り分けること。例鶏を割く　魚の腹を割く　三枚に割く　②取り分けて特別の目的に使うこと。例紙面を割く　人手を割く

裂 無理に二つに離すこと。例絹を裂く　仲を裂く　引き裂く　八つ裂き

サクイ 名、サ変【作為・作意】

作為 名・サ変　特定の物事を、行おうと考えて行うこと。例作為の跡がある　証拠を作為する　作為的　作為と不作為　作為犯　無作為抽出

作意 名　芸術作品をこしらえる場合に、特に考えたこと。例作意があって作る　作意を明らかにする　作者の作意　作意不明の作品

サクセイ 名・サ変【作成・作製】

作成 人によって必ずしも同じにならないものをこしらえること。例予算を作成する

計画を作成する　書類の作成　教科書の作成　法案の作成

作製　だれが行っても同じになるものをこしらえること。例一覧表を作製する　名簿を作製する　表示板の作製　標本の作製

参考「成」は「しあげる」意味、「製」は「つくる」意味。それに「作（つくる）」を組み合わせた「作成」と「作製」は、どのようなものをツクルかによって使い分けられている。

サクセン　名【作戦・策戦】

作戦　どういうふうに戦いを進めたらいいか、という場合のその進め方。例作戦を練る　共同作戦　販売作戦　作戦会議　作戦上

策戦　⇩作戦　どういうふうに戦いを進めたらいいか、という場合に用いるハカリゴト。

参考「作」は「つくる」から転じて「くふう」する意味、「策」は「はかりごと」の意味。それに「戦（たたかい）」を組み合わせた「作戦」と「策戦」は、同じような意味に用いられていた。しかし、軍隊用語が「作戦」であったため、一般的にも「作戦」が用いられている。

さげる　他動【下・提】

下　「上」の対。高いところから低いところへ進ませること。例値段を下げる　軒に下げる　上げ下げ　下げ緒　下げ潮　値下げ

提　物の上部を、手で握って持つこと。例荷物を手に提げる　手提げ鞄（かばん）

ささげる　他動【献・捧】

▲献　⇩かな　神仏・死者・貴人に、物を供えたり、渡したりすること。例神に献げる　陛下に献げる

×捧　⇩かな　両手に持って、高く上げること。例銃を捧げる　捧げて持つ　捧げ渡す

さしはさむ **他動**【挿・差挟】

▲挿 ⇩[かな] 物の間に、物を入れること。[例]木の又(また)に挿む　本に挿む　意見を挿む　疑いを挿む

差挟 両方から近づけて、間に入れること。[例]前後から差し挟む　川を差し挟んで対立する。

[注意]「挿」を現代表記で書く場合には、「さしはさむ」と全部を仮名書きにしてもよいが、「挿しはさむ」と「挿」だけを漢字で残すことも行われている。

さす **自、他**
【翳・差・鎖・刺・指・射・螫・挿・注】

×翳 ⇩差　**他動** 高く持ち上げること。[例]傘を翳す

差 **自・他** ①他の物の中に入れること。[例]腰に刀を差す　影が差す　潮が差す　魔が差す　抜き差しならぬ　状差し　②強意の接頭辞。[例]差し出す　差し支え

鎖 **他動** 門や戸口を、錠などで締めること。[例]戸を鎖す　錠を鎖す

刺 **他動** 先のとがった細い刃物で突くこと。[例]人を刺す　刺されて血がでる　布を刺す　畳を刺す

指 **他動** ユビで、その方向を明らかにすること。[例]北を指す　場所を指す　指し示す　名指し　指図(さしず)

▲射 ⇩[かな] **自・他** 光や色が加わること。[例]日が射す　赤みが射す　紅(べに)を射す

×螫 ⇩刺　**他動** 虫が、口に付いている針で突くこと。[例]虫が螫す　螫されて赤くなる

挿 **他動** 物の間に、物を入れること。[例]髪に挿す　花を挿す　挿し木　挿絵

▲注 ⇩差　**他動** 物の中に、液体を入れること。[例]油を注す　目薬を注す

[参考]「鎖す」の場合は、「鎖」を音読してサ行

に活用させたもので、「鎖」の訓ではない。

ザッカン 名 **【雑感・雑観】**

雑感 物事に対して持つ、いろいろの気持ち。例雑感を述べる　随想雑感

雑観 物事に対して持つ、いろいろの考え。例雑観を持つ　雑観記事

さと 名 **【郷・里】**

▲郷 ⇩里　特に自分の生まれて育ったところをサトという場合に用いることがある。例郷が恋しい

里 人の住まない山の中などに対して、人の住んでいるところ。例里に下りる　里で休む　人里　里言葉　里親　里子　お里が知れる　里心が付く

さとい 形 **【聡・敏】**

×聡 ⇩かな　物事の分かることが早いようす。例数に聡い　聡く賢く育つ

▲敏 ⇩かな　物事を行うことが早いようす。例利に敏い　敏く立ち回る

さとる 他動 **【覚・暁・悟】**

▲覚 ⇩悟　隠されている物事に気付くこと。例外国人と覚る　敵に覚られる　覚りを感じる

▲暁 ⇩悟　物事や相手の言葉が、よく分かること。例言うことを暁る　暁って知る　暁りが早い

悟 迷いが開けて、本当のことが分かること。例人生を悟る　重要性を悟る　悟りを開く

さばく 他動 **【裁・捌】**

裁 善悪や正邪を明らかにすること。例事件を裁く　喧嘩(けんか)を裁く　裁きの庭

×捌 ⇩かな　物事を適宜に取り扱うこと。

例品物を捌く　仕事を捌く　売り捌く　取り捌く　捌きが早い

さび 名【寂・錆】

寂　サビシイ気持ちを主とする特別の趣。例寂のある庭　声に寂が出る　寂を求める　寂を味わう

錆×　⇩かな　化学変化によってできる、金属表面の変化。例鉄の錆　赤錆　錆を落とす　身から出た錆

さびしい 形【寂・淋】

寂　あるべきものがなくて、心細い感じを持つようす。例子供だけで寂しい　寂しい住宅地　寂しい生活

淋×　⇩寂　「寂」に同じ。

注意　情緒を込めていう場合には、「さみしい」ともいう。旧表記ではこれも「寂しい・淋しい」と書いたが、現代表記では、仮名で「さみしい」と書くことが多い。

さま 名【態・様】

態▲　⇩かな　物事全体から受ける感じ。例態が悪い　すぐ態　仰（あお）のけ態　悪（あ）し態に言う

様　①人や物の姿。例様を述べる　並ぶ様　成長した様　有様　様になる　②敬意その他を表す接尾辞。例田中様　宮様　神様　奥様　お嬢様　皆様　そちら様　ご苦労様　お世話様

注意　様子をののしっていう場合には、「ざま」を用いる。旧表記ではこれも「態」と書いたが、現代表記では、仮名で「ざま」と書く。例態を見ろ　いい態だ

さます 他動【覚・醒・冷】

覚　眠りや迷いを終わって、普通の状態にすること。例目を覚ます　迷いを覚ます　目覚まし時計

▲醒 ⇩かな 酒などで失った意識を元に戻すこと。例酔いを醒ます 興奮から醒ます

冷 熱いものの温度を低くすること。例湯を冷ます 冷まして飲む 湯冷まし 興奮を冷ます

注意「さます」の送り仮名は、旧表記では「す」だけであった。現代表記で「ます」と送るのは、「さめる」を「める」と送るのに合わせたものである。ただし、現代表記でも、「覚す・冷す」のように、「ま」を省く送り仮名が許容されている。

さむらい 名【士・侍】

▲士 ⇩かな 普通とは違ったところのある人。例大した士だ ちょっとした士

侍 武家に仕える上級の武士。例侍の鎧(よろい) 敵の侍 侍大将 侍衆 侍気質(かたぎ)

さめる 自動【覚・醒・褪・冷】

覚 眠りや迷いが終わって、普通の状態になること。例目が覚める 迷いが覚める 目覚め

▲醒 ⇩かな 酒などで失った意識が元に戻ること。例酔いが醒める 酔い醒めの水 興奮から醒める

×褪 ⇩かな 付けた色が自然に薄くなること。例色が褪める 色の褪めた着物

冷 熱いものの温度が低くなること。例湯が冷める 冷めてから飲む 湯冷めする 興奮が冷める 情熱が冷める 恋が冷める 興(きょう)冷(ざ)め

さや 名【莢・鞘】

×莢 エンドウ・ダイズなどの豆が入っている袋。例豆の莢 莢が下っている蔓(つる)

×鞘 刀の刃の部分や筆の先などにかぶせておくもの。例刀の鞘 筆の鞘 塗り鞘 鞘当て

さらう 他動【攫・浚・渫・温習】

攫 注意していないときに、全部持ち去ってしまうこと。例子供を攫う　攫って逃げる人攫い

浚 底にたまっている土砂などを、取り去ってきれいにすること。例どぶを浚う　底を浚う

渫 「浚」に同じ。

温習 ⇩かな 教わったことを、繰り返して練習すること。例お琴を温習う　三味線のお温習い

さらす 他動【晒・曝・暴】

晒 ⇩かな 布などの色を白くすること。例布を晒す　薬品で晒す　晒し木綿

曝 ⇩かな 日などに当たるようにしておくこと。例日に曝す　身を危険に曝す　雨曝し　店曝し

暴 ⇩かな 「曝」に同じ。

さる 名【猿・申】

猿 動物としてのサル。例動物園の猿　親猿　猿芝居　猿真似　猿轡

申 十二支の九番め。例申年の生まれ　申の方角　申の刻

さわる 自動【障・触】

障 物事が行えないようになること。例身に障る　暑さに障る　結婚に障る病気　差し障る　当たり障りのない話　お障りもなく　耳障りな言葉

触 一方が他方に近づいて、軽く付くようになること。例手で触る　手に触る　癪に触る　触らぬ神に　肌触り　耳触りの良い言葉

サン 名【三・参】

三 数字一般に用いる。例三万　三枚　三、

四日

参　重要な文書では、数字の混同や改竄(かいざん)を避けるため、「参」を用いる。例金参万円　参拾弐万壱千円

参考「三」は、書いたあとで、「五・百」などに書き改めることができる。それを防ぐため、「三」の代わりに「参」を用いる。

サン　語素【散・撒】

×撒　四方に散らばるようにすること。例撒水　撒水車　撒布

参考「撒」は漢音サツ、呉音サチで、「まきちらす」意味。「散」は漢音・呉音ともサンで、「ちる」意味。しかし、「撒」には、ツクリが「散」であるところから、サンという読み方も行われるようになった。そこで、サンと読む「撒」を、同音で意味の似ている「散」に書き換えることがある。

サン　語素【散・霰】

×霰　水蒸気が急に氷になって降ってくるアラレ。例霰弾

参考「霰」は「あられ」の意味。「とびちる」ので「散（ちる）」にアマカンムリを付けた。「霰」を、同音の「散」に書き換えることがある。

サン　語素【賛・讃】

×讃　⇩賛　良い点を良いとして、その人や物事を褒めること。例讃辞　讃美　讃嘆　称讃　絶讃

参考「讃」は「ほめたたえる」意味、「賛」は「たすける」意味。「讃ハ、通ジテ賛ニ作ル」とされている。そのため、旧表記でも、「讃辞・称讃」などは、「賛辞・称賛」とも書かれていた。これらを「賛」で書くのが現代表記である。

ザンコク　名・形動　【残酷・残刻】

残酷　人や動物を、ひどく苦しめて平気なこと。例残酷な扱い　残酷な刑罰　残酷無情

残刻　⇩残酷　人や動物を、ひどく悪い状態にして平気なこと。

参考「酷」は「むごい」意味、「刻」は「きざむ」で「そこなう」意味。「残」は「のこる」であるが、本来は「そこないやぶる」意味。それらを組み合わせた「残酷」と「残刻」は、同じ意味に用いられた。しかし、「刻」に「そこなう」意味のあることが忘れられ、一般には「残酷」を用いることが多くなっている。

サンプ　名・サ変　【散布・撒布】

散布　あちこちに置くこと。例ビラを散布する　天下に散布する山水

×撒布　⇩散布　一面に振り掛けること。例消毒剤を撒布する　撒布剤

参考「散」は「ちる」意味、「撒」は「まきちらす」意味。それに「布（しく）」を組み合わせた「散布」と「撒布」は、別の意味の語である。しかも、「撒」は漢音サツ、呉音サチで、「散」は漢音・呉音ともサンである。しかし、「撒」には、ツクリが「散」であるところから、サンという読み方も行われた。そこで、「撒布」の「撒」を同音で意味の似ている「散」に書き換え、「散布」に「撒布」の意味も含ませるのが現代表記である。

シ　語素　【士・子・氏】

士　りっぱな男の人。例好学の士　有能の士　名士　紳士　弁士　力士　文士　武士　戦士　騎士

子 男の人。学問で一家を立てた人。[例]遊子 君子 天子 学生諸子 諸子百家 子曰く(のたまわく)

氏 姓の下に付けることば。また、その男の人。[例]田中氏 某氏 無名氏 氏の説

シ 語素【士・司・師】

士 資格を持っている人。[例]博士 修士 学士 栄養士 代議士 弁理士 弁護士 公認会計士 税理士 司法書士 建築士 速記士

司 公の仕事を主となって行う人。[例]上司 宮司(ぐうじ) 行司(ぎょうじ) 国司 保護司 児童福祉司

師 物事を専門に行う人。[例]医師 技師 薬剤師 理容師 美容師 調理師 講談師 手品師 教師 仏師 法師 律師 経師 猟師 詐欺師

シ 語素【死・屍】

シタイ〔死体・屍体〕(二三五ページ上段)を見よ。

シ 語素【紙・誌】

紙 その上に文字を書くもの。特に、新聞。[例]用紙 日刊紙 業界紙 朝刊の紙面 新聞紙上

誌 起こった事柄を書いたもの。特に、雑誌。[例]日誌 週刊誌 会誌 今月号の誌面 雑誌誌上

し 語素【仕・支・試】

仕 物事を行うこと。[例]仕事 仕業 仕訳 仕手 仕出し 仕送り 仕着せ 仕置き 泥仕合い

支 相手方に金銭を渡すこと。[例]支払い

試 力をタメスために行うこと。[例]野球の試合

[参考] このシは、語源的には「する」の連用形

「し」に漢字を当てたもの。一般には「仕」を用いるが、「支払い」は「支出・支弁」との関連から、「試合」は「試験・試問」との関連から、特に「支」「試」を当てたもの。

注意 シハライは「仕払い」とも書いたが、現在では「支払い」のほうが一般的。

ジ 名【字・辞】

字 言葉を書き表す文字。書かれた文字。例字を読む　額の字　故人遺愛の字　字の画（かく）　字に書く

辞 まとまった事柄を、言葉で言い表したもの。例辞を聴く　開会の辞　送別の辞　感謝の辞　辞に曰（いわ）く　辞を低くして頼む

注意「言葉で言い表したもの」を「辞（じ）」、「文章に書いたもの」を「詞（し）」と書き分けることがある。「弔辞・弔詞」「祝辞・祝詞」などの場合がこれである。

ジ 語素【次・自・二】

次 順に並んだ場合の、そのあと。例次男　次女

自 それと同じものを持ってくること。例自乗

▲二 本来は「二」。例二男（になん）　二女（にじょ）　二乗（にじょう）

参考 法令用語は「二男・二女」、数学用語は「二乗」で、いずれもニと読む。

ジ 語素【事・餌】

ショクジ〔食事・食餌〕（二七三ページ上段）を見よ。

しあい 名【試合・仕合】

試合 競技などで勝ち負けを争うこと。例野球の試合　試合に勝つ　紅白試合

仕合 互いに相手をいじめること。例喧嘩（けんか）の仕合い　泥仕合い

参考 シアイは、語源的には「する」の連用形「し」と「合う」の複合した形であるから、「試合」の「試」も、「仕合い」の「仕」も当て字である。

注意 「試合」は、慣用が固定しているものとして、送り仮名を付けない。「仕合」は、「仕合う」から転じた名詞として、送り仮名「い」を付けるが、省くことも許容されている。

しあわせ　名・形動【幸・仕合】

幸　置かれた状態に、十分に満足していること。例幸せを求める　幸せな家庭　幸せに暮らす

仕合　⇩幸　「幸」に同じ。

参考 シアワセは、語源的には「する」の連用形「し」と「合わせ」の複合した形であり、「仕事」と同じく、「仕合わせ」とも書いた。ただし、常用漢字表の音訓欄では、「幸」に「しあわせ」という訓が掲げられているから、これを用いるのが一般的である。

注意 シアワセは、本来「運命の回り合わせ」という意味の語であり、「しあわせが悪い」なども用いたことがある。その意味で用いる場合には、「幸せ」でなく、「仕合わせ」と書くべきである。今はシアワセを「幸福・幸運」の意味で用いるから、「幸せ」が一般的である。

シアン　名【私案・試案】

私案　自分個人として持っている考え。例私案として考える　私案を提出する　私案にすぎない

試案　決まってはいないが、一応まとめた考え。例試案を作成する　試案を検討する　試案の段階を終わる　当局側の試案

じいさん　名【爺・祖父】

爺(×)　⇩かな　老人の男の人を親しんで呼ぶことば。例隣の爺さん　昔々お爺さんとお婆(ばあ)

さんがいました

祖父　⇩かな　父または母の父に当たる人。例お祖父さんの米寿の祝い　お祖父さんから受け継ぐ

しいる　他動【強・誣】

強　行いたくないことを無理に行わせること。例人に物を強いる　寄付を強いる　強いて言えば

誣　⇩かな　事実をそのとおりでない形で言うこと。例事実を誣いる　人を誣いるも甚だしい　誣い欺く

ジエイ　名・サ変【自営・自衛・侍衛】

自営　自分の力で事業を行うこと。例商店を自営する　独立して自営する　自営事業

自衛　自分の力で自分を守ること。例外敵から自衛する　自衛力　自衛隊　防衛庁の自衛官　自衛戦争

侍衛　貴人のそばで守ること。例皇宮警察の侍衛官

しお　名【汐・潮】

汐　⇩潮　潮面が高くなったり低くなったりする現象のうち、本来は夕方に起こる変化。また、低くなるほうのシオ。ゆうしお。ひきしお。例汐が引く　汐干狩り　汐合い　汐脚

潮　①海面が高くなったり低くなったりする現象のうち、本来は朝方に起こる変化。また、高くなるほうのシオ。あさしお。みちしお。例潮が差す　潮合い　潮脚　②海の水一般。例鯨が潮を吹く　潮の香

参考「物事を行うチャンス」も「しお」と称し、旧表記では「機」と書いた。現代表記では、仮名で「しお」と書く。例それを機に帰る　時の機

しおれる　自動【萎・悄】

▲萎 ⇩かな 草や木の元気が無くなること。例草が萎れる 花が萎れる 暑さで萎れる 萎れ行く梅

×悄 ⇩かな 悲しみのために、元気が無くなること。例負けて悄れる。しょんぼり悄れる 悄れ返る

しかし 接【然・併】

▲然 ⇩かな 前の事柄を肯定して、そのあとに反対に続けるときに用いることば。例私は知っている。然し、知らない人もいる

▲併 ⇩かな 前の事柄を否定して、そのあとに続けるときに用いることば。例私は行きたい。併し、行ってはいけない

参考「然」は「しかれども」の意味、「併」は「しかしながら」の意味。ただし、旧表記でも混用され、シカシを「併」に統一して用いることも多かった。

しかず 連語【及・若・如】

▲及 ⇩かな 同種類のもので同じようにならないで、それ以下のようす。例何物も親の恩に及かず 読むは学ぶに及かず

▲若 ⇩かな 値打ちが同じようにならないで、それ以下のようす。例宝も子に若かず 言うは書くに若かず

▲如 ⇩かな 程度が同じようにならないで、それ以下のようす。例百聞は一見に如かず 三十六計逃げるに如かず 書を読むに如かず

参考「しかず」の変化として、「しくものはない（それが最もよい）」などと用いる。

シキ 名【士気・志気】

士気 兵士が持っている、戦おうとする強い気持ち。例士気が振るう 士気が揚がる 士気を鼓舞する

志気 ⇩士気 一般の人が持っている、物

事を行おうとする強い気持ち。

参考「士気」は「さむらいのきもち」の意味で、シキとしては、本来の形がこれであった。しかし、軍人でない場合には「士」の部分を「志（こころざし）」に書き換え、「志気」という形も用いられた。今は、その差別を無くし、すべての場合に、本来の「士気」を用いるのが一般的である。

ジキ　名【時期・時機・時季】

時期　特別の物事を行う時や期間。例時期が早い　入試の時期　空白の時期　存立時期　時期尚早

時機　特別の物事を行うのに特に良い時。例時機を窺（うかが）う　時機を失する　時機を見る　時機到来

時季　一年のうちで特徴のある一定の期間。例時季の行事　毎年一定の時季に　時季外れ

しきりに　副【切・頻】

▲切　⇩かな　物事の程度が強いようす。例切りに思う　切りに望む

▲頻　⇩かな　同じ事柄が何度も続くようす。例頻りに通う　雨が頻りに降る

しく　他動【布・敷】

▲布　⇩かな　一面に広く行き渡るようにすること。例法律を布く　政を布く　徳を布く　教えを布く

敷　一面に平らにかぶせて、下が見えないようにすること。例茣蓙（ござ）を敷く　布団を敷く　下に敷く　敷き詰める　敷物　敷石

しけ　名・自動【時化・不漁】

▲時化　海の状態が、ひどく荒れること。例時化に遭う　海が時化る

不▲漁　⇩かな　漁で、魚があまり取れない

こと。例不漁で食えない　雨で不漁る

シゲキ　名・サ変　【刺激・刺戟】

刺激　感覚に変化を与えて活動させること。例女を刺激する　刺激を受ける　刺激が強い

刺×戟　⇩刺激　生物の感覚に変化を与えて反応を起こさせること。例神経を刺戟する　刺戟運動　刺戟性

参考「激」は「はげしくする」意味、「戟」は「ほこでさす」意味。「刺」は「さしとおす」意味。「刺激」は一般用語として用い、「刺戟」は心理学用語として用いた。しかし、「感覚に変化を与える」点では共通の意味を持っているため、これを、「刺激」に統一して用いるのが現代表記である。

しげる　自動　【繁・茂】

▲繁　⇩茂　「茂」に同じ。

茂　草や木の、枝や葉が多くなること。例雑草が茂る　水辺に茂る　茂り合う　茂り渡る　生い茂る

注意「回数の多いようす」の意味のシゲクは、旧表記で「繁く」と書いたが、現代表記では、仮名で「しげく」とも書く。例足繁く通う　繁々と行く

ジシュウ　名・サ変　【自習・自修】

自習　先生に教わるべきものを、自分で勉強すること。例英語を自習する　自習時間　自学自習

自修　他人の指導を受けないで、自分で人格を高めること。例学問を自修する　自修の功を奏する

参考「習」は「ならう」で「くりかえし行う」意味、「修」は「おさめる」で「自分のものにする」意味。それに「自（みずから）」を組み合わせた「自習」と「自修」は、別の意味の語である。今は、ジシュウといえば「自分で

勉強する」意味であるから、「自習」を用いるのが、一般的である。

しずく　名【滴・雫】

滴　小さい粒となっている液体一般。例薬の滴　涙の滴　滴の数　一滴だけ入れる

雫　⇩滴　小さい粒となって上のほうから落ちる水。例雨の雫　雪の雫　雫の響き　石を穿つ雫

参考「雫」は国字で、アマミズがクダルことを表す。

しずまる　自動【静・鎮】

静　「動」の対。動いていたものが動かなくなること。例波が静まる　気が静まる　静まり返る

鎮　物が抑えられて、動かないようになること。例痛みが鎮まる　反乱が鎮まる　神鎮まる地

注意「しずまる」の送り仮名を「まる」とするのは、「しずめる」を「める」と送るのに合わせたものである。

しずめる　他動【静・沈・鎮】

静　「動」の対。動いていたものを動かなくすること。例気を静める　鳴りを静める

沈　水の中などで、下のほうへ向かわせること。例船を沈める　苦界に身を沈める

鎮　物を抑えて、動かないようにすること。例反乱を鎮める　痛みを鎮める　国の鎮め

ジセイ　名・サ変【自制・自省】

自制　自分の気持ちを強く抑えること。例欲望を自制する　怒りを自制する　自制心

自省　今までの自分の行いについてよく考えること。例静かに自省する。内に自省する自省の念

ジセイ　名【時世・時勢】

時世　その時代その時代の世の中。例時世の流れ　有り難いご時世　時世人情

時勢　時代の移っていくありさま。例時勢に順応する　時勢に後れる　時勢に逆らう

シタイ　名【死体・屍体】

死体　人間としての存在を終わってしまった肉体。例死体に縋(すが)る　死体で生まれる　死体の山　死体捜索　遺棄死体

屍×体　⇩死体　動物としての存在を終わってしまった肉体。例犬の屍体　屍体処理場

参考「死」は「しぬ」意味、「屍」はそれにシカバネをかぶせて「死体」の意味。「屍体」の「屍」を、同音で意味の似ている「死」に書き換え、「死体」に「屍体」の意味も含ませるのが現代表記である。

ジタイ　名【事態・事体】

事態　物事の、そのときそのときの変わっていくありさま。例事態を静観する　事態の急変　非常事態

事体　⇩事態　物事の、そのときそのときの外から見た形。

参考「態」は「ありさま」の意味、「体」は「かたち」の意味。「事（こと）」に対してどちらを重視するかという点から、「事態」と「事体」を使い分けることも行われた。今は、ジタイといえば「ありさま」が主となるため、「事態」を用いるのが一般的である。

したがう　自動【従・遵・随】

従　あとについていくこと。例課長に従う　従う者ども　意思に従う　指揮に従う　道順に従う　登るに従って視界が開ける

遵▲　⇩従　定められたとおりに行うこと。

例法律に遵う　規則に遵う　国法に遵う

▲随　⇩従　望まれるとおりに行うこと。例妻は夫に随う　部下を随わせる

ジッジョウ　名・サ変　【実情・実状】

実情　物事の内容的なありさま。例実情に詳しい　実情を知らない　実情調査

実状　⇩実情　物事の外形的なありさま。

参考　㊀「情」は「ほんとうのありさま」の意味、「状」は「目に見えるありさま」の意味。それに「実（ありのまま）」を組み合わせた「実情」と「実状」は、別の意味の語である。しかし、ジッジョウといえば内容的なことまで含めることが多いので、今は、「実情」のほうが一般的である。㊁「情」に「こころ」の意味があるため、「実情」には「まごころ」の意味もあった。「実情を尽くす」などと用いたのがこれである。

シッシン　名・サ変　【失神・失心】

失神　意識を失って、何をされているかが全く分からなくなること。例殴られて失神する　失神して倒れる　失神状態

失心　本心を失って、何をすべきかが全く分からなくなること。例迷って失心する　失心して救いを求める　失心混迷

参考　「神」は「しんけい」の意味、「心」は「こころ」の意味。それに「失（うしなう）」を組み合わせた「失神」と「失心」は、別の意味の語である。今は、シッシンを「意識を失う」意味に用いるので、「失神」のほうが一般的である。

ジッタイ　名　【実体・実態】

実体　物事について、それが本当はどういうものであるかということ。例生命の実体　電算機の実体　教育の実体　実体が分からな

い　実体のないもの　実体を規定した法律　実体論

実態　物事について、それが本当はどういうありさまであるかということ。例生活の実態　経営の実態　失業者の実態　列車運行の実態　電算機使用の実態　実態調査

じっと　副【凝・熟】

▲凝　⇩かな　苦しい気持ちを抑えて、静かにしているようす。例凝としている　凝と待つ　凝と耐える

▲熟　⇩かな　同じことを、気持ちを落ち着かせて続けるようす。例熟と考える　熟と見詰める

参考　旧仮名遣いは、「凝」が「ぢっと」、「熟」が「じっと」で、この二つは語源的に全く別の語となっている。しかし、旧表記でも、仮名遣いの区別は、必ずしも正しく守られてはいなかった。現代仮名遣いは、いずれも「じっと」である。

ジツドウ　名・サ変【実働・実動】

実働　仕事を行うべき場所で仕事を行うこと。例実働する時間　実働七時間の就労

実動　必要なときに、必要なところへ動くこと。例実動する部隊　実動航空団

参考　「実働」は「実際にはたらく」意味、「実動」は「実際にうごく」意味。「実働」の意味で「実動」と書くのは誤りである。しかし、「実動」には別の意味があるから、今は、それぞれの意味によって「実働」と「実動」を使い分けている。

ジテン　名【辞典・字典・事典】

辞典　言葉を、一定の順序に集めて解説した書物。コトバテン。例国語辞典　英和辞典　華英辞典

字典　文字を、一定の順序に集めて解説し

た書物。モジテン。例漢字字典　草書字典　異体字字典

事典　事柄を、一定の順序に集めて解説した書物。コトテン。例百科事典　理科事典　学習事典

しとね　名【茵・褥】

茵　⇩かな　座るときに下に敷くもの。例茵に座る　草の茵　緑の茵

褥　⇩かな　寝るときに下に敷くもの。例褥を敷く　褥を共にする

ジニン　名・サ変【自任・自認】

自任　自分の考えや行いについて、自分でそのように思い込むこと。例学者をもって自任する　日本一を自任する

自認　自分で、本当にそうであったと考えること。例失言を自認する　悪かったと自認する

しのぶ　他動【偲・忍】

偲　⇩かな　前に関係のあった人や事柄を思い出して、懐かしく思うこと。例昔を偲ぶ　故郷を偲ぶ

忍　①人に知られないようにすること。例人目を忍ぶ　世を忍ぶ　忍んで通う　②苦しい気持ちを抑えること。例苦痛を忍ぶ　耐え忍ぶ　するに忍びない

しば　名【柴・芝】

柴　小さい雑木としてのシバ。それを切って、燃料などにする。例山の柴　柴を折り取る　柴の下道　裏山へ柴刈りに行く　柴の庵（いおり）

芝　葉の細いイネ科の植物としてのシバ。例庭の芝　芝を敷き詰める　伸びた芝を刈る　芝生

しばしば　副【数・屢】

▲数　⇩かな「屢」に同じ。

×屢　⇩かな　回数の繰り返しが多いようす。例屢々行く　雨が屢々降る

しはらい　名【支払・仕払】

支払　払うべき金銭を相手方に渡すこと。例代金の支払い　満期日の支払い　支払勘定　支払伝票　支払人　支払日

仕払　⇩支払　国庫が金銭のシハライを行うこと。例仕払命令官　仕払予算　国債利子の仕払い　仕払期

参考　㊀シハライは、語源的には「する」の連用形「し」と「払う」の複合した形であるから、「支払い」の「支」も「仕払い」の「仕」も当て字である。㊁法令用語も「仕払」と「支払」を「支払」に統一したため、今は「支払」が一般的である。

しばらく　副【姑・暫】

×姑　⇩かな　現在から少し長い間のようす。当分の間。例姑く措く　姑く様子を見る　姑く時日を仮す

▲暫　⇩かな　少しの間のようす。わずかの間。例暫く休憩する　暫くすると　暫くしてから　暫く振り

しぼる　他動【絞・搾】

絞　互いに反対の方向に強く回して、中の水分などを出すこと。例手拭いを絞る　知恵を絞る　音量を絞る　絞り染め

搾　強く押して、無理に中の水分などを出すこと。例乳を搾る　油を搾る　学生を搾る　搾り取る

参考「搾」は国字で、テでホソクスルことを表す。

しま　名【洲・島・嶋】

×洲　⇩かな　周りを海で囲まれた大きな陸

地。例大八洲　大洲　八洲

島　周りを水で囲まれた陸地。例島に渡る　離れ島　小島　島流し　取り付く島もない

×嶋　⇩島　「島」に同じ。

しまう　他動【終・蔵・了・仕舞】

▲終　⇩かな　本来は名詞で、「しまい（最後）」。例終いになる　お終い

▲蔵　⇩かな　入れるべきところに入れること。例道具を蔵う　冬物を蔵う　箱に蔵っておく　ポケットに蔵う　蔵い忘れる

▲了　⇩かな　補助動詞として、動作が完全に終わること。もうあとに戻らないこと。例読んで了う　指を切って了う

仕舞　⇩かな　物事を終わりにすること。例仕事を仕舞う　店を仕舞う

シマツ　名・サ変【始末・仕末】

始末　物事の全体の進み方。また、物事全体の終わりを明らかにすること。例病気となる始末だ。始末に負えない　始末を付ける　自分で始末する　大便の始末をする　始末書　不始末

仕末　⇩始末　物事全体の終わりを明らかにすること。

参考　シマツは「物事のはじめからおわりまで」の意味で、「始末」が本来の書き方であった。それが、「仕事・仕方」などの関連から「仕末」とも書くようになり、「仕末書」なども用いたが、今は、本来の形「始末」が一般的である。

しみる　自動【沁・滲・泌・染】

×沁　⇩かな　液体が入って痛みを感じること。例薬が沁みる　目に沁みる　身に沁みて感じられる

×滲　⇩かな　液体が物の中に入っていくこと。にじむ。例水が滲みる　土に滲みる　滲

み込む　滲み出る

泌 ⇩かな「滲」に同じ。

染 液体などが入って汚なくなること。例色が染みる　包み紙に染みる　染みを抜く　悪習に染みる

しめす 他動【示・諜】

示 物を実際に出して見せること。例例を示す　証明書を示す　方向を示す　根拠を示す　反応を示す

諜 ⇩示　合図をして知らせること。例あらかじめ諜す　諜し合わせる　諜し合わせのとおり

しめる 他動【緊・絞・搾・締・閉】

緊 ⇩締　強く引いて、緩んだところがないようにすること。例心を緊める　褌(ふんどし)を緊める　引き緊める

絞 回りに紐(ひも)などを回して、その部分だけを小さくすること。例首を絞める　絞め殺す　羽交(はが)い絞め

搾 ⇩かな　強く押して、中の水分などを出すこと。例油を搾める　搾め粕(かす)

締 ①回りに紐(ひも)などを回して、広がらないようにすること。例帯を締める。ねじを締める　財政を締める　締め括(くく)る　締め出す　締め切り　②そこまでを一区切りとして、終わりにすること。例計算を締める。締めて千円　申し込みを締め切る　締切日　手締め

閉 「開」の対。動かして、空間がないようにすること。例窓を閉める　戸を閉める　門を閉める　閉め切りにする　店を閉める

参考「搾」は国字で、テでホソクスルことを表す。

シモン 名・サ変【試問・諮問】

試問 試験の形で尋ねること。例口頭で試問する　試問に解答する　試験官の試問　口

頭試問

諮問　下の者に意見を尋ねること。例審議会に諮問する　諮問に答申する　文部大臣の諮問　諮問事項

シャ　語素　**【社・者】**

社　人が集まって物事を行うところ。例社に出勤する　社会　商社　公社　本社　支社　結社の自由　旅行社の窓口　両社が合併する

者　物事を行う人。または、それに準じるもの。例医者　作者　筆者　学者　記者　使者　労働者　旅行者の服装　両者の意見を聴く　前者　後者

シャ　語素　**【謝・藉】**

藉　⇩謝　力を与えて慰めること。例慰藉料

参考「藉」は「かす」から転じて「なぐさめる」意味、「謝」は「あやまる」意味。「藉」と「謝」とは、意味的には関係のない文字である。しかし、「慰藉料」の場合には、全体の意味を考え、「藉」の部分を、同音の「謝」に書き換えるのが現代表記である。

ジャク　語素　**【若・弱】**

若　「老」の対。生まれてからの年が少ないこと。例若年　若輩

弱　「強」の対。持っている力が少ないこと。例弱少　弱体　貧弱　弱者

注意「弱」には「二十歳」の意味もある。「弱冠」はこのほうの用例であって、それを「若冠」と書くのは誤りである。

ジャクネン　名　**【若年・弱年】**

若年　生まれてからの年が少ない年ごろのこと。例若年の者　若年労働者　恩給の若年停止

弱年　⇩若年　持っている力が少ない年ごろのこと。

参考「若年」は「わかいとし」の意味、「弱年」は「よわいとし」の意味。「若年」と「弱年」は本来は別の意味の語であるが、同じような意味にも用いられた。今は、ジャクネンに「わかい」意味を強調するため、「若年」を用いるのが一般的である。

ジャクハイ　名　【若輩・弱輩】

若輩　生まれてからの年が少ない年ごろの人たち。例若輩の者ども　若輩の身をもって

弱輩　⇩若輩　持っている力が少ない年ごろの人たち。

参考「若輩」は「わかい人たち」、「弱輩」は「よわい人たち」の意味。ジャクハイは本来「若輩」であったが、「弱年」との関連から、「弱輩」とも書かれるようになった。今は、本来の形「若輩」が一般である。

ジャケン　形動　【邪険・邪慳】

邪険　心が正しくなくて、意地悪をすること。例邪険に扱う　邪険にされる　邪険な扱い

邪×慳　⇩邪険　①心が正しくなくて、物惜しみをすること。例邪慳に暮らす　邪慳で金も出さない　②心が正しくなくて、意地悪をすること。

参考㊀「険」は「けわしい」から転じて「わるだくみがある」意味、「慳」は「ものおしみする」意味。それに「邪（よこしま）」を組み合わせた「邪険」と「邪慳」は別の意味の語であるが、混用され、「意地悪」の意味でも「邪慳」と書かれるようになった。今は、ジャケンといえば「意地悪」の意味であるから、「邪険」が一般である。㊁仏教で、五見十感の一つに「邪見」がある。「邪見」は「因果を無視する見方」であるから、「邪険」の意味で「邪

見」と書くのは本来誤りである。

シュ 語素【主・首】

主 物事の中心となること。例主君　主人　主婦　主力　主役　主将　主催　主唱　主導　主犯者　小説の主題　政府主席　戸主　亭主　施主（せしゅ）

首 物事の上に立つこと。例首府　首都圏　首相　首班　首領　首長　首題の件　首脳部　学年の首席　首席全権　首謀者　党首

注意「シュ将・シュ唱・シュ導」は「首将・首唱・首導」とも書くが、「主将・主唱・主導」のほうが一般的。「シュ脳」は「主脳」とも書くが、「首脳」が一般的。

ジュ 語素【受・授】

受 向こうからこちらへ渡すこと。うけること。例受賞者　受講料　受精卵　受難

授 こちらから向こうへ渡すこと。さずけること。例授与　授賞式　授業料　人工授精　授乳口　授受

シュイ 名【首位・主位】

首位 一定の範囲で順序を付けた場合の第一位。例年長者を首位に置く　クラスの首位

主位 一定の範囲で選び出した場合の重要な地位。例主位の座　一族で主位を占める　道徳を主位に置く

シュイ 名【趣意・主意】

趣意 考えや文章で言い表そうとする意味。例募金の趣意　設立趣意書

主意 ⇩趣意　考えや文章の中心となる意味。

参考「趣」は「おもむき」で「内容」の意味、「主」は「おもな」の意味。「意」は「意味」そのもの。そのため、「趣意」は「全体の意味」、「主意」は「おもな意味」という点で使い分け

ることもあり、「質問主意書」などの慣用もある。しかし、実際には同じような意味に用いることが多いため、今は、意味の広い「趣意」が一般的である。

シュウ　語素【収・集】

収　外から中へ入れること。例収入　収納　収容　収録　回収　押収　没収　吸収　収集　買収

集　一つのところに一緒にすること。例集合　集積　採集　集結　集光レンズ　集塵（しゅうじん）装置

シュウ　語素【収・蒐】

シュウシュウ〔収拾・収集・蒐集〕（二四八ページ上段）を見よ。

シュウ　語素【州・洲】

州　国の中を大きく分けた一つ一つのまとまり。例奥州　本州　九州　六十余州　神州　男児　関東州　カリフォルニア州　州境　州界　州議会

洲　⇩州　周りを海で囲まれた大きな陸地。例欧洲　アジア洲　大洋洲　六大洲　満洲

参考　「州」は「なかす」から転じて「行政区」の意味、「洲」は「しま」から転じて「大陸」の意味。しかし、「洲ハ、モト州ニ作ル」とされており、「洲」はあとでサンズイを加えたものである。その場合にサンズイを除き、「洲」を、同音で意味の似ている「州」に書き換えるのが現代表記である。

シュウ　語素【周・週】

周　いろいろのところを通って、元のところへ戻ること。例周期　周回　周遊　十周年記念　一周忌

週　七日間を一つとする月日の単位。例週日　一週間　週刊誌　週番

シュウ 語素【修・習】

修 学問などを自分のものにして、足りないところがないようにすること。おさめること。例修身　修養　修道院　修業　修了証書　専修生　研修会

習 難しいことを繰り返し行って、自分のものにすること。ならうこと。例習熟　習字　学習　練習　演習　自習　予習　復習　独習書

シュウ 語素【集・蒐】

シュウカ〔集荷・蒐荷〕（二四七ページ上段）を見よ。

シュウ 語素【集・輯】

輯 ⇩集　物事を行うために、役に立つものをそろえること。例編輯　特輯号

参考「輯」には別に「ととのえる」意味がある。しかし、「あつめそろえる」意で「輯ハ、集ト通ズ」とされているため、「輯」を、同音でこの意味に似ている「集」に書き換えるのが現代表記である。

シュウ 語素【集・聚】

聚 ⇩集　同じところに数多くの人々が固まること。例聚落　群聚

参考「聚」は「かたまる」意味、「集」は「あつまる」で「よりあう」意味。しかし、旧表記でも、「群聚」と「群集」は同じ意味に用いていた。これを他にも及ぼし、「聚」を、同音で意味の似ている「集」に書き換えることがある。

ジュウ 名【十・拾】

十 数字一般に用いる。例十万　十枚　十二、三分

拾 重要な文書では、数字の混同や改竄（かいざん）を避けるため、特に「拾」を用いる。例金壱拾

万円　参拾弐万壱千円

参考 「十」は、書いたあとで、「五・七・千」などに書き改めることができる。それを防ぐため、「十」の代わりに「拾」を用いる。

シュウカ　名・サ変　【集荷・蒐荷】

集荷　必要な商品をあちこちから持ってくること。例野菜を集荷する　集荷所　集荷手数料

×蒐荷　⇩集荷　必要な商品を一か所に置くこと。

参考 「集」は「あつめる」で「よりあわせる」意味、「蒐」は「かりあつめる」意味。それに「荷（にもつ）」を組み合わせた「集荷」と「蒐荷」は、旧表記でも、同じような意味に用いていた。これを、「集荷」に統一して用いるのが現代表記である。

注意 通運関係では、扱うものを「荷物」とせず、特に「貨物」とするため、「集貨配達」のように、「集貨」という語を用いている。

シュウガク　名・サ変　【就学・修学】

就学　教育を受けるために、学校に入ること。例小学校に就学する　心身的に就学困難な者　児童の就学　就学年齢　就学勉強中　就学奨励　就学率

修学　学問を勉強して、自分のものにすること。例学校で修学する　経済的に修学困難な者　修学年限　修学旅行　修学資金

シュウキョク　名、サ変　【終局・終極】

終局　名・サ変　物事の終わりに近づくこと。例討論が終局する　終局を迎える　碁の終局　終局判決

終極　名　物事の行われていく最後の部分。例終極の目的　終極に達する　終極的

シュウコウ　名・サ変　【修好・修交】

修好　国と国とが親しくすること。例隣国と修好する　修好条約　日清修好条約

修交　⇩修好　国と国とが付き合うこと。

参考「好」は「したしくする」意味、「交」は「まじわる」意味。「修」は「ただしくする」意味。国と国との関係では、「修好」が本来の形であった。それが、「国交」などとの関連から、「修交」とも書かれるようになった。いまは、本来の形「修好」が一般的である。

シュウシュウ　名・サ変　【収拾・収集・蒐集】

収拾　①いろいろなものを、拾って一緒にすること。例散乱物を収拾する　収拾物　②乱れた事態を、取りまとめること。例事態を収拾する　時局を収拾する　収拾が付かない　収拾回復

収集　いろいろなものを、あちこちから持ってきて一緒にすること。例残品を収集する　芥(ごみ)を収集する　収集補充　収集焼却

蒐集　ある目的のために資料などをたくさん集めて、一か所に置いて一緒にすること。例切手を蒐集する　資料蒐集　蒐集癖

参考「収」は「おさめる」意味、「蒐」は「かりあつめる」意味。それに「集（あつめる）」を組み合わせた「収集」と「蒐集」は、別の意味の語である。しかし、「あつめる」点では共通の意味を持っているため、これを、「収集」に統一して用いようとしたことがあった。

ジュウジュン　名・形動　【従順・柔順】

従順　性格に癖がなくて、すべてを受け入れること。例従順な子供　従順な妻

柔順　⇩従順　性格がおとなしくて、すべてを受け入れること。

参考「従」は「したがう」意味、「柔」は「剛」の対で「おとなしい」意味。「順」は「思

うとおりになる」意味。かつては「従順」は「上官に従順する」など動詞にも用いられたが、「柔順」は、同じような意味で名詞にのみ用いた。

シュウセイ　名・サ変　【修正・修整】

修正　良くないところを、直して良くすること。例条文を修正する　修正案　修正主義

修整　乱れているところを、直して良くすること。例原板を修整する　写真の修整　修整液

ジュウタイ　名　【重体・重態】

重体　病気やけがで、死にそうな形。例重体に向かう　重体に陥る　重体患者

重態　⇩重体　病気が重く、死にそうな状態が続くさま。

参考「重体」は「おもいかたち」の意味、「重態」は「おもいありさま」の意味。そのため、「重体」も「重態」も、同じ意味に用いられている。今は、字画の少ない「重体」を用いるのが一般的である。

シュウチュウ　名・サ変　【集中・集注】

集中　すべてを一つのところに寄せるようにすること。例人心を集中する　火砲の集中を受ける　経済力の集中を排除する

集注　⇩集中　すべてを一つのところにあつめ、そそぎ入れること。例精神を集注する　注意を集注する　集注豪雨

参考「集中」は「なかにあつめる」意味、「集注」は「あつめそそぐ」意味。しかし、「集注」の意味でも「集中」を用いることが多くなったため、今は、「集中」に統一して用いるのが一般的である。

シュウトク　名・サ変　【習得・修得】

習得　学問や技術を身に着けること。例技

術を習得する　知識を習得する　漢字習得法　習得困難

修得　一定の学問・技術を習い終わること。例単位を修得する　修得した課程　修得不可能の者

ジュウブン　形動・副　【十分・充分】

十分　物事が必要なだけあって、足りないところがないようす。例必要にして十分な条件　十分食べる　十分承知の上で

充分　⇩十分　物事がたっぷりあって、足りないところがないようす。例充分に楽しむことができた　充分寝た

参考「十」は「数のジュウ」で、「必要なだけすべて」の意味、「分」は「わりあい」の意味。したがって、「みちたりる」意味でのジュウブンは、「十分」が本来の形であった。それは、「十二分・九分九厘・八分め」などと同じ成り立ちの語であった。それが、「充足・充実」などとの関連から、「充分」とも書かれるようになり、「日本国憲法」でも「充分」が用いられている。今は、本来の形「十分」が一般的で、また仮名で「じゅうぶん」と書くことも行われている。

注意「十分煮る」では、「ジュウブン煮る」か「ジップン煮る」か分からなくなる。「充分煮る」には、このような読み誤りが起こらないという利点がある。「十分」を用いる場合には、「十分に煮る」「十分間煮る」のように、言い分けることが必要である。

シュウヨウ　名・サ変　【収容・収用】

収容　人や物を中に入れること。例捕虜を収容する　講堂に収容する　収容人員　収容能力　収容所

収用　取り上げて使うこと。例土地を収用する　権利の収用　収用について審査する　収用または使用

シュウリョウ　名・サ変　【終了・修了】

終了　物事をすべて終わること。例仕事を終了する　映画が終了する　会期終了　終了時刻

修了　一定の課程を終わること。例予科を修了する　養成課程を修了する　修了証書

シュウロク　名・サ変　【収録・集録】

収録　書物などに入れること。例全集に収録する　遺文の収録　新語を収録した辞書　音の収録

集録　⇩収録　一緒にして、書物などに入れること。

参考「録」は「しるす」意味。「収（おさめる）」か「集（あつめる）」かで書き分けることもあるが、一般的には、字画の少ない「収録」が用いられている。

注意「集録」は、旧表記「輯録」の「輯」を、同音で意味の似ている「集」に書き換えた現代表記である。

シュカン　名、サ変　【主管・主幹】

主管　名・サ変　仕事を、中心となって管理すること。また、その中心となる役の人。例主管を設ける　主管に帰する　主管する官庁　主管庁

主幹　名　仕事を行う場合の、中心となる役の人。例主幹に任せる　編集主幹　企画主幹

注意　法令用語としては、「シュカン者」は、「主管者」に、「シュカン教諭」は「主幹教諭」に統一することになっている。

シュギョウ　名・サ変　【修行・修業】

修行　特別の苦労をして、身を鍛えること。例仏道を修行する　僧の修行　武者修行　諸国修行

修業　学問や技術を身に着けること。例学問を修業する　音楽の修業　花嫁修業

シュクセイ　名・サ変【粛正・粛清】

粛正　取り締まって、正しい形にすること。例綱紀を粛正する　風紀粛正

粛清　取り締まって、不正を取り除くこと。例不純分子を粛清する　粛清追放

ジュケン　名・サ変【受験・受検】

受験　行われる試験を受けること。例検定試験を受験する　入学試験の受験者

受検　行われる検査を受けること。例身体検査を受検する　学力検査の受検者

シュシ　名【趣旨・主旨】

趣旨　考えや文章で言い表そうとする事柄。例趣旨を説明する　趣旨を貫く　条文の趣旨　趣旨弁明　趣旨には賛成　趣旨に反する

主旨　⇩趣旨　考えや文章の中心となる事柄。

参考「趣」は「おもむき」で「内容」の意味、「主」は「おもな」という意味。「旨」は「わけ」の意味。そのため、「趣旨」は「全体のわけ」、「主旨」は「おもなわけ」という点で使い分けることもあるが、実際には同じような意味に用いる。今は、意味の広い「趣旨」を用いるのが一般的である。

ジュジュ　名・サ変【授受・受授】

授受　こちらから向こうへ渡したり、向こうからこちらへ渡したりすること。例金銭を授受する　文書の授受　郵便物授受簿　授受保管

受授　⇩授受　向こうからこちらへ渡したり、こちらから向こうへ渡したりすること。

参考「授」は「さずける」意味、「受」は「うける」意味。それを組み合わせた「授受」と

「受授」は、同じ意味に用いられている。今は、「売買」と同じ関係の組み合わせ、「授受」が一般的である。

シュショウ　**名・サ変**　**【主唱・首唱】**

主唱　中心となって、その意見を強く言うこと。例平和を主唱する　主唱者

首唱　先立って、また上に立って、その意見を強く言うこと。

参考「主」は「おもな」の意味、「首」は「はじめ」で「うえ」の意味。「唱」は「となえる」で「強く言う」意味。そのため、「主唱」は「中心となって」に重点があり、「首唱」は「先に立って」に重点があるが、実際には同じ意味に用いられることがある。

シュショウ　**名**　**【主将・首将】**

主将　全軍の中心となる総大将。例主将と仰ぐ　三軍の主将　チームの主将

首将　先に立って、また全軍の上に立つ総大将。

参考「主」は「おもな」の意味、「首」は「はじめ」で「うえ」の意味。「将」は「総大将」の意味。そのため、「主将」は「中心となる」ことに重点があり、「首将」は「上に立つ」ことに重点があるが、実際には同じ意味に用いられている。今は、「主力・主役」などとの関連から、「主将」が一般的である。

シュセキ　**名**　**【首席・主席】**

首席　一定の範囲で順序を付けた場合の第一位。例首席を争う　首席で卒業する　首席大使　首席代表

主席　国家を代表する中で、中心となる人。例国家主席　国民政府主席

シュダイ　**名**　**【首題・主題】**

首題　書類の初めに書くことば。例文書の

首題　首題を改める　首題の誤字　首題の件について

主題　物事の中心となっている考え方や思想内容。テーマ。例映画の主題　小説の主題　主題を論じる　主題歌

シュッカ　**名・サ変**　**【出荷・出貨】**

出荷　必要な商品を市場に送ること。例野菜を出荷する　出荷を調整する　出荷量　出荷額

出貨　必要な貨物を目的地に積み出すこと。例輸出品を出貨する　出貨港

参考「荷」は「にもつ」の意味、「貨」は「かもつ」の意味。それに「出（だす）」を組み合わせた「出荷」と「出貨」は、扱うものが異なっている。今は、シュッカを「商品を市場に送る」意味に用いることが多いので、「出荷」のほうが一般的である。

シュッショ　**名、サ変**　**【出所・出処】**

出所　①**名**　物事が出てきた元のところ。例出所を明示する　出所不明　②**名・サ変**　刑期を終わって、刑務所から出ること。例親分が出所する　出所祝い

出処　**名**　出て官に仕えることと、退いて野にいること。例出処を考える　出処進退

シュドウ　**名・サ変**　**【主導・首導】**

主導　中心となって、全員を引き連れること。例学生運動を主導する　主導者

首導　⇩主導　上に立って、全員を引き連れること。

参考「主」は「おもな」の意味、「首」は「はじめ」で「うえ」の意味。「導」は「みちびく」意味。そのため「主導」は「中心となって」に重点があり、「首導」は「上に立って」に重点があるが、実際には同じ意味に用いられ

ている。今は、「主力・主役」などとの関連から、「主導」が一般的である。

シュノウ　名　【首脳・主脳】

首脳　集団の上に立って動かす人。例三井財閥の首脳　会社首脳　首脳部　首脳陣

主脳　⇩首脳　集団を中心となって動かす人。

参考「首」は「はじめ」で「うえ」の意味、「主」は「おもな」の意味。「脳」は「のうみそ」で「動かす人」の意味。そのため、「首脳」は「上に立って」に重点があり、「主脳」は「中心となって」に重点があるが、実際には同じ意味に用いられている。今は、「首相・首班」などとの関連から、「首脳」が一般的である。

ジュヨウ　名、サ変　【需要・需用】

需要　名　「供給」の対。商品を買い入れようとする気持ち。例需要供給の関係　財政需要

需用　名・サ変　用途に従って用いること。例電力を需用する　需用者負担　需用費

シュン　語素　【俊・駿】

×駿　⇩俊　非常に速く走る、りっぱな馬。例駿足　駿敏　駿壮　駿才

参考「駿」はウマヘンで「すぐれた馬」の意味、「俊」はニンベンで「すぐれた人」の意味。人に「駿」を用いるのは比喩的な用法であり、旧表記でも、「駿才・駿敏」は、「俊才・俊敏」とも書かれていた。これを他にも及ぼし、「駿」を、同音で意味の似ている「俊」に書き換えることがある。

ジュン　語素　【巡・循】

巡　回って、もう一度元のところへ来ること。例巡回　巡視　巡査

循　物に沿って、そのとおり進むこと。例循環　循行　循吏

ジュン　語素　**【純・醇】**

醇　⇩純　混じりけがなくて、非常に良いこと。例芳醇　醇化　醇風美俗

参考「醇」は「こい酒」から転じて「まじりけがない」意味、「純」は「よい糸」から転じて「まじりけがない」意味。「醇ハ、純ニ同ジ」ともされている。そこで、「醇」を、同音で意味の同じ「純」に書き換えることがある。

ジュン　語素　**【順・遵】**

順　思うとおりになること。例順調　順応　順風　順境　従順

遵　決められたとおりに行うこと。例遵守　法律を遵奉する　遵法闘争

参考「順」は「したがう」意味、「遵」は「のっとる」意味。共通の意味もあるが、細かい点は異なっている。

注意　新聞では、「遵」を、同音で意味の似ている「順」に書き換えて用いている。

ジュン　語素　**【準・准】**

準　少し足りないところはあるが、大体は同じように扱うこと。例準会員　準決勝　準用

准　身分・資格として、その次の地位にあること。例准看護婦　准尉　准将

ジュンレイ　名・サ変　**【巡礼・順礼】**

巡礼　信じている宗教に関係のあるところを回ること。また、それを行う信者。例仏跡を巡礼する　霊場巡礼　巡礼姿　巡礼札　聖地巡礼

順礼　⇩巡礼　信じている宗教に関係のあるところへ次々と行くこと。また、それを行う信者。

参考「巡」は「めぐる」意味、「礼」は「おがむ」意味。仏教用語としてのジュンレイは、「巡礼」が本来の書き方であった。それが、「順番」に回ることから、一時、「順礼」とも書かれた。今は、本来の形「巡礼」が一般的である。

ジュンロ 名【順路・巡路】

順路 順序を付けた道筋。例順路に従って拝観する　見学順路　順路の番号

巡路 一回りする道筋。例巡路を定めて遊覧する　参拝巡路　巡路の地点

ショ 語素【初・緒】

初 物事と新しく関係を持つとき。例初回　初期　初代　初級　初婚　初演　当初　初戦の勝利

緒 物事が新しく起こるところ。例緒言　緒論　緒業　端緒　緒戦の展開

ショ 語素【所・処】

所 ①物のある場所。例所々　居所　住所　場所　随所　近所　墓所　大所　高所　②事柄を表すことば。例所轄　所用　所為　所業　所見　所感　長所　短所　③受身の意味を表すことば。〜れる・〜られる。例所定　所載　所持

処 ①良い結果になるようにすること。例事を処する　処置　処理　処分　処方　処罰　処刑　対処　処遇　②自分の家にいること。例処女　処士　出処進退

ショ 語素【所・署】

所 仕事を行うためにこしらえた場所。例役所　駐在所　研究所　検問所　刑務所　出張所

署 割り当てられた仕事を行う場所。例部署　消防署　警察署　税務署

ショ 語素【**諸・庶**】

諸 同じ種類の物事の数が多いこと。例諸君　諸賢　諸国　諸般

庶 いろいろの種類の物事が交ざっていること。例庶務　庶民　衆庶

ジョ 語素【**序・叙**】

序 ①最初に行うこと。例論文に序する　自序　序文　序言　序詞　序幕　序論　序破急 ②順番を付けること。例序列　序次　順序　秩序

叙 ①文章に書くこと。例一文を叙する　叙述　叙景　叙事 ②官位などを与えること。例叙官　叙位　叙勲　叙任　叙爵　昇叙

ジョ 語素【**叙・抒**】

ジョジョウ〔叙情・抒情〕（二七四ページ上段）を見よ。

ジョ 名【**自余・爾余**】

自余 問題になっているもの以外のもの。例自余の者　自余の扱い

爾余 そのようにしたもの以外のもの。例爾余の問題

参考「自」は「より」の意味、「爾」は「しかする」で「そのようにする」意味。それに「余（ほか）」を組み合わせた「自余」と「爾余」は、同じ意味に用いられている。

ショウ 語素【**小・少**】

小 「大」の対。物事の程度が下であるようす。例小憩　小児　小額紙幣　少量の人　小食　極小　微小　弱小　小差　小康

少 「多」の対。物事の数が下であるようす。例年少　幼少　少年　少壮　少額貯蓄　少量の塩　軽少

注意 ショウショクは「少食」とも書くが、

「小食」のほうが一般的。

ショウ　語素【**生・性**】

生　今までなかったものが新しく世に出ること。例生滅　生得の才　一生

性　そのものが初めから持っている状態。例性に合う　性根　性分　性懲りもなく　根性

ショウ　語素【**抄・鈔**】

鈔　⇩抄　文書を抜き書きすること。例鈔出　鈔写　鈔録　鈔本　論語鈔

参考「鈔」は「ぬきがき」の意味。「抄」は「すくう」から転じて「かきぬく」意味。「鈔ハ、マタ抄ニ作ル」とされている。また、法令用語としての「戸籍ショウホン」は、旧表記でも「戸籍抄本」と書かれていた。そこで、この意の「鈔」を、同音で意味の同じ「抄」に書き換えることが多い。

ショウ　語素【**招・召**】

招　自分のほうへ来るように言うこと。例招待　招請　招致　総会を招集する　医者の応招義務

召　地位の高い人が低い人に、自分のほうへ来るように言うこと。例召還　応召兵　国会を召集する

ショウ　語素【**昇・陞**】

陞　⇩昇　官位が上のほうへ進むこと。例陞叙　陞任　陞爵　陞官　陞等

参考「陞」は「官位がのぼる」意味、「昇」は「勢いよくのぼる」意味。「陞ハ、升ニ同ジ」「昇、古クハタダ升ヲ用ウ」とされている。そこで、「陞」を、同音で意味の似ている「昇」に書き換えるのが現代表記である。

ショウ **語素**【**消・銷**】

消 使ってしまって無くすこと。例消費 消耗 消閑 消光

銷 ⇩消 金属がどろどろになって溶けること。例銷却 銷沈 銷夏 銷暑 銷魂

参考「消」は「けす」意味、「銷」は「とかす」意味。「銷ハ、通ジテ消ニ作ル」とされている。そこで「銷」を、同音で意味の似ている「消」に書き換えるのが現代表記である。

ショウ **語素**【**称・賞**】

称 良い点を良いとして、言葉で褒めること。例称賛 称揚 称誉 広く人に称美される

賞 良い点を良いとして、物を与えること。例賞に値する 優等賞 賞品 賞罰 大功を賞美される

注意「ショウ賛・ショウ揚」は「賞賛・賞揚」とも書くが、「称賛・称揚」のほうが一般的。

ショウ **語素**【**唱・誦**】

誦 ⇩唱 節を付けて読むこと。例吟誦 暗誦 誦詠

参考「誦」は「声に出してよむ」意味、「唱」は「うたう」意味。言葉を音声化する点では共通の意味を持っているため、「誦」を、同音で意味の似ている「唱」に書き換えることがある。

ショウ **語素**【**焼・焦**】

焼 火などで、強い熱を加えてヤクこと。例焼却 焼失 焼死 全焼 農業用の焼土

焦 火などで、強い熱を加えてコガスこと。例焦熱 焦点 焦慮 焦土に帰する

ショウ **語素**【**装・粧**】

装 身なりをきれいにすること。例装束

粧　白粉(おしろい)などを塗って飾ること。[例]化粧

ショウ　**語素**　**【装・裳】**

裳×　着物の下のほうの部分。もすそ。[例]衣裳

[参考]「装」は「よそおう」意味、「裳」は「もすそ」の意味。いずれも、「おしゃれ」に関係のある点では、共通の意味を持っている。そこで、「裳」を、同音の「装」に書き換えることがある。

ショウ　**語素**　**【傷・症】**

傷　体に受けたキズ。[例]負傷　殺傷　傷病　死傷者　打撲傷　裂傷　事故の重傷者

症　体がかかったヤマイ。[例]炎症　病症　症状　不妊症　狭心症　中毒の重症者

[参考]「冷えショウ」のように、病気とまでいかない場合には「性（たち）」を用い、「冷え性」と書く。

ショウ　**語素**　**【障・牆】**

ショウヘキ〔障壁・牆壁〕（二六九ページ上段）を見よ。

ショウ　**語素**　**【賞・章】**

賞　良い点を良いとして与えるホウビ。賞品・褒賞。[例]芥川(あくたがわ)賞の授賞式　受賞者　一等賞　競馬の菊花賞

章　良い功績に対して、与えるシルシ。勲章・褒章。[例]文化勲章の授章式　受章者　宝冠章　大勲位菊花章　紫綬(しじゅ)褒章

ジョウ　**語素**　**【冗・饒】**

饒×　⇩冗　物事が、多過ぎること。[例]饒舌

[参考]「饒」は「おおすぎる」意味、「冗」は「むだ」の意味。そこで、「饒」を、同音で意味の似ている「冗」に書き換えるのが現代表記である。

注意「饒」を「ゆたか」の意味で用いる場合には、「冗」に書き換えない。

ジョウ　語素【冗・剰】

冗　あっても役に立たないようす。例冗長　冗語　冗談　冗費

剰　一定の分量よりも多いこと。例過剰　余剰

注意「ジョウイン」は「剰員」「冗員」、両方とも用いる。

ジョウ　語素【状・情】

状　物事の目に見えるありさま。例状態　形状　環状　症状　現状　近状　罪状　異状　病状　状況

情　物事の本当のありさま。例情勢　情景　情報　実情　同情　事情

注意　ジョウキョウは「情況」とも書くが、現在は「状況」のほうが一般的。

ジョウ　語素【定・常】

定　決めてそのとおりに行うこと。例定紋　定席　定宿（じょうやど）　定命（じょうみょう）

常　いつも同じように行うこと。例常用　常置　常習犯　災害常襲地　常例　常連　常夜灯

注意「ジョウ席・ジョウ宿」は「常席・常宿」とも書くが、「定席・定宿」のほうが一般的。これに対し、「ジョウ連・ジョウ例」は、「定連・定例」とも書くが、「常連・常例」のほうが一般的。

ジョウ　語素【浄・滌】

センジョウ〔洗浄・洗滌〕（三一三ページ下段）を見よ。

ジョウ　語素【盛・昌】

昌×　⇩盛　輝いていて、勢いが大きいよう

す。例繁昌

参考 一「昌」は「かがやく」意味、「盛」は「まっさいちゅう」の意味。しかし、「昌ハ、盛ナリ」とされている。そこに、さらに「さかん」の意の「繁」がついた「繁昌」を、同音で意味の似ている「繁盛」に書き換えるのが現代表記である。二「昌」のほうは、漢音・呉音ショウが、連濁でジョウとなったもの。

ジョウイン　名　【冗員・剰員】

冗員　あっても役に立たない人員。例冗員を整理する　冗員を外交に回す

剰員　一定の数よりも多い人員。例廃止によって剰員が出る

参考「冗」は「むだ」の意味、「剰」は「あまる」意味。「員」は「人員」の意味。「冗員」は「役に立たない人員」、「剰員」は「新たに余る人員」と区別することもあるが、同じような意味にも使われている。

ショウカイ　名・サ変　【紹介・照会】

紹介　自分の知っている人を、他の人に引き合わせること。例友人を紹介する　紹介を頼む　紹介状を書いてもらう　紹介者に報告する

照会　自分の知らないことを、他のところへ問い合わせること。例身元を照会する　真偽を照会する　照会を求める　照会中の事項　照会に対する回答

ショウガイ　名　【障害・傷害】

障害　物事を行う場合に、じゃまになること。例障害を生じる　障害を排除する　障害物競走　障害年金　言語障害

傷害　人を傷つけて、怪我(けが)をさせること。例傷害を加える　傷害に及ぶ　傷害保険　傷害致死罪

ショウガク　名【少額・小額】

少額　「多額」の対。全体の金額が少ないこと。例少額の貯蓄　被害が少額に止まる　少額出資

小額　書かれている額面の金額が小さいこと。例小額の紙幣　小額公債

ジョウギ　名【定規・定木】

定規　線を書くときに用いる道具。例定規を当てる　三角定規　雲形定規

定木　⇩定規　線を書くときに用いる物差し。

参考　道具としては物差しが用いられ、「定木」と書かれていた。それが「てほん」の意味にも用いられ、「規準・規範」との関連から、「定規」と書かれるようになった。「規」をギと読むのは好ましくないとのことで、一時は「定木」が復活したこともある。しかし、重箱読みの「定木」よりも、音読の「定規」のほうが好ましいとのことで、今は、「定規」が一般的である。

ジョウギ　名【情義・情誼】

情義　人間らしい気持ちと、人の行うべき正しい道。人情と義理。例君臣の情義　情義に違う

情×誼　人間らしい気持ちで、人と仲よく付き合うこと。また、その気持ち。例師弟の情誼　情誼に厚い　情誼を尽くす

参考　「義」は「人の道」の意味、「誼」は「よしみ」の意味。それに「情（人間らしい心）」を組み合わせた「情義」と「情誼」は、別の意味の語である。しかし、「つきあいの道」という点で共通の意味を持っているため、「情誼」の「誼」を同音の「義」に書き換え、「情義」に統一しようとしたことがあり、混用されている。

ショウキャク　名・サ変　【消却・償却】

消却　借りているものを返して、その関係を無くすこと。例負債を消却する　株式の消却　買い入れ消却

償却　①価値の減った分だけ評価を減らすこと。例決算期ごとの償却　減価償却　②⇩消却　借りているものを返して、その関係を無くすこと。

注意「消却」は、旧表記「銷却」の「銷」を、同音の「消」に書き換えた現代表記である。

ジョウキョウ　名　【状況・情況】

状況　物事全体の、目に見えるありさま。例国内の状況　進行の状況　火災の状況　状況判断

情況　⇩状況　物事全体の、本当のありさま。例土地の情況　身体の情況　情況証拠　情況設定

参考「状」は「目に見えるありさま」の意味、「情」は「ほんとうのありさま」の意味。「況」は「おもむき」の意味。そのため、外見的なこと、動的なことに「状況」を用い、内面的なこと、静的なことに「情況」を用いた。しかし、法令用語が「状況」に統一されたため、その他も、「状況」を用いるのが一般である。

ショウサン　名・サ変　【称賛・賞賛】

称賛　良い点を良いとして、言葉で褒めること。例勇気を称賛する　称賛に値する

賞賛　⇩称賛　良い点を良いとして、物を与えること。

参考㊀「称」は「ことばでたたえる」意味、「賞」は「物を与えてたたえる」意味。㊁「称賛・賞賛」は、旧表記「称讃・賞讃」の「讃」を、同音で意味の似ている「賛」に書き換えた現代表記である。

ショウシュウ　名・サ変　【招集・召集】

招集　特定のところへ集まるように言うこと。例総会を招集する　県会を招集する　休日招集

召集　地位の高い人が低い人に、特定のところへ集まるように言うこと。例国会を召集する　召集令状

注意　法令用語としては、二つのショウシュウを「招集」に統一することになっている。しかし、「国会」の場合には、「憲法」「国会法」に「召集」と書かれているため、「召集」が用いられている。

ジョウシュウ　名・サ変　【常習・常襲】

常習　同じことを何回も繰り返す癖があること。例飲酒を常習する　常習犯

常襲　同じ悪いことが何回も起こること。例台風が常襲する　災害常襲地

ジョウジョウ　名　【上々・上乗】

上々　このウエもなく良いこと。例上々の策　首尾は上々　上々吉

上乗　最も優れているハカリゴト。例上乗を争う　作戦の上乗なるもの

参考　「上々」は「上の上」で、「下々」の対。「上乗」は仏教用語で、「小乗」の対の「大乗」の意味。しかし、「乗」は「はかりごと」の意味があるため、「上乗」は「上策」の意味にも用いた。今は、ジョウジョウを「上の上」の意味に用いるため、「上々」が一般である。

ショウショク　名・形動　【小食・少食】

小食　あまり食べないこと。例小食な人　小食になる　美容には小食がよい

少食　⇩小食　わずかしか食べないこと。

参考　「小食」は「大食」の対。「少食」は「多食」の対。しかし、「おおぐい」については

「大食」と称するため、ショウショクも「小食」が一般である。

ショウスウ 名【**少数・小数**】

少数　「多数」の対。全体の数が少ないこと。例少数が残る　少数が負ける　少数精鋭　少数意見

小数　その表す数の値が、一よりも小さいこと。例小数第三位まで計算する　小数点

ジョウセイ 名【**情勢・状勢**】

情勢　物事の本当のありさまから考えられる、これからの進み方。例情勢が有利になる　情勢を分析する　情勢判断　情勢不利

状勢　⇩情勢　物事の目に見えるありさまから考えられる、これからの進み方。

参考「情」は「ほんとうのありさま」、「状」は「目に見えるありさま」の意味。「勢」は「物事の進む方向」の意味。ジョウセイとしては、「ほんとうのありさま」の意味が強いため、「情勢」が一般である。

ジョウセキ 名【**定石・定跡**】

定石　囲碁で最も良いとされている石の打ち方。また、物事を行う上で最も良いとされている方法。例囲碁の定石　経済の定石

定跡　将棋で最も良いとされている駒(こま)の動かし方。例将棋の定跡　攻めの定跡

ジョウセキ 名【**定席・常席**】

定席　①いつも座る決まった場所。例議長の定席　定席を決める　②客の前で落語や講談を演じる一定の場所。寄席(よせ)。例円朝の定席

常席　⇩定席　客の前で落語や講談を演じるいつもの場所。

参考「定」は「さだめる」で「きめてそのとおりに行う」意味。寄席の場合も、「定席」が本来の書き方であった。それが「常設・常会」

などの「常（いつも同じように行う）」との関連で、「常席」とも書かれたこともあった。今は、本来の形「定席」が一般である。

ジョウタイ　名【状態・情態】

状態　物事の置かれているありさま。例水の状態になる　失神の状態　状態を観察する　健康状態

情態　⇩状態　物事の本当のありさま。人の気持ちのありさま。

参考「状」は「目に見えるありさま」の意味、「情」は「ほんとうのありさま」の意味。「態」は「ありさま」の意味。そのため、「情態」は、「万物の情態」「毒婦の情態」などと用いられたこともある。今は、ジョウタイといえば「目に見えるありさま」であり、「状態」が一般である。

ジョウタイ　名【常態・常体】

常態　特別でない普通のありさま。例職場の常態　常態に復する　常態と見る

常体　特別でない普通の形。例敬語の中に常体を交ぜる　常体の文　常体の仮名

ショウビ　名・サ変【賞美・称美】

賞美　りっぱな行いを良いことだとして、物を与えてほめること。例勇気を賞美する　努力を賞美する　大功を賞美される

称美　美しいことを良いとして、それを味わい、言葉でほめること。例菊花を称美する　景観を称美する　あどけなさを称美する　広く人に称美される

参考「賞」は「物を与えてたたえる」意味、「称」は「ことばでたたえる」意味。しかし、「賞美」の「美」は「ほめる」意味、「称美」の「美」は「うつくしいこと」の意味。したがって、本来は「賞美」と「称美」は、別の意味の語であったが、今は、両方同じように用いる。

ショウフク　名・サ変【承服・承伏】

承服　そうしなければいけない理由が分かって、命令のとおりに行うこと。例判決に承服する　いやいやながら承服する　承服できない条件

承伏　⇩承服　そうしなければいけない理由が分かって、立ち向かわないこと。

参考「服」は「言われるとおりに行う」意味、「伏」は「ふせる」で「からだを低くする」意味。それに「承（その理由が分かる）」を組み合わせた「承服」と「承伏」は、同じような意味に用いられていた。今は、「服従・帰服」などとの関連から、「承服」が一般である。

ショウヘキ　名【障壁・牆壁】

障壁　間に置かれた仕切りの壁。妨げとなるもの。例障壁で隔てる　障壁画　言語の違いが障壁となる　関税障壁

牆壁　周りに置かれた囲いと壁。例土地を牆壁で囲む　防火牆壁

参考「障」は「じゃまをする」意味、「牆」は「かきね」の意味。それに「壁（かべ）」を組み合わせた「障壁」と「牆壁」は、別の意味の語である。しかし、「へだてるもの」として共通の意味を持っているため、「牆壁」の「牆」を同音の「障」に書き換えたことがあり、混用されている。

ショウホン　名【正本・抄本・証本】

正本　根拠となるいちばん元の書類。例登記所の正本　正本の写しを取る　正本と副本

抄本　原本の一部だけを抜き書きした書類。例論語の抄本　原本と抄本　戸籍抄本　謄本と抄本

証本　証拠となる重要な書類。例証本の文書　証本を示して納得させる

ショウミョウ　名　**【称名・唱名】**

称名　仏教で念仏を口で言うこと。例六字の称名　称名念仏　称名報恩　称名即来迎

唱名　⇩称名　仏教で念仏を大きな声で言うこと。

参考　「称」も「唱」も「となえる」であるが、「称」は「口でいう」意味、「唱」は「大きな声でいう」意味。それに「名（仏の名）」を組み合わせた「称名」と「唱名」は、仏教用語として同じ意味に用いられていた。しかし、実際には「称名」を用いることが多かったので、今も「称名」が一般である。

ジョウやど　名　**【定宿・常宿】**

定宿　その土地へ行くと泊まる決まった宿屋。例定宿に泊まる　出張先の定宿　富士講の定宿

常宿　⇩定宿　その土地へ行くといつも泊まる宿屋。

参考　「定」は「さだめる」で「きめてそのとおりに行う」意味。ジョウヤドとしては、「定宿」が本来の書き方であった。それが、「常用・常住」などの「常（つねに）」との関連で、「常宿」とも書かれるようになった。今は、本来の形「定宿」が一般である。

ショウヨウ　名・サ変　**【称揚・賞揚】**

称揚　良い点を良いとして、言葉で大いにホメルこと。例善行を称揚する　称揚に値する

賞揚　⇩称揚　良い点を良いとして、物を与えてホメルこと。

参考　「称」は「ことばでたたえる」意味、「賞」は「物を与えてたたえる」意味。「揚」は「ほめあげる」意味。しかし、ショウヨウとしては、「ことばでたたえる」ほうが普通であるため、今は「称揚」が一般である。

ジョウリ　名【条理・情理】

条理　物事に見られる道筋。例条理に合う　条理を説く　条理の乱れ　不条理なこと

情理　人間らしい気持ちと正しい筋道。例情理を尽くす　情理共に描く

ジョウレイ　名【条令・条例】

条令　箇条書きにされた法令。例条令に違反する　適用する条令　緊急条令

条例　地方公共団体が制定する法規。例条例を制定する　条例と規則　水道条例　公安条例

ジョウレイ　名【常例・定例】

常例　いつも決まっているやり方。例毎年十二月に開くことを常例とする　常例の総会　常例を破る

定例　本来は「テイレイ」。時期を決めて行うこと。例定例の理事会　定例会

ジョウレン　名【常連・定連】

常連　いつもそこへ来る人たち。例飲み屋の常連　芝居小屋の常連　碁の常連　常連に加わる

定連　⇩常連　そこへ来る決まった人たち。

参考　「常」は「つねに」で「いつも同じように行う」意味、「定」は「さだめる」で「きめてそのとおりに行う」意味。それに「連（つれのなかま）」を組み合わせた「常連」と「定連」は、同じような意味に用いられている。今は、「いつも同じ」意味が強調され、「常連」と書くのが一般である。

ショカン　名【書簡・書翰】

書簡　紙に書いた手紙。例書簡を出す　書簡文　簡易書簡　外交書簡　書簡体文学

書×翰　⇩書簡　筆で書いた手紙。

参考「簡」は「たけふだ」から転じて「かみ」「かみに書いたもの」の意味、「翰」は「とりのはね」から転じて「ふで」「ふでで書いたもの」の意味。そのため、旧表記でも、「書簡」「書翰」両様に書かれていた。これを、「書簡」に統一して用いるのが現代表記である。

ショギョウ　名【所業・所行】

所業　好ましくないシワザ。例最近の所業　酔漢の所業　所業を改める

所行　仏教用語で「能行」の対。修行される事柄。例所行の道　所行法　所行仏道

参考「業」は「しわざ」の意味、「行」は「おこない」の意味。それに「所（ことがら）」を組み合わせた「所業」と「所行」は、別の意味の語である。しかし、普通にショギョウといえば「しわざ」の意味であるから、「所業」と書くのが一般である。

ショク　語素【食・蝕】

蝕　⇩食　少しずつ中へ入っていくこと。例日蝕　月蝕　皆既蝕　土地を侵蝕する　河川の浸蝕　腐蝕

参考「蝕」は「むしばむ」意味、「食」は「たべる」意味。「蝕ハ、モト食ニ作ル」とされている。そこで、「蝕」を、同音で意味の似ている「食」に書き換えることがある。

ショク　語素【植・殖】

植　木や草を土にウエルこと。例植樹　植栽　植林　移植　植民　入植者

殖　それ自身をフヤシテ、全体を多くすること。例利殖　殖産　繁殖　生殖　養殖

注意ショクミンは「殖民」とも書くが、「植民」のほうが一般的。

ショク　語素【嘱・矚】

×矚 ⇩嘱　物事を、長い間よく見続けること。例矚目　矚覧　矚望

参考 一「矚」は「みつめる」意味、「嘱」は「たのむ」から転じて「つける」意味。それに「目（め）」を組み合わせた「矚目」と「嘱目」は、ほぼ同じ意味であるので今は「嘱目」を用いることが多い。二ショクモクは、旧表記では「属目」とも書かれたが、常用漢字表の音訓欄では「属」に「ショク」の音が掲げられていない。そのため「嘱目」と書くのが一般である。

ショクジ　名　【食事・食餌】

食事　生きるために毎日食べる食べ物。例三度の食事　食事をする時間　食事に招く

食餌　⇩食事　食事として食べる食べ物。例食餌と飲料水　食餌療法

参考「事」は「こと」の意味、「餌」は「えさ」の意味。それに「食（たべる）」を組み合わせた「食事」と「食餌」は、別の意味の語である。しかし、今は「食餌」を「食餌療法」のときにだけ用いるため、特に全体の意味を考えて、この場合の「食餌」を、「食事」に書き換えるのが現代表記である。

ショクミン　名・サ変　【植民・殖民】

植民　国民を、本国以外の地に移して育てること。例南米に植民する　植民地　植民政策

殖民　⇩植民　国民を、本国以外の地に移して多くすること。

参考「植」は「うえる」で「そだてる」意味、「殖」は「ふやす」意味。それに「民（たみ）」を組み合わせた「植民」と「殖民」は、同じ意味に用いられている。今は、教育漢字による「植民」が一般である。

ショクリョウ　名　【食糧・食料】

食糧　米、麦など、主食を中心とする夕べ

モノ。例食糧が欠乏する　食糧問題　重要食糧品

食料　野菜・魚・肉など、副食を中心とするタベモノ。例食料を調理する　食料品店　生鮮食料品

ジョジョウ　名　【叙情・抒情】

叙情　自分の気持ちを文章に書き表すこと。例叙景より叙情を主とする　叙情文

×抒情　⇩叙情　自分の気持ちを取り出して表すこと。例抒情を主とする和歌　抒情詩

参考「叙」は「のべる」意味、「抒」は「のべる」以外に「くみだす」意味もある。それに「情（きもち）」を組み合わせた「叙情」と「抒情」は、「のべる」を主とするか、「くみだす」を主とするかで使い分けられ、「ジョジョウ詩」などは「抒情詩」と書かれていた。しかし、「叙景・叙事」に対して、「叙情」という語も用いられていた。そこで、「抒情」の「抒」を同音の「叙」に書き換え、「叙情」に「抒情」の意味も含ませるのが現代表記である。

ショセイ　名　【諸政・庶政】

諸政　数多い方面にわたる政治。例諸政を一新する　諸政を見る　諸政多忙

庶政　⇩諸政　いろいろの方面にわたる政治。

参考「諸」は「もろもろ」で「同じ種類の物事が多い」意味、「庶」は「いろいろの種類の物事が交ざっている」意味。それに「政（まつりごと）」を組み合わせた「諸政」と「庶政」は、同じ意味に用いられている。今は、「数多い面」を強調する「諸政」が一般である。

ショタイ　名　【所帯・世帯】

所帯　一家を持って独立して生活すること。例所帯を持つ　所帯道具　所帯持ち

▲世帯　本来は「セタイ」。例世帯数　世帯主

ショッカク **名** **【触角・触覚】**

触角　虫の頭に付いていて、感じ取る器官。例二対の触角　触角を伸ばす

触覚　物に軽く当たったときに受ける感じ。例皮膚の触覚　触覚を楽しむ　触覚器官

ショヨウ **名** **【所用・所要】**

所用　特別に行わなければならない事柄。例所用で外出する　所用を帯びる　所用があって

所要　どうしてもそれだけなければならない事柄。例所要の経費　所要時間　所要条件　所要に応じて

しらせる **他動** **【知・報】**

知　物事について、分かるようにさせること。例弟に知らせる　考えを知らせる　思い知らせる

▲報　⇩知　事情について、連絡すること。例事件を報せる　ニュースを報せる

注意「しらせる」の送り仮名は、旧表記では「せる」だけであった。現代表記で「知」の場合に「らせる」と送るのは、「知る」に合わせたものである。「報」にはこのような対応がないので、送り仮名も「せる」だけになる。

しらべる **他動** **【検・調】**

▲検　⇩調　悪いところがないかどうか、見て回ること。例切符を検べる　持ち物を検べる

調　物事をはっきりさせるために、見たり聞いたりすること。例住所を調べる　犯人を調べる

しり **名** **【尻・後・臀】**

尻　胴体のいちばん終わりのところ。例尻の骨　尻の穴　尻に敷く　矢尻　尻込み　尻

目に見る

▲後　⇩［かな］　「前」の対。順序としてのウシロのほうのところ。［例］後に付く　後の人　どんどん後　後から三番め

×臀　⇩［かな］　動物の胴体の後ろの下で、左右に高くなっているところ。［例］臀を突く　臀を下ろす　臀の曲線　臀が重い　臀の敷物

しりぞける　他動　【斥・退】

▲斥　⇩退　①そばへ来させないこと。［例］競争者を斥ける　君子は小人を斥ける　②相手の考えを受け入れないこと。［例］要求を斥ける　意見を斥ける

退　「進」の対。後ろのほうへ行かせること。［例］敵を退ける　押し売りを退ける

シリョウ　名　【資料・史料・試料】

資料　物事を考えたりまとめたりするための材料。［例］議案の資料　計画の資料　資料を配付する

史料　歴史を研究するための材料。［例］江戸時代の史料　大日本史料　史料編纂（へんさん）所

試料　検査をするために取り出した材料。［例］鉱石の試料　試料検査

しる　他動　【識・知】

▲識　⇩知　前に見たことがあるために、よく分かっていること。［例］名を識る　顔を識る程度

知　どういうものであるか、よく分かっていること。［例］日本を知る　人の道を知る　女を知る　よく知っている　知り合いの人

しるし　名　【印・験・徴・標】

印　他と混同しないために付ける記号。［例］印を書く　濁音の印　目印　旗印

▲験　⇩［かな］　物の働きの良い結果として出てくるもの。［例］薬の験が現れる　お祈りの験

験を得る

▲**徴**　⇩［かな］　物事が起こるすぐ前に出てくるもの。［例］おめでたの徴がある　噴火の徴

▲**標**　⇩［かな］　物事を知らせるための記号。［例］感謝の標として　ほんのお標　出発の標

しるす　他動【印・記・誌・識】

▲**印**　⇩記　特別の記号を付けておくこと。［例］氏名に印す　馬の体に印す　足跡を印す

記　文字などで書いておくこと。［例］日記を記す　氏名を記す　歴史に記す

▲**誌**　⇩記　「記」に同じ。

▲**識**　⇩［かな］　心覚えに書いておくこと。［例］体験を識す　年表に識す　当日識す

シレイ　名・サ変【指令・司令】

指令　まとまった集団の中で、上の者が命令を出すこと。また、その命令。［例］長官の指令する内容　指令を発する　指令を伝達する　指令書　緊急指令

司令　まとまった集団を率いること。また、その役をする人。［例］長官が司令する部隊　司令の命令　司令官　司令室　司令塔

しろ　名【素・白】

▲**素**　⇩［かな］　「玄」の対。そのものの持つ本来の色としてのシロ。［例］素絹　素服　素人（しろうと）

白　「黒」の対。何の色も持っていないシロ。［例］赤と白　白酒　白犬

［参考］「素人」を「しろうと」と読むのは、常用漢字表の付表の中に掲げられている表内訓である。

［注意］形容詞としてのシロイは、「白い」と書く。

しろみ　名【白身・白味】

白身　①「黄身」の対。卵の中の黄身を包んでいる部分。［例］白身を泡立てる　白身を固

める ②「赤身」の対。肉や木材の白い部分。例白身の魚　鶏肉の白身　白身の材質　檜(ひのき)の白身

白味　「黄味」の類。シロの状態になっていること。例白味を帯びる　白味が増している

シロン　名【私論・試論】

私論　自分個人として持っている考え。また、非公式な論。例一個人の私論にすぎない　公害問題私論

試論　決まってはいないが、一応まとめた考え。また、随筆的な論文。例試論を纏(まと)める　川端康成試論

シン　語素【真・神】

真　うその点が全くない、本当のこと。例真正　真空　真実　真理　真相　真情　真意

神　人の知恵ではよく分からない不思議なこと。例神速　神秘　神経　神韻

シン　語素【侵・浸】

侵　他のところへ無理に入り込むこと。例侵略　侵害　賊が侵入する　侵攻作戦　領土を侵食する　領海侵犯　不可侵条約

浸　水などが中に入ること。例浸水　浸透　水が浸入する　河川が浸食する

参考 現代表記の「浸」は「滲」の書き換えにも用いるため、本来の「浸（水がはいる）」のほかに「滲（水がしみる）」の意味も持っている。

シン　語素【浸・滲】

×滲　他のもののすみずみまで行き渡ること。例滲透　滲入

参考「滲」は「水がしみでる、しみいる」意味、「浸」は「水がはいる」意味。「滲ハ、浸ト同ジ」とされている。そこで、「滲透」「滲入」を、同音で意味の似ている「浸透」「浸入」に

書き換えるのが現代表記である。

シン 語素【振・震】

振　一定の中心を基準に、繰り返し動くこと。例振子　振鈴　振興　音の振動　振幅の大きい波

震　左右前後上下に、繰り返し強く動くこと。例地震の震動　震災　震源地　震幅の大きい揺れ

シン 語素【針・鍼】

針　①物を縫うために用いるハリ。例運針　針葉樹　②方向を示すために用いるハリ。例時針　磁針　針路

×鍼　⇩針　物を刺すために用いるハリ。例鍼術　鍼治　鍼灸（しんきゅう）　鍼薬

参考「針」は「ぬいばり」の意味、「鍼」は「さしばり」の意味。しかし、「鍼ハ、マタ針ニ作ル」とされている。そこで、「鍼」を、同音で意味の似ている「針」に書き換えることがある。

ジン 語素【心・腎】

カンジン〔肝心・肝腎〕（一三二ページ上段）を見よ。

ジン 語素【尽・甚】

甚　⇩尽　その度合いが非常に進むこと。例蝕甚（しょくじん）

参考 ㈠「甚」は「はなはだしい」意味、「尽」は「つくす」意味。当用漢字表に「甚」が掲げられなかったため、「蝕甚（日食・月食の最も欠けた状態）」の「甚」を、同音の「尽」に書き換えた。㈡この場合には、「蝕（むしばむ）」も同音で意味の似ている「食（たべる）」に書き換えるから、「蝕甚」は「食尽」となった。

注意「蝕甚」以外の「甚」は、「尽」に書き換

えない。「甚大・深甚」のように、本来の「甚」を書く。

ジン　**語素**　**【尋・訊】**

ジンモン〔尋問・訊問〕（二八七ページ上段）を見よ。

シンガイ　**名・サ変**　**【侵害・浸害】**

侵害　相手方の持っているものを、悪い状態にすること。例権利を侵害する　利益を侵害する　不正侵害

浸害　特定の場所に水を入れて、悪い状態にすること。例建造物を浸害する　鉱坑を浸害する

シンがた　**名**　**【新型・新形】**

新型　元になるものからこしらえたカタチが新しいもの。例新型の自動車　新型テレビ　新型化

新形　目に見えるカタチが新しいもの。例新形の模様　新形のしるし

シンキ　**名、形動**　**【新奇・新規】**

新奇　**名・形動**　見たこともなく、普通と変わっていること。例新奇を衒(てら)う　新奇な説　新奇な型

新規　**名**　今までの物事と異なっていて新しいこと。例新規に開店する　新規の仕事　新規採用者　発明の新規性　新規播(ま)き直し

シンク　**名**　**【深紅・真紅】**

深紅　色の濃いクレナイ色。例深紅の花　深紅の優勝旗　深紅に染める

真紅　⇩深紅　本当のクレナイ色。

参考「深」は「ふかい」で「色がこい」意味、「真」は「まこと」で「ほんとう」の意味。それに「紅（くれない）」を組み合わせた「深紅」と「真紅」は、同じ意味に用いられている。

今は、感覚的意味合いの強い「深紅」が一般である。

シンコク　名・サ変　【申告・親告】

申告　規定に従って、一定の事柄を申し出ること。例税務署に申告する　虚偽の申告　申告納税

親告　被害者が、みずから告訴すること。例警察署に親告する　親告を待って公訴する　親告罪

シンコク　形動　【深刻・深酷】

深刻　物事を深く考えること。そうしなければならないほど重大なこと。例深刻に考える　深刻な事態

深酷　人や動物をひどく苦しめて平気なこと。例深酷な扱い　深酷な仕打ち

参考「刻」は「きざむ」意味、「酷」は「むごい」意味。それに「深（ふかい）」を組み合わせた「深刻」と「深酷」は、別の意味の語である。しかし、「残酷」が「残刻」とも書かれたように、「深刻」が「深酷」とも書かれたこともあった。今は、シンコクといえば「深く考える」意味であるから、「深刻」が一般的である。

シンコン　名　【心魂・神魂】

心魂　ココロとタマシイ。例心魂を傾けて作る　心魂に徹する

神魂　⇩心魂　精神とタマシイ。

参考「心」は「こころ」の意味、「神」は「精神」の意味。それに「魂（たましい）」を組み合わせた「心魂」と「神魂」は、同じ意味に用いられている。今は、その意味の分かりやすい「心魂」のほうが一般である。

注意シンコンには、「肉体と精神」の意味で「身魂」という形もあり、「身魂を打ち込む」などと用いる。このほうは、「精神」だけを表す「心魂・神魂」とは、別の意味の語である。

シンジツ　名、形動　【真実・信実】

真実　名　うその点が全くない、本当のこと。例真実を述べる　真実の言　真実一路

信実　名・形動　うそを言う気持ちがない、本当の心。例信実をもって諭す　信実な性格の人

シンショ　名　【信書・親書】

信書　特定の個人の間でやり取りする手紙。例信書を送る　信書の開封　信書の秘密　信書隠匿罪

親書　貴人が自分で書いた手紙。例親書を頂く　親書を携える　親書か否かを鑑定する

シンジョウ　名　【心情・真情】

心情　その事柄で感じている気持ち。例心情を気にする　心情を察する　心情的態度

真情　うその点が全くない、本当のマゴコロ。例真情を吐露する　真情より出た言葉

シンショク　名・サ変　【侵食・浸食】

侵食　他人の持つ土地などの中に、無理に入り込むこと。例領土を侵食する　境界を侵食される

浸食　水や風が、土地などを削り取ること。例河川が浸食する　風雨に浸食される　浸食作用

注意「侵食・浸食」は、旧表記「侵蝕・浸蝕」の「蝕」を、同音の「食」に書き換えた現代表記である。

シンシン　名　【心身・身心】

心身　ココロとカラダ。例心身を鍛錬する　心身共に衰える　心身一体

身心　⇩心身　カラダとココロ。例身心の垢（あか）を落とす　身心が衰える　身心の苦しみ　身心共に疲れる

参考「心」は「こころ」の意味。「身」は「み」で「からだ」の意味。これを組み合わせた「心身」は「こころ」を主としてそれに「からだ」が伴い、「身心」は「からだ」を主としてそれに「こころ」が伴う。そのため、「こころ」を主とするか、「からだ」を主とするかで、「心身」「身心」を使い分けたこともある。今は、法令用語も「心身」を用いるため、他でも「心身」が一般である。

注意 シンシンには「こころ」の意味で「心神」という形もあり、「心神喪失・心神耗弱」などと用いる。このほうは、「心身・身心」とは別の意味の語である。

シンズイ 名【神髄・真髄】

神髄 物事の奥にある大切な事柄。例神髄を究める　芸術の神髄

真髄 ⇩神髄　物事の本当に大切な事柄。

参考「神」は「かみ」で「物事の中にある霊妙不可思議なもの」の意味、「真」は「まこと」で「ほんとう」の意味。それに「髄（骨のなか、中心部・主要部）」を組み合わせた「神髄」と「真髄」は、同じ意味に用いられている。

注意 シンズイには、「心の中」の意味で「心髄」という形もあり、「心髄が腐っている」などと用いる。このほうは、「神髄」「真髄」とは別の意味の語である。

シンセイ 名【真正・真性】

真正 調査の結果、それに間違いないこと。例真正のダイヤ　真正相続人　真正を貴ぶ

真性 「仮性・擬似」の対。検査の結果、それに間違いないこと。例真性の赤痢　真性近視　真性を疑う

ジンセイ 名【人生・人世】

人生 人がこの世に生まれてから死ぬまで。例人生は短い　人生僅(わず)か五十年　人生の春

人生観

人世　人の住んでいるこの世の中。例人世は儚(はかな)い　人世を知る　人世の下積み

シンセツ　名・形動　【親切・深切・心切】

親切　思いやりがあって丁寧なこと。例親切な心　親切を無にする　親切心　ご親切さま

深切　⇩親切　深く相手のことを思って丁寧なこと。

心切　⇩親切　心を尽くして丁寧なこと。

参考「親」は「したしむ」、「深」は「ふかくおもう」、「心」は「こころをつくす」意味。「切」は「ねんごろ」の意味。シンセツの本来の形は「親切」であったが、意味の関連から古くは「深切」「心切」とも書かれた。今は、本来の形「親切」か一般である。

注意 シンセツのアクセントは頭高型であるが、「深切」には、もう一つ平板型がある。これは、「深切な同情心」「深切に国を思う」のように、「はなはだふかい」意味を持つ場合である。

シンそこ　名、副　【心底・真底】

心底　名・副　ココロのオクソコ。例心底から愛する　心底から慕う　心底から感心する　心底好きだ

真底　名　物事の本当のオクソコ。例真底を探る

参考「心底」は「こころのそこ」、「真底」は「ほんとうのそこ」の意味。そのため、「心底」と「真底」は、別の意味の語である。それが、「心底」の意味で「真底」とも書くようになったが、「真底」の意味で、「心底」と書くことはなかった。今は、「心底」と「真底」を、本来の意味によって使い分けるのが一般である。

シンタツ　名・サ変　【申達・進達】

申達　上級の官庁から下級の官庁へ伝える

こと。例指示を申達する　必要事項を申達する　申達に従う

進達　下級の官庁から上級の官庁へ伝えること。例書類を進達する　進達を受け付ける　進達を怠る

シンチョウ　名・サ変　【伸長・伸暢】

伸長　大いにナガクなること。また、ナガクすること。例枝の先が伸長する　防波堤を伸長する

伸×暢　⇩伸長　大いに大きくなること。また、大きくすること。例経済が伸暢する　才能を伸暢する

参考　「長」は「ながくなる」意味、「暢」は「のびのびする」意味。それに「伸（のびる）」を組み合わせた「伸長」と「伸暢」は、別の意味の語である。しかし、「大きくなる」点では共通の意味を持っているため、「伸暢」の「暢」を同音の「長」に書き換え、「伸長」に「伸暢」の意味も含ませるのが現代表記である。

注意　シンチョウには、物や勢を「ひろげる」意味で「自由を伸張する」などと用いる「伸張」がある。

シンチョウ　名・形動　【深長・深重・慎重】

深長　内容が深く、全部は分からないこと。例深長な意味　深長な言葉　意味深長

深重　内容が深く、大切なことが含まれていること。例深重な論旨　深重な手紙　論旨深重

慎重　物事を注意深く行うこと。例慎重な発言　慎重に行動する　慎重審議

シンドウ　名・サ変　【振動・震動】

振動　一定の中心を基準に、繰り返し動くこと。例左右に振動する。振り子の振動　弦の振動　振動計

震動　左右前後上下に、繰り返し強く動く

こと。例大地が震動する　地震の震動　家鳴(やな)り震動

シンニュウ　**名・サ変**　**【浸入・滲入】**

浸入　特定の場所に水が入ること。例濁水が浸入する　浸入した湧(わ)き水

滲入　特定の範囲のすみずみまで液体が行き渡ること。例皮膚から滲入する　滲入した薬品

参考「浸」は「水がはいる」意味、「滲」は「水がしみる」意味。

シンニュウ　**名・サ変**　**【侵入・進入】**

侵入　相手方の中へ、無理に入ること。例家屋に侵入する　暴徒が侵入する　敵国に侵入する　不法侵入

進入　特定の場所に向かって入っていくこと。例列車が進入する　旅客機が進入する　進入方向

シンニン　**名・サ変**　**【信任・信認】**

信任　間違いないと考えてすべてを行わせること。例部下を信任する　信任を受けて働く　信任投票

信認　間違いないとしてよろしいとすること。例署名を信認する　信認を受けた通貨

シンニン　**名・サ変**　**【新任・親任】**

新任　特定の地位に初めて就かせること。例渉外部長を新任する　四月に新任された職員　新任者

親任　天皇が直接任命すること。例大臣の親任式　親任官　親任対遇

参考　官吏の階級としては、「親任官」が最高であった。

シンプク　**名**　**【振幅・震幅】**

振幅　振り子などが揺れるときの揺れ方の

幅の半分。例振り子の振幅　弦の振幅　波の振幅

震幅　地震計に感じた地震の揺れ方。例地震計の示す震幅　震幅の大きい地震

ジンモン　名・サ変【尋問・訊問】

尋問　疑問に思うことを明らかにするために聴くこと。例税務署で尋問される　税関で尋問を受ける

訊問　⇩尋問　職権をもって、知っていることを言わせること。例証人として訊問される　不審訊問

参考「尋」は「教えてもらう」、「訊」は「上から下に問いただす」意味で、いずれも「たずねる」意味。そこで、「訊問」の「訊」を同音の「尋」に書き換え、「尋問」に「訊問」の意味も含ませるのが現代表記である。

シンリャク　名・サ変【侵略・侵掠】

侵略　他国の領土へ無理に入り込むこと。例領土を侵略する　四隣を侵略する　侵略戦争

侵掠　⇩侵略　他人の物を、注意していないときに盗み取ること。例財産を侵掠する　侵掠強奪

参考「略」は「おかしとる」意味、「掠」は「かすめとる」意味。それに「侵（おかす）」を組み合わせた「侵略」と「侵掠」は、別の意味の語であった。しかし、「おかす」点では共通の意味を持っているため、「侵略」に「侵掠」の意味も含ませるのが現代表記である。

シンロ　名【進路・針路】

進路　車や人の進んでいく方向。例進路を開く　卒業生の進路　日本の進路　進路を誤って失業する

針路　船や飛行機の進んでいく方向。例針路を北に取る　針路を左に修正する　針路を

誤って座礁する

す

す 名【州・洲】

州　本来は「シュウ」。

洲　⇩州　海や川の底に土や砂が積もったところ。例洲に群れる鳥　洲崎　砂洲　座洲

参考　一「洲ハ、モト州ニ作ル」とされており、「洲」はあとでサンズイを加えたものである。「洲」については、音で「シュウ」と読む場合に同音の「州」に書き換えるのに準じ、訓で「す」と読む場合にも、「州」に書き換えるのが現代表記である。二当用漢字の旧音訓表では、「州」の音として「シュウ・ス」を掲げていた。これに対し、改定音訓表では、「州」の音を「シュウ」、訓を「す」と改め、これが常用漢字表に受け継がれている。

スイ 語素【粋・萃】

バッスイ〔抜粋・抜萃〕（四三四ページ上段）を見よ。

スイキョウ 名・形動【酔狂・粋狂】

酔狂　酒を飲んで、普通では行わないようなことを行うこと。例酔狂で女をからかう　酔狂な振る舞い

粋狂　⇩酔狂　遊びなれて、普通では行わないようなことを行うこと。例粋狂な真似(まね)をする　何の粋狂で

参考「酔」は「よう」意味、「粋」は「いき」の意味。それに「狂（くるう）」を組み合わせた「酔狂」と「粋狂」は、別の意味の語であった。特に「酔狂」は、「酔狂して人を殺す」など、動詞に用いられていた。それが、「粋狂」の意味にも用いられ、「酔」の意味に近くなっ

ていった。今は、「酔狂」のほうが一般である。

スイコウ　名・サ変　【推考・推敲】

推考　筋道をたどって、いろいろ考えること。例情勢を推考する　推考するところによれば

推×敲　詩や文章の表現を、いろいろ考えて直すこと。例文章を推敲する　推敲が足りない

参考「推」は「おす」意味、「敲」は「たたく」意味。「推敲」は、中国唐代の詩人賈島(かとう)が、「僧推月下門」の詩句につき、「推」がいいか「敲」がいいかいろいろ考えた末に、「敲」に決めたという故事に基づく語。

スイショウ　名・サ変　【推奨・推賞・推称】

推奨　この場合にはこれが良いと、特に取り上げてすすめて言うこと。例新製品を推奨する　推奨銘柄

推賞　この場合にはこれが良いと、物を与えてホメルこと。例推賞に値する　推賞するに足りない

推称　この場合にはこれが良いと、言葉でホメルこと。例善行を推称する　口を極めて推称する

参考「奨」は「すすめる」意味、「賞」は「物を与えてたたえる」意味、「称」は「ことばでたたえる」意味。「推（よいものをおす）」を組み合わせた「推奨」は「推賞」「推称」とは意味が異なる。「推賞」「推称」は、同じような意味に用いられている。

スイセン　名・サ変　【推薦・推選】

推薦　良い人や良い物を取り出して、用いるように人に言うこと。例卒業生を推薦する　新製品を推薦する　推薦状　推薦図書

推選　投票の方法によらないで、特定の人を当選人とすること。例推選されて議長にな

る　指名推選

スイタイ　名・サ変　【衰退・衰頽】

衰退　力が弱くなって、元気が無くなること。例腕力が衰退する　健康の衰退

衰×頽　⇩衰退　力が弱くなって、勢力が無くなること。例国家が衰頽する　台風の衰頽

参考「退」は「しりぞく」意味、「頽」は「くずれる」意味。それに「衰（おとろえる）」を組み合わせた「衰退」と「衰頽」は別の意味の語であるが、旧表記でも混用されていた。これを、「衰退」に統一して用いるのが現代表記である。

すう　他動　【吸・呷】

吸　「吐」の対。気体や液体を小さい穴から勢いよく中に取り入れること。例口で吸う　息を吸う　吸い上げる　吸い付ける

×呷　⇩吸　特に液体をスウ形で飲み込む場合に用いることがある。例血を呷う　毒を呷う　酒を呷う

ズエ　名　【図絵・図会】

図絵　その状態を、文章以外の方法で分かるようにした図や絵。例境内の図絵　極楽図絵　地獄図絵

図会　その状態を、文章以外の方法で分かるようにしたものを集めたもの。例札所の図会　名所図会　和漢三才図会

すかす　他動　【空・隙・賺・透】

▲空　⇩かな　物の中に入っているものを少なくすること。例腹を空かす　手を空かして待つ

▲隙　⇩かな　物と物との間が離れるようにすること。例間を隙かす　松の枝を隙かす

×賺　⇩かな　相手方の喜ぶように言って、気持ちを変えさせること。例子供をなだめ賺

す　賺されて気を取り直す

透　光を通して、こちらから向こうが見えるようにすること。［例］光に透かす　透かして見る　透かし彫り　透かし織り

［注意］「すかす」の送り仮名を「かす」とするのは、「すく」を「く」と送るのに合わせたものである。「賺」にはこのような対応がないので、送り仮名も活用語尾の「す」だけになる。

すき　［名］【鋤・犂】

×鋤　⇩［かな］　手と足の力で、土を掘り起こすのに使うスキ。［例］鋤や鍬(くわ)　鋤で掘る

×犂　⇩［かな］　牛や馬に引かせて、土を掘り起こすのに使うスキ。からすき。［例］犂を引く　犂で耕す

すきや　［名］【数寄屋・数奇屋】

数寄屋　茶の湯のために建てたような風流な建物。［例］庭園の数寄屋　数寄屋造り　数寄屋普請(ぶしん)

数奇屋　⇩数寄屋　普通と変わっている風流な建物。

［参考］［一］スキヤは語源的には「好き屋」であるが、「数寄屋」と当てられるようになった。それが、「かわっている」ところから「奇」を用い、「数奇屋」とも書かれるようになった。［二］常用漢字表の付表の中には、「数寄屋」も「数奇屋」も「すきや」として掲げられているから、いずれも表内訓である。ただし、一般には、古くからの「数寄屋」が用いられている。

すく　［自動］【空・隙・透】

▲空　⇩［かな］　物の中に入っているものが少なくなること。［例］車内が空く　腹が空く　手が空く

▲隙　⇩［かな］　物と物との間が離れるようになること。［例］間が隙く　枝が隙く　隙き間

透　光が通って、こちらから向こうが見え

るようになること。例透いて見える　透き通る　透き写し

すく　他動【抄・梳・剝・漉】

抄　⇩かな　「漉」に同じ。

梳　⇩かな　櫛などで、髪の毛をそろえること。例髪を梳く　櫛で梳く　梳き毛

剝　⇩かな　刃物などで、薄く切り取ること。例香木を剝く　剝き取る

漉　⇩かな　紙の原料をすくい上げて、紙をこしらえること。例紙を漉く　漉き上げる　漉き手

すくう　他動【救・済】

救　危険な状態から、離れることができるようにすること。例命を救う　医者に救われる　救い出す

済　⇩救　悪い状態から、良い状態へと連れていくこと。例民を済う　世を済う　衆生を済う

すくう　他動【掬・抄】

掬　⇩かな　液体や粉末を、両手などで取り出すこと。例手で掬う　笊で掬う　掬い投げ

抄　⇩かな　液体や粉末を、匙などで取り出すこと。例柄杓で抄う　匙で抄う

すぐれる　自動【勝・優】

勝　⇩優　段階が、他よりも上になること。例才能が勝れる　勝れた人物　勝れた景色　気分が勝れない

優　「勝」に同じ。

すし　名【鮓・鮨・寿司】

鮓　⇩かな　魚を発酵させて作るスシ。例熟れた鮓　鱩鮓　鮭鮓

鮨　⇩かな　握ったり、押したりして作る

スシ　例握り鮨　押し鮨　散らし鮨　五目鮨　鮨詰め

▲**寿司**　⇩かな　「鮨」に縁起の良い字を当てた書き方。「寿」は「ことぶき」、「司」は「つかさ」の意味。

ズシ　**名、サ変**　**【図示・図誌】**

図示　**名・サ変**　その状態が分かるように、文章以外の形で明らかにすること。例構造を図示する　図示説明

図誌　**名**　その状態が分かるように、絵と文章で書いたもの。例図誌の形式　地震災害図誌　利根川（とねがわ）図誌

スジョウ　**名**　**【素性・素姓】**

素性　その人の生まれた血筋や生い立ち。例素性を明かす　素性の良い女性

素姓　⇩素性　その人の生まれた先祖代々の家柄。例氏素性（うじすじょう）

参考　「血筋・家柄」の意味に用いるスジョウは、血筋・家柄の意味の仏教用語「種姓（または種性）」から来たとされている。この「種（シュ）」がスと読まれてスジョウとなったが、スと読む場合には、「素浪人・素面」などの「素（もと）」との関連から、「素姓・素性」とも書かれるようになった。今は、「うまれつきのたち」の意味を持つ「性」のほうが、「かばね」の意味を持つ「姓」よりも分かりやすいので、「素性」と書くのが一般である。

すすぐ　**他動**　**【雪・漱・濯】**

▲**雪**　⇩かな　不名誉などの埋め合わせをすること。例恥を雪ぐ　恥辱を雪ぐ　汚名を雪ぐ

×**漱**　⇩かな　水を口に入れて、口の中の汚れとともに出すこと。例口を漱ぐ　喉（のど）を漱ぐ

▲**濯**　⇩かな　水を十分に使って、汚れを流してしまうこと。例洗い物を濯ぐ　身を濯ぐ

濯ぎ洗い

すすめる 他動 【勧・奨・進・薦】

勧 物事を行いたい気持ちにさせること。例入会を勧める　転地を勧める　保険を勧める

▲奨 ⇩勧　良い物事を取り上げて、行うように言うこと。例発明を奨める　学問を奨める

進 前のほうへ行かせること。例車を進める　交際を進める　一歩進めて

薦 取り上げて使うように言うこと。例候補者として薦める　良書を薦める　薦めによって採用する

すでに 副 【已・既・業】

×已 ⇩既　「未」の対。今そうなっているようす。例月已に満月である　已に遅い　已に書いている

既 「将」の対。もうそうなってしまったようす。例既に終わった　既に知っている　既に書いてある

▲業 ⇩既　そうなってしまうことを仮定するようす。例業に出発した以上は　業に書くからには

すてる 他動 【棄・捨】

▲棄 ⇩捨　使うことができるものを、使わないようにすること。例紙を棄てる　子を棄てる　権利を棄てる　焼き棄てる　芥(ごみ)棄て

捨 関係のあったものを、関係のないようにすること。例命を捨てる　名誉を捨てる　世を捨てる　捨てておけない　捨て鉢になる　捨て値　捨て台詞(ぜりふ)

すなわち 接 【即・則・乃】

▲即 ⇩かな　前にある事柄が、そのまま次にある事柄と同じであるようす。とりもなお

さず。例医は即ち仁術　学校即ち小社会　これ即ち

▲則 ⇩かな 前にある事柄が行われた結果として、次にある事柄が起こるようす。そうすれば。例右に曲がれば則ち　しかれば則ち

×乃 ⇩かな 前にある事柄を言い終わって、次にその事柄に基づいて続けるようす。そこで。例乃ち帰路に着く　ここにおいて乃ち

すべて　副【全・総・凡】

全「総」に同じ。

▲総 ⇩かな「別」の対。いろいろのものを残らず一緒にするようす。例総て集める　総て白　総ての学生

▲凡 ⇩かな 全体を取り上げて考えるようす。例凡てこの世は　凡てで二十巻

すべる　他動【総・統】

▲総 ⇩かな「別」の対。いろいろなものを、残らず一緒にすること。例総べ合わせる　総べ集める　総名（すべな）

統 一定の範囲を、一つにまとめて支配すること。例統べ治める　統べ率いる　統べ括（くく）る

すべる　自動【滑・辷】

滑 物の上を物が調子よく進むこと。例雪の上を滑る　滑って転ぶ　順調に滑り出す　滑り込み

×辷 ⇩滑　動いてはいけない位置が動くこと。例雪で辷る　手が辷る　試験に辷る　口が辷る　地辷り

参考「辷」は国字で、一直線にススムことを表す。

すみ　名【角・隅】

▲角 ⇩かな その方向の、ずっと先のほうのところ。例天の角を睨（にら）む　東南の角　角前

髪　角櫓(すみやぐら)

隅　周りを囲まれた部分の、端のほうのところ。例隅に置く　部屋の隅　隅々まで　片隅　四隅

すむ　自動【住・栖・棲】

住　人が、一定の場所を決めて生活すること。例東京に住む　勤め人住む郊外　人の住み処(か)

栖　⇩かな「棲」に同じ。

棲　⇩かな　動物が、一定の場所を決めて生活すること。例鳥の棲む森　集まり棲む動物　森の棲み処(か)

すむ　自動【清・澄】

清　⇩かな「濁」の対。濁音でない発音をすること。例仮名が清むと濁るの違い　清んで読む

澄「汚」の対。空気や水が濁っていないで、きれいに透き通っていること。例水が澄む　空が澄む　心が澄む　澄んだ声　澄み渡る

すもう　名【相撲・角力】

相撲　組み合って、勝負を争うこと。例相撲を取る　大相撲　草相撲　腕相撲　相撲取り

角力　⇩相撲　力を比べて、勝負を争うこと。

参考　㈠「相撲（ソウボク）」も「角力（カクリョク）」も、漢語として用いられていた形。「相撲」は「おたがいになぐる」意味、「角力」は「ちからをくらべる」意味。それに熟字訓を当て、「すもう」とした。㈡常用漢字表の付表の中には、「すもう」に「相撲」が掲げられているから、このほうが表内訓である。

する　他動【刷・擦・摺・掏・磨・擂】

刷　板面にインキを付けて、同じものをた

くさんこしらえること。例名刺を刷る　活字で刷る

擦　強く押し付けて動かすことによって、その部分をだめにすること。例転んで擦る　マッチを擦る　擦り切れる　擦り傷　引き擦る

摺　⇩かな　強く押し付けて、前後に繰り返し動かすこと。例墨を摺る　版画を摺る　手を摺る

掏　⇩かな　持ち物を、気付かれないように盗むこと。例財布を掏る　金を掏られる　掏り取る

▲磨　⇩擦　強く押し付けて動かすことによって、その部分の艶を出すこと。例鑢で磨る　表面を磨る　磨り上げる

擂　⇩かな　強く押しつぶして、細かくすること。例味噌を擂る　擂り鉢　擂り餌

ずるい　形【猾・狡】

猾　⇩かな　行わなければならないことを行わないこと。例逃げるのは猾い　猾くて怠ける

狡　⇩かな　物事を、自分の損にならないように行うこと。例先に取るのは狡い　狡いことばかりする

すわる　自動【座・坐・据】

座　本来は名詞で、「とこ（スワル場所）」。

坐　⇩座　膝を折り曲げて、スワル姿勢になること。例席に坐る　黙って坐る　坐り込む　居坐る　坐り方

据　ある場所にとどまって動かなくなること。例目が据わる　度胸が据わる

注意　「据」の送り仮名は、旧表記では「る」だけであった。現代表記で「わる」と送るのは、「据える」に合わせたものである。「坐・座」にはこのような対応がないので、送り仮名も活用語尾の「る」だけになる。

せ

セイ　語素【正・誠】

正　理論的に間違いがないこと。例正義　公正　正常　適正　正確　正式　正解　正答

誠　内容的にうそがないこと。例誠実　至誠　赤誠　忠誠心　誠心誠意

セイ　語素【生・棲・栖】

生　動植物が、命を保っていくこと。例社会に生息する人間　動物の生態　高山植物の群生　水生植物

×棲　⇩生　動物が、一定の場所を決めて生活すること。例密林に棲息する　猿の群棲　水棲動物

×栖　⇩生　「棲」に同じ。

参考　「棲ハ、栖ニ同ジ」とされている。この二字はいずれも「鳥がすむ・ねぐらを構える」意味であるが、動物一般にも使われるようになった。そこで「生活する」点では「生（いきる）」と共通の意味を持っているため、「棲・栖」を、同音で意味の似ている「生」に書き換えることがある。

セイ　語素【成・製】

成　物事を行った結果としてでき上がること。例成果　成熟　作成　大成　成功　既成事実

製　物をこしらえること。例製作　調製　製造　粗製乱造　既製品

セイ　語素【晴・霽】

セイゲツ〔晴月・霽月〕（三〇一ページ下段）を見よ。

セイアツ **名・サ変**【制圧・征圧】

制圧　力で抑えて、自由にさせないこと。例欲望を制圧する　近隣を制圧する

征圧　討ち取って、自由にさせないこと。例病菌を征圧する　癌(がん)を征圧する　征圧月間

セイイク **名・サ変**【成育・生育】

成育　人や動物の体が、大きくなって一人前になること。例子供が成育する　犬の成育　成育回遊魚

生育　①植物が、芽を出して大きくなること。例稲が生育する　生育期　生育地　②人や動物が、生まれて大きくなること。産んで大きくすること。例生育の過程　人材を生育する　生育歴

セイカク **名・形動**【正確・精確】

正確　決められたとおりで、間違いがないこと。例正確な解答　正確に発音する　時間の正確な人

精確　細かい部分まで、間違いがないこと。例精確な機械　精確に測量する　作動の精確な計器

参考「正確」は「ただしくたしか」の意味、「精確」は「くわしくたしか」の意味。しかし、意味が似ているため、どちらのセイカクが適切か明らかでない場合には、「正確」を用いるのが一般である。

注意セイカクには、文法用語で「正格活用」などと用いる「正格」もある。これは、「変格」に対する語で、「規則正しい」という意味である。

セイガン **名**【正眼・晴眼】

正眼　剣道で、刀の先を相手の目に向ける持ち方。例正眼に構える　正眼に突く

晴眼　目が見えること。例晴眼の人

参考 一「正眼」のほうは、「星眼・青眼・清眼・晴眼」とも書いたが、今は、「正眼」が一般である。二このうちの「青眼」には、「白眼」の対として「気持ちよく応対する」意味もあり、「青眼で迎える」などと用いる。また、「清眼」には「きよらかな目」の意味もあり、「清眼を開く」「清眼を堅く閉じる」などと用いる。

セイキ　名【正気・生気・精気】

正気　だれにも恥じるところがない心。例天地の正気　神州の正気　正気の歌

生気　進んで物事を行おうとする勢い。例盛んな生気　生気を失う　生気に溢（あふ）れる　生気回復

精気　生きていくために必要な力。例万物の精気　精気を養う　精気を奪う

セイキ　名【正規・成規】

正規　法律に基づいて作られていること。例正規の学校　正規の課程　正規軍

成規　規則で定められているとおりのこと。例成規の手続　成規の用紙に書く

セイギョ　名・サ変【制御・制馭・制禦】

制御　自分の思うとおりに扱うこと。例自分を制御する　制御を受ける　機械を制御する　制御装置

制×馭　⇩制御　自分の思うとおりに動かすこと。

制×禦　⇩制御　自分の思うとおりに抑えること。

参考「御」は「馬をあつかう」、「馭」は「うごかす」、「禦」は「おさえる」意味。それに「制（とどめる）」を組み合わせた「制御」「制馭」「制禦」は、旧表記でも同じ意味に用いられていた。今は「制御」を用いるのが一般的である。

セイギョウ　名　**【正業・生業】**

正業　安定して続くまじめな仕事。例改心して正業に就く　正業に戻る

生業　生活を続けていくための仕事。例一定の生業がない者　生業に励む

注意　セイギョウには、「代々受け継ぐ事業」としての「世業」、「神聖な事業」としての「聖業」もある。

セイケイ　名・サ変　**【整形・成形・成型】**

整形　悪いところを無くして、本来の姿に戻すこと。例右足を整形する　整形外科　手の整形手術

成形　一定の姿にこしらえ上げること。例陶器の成形　ガラスの成形　胸部成形手術

成型　同じカタチのものを数多くこしらえること。例プラスチックの成型　圧縮成型　成型加工

セイゲツ　名　**【晴月・霽月】**

晴月　曇ったところのない、きれいな月。例晴月の夜　晴月に遊ぶ

霽月　⇩晴月　雨が上がったあとに出る、きれいな月。例光風霽月　霽月の心

参考　「晴」も「霽」も「はれる」であるが、「晴」は「曇がなくなる」意味、「霽」は「雨がやむ」意味。

セイコン　名　**【精根・精魂】**

精根　物事を最後まで行おうとする力。例精根のある人　精根が尽きる　精根不足

精魂　生きることを続けさせる中心の力。例精魂の強い人　精魂を傾ける　不屈の精魂

セイザ　名・サ変　**【正座・正坐・静座・静坐】**

正坐　⇩正座　礼儀に合った形でスワルこと。例子供でも正坐する　正坐を崩す

静×坐　⇩静座　心を落ち着けてスワルこと。例仏前に静坐する　静坐して時を過ごす

参考「坐」は動詞としての「すわる」意味、「座」は名詞としての「すわる場所」の意味。意味のとらえ方は異なるが、同じことを表すため、「坐」を、同音で意味の似ている「座」に書き換えるのが現代表記である。□二「正座」というのは、本来「格の上の客がすわる場所」の意味でこの場合は、ショウザとも。

セイサイ　名・形動　【精彩・生彩】

精彩　魂があって、元気なありさま。例精彩を放つ　精彩を帯びる　精彩を欠く

生彩　⇩精彩　いきいきとしていて、元気なありさま。

参考「精」は「たましい」の意味、「生」は「いきいき」の意味。それに「彩（いろどる）」を組み合わせた「精彩」と「生彩」は、同じような意味に用いられていた。しかし、「精彩」のほうが多く用いられているようである。

注意　セイサイには「くわしくこまかい」意味の「精細」もあり、「精細な描写」などと用いる。このほうは、「精彩・生彩」とは別の意味の語である。

セイサク　名・サ変　【製作・制作】

製作　道具や機械などをこしらえること。例器具を製作する　試作品を製作する　複製品の製作販売

制作　美術や文学の作品をこしらえること。例絵画を制作する　アトリエで制作する　映画の制作上映

セイサン　名・サ変　【生産・製産】

生産　生活に必要なものを、こしらえて世に出すこと。例米を生産する　鉄を生産する　生産地　生産者　生産工程　生産管理　見込み生産

製産　⇩生産　生活に必要なものを、こしらえたり取り出したりすること。

参考「生」は「うむ」で「新しくつくる」意味、「製」は「物をつくる」意味。それに「産（そとへだす）」を組み合わせた「生産」と「製産」は、もともとは違う意味であったが同じような意味で用いられることが多かった。しかし、生産のほうが多く用いられていたため、今も、「生産」が一般である。

セイサン　名・サ変　【精算・清算】

精算　「概算」の対。細かいところまで正しく数えること。例運賃を精算する　費用を精算する　精算所

清算　すべてを数えて、後始末をすること。例借金を清算する　過去を清算する　清算取引　清算会社

注意「精算・清算」を「清算」に統一して用いることもあるが、法令用語はこの二つを使い分けている。

セイジ　名　【政治・政事】

政治　国家の主権者がその国家をおさめるセイジ。例政治を見る　政治に与（あずか）る　独裁政治　民主政治

政事　⇩政治　セイジの上で行う仕事。例政事を聴く　政事を預かる　政事に関する結社

参考「政治」は「まつりおさめる」で「セイジそのもの」、「政事」は「まつりのこと」で「セイジの仕事」。しかし、その区別が明らかでないところから、今は、「政治」に「政事」の意味も含ませるのが一般である。

セイショウ　名　【清祥・清勝】

清祥　相手方の無事を喜ぶことば。例ご清祥お喜び申し上げます　ますますご清祥のことと存じます　ご清祥の由、慶賀至極に存じ

ます

清勝　相手方の健康を喜ぶことば。

参考「祥」は「さいわい」の意味、「勝」は「まさる」で「すこやか」の意味。それに「清（相手方の物事に付ける接頭辞）」を組み合わせた「清祥」と「清勝」は、「無事」か「健康」かで使い分けることもあるが、一般にはともに無事健康を含めた意味に用いる。

セイゼン　形動【整然・井然】

整然　乱れたところがないようす。例整然と並ぶ　整然とした行進　隊列整然

井然　⇩整然　縦と横とが正しくなっているようす。例井然と区画する　井然とした地割り　農地井然

参考「整」は「ととのう」意味。「井」は「いど」であるが、「井」の字形のように区画されている点で「ととのう」意味。それに「然（ようす）」を組み合わせた「整然」と「井然」は、別の意味の語である。しかし、「井然」は古い使い方の語で、意味は「整然」のほうが広いため、今は、「整然」を用いるのが一般である。

セイソウ　名・サ変【正装・盛装】

正装　「略装」の対。改まった場所に着ていく身なりをすること。例正装の軍人　儀式の正装　正装に身を固める　正装して臨む

盛装　きれいな身なりをすること。例盛装の婦人　盛装を凝らす　盛装に身を包む　盛装して踊る

セイソク　名・サ変【生息・棲息・栖息】

生息　人間を含む生物が、命を保っていくこと。例社会に生息する人間　雨期に生息を続けるための施設

×棲息　動物が、ある場所にすみつくこと。ある場所で生きて殖えていくこと。例密林に棲息する動物　特殊な環境で棲息を続ける

×栖息 「棲息」に同じ。

[参考]「生」は「いきる」意味。「棲・栖」は「すむ」で「ねぐらを構える」意味。それに「息（呼吸する）」を組み合わせた「生息」と「棲息・栖息」は、別の意味の語である。しかし、「生活する」点では共通の意味を持っているため、混用されている。

セイタイ 名【生態・生体】

生態 生物がイキ続けている、そのままのありさま。[例]生態を観察する 高山植物の生態

生体 動物の、イキテいるカラダ。[例]生体で実験する 健康な生体 生体組織

セイチョウ 名・サ変【成長・生長】

成長 動物が育って、大きくなること。また、物事の組み立てが大きくなること。[例]子犬が成長する 大人に成長する 経済が成長する 事業の成長を妨げる

生長 植物が育って、大きくなること。[例]樹木が生長する 稲が生長する 麦の生長を妨げる

[参考] 英語では growth であるが、動物学は「成長」、植物学は「生長」を採用している。ただし、その他のセイチョウについては、「成長」が一般である。

セイチョウ 名・サ変【清聴・静聴】

清聴 自分の話をキイテもらうときに用いることば。[例]ご清聴を煩わす ご清聴を感謝する

静聴 音を出さないで、話や音楽をキクこと。[例]静聴しなさい 静聴している生徒

[参考]「清」は「相手方の物事に付ける接頭辞」、「静」は「しずか」の意味。それに「聴（よくきく）」を組み合わせた「清聴」は尊敬語、「静聴」は一般語である。ただし、「ご静聴」とす

れば尊敬語になるが、それは司会者などが聴衆に向かって「ご静聴願います」などと言う場合である。

セイテン　名　【晴天・青天】

晴天　雲のない天気、雲の少ない天気。例晴天が続く　晴天に恵まれる　本日は晴天なり

青天　本来の色でアオアオとしたきれいな空。例青天が暮れる　青天の月　青天の霹靂（へきれき）　青天白日

セイトウ　名・形動　【正当・正統】

正当　名・形動　一般の筋道に合っていること。例正当な考え方　正当な解釈　正当な理由　正当防衛

正統　名　本来の筋道のとおりであること。例源氏の正統　正統を継ぐ　正統政府　正統派

セイネン　名　【成年・青年・盛年】

成年　一人前の大人となった年齢。または、それ以上の人。民法では二十歳。例成年に達する　成年者　未成年労働者　未成年者飲酒禁止法

青年　「少年」の類。年齢の若い人。例青年の集まり　青年の家　青年団　青年会　青年期　青年層

盛年　「老年」の対。元気のある年ごろ。例盛年の社員　盛年重ねて来らず

セイレン　名・サ変　【精錬・製錬】

精錬　鉱石から取り出した金属の質をよくすること。例粗銅を精錬する　銑鉄の精錬

製錬　鉱石から、その中に含まれている金属を取り出すこと。例鉱石を製錬する　製錬所

注意　製糸業では、「繊維に含まれている不純

物を取り除くこと」を「精練」という。

セキ 語素【跡・蹟】

跡 歩いたあとに残っているしるし。例足跡 形跡 人跡未踏 追跡 軌跡

×蹟 ⇩跡 物事が行われたあとに残っているしるし。例旧蹟 古蹟 史蹟 遺蹟 筆蹟 手蹟 真蹟

参考「跡」は「あしあと」の意味、「蹟」は「のこりあと」の意味。しかし、「跡」も「蹟」も「迹ト同ジ」とされている。「跡」を「蹟」と書くことはなかったが、「蹟」を「跡」と書くことは、旧表記でも行われていた。そのうち、「跡」のほうを用いるのが現代表記である。

セキ 語素【積・績・跡】

積 集めて次々と上に置くこと。例蓄積 累積 面積 体積 積算

績 物事を全部行った結果のこと。例成績 業績 功績 治績

跡 物事が行われたあとに残っているしるし。例足跡 旧跡 史跡 遺跡 筆跡 形跡 軌跡 追跡

参考 現代表記の「跡」は、「蹟」の書き換えにも用いるため、本来の「跡（あしあと）」のほかに「蹟（のこりあと）」の意味も持っている。

せく 他動【堰・塞】

×堰 ⇩かな 堤をこしらえて、水をためること。例川の水を堰く 堰いて溜(た)める

▲塞 ⇩かな 水が流れないようにすること。例流れを塞く 瀬を塞く 涙も塞きかねる

セコウ 名・サ変【施行・施工】

施行 法令を、実際に効力があるようにすること。例一月一日から施行する 施行法 施行細則

施工 建築や土木の工事を行うこと。例業者に施工させる 設計施工 施工式 施工主

参考「施行」「施工」はシコウが本来の読み方であるが、法令用語としては「執行（しっこう）」との区別を明確にするため、「施行」にセコウという読みぐせが行われ、学術用語の「施工」もセコウである。

セツ 語素【切・折】

切 ①物を刃物などで離すこと。例切断 切腹 切開手術 ②物が近くに行くこと。また、力を入れて強く動かすこと。例切迫 切歯扼腕（やくわん）

折 物を強く曲げること。また、それによって離すこと。例屈折 曲折 折半 折衷 折衝

セツ 語素【切・截】

セツダン〔切断・截断〕（三〇九ページ上段）を見よ。

セック 名【節句・節供】

節句 特別の行事を行う五つの日。一月七日（人日）、三月三日（上巳（じょうみ（し）））、五月五日（端午）、七月七日（七夕（たなばた））、九月九日（重陽）。例桃の節句 節句働き

節供 ⇩節句 セックの日に神の前に置く食べ物。また、それを食べるセックの日。

参考「節」は「ふし」で「季節の変わり目」の意味、「供」は「そなえる」で「神などの前に置く」意味。「節」に当たる「日」を「節日（せちにち）」といい、そのときに供える食べ物を「節供」といった。それがその行事を行う日の意味になり、「供」が、同音で簡略な「句」でも書かれるようになった。今は、食べ物の意味で用いることがなく、「節句」のほうが一般である。

ゼッタイ　名、副　**【絶対・絶体】**

絶対　名・副　「相対」の対。他と関係なく在り続けること。例絶対の長　絶対者　絶対にない　絶対負けない　絶対多数　絶対値　絶対主義　絶対的

絶体　名　カラダが、それ以上在り続けることができなくなること。そこから逃げることができないこと。例絶体の場　絶体絶命

セツダン　名・サ変　**【切断・截断】**

切断　つながっているものを、二つに離すこと。例電線を切断する　退路を切断する

截断　⇩切断　全体を鋭い刃物で分けて、二つ以上にすること。例紙を截断する　宝石を截断する

参考　一「切」は「きる」意味、「截」は「たちきる」意味。それに「断（きりはなす）」を組み合わせた「切断」と「截断」は、別の意味の語である。しかし、「きりはなす」点では共通の意味を持っているため、「切断」に「截断」の意味も含ませて用いるのが一般的である。二セツダンについては、「おりまげてきる」意味で「棒を折断する」など、「折断」という形が用いられたこともある。

セッチュウ　名・サ変　**【折衷・折中】**

折衷　両方の良いところを取り入れてこしらえること。例両案を折衷する　折衷方式

折中　両方のちょうど間の形にすること。例折中して等しくする

参考　「衷」は「まごころ」で「どちらにもかたよらない」意味、「中」は「なか」で「ちょうど間」の意味。それに「折（おる・わける）」を組み合わせた「折衷」と「折中」は、別の意味の語であった。しかし、「折中」の本来の意味が忘れられ、「折衷」の意味で「折中」を用いることも行われた。今は、セッチュ

ウを「よいところを取り入れてこしらえる」意味に用いるので、「折衷」が一般である。

せまる 自、他 **【迫・逼】**

迫 ①自動 近づかれてきて、心が引き締まること。例敵が迫る　大会が迫る　真に迫る　②他動 行うように、強く言うこと。例出資を迫る　帰郷を迫る

×逼 ⇩迫 自動 物と物との間が狭くなること。例山が逼る　眉(まゆ)の間が逼る　飢餓に逼る

せめる 他動 **【攻・責】**

攻 「守」の対。相手を負かそうとして、前へ進むこと。例敵を攻める　攻め滅ぼす　城を水攻めにする

責 過ちを問題にして、苦しくさせること。例失言を責める　良心に責められる　責め殺す　責め苦　水責めで苦しめられる

せりふ 名 **【台詞・科白】**

▲台▲詞 ⇩かな 役者が舞台で言うことばとしてのセリフ。例台詞を覚える　台詞回し　捨て台詞

▲科▲白 ⇩かな 役者のしぐさとセリフ。例科白の台本

せる 他動 **【競・糶・迫】**

競 互いに勝とうとして争うこと。例互いに力を競る　競り合う　鍔(つば)競り合い

×糶 ⇩競 買うために、争って値段を高くすること。例千円から糶る　値を糶る　糶り上げる　糶り売り

▲迫 ⇩かな 特定の方向へ強く動かすこと。例台を迫る　迫り上がる

セン 語素 **【先・尖】**

先 続いているものの、いちばん端のとこ

ろ。例防波堤の先端　列の先頭　先陣

×尖 ⇩先　端に行くに従って細くなっているものの、いちばん端のところ。例塔の尖端　尖鋭　尖塔　尖兵

参考「先」は「さき」の意味、「尖」は「とがる」意味。「さき」の意味で、「尖」を、同音の「先」に書き換えることがある。

セン　語素【泉・腺】

泉　地中から水がわき出ているところ。例泉水　温泉　黄泉　盗泉の水

腺　体の中で、特別の水分を出すところ。例涙腺　淋巴(りんぱ)腺　腺病質

セン　語素【専・擅】

センダン〔専断・擅断〕（三一四ページ下段）を見よ。

セン　語素【扇・煽】

扇　風を起こす道具としてのオウギ。また、オウギで風を起こすこと。例扇子　扇風機　扇面　扇状地

×**煽** ⇩扇　風を起こして、火の勢いを強くすること。例煽動　煽情

参考「扇」は「あおぐ」で「風を起こす」意味、「煽」は「あおる」で「火を盛んにする」意味。そこで、「煽」を、同音で意味の似ている「扇」に書き換えることがある。

セン　語素【選・銓】

センコウ〔選考・銓衡・銓考〕（三一三ページ上段）を見よ。

セン　語素【選・撰】

選　多くの中から目的に合ったものを取り出すこと。例選出　選挙　選択　選抜　選定　精選

×**撰**　材料を集めた中から取り出して書物を

作ること。例撰述　撰者　撰歌　撰集

参考「選」は「えらぶ」意味、「撰」は「書物をつくる」意味。「取り出す」点では共通の意味を持っているため、「撰者」などの「撰」を、同音で意味の似ている「選」に書き換えることがある。

セン　語素【選・籤】

籤[×]　公平に選ぶために引くクジ。例抽籤　当籤　落籤

参考「籤」は「くじ」の意味、「選」は「えらぶ」意味。そこで、全体の意味を考え、「籤」を、同音の「選」に書き換えることがある。ただし、この「籤」については、「選」と区別すべきだとし、仮名で「せん」と書くことも行われている。

ゼン　語素【前・漸】

ゼンシン〔前進・漸進〕（三一四ページ上段）を見よ。

センカ　名【戦火・戦禍・戦渦・戦果】

戦火　銃や砲を用いて行うタタカイ。例戦火を交える　戦火を避ける

戦禍　タタカイによって受ける不幸せ。例戦禍を受ける　戦禍に荒れ果てる

戦渦　タタカイによって起こる乱れ。例戦渦に巻き込まれる　戦渦の中の生活

戦果　タタカイによって得られる良い結果。例戦果を上げる　戦果を発表する　戦果に酔う

ゼンカイ　名【前回・前会】

前回　回数で数えると、一つマエになるもの。例前回の試合　前回の会議　前回と前々回

前会　一つマエに行われた会合や会議。例前会の続き　前会の審議

ゼンゴ 名 【前後・善後】

前後 物事のマエとアト。例前後を見る　前後を忘れる　前後左右

善後 アトのために良いようにすること。例善後を考える　善後の万全　善後策

センコウ 名・サ変 【選考・銓衡・銓考】

銓衡 ⇩選考　人物を調べて採用すること。例要員を銓衡する　銓衡委員会

銓考 ⇩選考　才能を調べて決めること。例能力を銓考する　技能を銓考する

参考「銓」も「衡」も「はかる」で、「重いか軽いかを決める」意味。「考」は「かんがえる」で「考えて決める」意味。それらを組み合わせた「銓衡」と「銓考」は別の意味の語であるが、旧表記でも混用されていた。そこで、全体の意味を考え、「銓考」の「銓」を、同音の「選（えらぶ）」に書き換えるのが現代表記である。

センザイ 名 【千載・千歳】

千載 千年。千回も繰り返される、毎年新たになる年月。例悔いを千載に残す　千載一遇の好機

千歳 千年。千回も繰り返される、立春から節分までの年月

参考「載」も「歳」も「とし」の意味であるが、区切り方が異なっている。「歳」には「年齢」の意味もあり、能の翁（おきな）に出る老人は「千歳」である。「千年」の意味では、「千載」を用いるのが一般である。

センジョウ 名・サ変 【洗浄・洗滌】

洗浄 水を流して、きれいにすること。例雨で洗浄する　洗浄された峰々　身も心も洗浄される

洗滌 ⇩洗浄　体の特定の部分を、薬品や

水できれいにすること。例胃を洗滌する　傷口を洗滌する　洗滌器

参考「浄」は「きよめる」意味、「滌」は「すすぐ」意味。それに「洗（あらう）」を組み合わせた「洗浄」と「洗滌」は、別の意味の語である。しかも、「滌」は漢音テキ、呉音ジャクで、「洗滌」はセンテキ・センデキが正しい読み方。「浄」は漢音セイ、呉音ジョウである。しかし、「滌」には、ツクリが「條」であるところから、ジョウという読み方も行われた。そこで、「洗滌」の「滌」を同音で意味の似ている「浄」に書き換え、「洗浄」に「洗滌」の意味も含ませるのが現代表記である。

ゼンシン　名・サ変【**前進・漸進**】

前進　「後退」の対。物事が先のほうへいくこと。例車が前進する　敵に向かって前進する　前進命令

漸進　「急進」の対。物事が少しずつ良いほうになること。例文化が漸進する　改革の漸進　漸進主義

センタン　名【**先端・尖端**】

先端　長く続いているものの、いちばん前のところ。例棒の先端　防波堤の先端　行列の先端　先端を切る

尖端　⇩先端　トガッタものの、いちばん細いところ。例塔の尖端　針の尖端　半島の尖端　時代の尖端

参考「先」は「さき」の意味、「尖」は「とがる」意味。それに「端（はし）」を組み合わせた「先端」と「尖端」は、別の意味の語である。しかし、全体の意味を考えて「尖端」の「尖」を同音の「先」に書き換え、「先端」に「尖端」の意味も含ませるのが現代表記である。

センダン　名・サ変【**専断・擅断**】

専断　自分の考えだけで物事を決めること。

例専断を許されている　急ぐ場合は専断に限る

擅断　⇩専断　自分のかってな考えで物事を決めること。例社長の擅断に憤慨する　擅断にも程がある

参考「専」は「もっぱら」で「他を加えない」意味、「擅」は「ほしいまま」で「自分かってて」の意味。それに「断（はっきりきめる）」を組み合わせた「専断」と「擅断」は、別の意味の語である。しかし、旧表記でも同じような意味に用いられていた。これを、「専断」に統一して用いるのが現代表記である。

ゼンチョウ　名【前兆・前徴】

前兆　物事が起こるマエに感じられるシラセ。例前兆が現れる　地震の前兆

前徴　⇩前兆　物事が起こるマエに現れるシルシ。

参考「兆」は「きざし」の意味、「徴」は「しるし」の意味。それに「前（まえ）」を組み合わせた「前兆」と「前徴」は、同じ意味に用いられている。今は、画数の少ない「前兆」が一般である。

セントウ　名【先頭・先登】

先頭　続いているものの、いちばん前のところ。例先頭に立って進む　先頭の人

先登　⇩先頭　いちばん前に立って進むこと。また、物事を行うこと。例突撃の先登　先登第一番

参考「頭」は「あたま」で「いちばん前」の意味、「登」は「のぼる」で「すすむ」意味。それに「先（さき）」を組み合わせた「先頭」は「場所」、「先登」は「進むこと」という点で、意味が異なっていた。「先登」を「さきがけ」の意味で、「先登の武士」などと用いたのもこのためである。また「先登」は「先頭」の意味にも用いられていた。今は、セントウを「場

所」の意味に用いるため、「先頭」が一般である。

センユウ　**名・サ変**　**【専有・占有】**

専有　「共有」の対。自分だけで持っていること。例特許権を専有する　専有分　専有物

占有　自分の持ち物として持っていること。例他人の土地を占有する　平穏且つ公然に占有する　占有の意思　占有保全　占有権

センヨウ　**名・サ変**　**【専用・占用】**

専用　「共用」の対。一人だけで使うこと。また、その目的だけに使うこと。例商号を専用する　専用電話　団体専用列車　刈り入れ専用機　自動車専用道路

占用　自分の持ち物と同じように使うこと。例道路を占用する　占用の許可を受ける　占用料

ソ　**語素**　**【阻・岨】**

ケンソ〔険阻・嶮岨〕（一八〇ページ上段）を見よ。

ソ　**語素**　**【阻・沮】**

阻　進もうとするものを、邪魔をして進ませないこと。例阻害　阻却

沮　⇩阻　水浸しになること。また、水で止めること。例意気沮喪　沮止

参考「阻」は「はばむ」意味、「沮」は「水ではばむ」意味。「阻ハ、通ジテ沮ニ作ル」とされているとおり、「沮止」と「阻止」は同じ意味に用いられていた。この意味について、これを他にも及ぼし、「沮」を、同音で意味の似て

いる「阻」に書き換えるのが現代表記である。

ソ　語素【粗・疎】

粗　①「精」の対。一つ一つが細かくないこと。例粗雑　粗漏　粗略　粗密　②謙譲の接頭辞。例粗品　粗菓　粗茶　粗餐(そさん)

疎　①間が近くなくて、離れていること。例疎遠　疎隔　疎外　疎林　②進んでいって、先のほうまで突き抜けること。例疎水　疎通　疎明

参考　現代表記の「疎」はもと「疏」の俗字で、さらに書き換え字としても用いるため、本来の「疎(うとい・まばら)」のほかに、「疏(とおる)」の意味も持っている。

ソ　語素【疎・疏】

疎　間が近くなくて、離れていること。例疎遠　疎隔　疎外　疎林

疏×　⇩疎　進んでいって、先のほうまで突き抜けること。例疏水　疏通　疏明

参考　「疎」は「うとい」で「まばら」の意味、「疏」は「とおる」意味のように、かつては使い分けられることが多かったが、「疎」は、本来は「疏」の俗字とされている。そこで、正字の「疏」を、俗字の「疎」に書き換えることがある。

ソウ　語素【双・叢】

叢×　同じ種類のものを、ひとところに集めること。例叢書

参考　「叢」は「くさむら」で「あつめる」意味、「双」は「ふたつ」で「ならぶ」意味。「叢書」の「叢」を、同音の「双」に書き換えて用いることがある。

ソウ　語素【争・走】

争　どちらが上かを決めるために、互いに行うこと。例論争　争乱　紛争　生存競争

走　歩くよりも、ずっと速く進むこと。例逃走　敗走　奔走　徒競走　助走路　滑走　独走

ソウ　語素【壮・荘】

壮　元気があって、男らしいこと。例その意気を壮とする　勇壮　壮快　壮健　壮観　壮麗　壮大　豪壮

荘　①りっぱで、重々しいこと。例荘重　荘厳　②人を泊める家。例旅荘　海浜荘　別荘　山荘

ソウ　語素【送・槽】

槽　⇩送　中に物を入れるために、木でこしらえた入れ物（タンク）。例油槽船

参考「槽」は「おけ」の意味、「送」は「おくる」意味。「槽」と「送」とは、意味的には関係のない文字である。しかし当用漢字表に「槽」が掲げられなかったため、石油タンカーを意味する「油槽船」の場合に限り「槽」の部分を、同音の「送」に書き換えた。

注意「油槽船」以外の「槽」は、「送」に書き換えない。「水槽」「浄化槽」のように、本来の「槽」を書く。

ソウ　語素【倉・蒼】

ソウコウ〔倉皇・蒼惶〕（三二三ページ上段）を見よ。

ソウ　語素【倉・艙】

艙　⇩倉　船の中の、荷物を置く場所。例船艙　魚艙

参考「艙」は「ふなぐら」の意味。そのため、「倉（貨物を置くクラ）」にフナヘンを付けた。その場合にフナヘンを除き、「艙」を、同音の「倉」に書き換えるのが現代表記である。

ソウ　語素【掃・剿】

ソウトウ〔掃討・掃蕩・剿討〕（三二四ページ下段）を見よ。

ソウメツ〔掃滅・剿滅〕（三二五ページ上段）を見よ。

ソウ　語素【喪・葬】

喪　①人が死んだあと、その人の家の中にいて礼を尽くすこと。例喪礼　喪家の犬　国喪に服する　②持っているものを無くすこと。例喪失　喪心

葬　死んだ人を墓に入れること。例葬式　葬儀　合葬　国葬を執り行う

ソウ　語素【総・綜】

総　「別」の対。いろいろなものを、残らず一緒にすること。例総括　総体　国政を総覧する

×綜　⇩総　同じ種類のものを一緒にすること。例綜合　法令綜覧

参考「総」は「すべて」で「残らず一緒にする」意味、「綜」は「まじえる」で「同種類を合わせる」意味。しかし、「一緒にする」点では共通の意味を持っているため、「綜」を、同音でその意味に似ている「総」に書き換えることがある。

注意「綜」を、本来の意味「まじえる」に用いる場合には、「総」に書き換えない。

ソウ　語素【総・惣】

×惣　⇩総　①いろいろなものを、残らず一緒にすること。例惣菜　②自分より下の人を、大勢連れていくこと。例惣領

参考「惣」は「すべて」「ひきいる」意味、「総」も「すべて」「すべる」意味。「惣領」は、旧表記でも「総領」が一般であった。これを他にも及ぼし、「惣」を、同音の「総」に書き換えるのが現代表記である。

ソウ　語素【燥・躁】

燥　含まれている水分が無くなること。例乾燥　高燥地帯

躁　いろいろ動いて、落ち着かないこと。例焦躁　躁心

ソウ　語素【騒・噪】

ソウオン〔騒音・噪音〕（三二一ページ上段）を見よ。

そう　自動【沿・添・副】

沿　長いものから、離れないようになること。例線路に沿う道　海岸に沿って歩く　川沿いの家　提案の線に沿って計画を進める

添　そのものの近くから、離れないようになること。例そばに添う　光が添う　影の形に添うように　連れ添う　相添う

副　⇩添　望まれることに、よく合うこと。例趣旨に副う　期待に副う　提案に副って進める　政策に副う

注意　他動詞のソエルには、「添」のみを用いる。

ゾウ　語素【象・像】

象　動物としてのゾウ。ただし、「物事のありさま」の意味にも用いる。例巨象　象牙（ぞうげ）　象眼

像　物に似せてこしらえた形。例肖像　画像　偶像　虚像　実像

参考　「象」をショウと読む場合には、「物事のありさま」の意味がある。例現象　万象　形象　象徴

ソウイ　名、サ変【相違・相異】

相違　名・サ変　他のものと、互いに性質などが同じでなくなること。また、同じでない性質。例相違する点　原本と相違する　案に

相違して　相違ない

相異　名　他のものと、互いに別の性質になっているところ。

参考「違」は「ちがう」意味、「異」は「ことなる」意味。それに「相（おたがいに）」を組み合わせた「相違」と「相異」には、「同じでない点を強調するか、「別になっている点」を強調するかの違いが見られたが、「相異」のほうは、名詞にのみ用いた。今は、ソウイを動詞にも用いるため、「相違」と書くのが一般である。

ソウオン　名【騒音・噪音】

騒音　耳にうるさく感じる大きなオト。例機械の騒音　都会の騒音　騒音公害

噪音　⇩騒音　「楽音」の対。振動が整っていない不規則なオト。例噪音の多い音　噪音の原因を調べる

参考「騒」は「動かしてさわがしい」意味、「噪」は「しゃべってさわがしい」意味。そのため、「騒音」と「噪音」は、別の意味の語であるが、「噪音」には「騒音」の意もある。そのため、「騒音」に「噪音」の意味も含ませて用いることがある。

ソウカツ　名・サ変【総括・総轄】

総括　全体を一つにまとめること。また、経過をまとめて評価すること。例事業を総括する　運営の総括　春闘の総括　総括的

総轄　別々になっているものを、まとめて取り締まること。例支店を総轄する　国有財産の総轄

参考「括」は「まとめる」意味、「轄」は「とりしまる」意味。それに「総（すべて）」を組み合わせた「総括」と「総轄」は、別の意味の語である。そのため、「まとめる」か「とりしまる」かで書き分けることもあるが、法令用語は「総括」に統一することになっている。一般

にも、意味の広い「総括」が用いられることが多い。

ゾウガン　名、サ変　【象眼・象嵌】

象眼　名　布に細かい模様を、金泥・銀泥で描いたもの。例象眼の唐衣

象×嵌　⇩象眼　名・サ変　①器物などの表面に、模様として他の材料をハメコムこと。例象嵌の花鳥　象嵌細工　②印刷用版を訂正するために、その一部に他の活字をハメコムこと。例象嵌して訂正する

参考「象」は「ありさま」、「眼」は「め」、「嵌」は「はめる」意味。それらを組み合わせた「象眼」と「象嵌」は、別の意味の語であったが、混用されている。

ゾウケイ　名　【造形・造型】

造形　考えていることを、目に見える絵画・彫刻などに仕上げること。例造形の素材　造形美術　造形的

造型　鋳物をこしらえるときに流し込む枠をこしらえること。例造型の材料　造型機

参考「造形」は「目に見えるカタチをつくる」意味、「造型」は「わくにするカタをつくる」意味であるから、本来の意味に従って、「造形」「造型」を使い分けるべきである。

ソウコウ　名・サ変　【奏功・奏効】

奏功　物事を行ったことが、良い結果を残すこと。例新薬が奏功する　奏功を確実にする

奏効　⇩奏功　物事を行うことが、良い働きをみせること。

参考「功」は「ききめ」の意味、「奏」は「かなでる」で「あらわす」意味。「ききめをあらわす」ことを「功を奏する」という。したがって、その意味で用いる場合には、「奏功」が正しい書き方である。しかし、その「功」が、

「効用」「頭痛に効がある」などの関連から「効」と書かれるようになり、「奏効」という形が生まれた。今は、本来の形「奏功」が一般である。

ソウコウ 形動 【倉皇・蒼惶】

倉皇 急いでしなければならないことがあって、落ち着かないこと。例倉皇として出掛ける　倉皇反復

×蒼×惶 ⇩倉皇　「倉皇」に同じ。

参考 「倉（くら）」は、「にわか・あわてる」意味にも用いる。「蒼」は「あわてる」意味で、「マタ、倉ニ作ル」とされている。「皇（すめらぎ）」は、「さかん」の意味にも用いる。「惶」は「おそれる」意味で、「通ジテ、皇ニ作ル」とされている。そのため、旧表記でも、「倉皇」と「蒼惶」は同じ意味に用いていた。これを、「倉皇」に統一して用いるのが現代表記である。

ソウシ 名 【草紙・草子・双紙・冊子】

草紙 「巻物」の対。紙を綴（と）じて、本の形にしたもの。また、その形の本。例木版の草紙類　枕草紙（まくらぞうし）

草子 物語、随筆など、和文で書かれたもの。例枕草子（まくらのそうし）　仮名草子（かなぞうし）　御伽草子（おとぎぞうし）

双紙 挿し絵の多い、易しい小説本。例絵（え）双紙（ぞうし）　草双紙（くさぞうし）

▲冊子 ⇩草紙　紙を綴（と）じて、ノートの形にしたもの。例紙を冊子に綴じる　冊子に歌を書く　三冊子（さんぞうし）

ソウシン 名・サ変 【喪心・喪神】

喪心 魂が抜けたように、ぼんやりすること。例喪心した人々　落胆喪心

喪神 気を失って倒れること。例喪神して倒れる　喪神しかけて助けられる

参考 「心」は「こころ」の意味、「神」は「精

神」の意味。それに「喪（うしなう）」を組み合わせた「喪心」と「喪神」は、別の意味の語である。しかし、今は、ソウシンを「ぼんやりする」意味に用いて、「喪心」と書くのが一般的である。

ソウテイ　名・サ変　【装丁・装釘・装幀】

装×釘　書物に表紙などを付けて綴じること。例本の装釘　装釘に凝る

装×幀　書物を布などで包んで仕上げること。例装幀家

参考「釘（くぎ）」は、「とじる」意味にも用いる。「幀」は「表装した絵」の意味。それに「装（よそおう）」を組み合わせた「装釘」と「装幀」は、旧表記でも同じような意味に用いていた。「幀」は、漢音トウ、呉音チョウで、ツクリが「貞」であるところからテイとも読まれたもの。「釘」は、本来「くぎ」の形をかたどった「丁」に、後になってカネヘンを付けたもの。一時、「幀」や「釘」を、同音の「丁」に書き換えることが行われたが、いずれの表記も用いられている。

ソウト　名　【壮図・壮途】

壮図　勇ましい、りっぱな計画。例壮図を企てる　探検の壮図　壮図空しく帰る

壮途　勇ましい、りっぱな出発。例壮途に就く　壮途に上る　渡米の壮途

ソウトウ　名・サ変　【掃討・掃蕩・剿討】

掃×蕩　⇩掃討　全部取り除いて、きれいにしてしまうこと。例残党を掃蕩する　悪弊を掃蕩する

×剿討　⇩掃討　全部殺して、滅ぼしてしまうこと。

参考「掃」は「はらう」、「剿」は「ころす」意味。「蕩」は「あらいながす」で「きれいにする」意味、「討」は「うつ」で「ほろぼす」

意味。それらを組み合わせた「掃蕩」「剿討」は、同じような意味に用いられている。

ソウボウ　名【僧坊・僧房】

僧坊　寺の中で、僧が生活する建物。例境内の僧坊　金堂(こんどう)と僧坊　僧坊に泊まる

僧房　⇩僧坊　寺の中で、僧が生活する部屋。

参考「坊」は「寺のたてもの」の意味、「房」は「へや」の意味。しかし、それに「僧(仏門に入った人)」を組み合わせた「僧坊」と「僧房」は、同じ意味に用いられている。

ソウメツ　名・サ変【掃滅・剿滅】

掃滅　取り除いて、すべて無くすようにすること。例弊害を掃滅する　掃滅運動

×剿滅　⇩掃滅　殺して、すべて無くすようにすること。例敵を剿滅する　剿滅戦

参考「掃」は「はらう」意味、「剿」は「ころす」意味。それに「滅(ほろぼす)」を組み合わせた「掃滅」と「剿滅」は、別の意味の語である。しかし、「ほろぼす」点では共通の意味を持っているため、「剿滅」の「剿」を同音の「掃」に書き換え、「掃滅」に「剿滅」の意味も含ませるのが現代表記である。

ソク　語素【速・即・促】

速　①全体を短い時間で行うこと。例速急　速攻　速戦即決　速成を期する　速達　速報
②急いだために、間違った行いをすること。例速決を戒める　速答で失敗する

即　時間を置かず、すぐに行うこと。例即刻　即座　即死　即答を求める　即時　即決裁判　即席料理

促　物事を、急いで行うようにさせること。例促進　促成栽培　督促

ソク 語素【息・熄】

×**熄** 火が消えるように、終わってしまうこと。例終熄

参考「熄」は、「うずみび」から転じて「やむ」意味。「火を休ませる」ところから、ヒヘンに「息（やすむ）」を書いた。「終熄」の場合、「熄」を、同音の「息」に書き換えるのが現代表記である。

ソク 語素【側・仄】

ソクブン〔側聞・仄聞〕（三二七ページ上段）を見よ。

ゾク 語素【族・属】

族 同じ祖先から分かれたもの。例種族　親族　同族　民族　部族

属 同じようなものの集まり。例尊属　卑属　金属　軍人軍属

ゾク 語素【族・簇】

×**簇** 同じ種類のものが、ひとところに集まること。例簇生

参考㈠「簇」は「むらがる」意味、「族」は「やから」で「同じ先祖から分かれたもの」の意味。そこで、全体の意味を考え、「簇生」の「簇」を、同音の「族」に書き換えるのが現代表記である。㈡「簇」は漢音・呉音ともソウで、「族」は漢音ソク、呉音ゾクである。しかし、「簇」は、タケカンムリに「族」となっているところから、ゾクとも読まれたもの。

ソクする 自動【即・則】

即 そのことから離れないようにして行うこと。例実際に即して考える　時代に即した教育

則 それを基準として、そのとおりに行うこと。例原則に則して書く　法に則した処置

ソクセイ　**名・サ変**　**【速成・促成・即製】**

速成　短い期間で仕上げること。例著書を速成する　速成を期する　速成講座　速成醤油(しょうゆ)

促成　短い期間に、でき上がるように仕向けること。例機運を促成する　促成栽培　促成教育

即製　その場ですぐにこしらえること。例軽食を即製する　即製の料理　即製ケーキ

ソクダン　**名・サ変**　**【即断・速断】**

即断　その場ですぐに、どちらかに決めること。例即断を下す　即断できない

速断　急いだために、間違ってどちらかに決めること。例速断を避ける　速断を戒める

ソクブン　**名・サ変**　**【側聞・仄聞】**

側聞　そばにいて、事情を知ること。例詳細を側聞する　側聞の機会を得る

×仄聞　噂(うわさ)として、事情を知ること。例仄聞するところによると　仄聞した事実

参考「側」は「そば」の意味、「仄」は「ほのか」の意味。それに「聞（きく）」を組み合わせた「側聞」と「仄聞」は、別の意味の語である。しかし、旧表記でも、「仄聞」に近い意味で「側聞」を用いた例がないわけではない。そこで、「仄聞」も「側聞」も同じ意味で用いられている。

そこなう　**他動**　**【害・損】**

▲害　⇩損　「利」の対。実質を悪い状態にすること。例美観を害なう　威厳を害なう　国を害なう

損　「益」の対。実質をだめにしてしまうこと。例機械を損なう　書き損なう　言い損ない

注意「そこなう」の送り仮名は、旧表記では

「う」だけであった。現代表記で「なう」と送るのは、「そこねる」を「ねる」と送るのに合わせたものである。

そこねる　他動　【害・損】

▲害　⇩損　「利」の対。物事を悪い状態にすること。例健康を害ねる　機嫌を害ねる　感情を害ねる

損　「益」の対。物事をだめにしてしまうこと。例衣服を損ねる　書き損ねる

ソシ　名・サ変　【阻止・沮止】

阻止　進もうとするものを、邪魔をして進ませないこと。例進出を阻止する　大衆運動が阻止される

×沮止　⇩阻止　「阻止」に同じ。

参考「阻」は「はばむ」意味、「沮」は「水ではばむ」意味。「止」は「とめる」で「動かなくする」意味。これらを組み合わせた、「阻止」と「沮止」は、旧表記でも同じ意味に用いられていた。これを、「阻止」に統一して用いるのが現代表記である。

そしる　他動　【譏・誹・謗】

×譏　⇩かな　その人の過ちを問題にして苦しめること。例失言を譏る　過ちを譏る　譏られて自殺する

×誹　⇩かな　「誉」の対。その人を軽く見て、悪く言うこと。例育ちを誹る　人に誹られるな　誹りを受ける

×謗　⇩かな　陰で、その人のことを悪く言うこと。例政治家を謗る　陰で謗る

そそぐ　他動　【漑・灌・注】

×漑　⇩注　「灌」に同じ。

×灌　⇩注　水を引いて、草や木に与えること。例田に水を灌ぐ　畦（あぜ）に灌ぐ　池から灌ぐ

注　液体を少しずつ中に入れること。例瓶

に注ぐ　満面朱を注ぐ　愛情を注ぐ　海に注ぐ川　降り注ぐ

注意「恥を雪ぐ」「汚名を雪ぐ」などの「雪ぐ」は、ソソグではなく、本来ススグと読む。

ソツ　**語素**　**【卒・率】**

卒　①行うべきことを、すべて行ってしまうこと。例卒業　②物事が急に起こること。例卒然現れる　卒倒　③階級が下で、走り回る人。例兵卒　徒卒

率　①下の人を一緒に連れていくこと。例引率　統率　②上の人の言うとおり従うこと。例率直　③急ぐために整っていないこと。例軽率　率然たる行為

注意　ソッセン・ソッチョクは「卒先・卒直」と書かれることもあるが、「率先・率直」を用いるべきである。

ソッケツ　**名・サ変**　**【即決・速決】**

即決　その場ですぐに、物事を一つに定めること。例処分を即決する　即決裁判　速戦即決

速決　急いだために、間違って物事を一つに定めること。例速決を避ける。速決を戒める

ソッコウ　**名**　**【即効・速効】**

即効　その場ですぐに、キキメが現れること。例即効の妙　即効薬

速効　「遅効」の対。短い期間でキキメが現れること。例速効の訓戒　速効肥料

ソッセン　**名・サ変**　**【率先・卒先】**

率先　他の人がするよりも前に物事を行うこと。例率先して行う　率先躬行（きゅうこう）　率先垂範

卒先　⇩率先　「率先」の代わりに用いられることがあった語。

参考「率」は「ひきいる」で、「率先」は「衆

をひきいて先に立つ」意味である。その「率」が、一時同音で字画の少ない「卒」で書かれたのが「卒先」である。しかし、「卒」は「しもべ」の意味の文字であって、「率」の略字ではないから、本来の形「率先」を用いるべきである。

ソツゼン　形動【卒然・率然】

卒然　物事が急に起こるようす。にわかで、だしぬけのようす。例卒然と現れる　卒然として世を去る

率然　よく考えないで物事を行うようす。軽弾みなようす。例率然と承諾する　率然たる行為

ソッチョク　名・形動【率直・卒直】

率直　ありのままで、飾りけのないこと。例率直に言う　率直に従う

卒直　⇩率直　「率直」の代わりに用いられることがあった語。

参考「率」は「ひきいる」であるが「したがう」意味もあり、「直」は「すなお」の意味である。その「率」が、一時同音で字画の少ない「卒」で書かれたのが「卒直」である。しかし、「卒」は「しもべ」の意味の文字であって、「率」の略字ではないから、本来の形「率直」を用いるべきである。

そなえる　他動【供・具・備】

供　神仏などの前に物を置くこと。例お神酒を供える　お供え物

▲具　⇩備　必要なものを持っていること。例徳を具えている　気品を具えた人　具え持つ

備　心配のないように、用意すること。例台風に備える　寒さに備える　調度品を備える　老後の備え　備えあれば憂いなし

そなわる 自動【具・備】

▲具 ⇩備 必要なものがそこにあること。例気品が具わる 生まれながらにして具わる

備 心配のないように、用意されていること。例調度品が備わる 消火栓が備わる

注意「そなわる」の送り仮名を「わる」とするのは、「そなえる」を「える」と送るのに合わせたものである。

その 名【苑・園】

×苑 ⇩園 大きな木の多い広い場所をソノという場合に用いることがある。例鹿(しか)の苑 大木の苑

園 草花などを植える一定の場所。物事の行われる、特定の場所。例わが家の園 学びの園 園生(そのう)

そば 名【側・傍】

▲側 ⇩かな そのもののある場所の横のところ。例壁の側に置く 側に仕える 言う側から 側杖(そばづえ)を食う

▲傍 ⇩かな そのもののある場所のすぐ近くのところ。例机の傍に置く 傍に住む 傍にいる人

ソビョウ 名【素描・粗描】

素描 ①木炭や鉛筆などを用い、あまり色も付けないで絵を描く方法。また、そのようにして作られた絵。デッサン。例肖像の素描 素描だけ仕上げる ②全体をあまり詳しくなく書き表す方法。また、そのようにして書かれた解説。例日本経済の素描

粗描 全体をあまり細かくなく絵に描く方法。また、そのようにして作られた絵。スケッチ。例風景の粗描 粗描だけで帰る ②全体の筋を簡単に書くこと。例計画の概要を粗描する

ソホウ　名・形動【粗放・疎放】

粗放　細かいところまでは考えないで、全体として行うやり方。例粗放な性格　粗放な扱い　粗放な取り締まり　粗放農業　粗放耕作

疎放　⇩粗放　細かいところまで行きわたるようにしないで、全体として行うやり方。

参考「粗」は「あらい」で、「こまかくない」意味、「疎」は「まばら」で「あいだがあく」意味。それに「放（はなつ・なおざり）」を組み合わせた「粗放」と「疎放」は、同じような意味に用いられている。今は、「粗放農業」など、経済用語が「集約」の対を「粗放」としているため、一般にも「粗放」が用いられている。

そむく　自動【背・叛】

背　従わなければならないものに、従わないこと。例法律に背く　命令に背く　教えに背く　慣習に背く

叛　⇩背　味方であったものが、敵になること。例幕府に叛く　将軍に叛く　叛かれて討たれる

そらす　他動【逸・外・反】

逸　⇩かな「外」に同じ。

外　⇩かな　本来のところでない、別の方向に向けること。例狙(ねら)いを外らす　目を外らす　視線を外らす　話を外らす　気を外らす　人を外らさぬ話し方

反　後ろのほうへ無理に曲げること。例竹を反らす　身を反らす　胸を反らす

注意㊀「外・逸」の場合の送り仮名を「らす」とするのは、「外れる・逸れる」に合わせたものである。旧表記でも「す」だけにしなかったのは、「はずす・いっす」と区別するためであった。㊁「反」の場合の送り仮名を「らす」とするのは、「反る」に合わせたものであ

る。

ソリャク 名・形動 【粗略・疎略】

粗略 物事を行うときに、細かいところまでは注意しないこと。例粗略に扱う 粗略な言葉遣い 粗略な点 仕事を粗略にしてはいけない

疎略 ⇩粗略 物事を行うときに、細かいところまで行きわたるようには注意しないこと。

参考「粗」は「あらい」で、「こまかくない」意味、「疎」は「まばら」で「あいだがあく」意味。それに「略（はぶく）」を組み合わせた「粗略」と「疎略」は、ともに同じような意味に用いられている。今は、「粗放」に合わせて、「粗略」を用いるのが一般である。

ソン 語素 【損・遜】

遜 相手方より程度が下になること。例遜色

参考「遜」は「へりくだる」から転じて「みおとりする」意味、「損」は「そこなう」意味。

注意「遜」を「へりくだる」意味に用いる場合には、「損」に書き換えない。「謙遜」は、「謙譲」とほぼ同じ意味である。

ダ 語素 【惰・懦】

ダジャク〔惰弱・懦弱〕（三四二ページ上段）を見よ。

タイ 語素 【大・太】

大 「小」の対。物事の程度が、比較して上であること。例大地 大海 大西洋 大金 大器晩成 大局 大兄 大公国

太　物事の程度が、絶対的に上であること。例太極　太古　太初　天下太平　太平洋　太陽　太鼓　太公望

参考「おおきな」「にし」の「うみ」が「大西洋」で、「太平」の「うみ」が「太平洋」である。

タイ　語素【台・擡】

擡　全体を上に向かって進めること。例擡頭

参考「擡」は「もたげる」意味、「臺」は「台」の旧字で「うてな」で「高くつみかさなった上」の意味。「擡」は「手で高いところへ持っていく」ところから、テヘンに「臺」を書いた。「擡頭」は頭をもたげる意味の語で、その場合にテヘンを除き、「擡」を、同音の「臺」の新字体「台」に書き換えるのが現代表記である。

タイ　語素【台・颱】

颱　⇩台　夏から秋にかけて、南のほうから起こる強い風。例颱風

参考「颱」は、南方暴風圏での呼び名を、「台」という漢字の音で転写したもの。風の一種ということでカゼヘンを付けた。二月から五月に起こる風を「颶」、六月から九月に起こる風を「颱」という。その「颱」につき、「颱風」と熟する場合にカゼヘンを除き、本来の音の部分「台」だけで表すのが現代表記である。

タイ　語素【台・臺】

臺　⇩台　敬意を加える接頭辞。例台臨　台覧　台顔

参考　㊀「台」と「臺」は、本来は別の文字であった。しかし、両字とも、敬称に用いられたので、目上の人の敬称を、「尊臺」とも「尊台」とも書いた。さらに、「台ハ、臺ニ通ズ」

とあり、「台」は「臺」の略字としても用いられた。常用漢字表の場合も、「台」は「臺」の新字となっている。㊁現代表記では、「台」を一部であるが「擡・颱」の書き換えにも用いる。

タイ　語素【体・態】

体　物の持っている形。例体を成す　本体　字体　物の実体　変体仮名　重体　容体

態　物に現れているありさま。例形態　状態　事態　世態人情　悪態　醜態　使用の実態

注意「重タイ・容ダイ」は「重態・容態」とも書くが、「重体・容体」のほうが一般的に用いられる。

タイ　語素【待・退】

待　向こうから来るまで、そこにいること。例待機　左側で待避する　待避線

退　そこから、後ろに向かって進むこと。例退却　退出　屋外へ退避する　退避所

タイ　語素【退・頽】

頽　⇩退　持っている力が無くなること。例頽廃　衰頽　頽勢

参考「頽」は「くずれる」意味、「退」は「しりぞく」意味。しかし、「衰頽（勢力がなくなる）」には、似た意味の語に「衰退（元気がなくなる）」があり、旧表記でも混用されていた。これを他にも及ぼし、「頽」を、同音の「退」に書き換えることがある。

タイ　語素【退・褪】

褪　⇩退　元の色が、少しずつ無くなること。例褪色　褪紅色

参考「褪」は「あせる」意味、「退」は「しりぞく」意味。「あせる」は「衣の色がしりぞく」ことになるから、コロモヘンに「退」を書いた。その場合にコロモヘンを除き、「褪」を、

同音の「退」に書き換えるのが現代表記である。

タイ　語素【怠・滞】

怠　行わなければならないことも、行いたくない気持ちになっているために行わないこと。例怠業　怠惰　怠慢　過怠金

滞　同じところにあって、次のところへ進まないこと。例滞在　滞留　滞積　遅滞　停滞　滞納

ダイ　語素【代・台】

代　①時が続いていく、その間。昭和二十年代　十代の少年　②長としての地位にある、その間。例親の代から　初代社長　経営者の代替わり

台　基礎となる数の単位。例百円台の品　万の台に及ぶ　千円の大台に乗せる　株価の台代わり

タイカ　名【滞貨・滞荷】

滞貨　運ばなければならない貨物が、そのまま元のところに残ること。例滞貨が増える　滞貨の山　滞貨に悩む　滞貨を一掃する　滞貨処理

滞荷　⇩滞貨　運ばなければならない荷物が、そのまま元のところに残ること。

参考「貨」は「かもつ」の意味、「滞」は「とどこおる」意味。未発送や売れ行き不振のために「たまる」のは貨物であるとし、「滞貨」と書いていた。それが、「荷（にもつ）」との関連から、「滞荷」とも書かれたこともあった。今は、本来の形「滞貨」が一般である。

タイケイ　名【体系・大系】

体系　一定の原理で組み立てた全体。システム。例学問の体系　体系を作る　体系を成す　体系化

大系　特定の方面の著書・論文を集めて編集したもの。シリーズ。例古典文学大系　経済学大系

タイケイ　名【体形・体型】

体形　特定の場合に見られるカラダ全体の姿。フォーム。例体形を保つ　体形を崩す　着地時の体形

体型　カラダつきの点から、姿を分類したもの。タイプ。例体型に合わせる　太った体型　標準体型

タイザン　名【大山・泰山】

大山　山というものの中で、特に大きなもの。例大山も海に入る　大山の蟻(あり)　大山鳴動して鼠(ねずみ)一匹

泰山　中国にある五岳の一つ。例泰山の安きに置く　泰山を脇挟(わきばさ)んで北海を越える　泰山北斗

タイショウ　名、サ変【対象・対照・対称】

対象　名　物事を行う目当てとなるもの。オブジェクト。例研究の対象　対象を選ぶ　主婦を対象とした本

対照　名・サ変　関係のある物事を、互いに見比べること。コントラスト。例両者を対照する　訳文を原文と対照する　色の対照を考える　際立った対照を成す　対照的な性格

対称　名　互いに向き合って、つりあっていること。シンメトリー。例対称の位置　対称的に置かれる　対称図形　対称軸　対称点

タイセイ　名【体制・態勢】

体制　特定の目的に合うように整えた組み立て。システム。例体制を整える　資本主義体制　独裁体制　戦時体制　体制内の国々　反体制

態勢　特定の物事を行おうとして整えたあ

りさま。ポーズ。例態勢を工夫する　積極的な態勢　作業の態勢　準備態勢　出動態勢　スト態勢　受け入れ態勢

タイセイ　名　【大勢・退勢】

大勢　物事全体が動いていく方向。例大勢を見る　大勢が決まる　大勢が不利になる　天下の大勢

退勢　物事の持っている力が無くなっていく方向。例退勢に向かう　退勢を盛り返す　退勢挽回（ばんかい）

参考　「退勢」は、旧表記「頽勢」の「頽」を、同音の「退」に書き換えた現代表記である。

タイヒ　名・サ変　【退避・待避】

退避　危険から離れるために、別のところへ行くこと。例屋外に退避する　退避訓練　退避所

待避　相手方が通り過ぎるまで、別のところにいること。例左側で待避する　鉄道の待避線　待避駅

タイフウ　名　【大風・台風】

大風　風というものの中で、特に強く激しいもの。例豪雨と大風　大風一過の秋晴れ

台風　夏から秋にかけて、南のほうから起こる強い風。例豪雨を伴う台風　台風の目　台風予報

参考　「台風」は、旧表記「颱風」の「颱」を、同音の「台」に置き換えた現代表記である。

タイヘイ　名　【太平・泰平】

太平　世の中が非常によく治まっていること。例太平の日が続く　太平の世　太平の逸民　天下太平　太平楽を並べる　太平洋

泰平　⇩太平　世の中が無事に治まっていること。

参考　「太平」は「はなはだおだやか」の意味、

「泰平」は「やすらかでおだやか」の意味。そのため、「太平」も「泰平」も、同じ意味に用いられている。今は、字画の少ない「太平」が一般である。

タイメイ　**名**　**【大命・待命】**

大命　天皇から受けた命令。また、上の者から受けた命令の意味で用いることもある。例大命が下る　大命を受ける　大命降下

待命　命令が下るまで仕事をしないこと。例待命になる　待命の毎日　待命中の職員　待命休職

たえる　**自動**　**【絶・断】**

絶　続いているものが、それ以上は続かないこと。例縁が絶える　息が絶える　交通が絶える　子孫が絶える　望みが絶える　絶え果てる　途絶える　絶え絶え　絶えず行う　絶え間なく

▲断　⇩絶　続いているものが、途中で切れること。例線が断える　補給路が断える

たえる　**自動**　**【堪・耐】**

堪　①それだけの力を持っていること。例任に堪える　使用に堪える　鑑賞に堪えない　②外に出さないように抑えること。例遺憾に堪えない

耐　苦しいことを我慢すること。例困苦欠乏に耐える　重圧に耐える　耐えがたい暑さ　耐え忍ぶ

たおす　**他動**　**【倒・仆・斃】**

倒　立っているものを横にすること。例棒を倒す　木を倒す　倒して押さえる　内閣を倒す　借金を倒す

×仆　⇩倒　「倒」に同じ。

×斃　⇩倒　武器などを用いて、死ぬようにさせること。例一刀の下に斃す　ピストルで

斃す

たおれる 自動 【倒・仆・斃】

倒 立っているものが横になること。例棒が倒れる　木が倒れる　病気で倒れる　内閣が倒れる

仆 ⇩倒「倒」に同じ。

斃 ⇩倒　武器などによって死ぬようにさせられること。例一刀の下に斃れる　凶弾に斃れる　病に斃れる　斃れて後已む

たかね 名 【高根・高嶺】

高根 大地に食い入る山の中で、特に高いもの。

高嶺 山の上のほうのいちばん高いところ。例富士の高嶺　高嶺の花

参考「嶺」も「根」も語源は同じで、大地に食い入るもの。タカネについては、「高嶺」と書くことが多いが、「高根」も用いられる。

たかぶる 自動 【亢・昂・高】

亢 ⇩高「昂」に同じ。

昂 ⇩高　神経が鋭くなって、気持ちがいらいらすること。例神経が昂る　昂りを抑える

高 偉そうな態度をして威張ること。例態度が高ぶる　驕り高ぶる

注意「高」の送り仮名を「ぶる」とするのは、「高い」に合わせたものである。「亢・昂」にはこのような対応がないので、送り仮名も活用語尾の「る」だけになる。

たく 他動 【炊・焚】

炊 水とともに加熱し、食べられる状態に作ること。例飯を炊く　煮炊き　炊き出し

焚 ⇩かな　火を燃やすこと。例火を焚く　落ち葉を焚く　焚き火　人を焚き付ける

たくみ 名、形動 【工・巧・匠】

▲**工** ⇩巧 名 いろいろ考えて見付けた良い方法。例工をこらす　工を変える　悪工(わるだくみ)

巧 形動 作り方が非常に良いようす。例巧みな出来ばえ　巧みに作る

▲**匠** ⇩かな 名 芸術品を作ることを仕事とする人。例昔の匠　匠が心を尽くして作る

注意 「巧」は、動詞「巧む」が名詞または形容動詞の語幹に転じたものとして、特に「み」を送る。「工・匠」は、本来の名詞として、送り仮名を付けない。

たくわえる 他動 【蓄・貯】

蓄 世話をして、大きくなるようにすること。例力を蓄える　髭(ひげ)を蓄える　知識の蓄え

▲**貯** ⇩蓄 あとで役に立てるために、別にしておくこと。例水を貯える　金を貯える　食糧の貯え

たける 自動 【哮・猛】

×**哮** ⇩かな 大きな声を出すこと。例虎(とら)が哮る　雷が哮る　哮り立つ

▲**猛** ⇩かな 荒々しい動きをすること。例波が猛る　心が猛る　猛り狂う

たしか 形動、副 【確・慥】

確 形動 はっきり分かっていて、そうだと思うようす。例確かな証拠　確かな商売　確かに見たことがある　確かだと思う　余り確かでない

×**慥** ⇩かな 副 はっきり分からないけれども、多分そうだろうと思うようす。例慥か去年の暮れ　慥か見たことがある　慥かそんな話だった

注意 動詞タシカメルには、「確かめる」のみを用いる。例住所を確かめる

ダジャク　名・形動　【惰弱・懦弱】

惰弱　力がなくて、行うべきことも行わないこと。例惰弱な青年　惰弱で準備を怠る

×懦弱　それ自身の持っている力が特に小さいこと。例懦弱な軍隊　懦弱な防御力

参考「惰」は「なまける」意味、「懦」は「よわい」意味。それに「弱（よわい）」を組み合わせた「惰弱」と「懦弱」は、別の意味の語である。しかし、「よわい」点では共通の意味を持っているため、混用されている。

タショウ　名　【他生・多生】

他生　「今生（こんじょう）」の対。現在のこの世で生きていることから見て、この前の世に生きていたことと、この次の世に生きること。前世の生と来世の生。例袖（そで）振り合うも他生の縁

多生　①何度もこの世に生まれ代わってくること。例多生の願い　多生の契り　②数多くの者を生かすこと。例多生の行者（ぎょうじゃ）　一殺多生

たすける　他動　【援・助・扶・輔】

▲援　⇩助　下の状態から上の状態へ向かわせること。例事業を援ける　同盟国を援ける

助　危険や苦しみから離れるようにさせること。例命を助ける　神に助けてもらう　助け舟　手助け

▲扶　⇩助　上の者が下の者の世話をすること。例生計を扶ける　家族を扶ける　杖（つえ）に扶けられて

×輔　⇩助　下の者が上の者に力を添えること。例課長を輔ける　師匠を輔ける　副議長に輔けられる

たずねる　他動　【温・訊・尋・訪】

▲温　⇩尋　物事のもとを明らかにすること。例古きを温ねる　故（ゆえ）を温ねる

×訊　⇩尋　職権をもって、知っていることを言わせること。例証人に訊ねる　警察で訊ねられる

尋　知らないことを明らかにするためにほかの人に聞くこと。例道を尋ねる　先生に尋ねる　行方を尋ねる　税務署で尋ねられる　尋ね人

訪　ほかの人のうちへ、わざわざ会いに行くこと。例知人を訪ねる　母校を訪ねる　史跡を訪ねる

ただ　名、副　【只・啻・唯】

×只　⇩かな　名　必要なお金を払わないでよいこと。例只で見る　只でも貰(もら)わない　只ほど高いものはない　只働き　只事ではない

×啻　⇩かな　副　「ただに」の形で用いる。下に打消や反語を伴って「そのことだけでない」意味を表す。例啻に健康を損なうのみならず　何ぞ啻に

▲唯　⇩かな　副　そのことだけを主とするようす。例唯一つ　唯見るだけ　唯々驚くのみ　唯助けたいから

たたかう　自動　【戦・闘】

戦　相手に勝つために、一生懸命に争うこと。例敵と戦う　水中で戦う　野球で戦う

闘　相手の力に負けないように、一生懸命に争うこと。例病気と闘う　資本家と闘う　闘い取る

たたく　他動　【叩・敲・拍】

×叩　⇩かな　上のほうから、繰り返して打つこと。例頭を叩く　金槌(かなづち)で叩く　意見を叩く　値段を叩く　叩き上げる　叩き殺す　袋叩き

×敲　⇩かな　横のほうから、繰り返して打つこと。例戸を敲く　門を敲く

▲拍　⇩かな　リズムを付けて、手などを打

ち合わせること。例手を拍く　拍子木を拍く

ただす 他動【糺・糾・質・正】

×**糺** ⇩かな 正しいか正しくないかを明らかにすること。例罪を糺す　犯行を糺す　召し出して糺す　糺し手　糺の森

▲**糾** ⇩かな 「糺」に同じ。

▲**質** ⇩かな 分からないことを明らかにするために聞くこと。例疑いを質す　真偽を質す　問題点を質す　先生に質す　問い質す

正 間違っていることを良いほうに直すこと。例誤りを正す　是非を正す　姿勢を正す　襟(えり)を正す

たち 名【質・性】

▲**質** ⇩かな 物がそれ自身で持っている特徴。例すぐ錆(さ)びる質　質の悪いいたずら

▲**性** ⇩かな 人が生まれたときから持っている特徴。例すぐ怒る性　性の悪い人

たちあい 名【立会・立合】

立会 事実を確かめたり、互いに意見を言うために、その場にいること。例株式の立ち会い　立会場　立会人　立会演説会

立合 両方から来て、その場で争うこと。例相撲の立ち合い　立ち合いの軍

たつ 名【辰・竜】

×**辰** ⇩かな 十二支の五番め。例辰年の生まれ　辰の方角　辰の刻

竜 想像上の動物としてのタツ。例竜を描く

注意 方角のタツミ（南東）は、「巽」と書く。現代表記では、仮名で「たつみ」とも書く。

たつ 自動【起・建・立】

▲**起** ⇩立 特別の目的のために、決心して物事を行うこと。例正義のために起つ　民衆

が起ち上がる

建　家などができ上がること。例空地に家が建つ　小屋が建つ　碑が建つ

立　まっすぐに上に向いた形になること。例柱が立つ　演壇に立つ　人の上に立つ　市(いち)が立つ　波が立つ　腹が立つ　見通しが立つ　噂(うわさ)が立つ　立つ瀬がない　立ち退く　立ち回り　立ち食い

たつ　自動　**【経・発】**

▲経　⇩かな　時間が過ぎていくこと。例一時間経つ　三年経つ　月日が経つ

▲発　⇩かな　目的のところへ向かって出掛けること。例東京を発つ　八時に発つ

注意「旅に出る」意味の「旅にタツ・旅ダチ」は「立」を用い、「旅に立つ・旅立ち」のように書く。

たつ　他動　**【裁・絶・断】**

裁　布などを、目的に合わせて切ること。例生地を裁つ　布を裁つ　型紙を裁つ　寸法に合わせて裁つ　裁ち鋏(ばさみ)　裁ち屑(くず)　裁ち方

絶　続いているものを、それ以上は続けないこと。例縁を絶つ　消息を絶つ　交際を絶つ　命を絶つ　密航者があとを絶たない

断　続いているものを、途中で切ること。例退路を断つ　快刀乱麻を断つ　補給路を断つ　水を断つ　思いを断つ　茶断ち　塩断ち

ダツ　語素　**【脱・奪】**

脱　「着」の対。付いているものが離れてしまうこと。例脱毛　脱退　脱臭　脱税

奪　他人の持ち物を無理に取ること。例奪取　奪還　争奪　強奪(ごうだつ)

タッケン　名　**【卓見・達見】**

卓見　考えが、他の人よりも上の段階にあること。すぐれた見識。例卓見を吐く　卓見

に敬服する　卓見の士

達見　考えが、物事のすみずみにまで及んでいること。

参考 ㊀「卓」は「すぐれる」意味、「達」は「およぶ」意味。それに「見（かんがえ）」を組み合わせた「卓見」と「達見」は、同じような意味に用いられている。㊁「卓」は漢音・呉音ともタク、「達」は漢音タツ、呉音タチ。旧仮名遣いは、「卓見」が「たくけん」、「達見」が「たつけん」である。しかし、いずれも促音化してタッケンと発音されていたため、同音語の扱いを受けることになった。現代仮名遣いでは、いずれも「たっけん」と書く。

たっとい　形【貴・尊】

貴　「賤」の対。それ自身の持っている価値や身分が、他よりも上であるようす。例貴い体験　貴い資料　貴い人命　貴いお方　貴い身分

尊　「卑」の対。それを大切にすべきものとして、特別の気持ちを持つようす。例尊い神　尊い犠牲を払う　平和の尊さ

たっとぶ　他動【貴・尚・尊】

貴　「賤」の対。それ自身の持っている価値や身分を、他よりも上と考えること。例人命を貴ぶ　名誉を貴ぶ　拙速を貴ぶ　時間を貴ぶ

▲尚　⇩貴　大切なものとして、行うように心掛けること。例武を尚ぶ　徳を尚ぶ　礼儀を尚ぶ　志を尚ぶ

尊　「卑」の対。それを大切にすべきものとして、特別の気持ちを持つこと。例神を尊ぶ　祖先を尊ぶ　平和を尊ぶ

ダツリャク　名・サ変【奪略・奪掠】

奪略　持っているものを、無理に取り上げること。例財産を奪略される　権利を奪略す

る　奪略者

奪×掠　⇩奪略　持っているものを、無理に持ち去ること。

参考 「略」は「とりあげる」意味、「掠」は「かすめる」で「もちさる」意味。しかし、「掠ハ、通ジテ略ニ作ル」とされている。そのため、「奪略」と「奪掠」は、旧表記でも同じような意味に用いられていた。これを、「奪略」に統一して用いるのが現代表記である。

たて　名【盾・楯】

盾　「楯」に同じ。

×楯　⇩盾　敵を防ぎ、体を守るための特別の板。例楯で防ぐ　革の楯　楯の反面　楯突く　後ろ楯

たて　名【立・竪・縦】

立　まっすぐに上に向けた置き方。例立て石　立て板に水　立て臼(うす)　立て烏帽子(えぼし)　立て看板　土砂の立坪(たてつぼ)

×竪　①⇩立　上下の方向。例竪穴　竪坑　竪炉　竪襟　②⇩縦　前後とも考えられる上下の方向。例竪の桟　竪縞(たてじま)　竪琴　竪笛

縦　「横」の対。前後の方向。上下とも考えられる前後の方向。例縦に並ぶ　縦に長い　縦結び　首を縦に振る　縦軸　縦社会

注意 ㊀旧表記では、織物のヨコイトを「緯」と書くとき、タテイトを「経」と書いた。現代表記では、それぞれ「横糸」「縦糸」と書く。㊁「竪・縦」は、名詞として、送り仮名を付けない。「立」は、動詞「立てる」から転じた名詞として、送り仮名「て」を付ける。

たてる　他動【建・立】

建　家などをこしらえること。例家を建てる　銅像を建てる　国を建てる　家の建て直し　建て付け　建て前　建て売り　家屋の建(たて)坪(つぼ)　建て網

立　まっすぐに上に向けて置くこと。例柱を立てる　計画を立てる　身を立てる　手柄を立てる　暮らしを立てる　立て替える　組織の立て直し

たとえる　他動　【譬・喩・例】

譬　⇩例　それと似たもの、同じようなもので説明すること。例山に譬える　譬えて言うと　譬えてみれば　譬えにも言うとおり　譬えようがない　譬え話

喩　⇩例　「譬」に同じ。

例　本来は名詞。レイとして引いたタトエ。例例えを挙げる　例えを引く　例えにも漏れず

参考「例」は例示するときの「例えば」という副詞にも用いる。例例えばこんなことがある　例えば男は

たね　名　【胤・種】

胤　⇩かな　親から子、子から孫へと、血筋を伝える元になるもの。例胤を付ける　胤のいい人　落とし胤

種　草木が芽を出す元になるもの。また、物事が起こる元になるもの。例種を播く　草の種　話の種　手品の種　争いの種　種馬

たのしい　形　【娯・愉・楽】

娯　⇩楽　悪いことをすべて忘れて、気持ちがいいようす。例娯しい映画　娯しい遊び　読書の娯しみ

愉　⇩楽　気持ちがいいことに出会って、喜びが顔に出ているようす。例愉しい誕生日　満員電車も愉しい　愉しみが隠せない

楽　「苦」の対。苦しいことが何もなくて、気持ちがいいようす。例楽しい夏休み　楽しい日もある　楽しみも苦しみも

たのしむ　他動　【娯・愉・楽】

▲娯 ⇩楽 悪いことをすべて忘れて、気持ちがいい状態を続けること。例映画を娯しむ パチンコを娯しむ

▲愉 ⇩楽 気持ちがいいことに出会って、喜びを顔に出すこと。例誕生日を愉しむ 勝利を愉しむ

楽 「苦」の対。苦しいことが何もなくて、気持ちがいい状態を続けること。例夏休みを楽しむ 楽しんだり苦しんだり

注意「たのしむ」の送り仮名を「しむ」とするのは「たのしい」を「しい」と送るのに合わせたものである。

たのむ 他動【恃・頼】

×恃 ⇩かな 役に立つものとして、利用しようと考えること。例力を恃む 多勢を恃んで横暴を働く 自らを恃む 才知を恃む 記憶を恃む

頼 物事をするように、または、しないように言うこと。例斡旋（あっせん）を頼む 使いを頼む 宜（よろ）しく頼む 頼みにする 頼むに足らぬ 頼みの綱 頼み事

タブン 名、副【多分・多聞・他聞】

多分 ①名 数や量が多いこと。例可能性は多分にある 多分のご寄付 ご多分に漏れず ②副 そうなるだろうと考えるようす。例多分雨でしょう 多分あると思う

多聞 名 「寡聞」の対。多くの物事をよく知っていること。例多聞のご見識 多聞博識

他聞 名 ほかの人がそのことを知ること。例他聞に及ぶ 他聞を憚（はばか）る 他見他聞

たま 名【球・玉・珠・弾】

球 立体的な、丸い形のタマ。例球を投げる 野球の球 電気の球 球転がし

玉 飾りなどにする、美しいタマ。例玉を磨く 玉に瑕（きず） 掌中の玉 玉のような子 目

の玉　玉突き

▲**珠**　⇩玉　水の中でできる、美しいタマ。例真珠貝の珠　珠の首飾り

弾　鉄砲などで打ち出すタマ。例ピストルの弾　弾を込める　弾に当たる　弾の跡　外(そ)れ弾

たま　名【魂・霊】

▲**魂**　⇩かな　「体」の対。生きている本と考えられるもの。例魂迎え　魂送り　魂祭り　人魂　魂消(たまげ)る

霊　「神」の類。いつまでも残っていて、特別の働きをすると考えられるもの。例先代の御霊(みたま)　大御霊　お霊屋　言霊(ことだま)

たまう　他動、補動【給・賜】

▲**給**　⇩かな　補助　①動作を尊敬するときに付けることば。例書き給う　召し給う　②下の者に対し、親しみを表して命令するときに付けることば。例取り給え

▲**賜**　⇩かな　他動　上の者が、下の者に物を与えること。例賞を賜う　言葉を賜う

注意　㊀「賜」は「たまわる」にも用いるが、このほうは常用漢字表の音訓欄に掲げられているから、現代表記でも漢字で書く。例賞を賜る　お言葉を賜る　㊁「たまわる」の送り仮名は、旧表記でも「賜る」であった。現代表記で「賜わる」という送り仮名が許容されているのは「賜う」に合わせたものであるが、一般には用いない。

たまご　名【卵・玉子】

卵　動物が産まれる場合の、元となるタマゴ。例卵を産む　小鳥の卵　医者の卵　卵形　卵に目鼻

玉子　料理の一種としての、鶏のタマゴ。例玉子の料理　玉子焼き　玉子豆腐　茹(ゆ)で玉子　生(なま)玉子

たまたま 副【会・偶・遇・適】

▲会 ⇩かな ちょうどそのときに、そうなったようす。例会〻弟もくる　会〻来てみたら

▲偶 ⇩かな そうなると思っていないときに、そうなったようす。例偶〻訪問を受ける　偶〻雨に遭った

▲遇 ⇩かな 「偶」に同じ。

▲適 ⇩かな そうありたいと思っているときに、そうなったようす。例適〻辞令が出る　適〻知っていた

注意「めったにない」意味で「タマニ来る」などと用いるタマニは、旧表記で「偶に」と書いた。現代表記では、仮名で「たまに」と書く。

ためし 名【試・例】

試 どういう結果になるか、調べるために行うこと。例試しに買ってみる　物は試しだ　試し切り　腕試し　運試し　度胸試し

▲例 ⇩かな 過去に行われた同じような事柄。例そういう例しがない　家にいた例しがない

注意「試」は、動詞「試す」から転じた名詞として、送り仮名「し」を付ける。「例」は「レイ」と読まれることを防ぐため、最後の音節「し」を送ることがある。

ためす 他動【験・試】

▲験 ⇩試 思ったとおりの結果になることを、確かめるために行うこと。例試験管で験す　理論を験す

試 どういう結果になるかを、調べるために行うこと。例実力を試す　耐久力を試す　試してから買う

ためる 他動【貯・溜】

▲貯 ⇩かな あとで役に立てるために、別

にしておくこと。例金を貯める　飲料水を貯める　食糧を貯める

溜 ⇩かな　外へ出ていかないようにすること。例涙を溜める　芥(ごみ)を溜める　仕事を溜める　切手を溜める　溜め池　溜め息　芥溜め

ためる　他動【矯・撓】

矯　悪い性質を改めて、正しくすること。例悪癖を矯める　角(つの)を矯めて牛を殺す　矯め直す

撓 ⇩矯　まっすぐな木や竹を、形よく曲げること。

たより　名【便・頼】

便　日常のありさまを知らせるために書くもの。例便りを書く　便りがない　花便り

頼　物事を行うときに、役に立つものとして使うこと。例頼りにする　地図を頼りに登る　頼りない人

注意「頼」は、動詞「頼る」から転じた名詞として、送り仮名「り」を付ける。「便」は、「ベン」と読まれることを防ぐために、最後の音節「り」を送る。

たらす　他動【垂・滴・蕩】

垂　上から下に向くように、上から下げること。例紐(ひも)を垂らす　帯を垂らす　洟(はな)を垂らす

滴 ⇩かな　液体などを少しずつ落とすこと。例血を滴らす　汗水滴らして働く

蕩 ⇩かな　相手の喜ぶようなことを言って、自分の楽しみに利用すること。例女を蕩す　女蕩し

注意「たらす」の送り仮名は、旧表記では「す」だけであった。現代表記で「らす」と送るのは、「たれる」を「れる」と送るのに合わせたものである。「蕩」にはこのような対応が

ないので、送り仮名も活用語尾の「す」だけになる。ただし、現代表記でも、「垂す」のように、「ら」を省く送り仮名が許容されている。

たれる 自、他 【垂・滴・放】

垂 **自動** 上から下に向くように、上から下がること。例紐(ひも)が垂れる 帯が垂れる 洟(はな)垂れ小僧 前垂れ

▲滴 ⇩かな **自動** 液体などが、少しずつ上から落ちること。例血が滴れる 水が滴れる 雨滴れ

▲放 ⇩かな **他動** 大小便などを出すこと。例小便を放れる 屁(へ)を放れる 放れ流す

タン 語素 【単・短】

単 「複」の対。一つだけで、組み合わせるものがないこと。また、数として一つだけのこと。例単体 単純 単調な色彩 単位 簡単 単身で赴任する 単刀直入 単兵で守る 単車 単年度収支

短 「長」の対。両端の離れる程度が小さいこと。例短命 短期 短刀で突く 短身を気にする 短兵急に 最短距離 短年月

タン 語素 【嘆・歎】

×歎 ⇩嘆 ①悲しい気持ちで、深く息をすること。例歎息 歎声 歎願 慨歎 悲歎 長歎 愁歎 風樹の歎 ②感心する気持ちで、深く息をすること。歎賞 三歎 詠歎 感歎 驚歎

参考「歎」も「嘆」も「なげく」意味であり、「歎ハ、通ジテ嘆ニ作ル」とされている。旧表記では「歎」を用いることが多かったが、これを「嘆」に統一するのが現代表記である。

ダン 語素 【段・壇】

段 台を重ねて、上まで進むことができるようにした場所。例段を上る 階段 段々

石段　段階

壇　周りより少し高くこしらえてある場所。
例壇に登る　演壇　祭壇　花壇　仏壇　壇上

ダン　語素【暖・煖】

暖　体の全体で感じる温度が高くて気持ちがいいようす。例暖冬　暖地　暖流　暖気　温暖　暖衣飽食

×煖　⇩暖　体全体で感じる温度を上げて、気持ちがいい状態にすること。例煖房　煖炉

参考「暖」は形容詞としての「あたたかい」意味、「煖」は動詞としての「あたためる」意味。意味のとらえ方は異なるが同じことを表すため、この意の「煖」を、同音で意味の似ている「暖」に書き換えるのが現代表記である。

ダン　語素【壇・檀】

×檀　堅い木の名。タン。仏教用語としての音訳に用いる。例檀家　檀信徒

参考「檀家」は、「檀越(だんおつ)の家」の意味、「檀越」は「施主」の意味の梵語(ぼんご)の音訳。

注意「壇・檀」と紛らわしい文字に「擅」がある。このほうは漢音セン、呉音ゼンで、「ほしいまま」の意味を持っている。したがって「ひとりぶたい」の意味の「独擅場」は、ドクセンジョウであってドクダンジョウではない。しかし、字形が似ているところから、「独壇場（ドクダンジョウ）」とも書かれるようになった。そのため、今は、「独壇場」に言い換えて用いることも行われている。ただし、「独擅場」と書いてドクダンジョウと読むのは誤りである。

ダンギ　名・サ変【談議・談義】

談議　物事について、よく話し合うこと。
例集まって談議する　談議に明け暮れる

談義　物事の道理を、よく言って聞かせること。例談義する座　下手(へた)の談義　談義僧

タンキュウ　名・サ変【探究・探求】

探究　いろいろ細かく調べて、明らかにすること。例真理を探究する　歴史の探究　本質の探究

探求　欲しいものを手に入れようとすること。例真実を探求する　平和の探求　美の探求

タンケン　名・サ変【探検・探険】

探検　だれも行ったことのないようなところへ行って、どんなところかを調べること。例アフリカを探検する　南極探検　探検家　探検隊

探険　⇩探検　いろいろ危ないことのあるところへ行って、どんなところかを明らかにすること。

参考「検」は「しらべる」意味、「険」は「あぶないところ」の意味。「探」は「さぐる」意味。「探検」は「さぐりしらべる」であり、「探険」は「あぶないところをさぐる」意味である。そのため、特に危険が伴うかどうかによって「探険」と「探検」を書き分けることもあるが、同じような意味に用いられている。今は調査の意味が強いので、「探検」を用いるのが一般である。

タンショウ　名・サ変【嘆賞・歎賞・歎称】

歎賞　⇩嘆賞　感心して、物を与えてほめること。例頻りに、歎賞する　歎賞措くあたわず

歎称　⇩嘆称・嘆賞　感心して、言葉で褒めること。

参考「歎」は「なげく」で「感心する」意味。現代表記では、「歎」を、同音で意味の同じ「嘆」に書き換える。「賞」は「物を与えてたたえる」意味、「称」は「ことばでたたえる」意味。タンショウとしては、「歎賞」が本来の書

き方であった。それが、「称揚・賞揚」などとの関連から、「歎称」とも書かれるようになった。今は、「嘆称」や本来の形に基づく「嘆賞」が一般である。

タンセイ　名、サ変　【丹精・丹誠】

丹精　名・サ変　心をこめて物事を行うこと。例丹精を凝らす　丹精して育てる　丹精の甲斐(かい)がある

丹誠　名　うその点が全くない本当の心。例丹誠を尽くす　丹誠を込めて育てる

注意「絵の具」の意味で、「タンセイの妙」などと用いる「丹青」は、「丹精・丹誠」とは別の意味の語である。

タンセイ　名・形動　【端正・端整】

端正　行いや姿が、まっすぐでタダシイこと。例端正に座る　端正な姿　容姿端正　品行端正

端整　行いや姿、顔だちが、ととのっていて美しいこと。

参考「正」は「ただしい」意味、「整」は「ととのう」意味。それに「端（まっすぐ）」を組み合わせた「端正」と「端整」は、同じ意味に用いられているが、「端整」が容姿についていうのに対し、「端正」は、はば広く用いられる。

タントウ　名　【短刀・単刀】

短刀　ミジカイ長さのカタナ。例短刀で突く　九寸五分の短刀　短甲短刀

単刀　ただ一本だけのカタナ。例単刀を振るう　単刀直入

参考　同音語ではあるが、アクセントは、「短刀」が中高型、「単刀」が平板型である。

タンパク　名・形動　【淡泊・淡白】

淡泊　強く感じられる性質がなく、あっさりしていること。例淡泊な味　淡泊な性格

淡泊無欲

淡白 強く感じられる性質がなく、特別の性質がないこと。

参考 「淡」は「あわい」意味、「泊」は「水が浅い」ことで「あっさり」の意味。「しつこくない」意味では、「淡泊」が本来の形であった。その「泊」が、「明白」「潔白」などとの関連から「白（しろい）」に変わり、「淡白」とも書かれるようになった。

タンペイ 名【短兵・単兵】

短兵 刀や手槍(てやり)などの短い武器。例短兵で接戦する　短兵急に迫る　短兵直ちに進む　そう短兵急に言われても困る

単兵 援軍に来てもらえない、孤立した軍隊。例単兵で城を守る　単兵いかんともしがたい

タンレン 名・サ変【鍛練・鍛錬】

鍛練 稽古(けいこ)をして、体や技術を良くすること。例体を鍛練する　武芸を鍛練する

鍛錬 金属を、熱したり打ったりして強くすること。例鉄を鍛錬する　冶工(やこう)鍛錬

参考 「練」も「錬」も「ねる」意味であるが、「練」は「同じことをくりかえす」意味、「錬」は「打って強くする」意味。それに「鍛（きたえる）」を組み合わせた「鍛練」は「体や芸」に、「鍛錬」は「金属」にというように使い分けるが。しかし、「体や芸」にも「金属」の扱いが比喩的に用いられ、「鍛錬」「鍛練」ともに同じ意味にも用いられるようになってきている。

ち

チ 語素【地・池】

地 土が続いているところ。例土地　辺地

地上　地下　田地　水源地

池　水が溜まっているところ。例池辺　池魚　沼池　貯水池　用水池　金城湯池

チ　語素【知・智】

知　物事について、どういう内容のものであるかが分かること。例知人　知友　知得　知覚　知識　知育　衆知　偏知

智　⇩知　物事の内容が、どういうものであるかについて分かる力。例智恵　智慮　智謀　智略　智力　智者　無智　智徳兼備　智勇　全智全能

参考　「知」は動詞としての「しる」意味、「智」は名詞としての「しるちから」の意味。意味のとらえ方は異なるが、同じことを表している。また、「智」については「アルイハ、通ジテ知ヲ用イル」ともされている。そこで、「智」を、同音で意味の似ている「知」に書き換えるのが現代表記である。

チエ　名【知恵・智恵・智慧】

智恵　⇩知恵　物事をよく考えて、効果的に進めることができる頭の働き。例智恵のある人　智恵が出ない

智慧　⇩知恵　物事をよく考えて、正しく理解する頭の働き。例仏の智慧

参考　「恵」は「めぐむ」で、「才能を与えられる」意味、「慧」は「さかしい」で、「知る力が優れている」意味。それに「智（頭の働き）」を組み合わせた「智恵」と「智慧」は、同じような意味に用いられていた。この場合の「智恵」につき、「智」を同音で意味の似ている「知」に書き換え、「知恵」に「智恵・智慧」の意味を含ませるのが現代表記である。

ちかう　他動【誓・盟】

誓　相手方に対して、約束をすること。例実行を誓う　忠誠を誓う　夫婦の誓い

▲盟　⇩誓　同じ目的のために、約束をすること。例協力を盟う　同じ目的で盟う　相盟う　城下の盟い

チク　語素【畜・蓄】

畜　人が世話をして大きくする牛や馬など。例家畜　牧畜　畜産　有畜農業

蓄　世話をして、大きくなるようにすること。例蓄積　蓄財　貯蓄　備蓄食糧

チシキ　名【知識・智識】

知識　①物事について、分かっている内容。例知識がある　広い知識　知識階級　②仏教でお互いに知り合っている人。また、仲間の修行者。例高徳の知識　善知識　名僧知識

×智識　⇩知識　①「感情・意志」の対。外にある物事について、それが正しく分かる作用。例鋭い智識　智識が衰える　②仏教で五意の一。清らかなものと汚れたものを区別する心。例清浄を修める智識

参考「知」は「しる」意味、「智」は「しるちから」の意味。それに「識（よくしる）」を組み合わせた「知識」と「智識」は、仏教用語・哲学用語としては別の意味の語である。しかし、一般には混用されていたので、「智識」の「智」を同音の「知」に書き換え、「知識」に「智識」の意味も含ませるのが現代表記である。

チノウ　名【知能・智能・智嚢】

知能　物事の内容がどういうものであるかについて分かる力。例知能に優れる　知能の働き　知能犯

×智能　⇩知能　①年齢との関係で表すチノウの程度。例智能が向上する　智能検査　智能指数　②芸術作品などを生み出す力。例智能権　智能的所有権

智×嚢　その人の持っている、優れたチノウ。また、優れたチノウを持っている人。例智嚢

を搾る　智嚢の士　智嚢の誉れ

参考 「知」は「しる」、「智」は「しるちから」の意味。「能」は「頭のはたらき」、「嚢」は「ふくろ」の意味。「智能」は、心理学用語・法令用語として特別の意味を持っているが、一般には「知能」と「智能」が混用されていた。その場合、「智能」の「智」を同音の「知」に書き換え、「知能」に「智能」の意味も含ませるのが現代表記である。ただし、「智嚢」は別の意味の語であり、交ぜ書きで「知のう」とすることもある。

チュウ　語素【中・仲】

中　上中下の一。区切られた部分の間。例 中腹　中年　中旬　中正　中間　中日　中秋の夜　中心

仲　①人と人との間の交わり。例 仲人　仲介　仲裁　②二つのものの間にあるマンナカ。例 仲兄　伯仲　仲秋の候

チュウ　語素【注・註】

注　液体などを、少しずつ中に入れること。例 注入　注射　注視　注目　注意　傾注　注進

×註　⇩注　言葉や文字の間に、別の言葉や文字を入れること。例 頭註　脚註　訳註　評註　註釈　註解　註文（ちゅうもん）　発註　受註

参考 「注」は「そそぐ」意味。本来は言葉の場合にも「注」を用い、「注解・頭注」などと書かれていた。後に、言葉の場合だけサンズイをゴンベンに改め、「注」を「註」とした。これを、本来の形「注」に戻すのが現代表記である。

チュウがた　名【中型・中形】

中型　元になるものからこしらえたカタチが、大きくもなく小さくもないもの。例 中型の自動車　中型のテレビ　中型の台風

中形　目に見えるカタチが、大きくもなく小さくもないもの。例中形の模様　中形のしるし　中形の花

チュウシュウ　名【仲秋・中秋】

仲秋　アキの真ん中の月としての旧暦八月。例仲秋の候　仲秋の月明かり　仲秋の名月

中秋　アキの真ん中の日としての旧暦八月十五日。例中秋の夜　中秋の明月

参考「名月」は「陰暦八月十五日の月（秋の満月）」の意味、「明月」は「あかるい月」の意味。したがって、秋のお月見の月は、「仲秋の名月」か「中秋の明月」とすべきで、「中秋の明月」のほうが好ましいとされるものの、こう書かれることは少ない。「仲秋の明月」は旧暦八月の月で必ずしも八月十五日の月とは限らない。今、正しい表現とされる「中秋の名月」は、旧暦八月の十五夜の月を強調した形と考えれば、その点での表現効果が認められる形といえる。

チョウ　語素【丁・牒】

フチョウ〔符丁・符帳・符牒〕（四六六ページ上段）を見よ。

チョウ　語素【丁・町】

丁　マチを小さく区分するときの単位。例一丁目二番三号　一丁も歩けば

町　①人の住む家の集まっているマチ。例町内　横町　町家　市町村　②距離の単位、六十間（けん）。面積の単位、十反（たん）。

参考「丁」を、「町」の略字として用いるのは、俗用である。しかし、地名としては、「○○町」の代わりに「○○丁」となっているところもある。

チョウ　助数【丁・挺】

丁　書物の紙の枚数、料理の割り当て、豆腐、勝負の取組の回数などを数えるときに用

いることば。

×挺　⇩丁　銃、鋏（はさみ）、長い道具などを数えるときに用いることば。

［参考］「丁」は「偶数」の意味で、書物の表裏二ページその他を数える単位ともなった。「挺」は「ひきぬく」意味で、長い道具を数える単位としても使われるようになった。旧表記でも、単位としての「挺」のうち、ある場合には、簡略な「丁」で代用することも行われたため、現代表記ではこの意味を同音の「丁」に書き換える。

［注意］㊀「一丁上がり」は料理からの転用、「一丁やろうか」は取組からの転用で、いずれも旧表記が「丁」のほうである。㊁「丁半・丁か半か」は、「丁」が偶数、「半」が奇数。転じて、硬貨を投げたときの「丁（表）か半（裏）か」にも用いる。

チョウ　語素【庁・長】

庁　公の仕事を行うところ。［例］官庁　庁舎　警視庁　監督庁　市庁を改築する

長　いちばん上の地位の人。［例］社長　課長　巡査長　直属長　市長を選挙する

チョウ　語素【長・暢】

シンチョウ〔伸長・伸暢〕（二八五ページ上段）を見よ。

チョウ　語素【張・脹】

張　平面的に広げて大きくすること。［例］張力　拡張　緊張　誇張　主張

×脹　立体的に広げて大きくすること。［例］膨脹　脹満

［参考］新聞や学術用語では、「膨脹」の「脹（ふくれる）」を、同音で意味の似ている「張（はる）」に書き換える。

チョウ　語素【帳・帖】

×帖　⇩帳　何枚かの紙をそろえて、それを綴じたもの。例手帖　画帖

参考「帖」は「はりがみ」で「おりほん」の意味、「帳」は「とばり」で「ノート」の意味。そこで、この意の「帖」を、同音で意味の似ている「帳」に書き換えることがある。

注意「帖」は漢音・呉音ともチョウであるが、半紙などを数える単位としては、濁音でジョウと読まれている。その場合には「帳」に書き換えない。

チョウ　語素【牒・諜】

×牒　厚さの薄い札。例通牒　移牒　符牒　軍隊手牒

×諜　相手方に気付かれないようにして、内部を調べる人。例間諜　諜報活動　防諜

注意「符牒⇩符丁」「手牒⇩手帳」などを除き、「牒・諜」の部分を仮名書きにすることがある。また、「通牒」を「通達」、「移牒」を「移達」と言い換え、「間諜」を「スパイ」、「諜報」を「秘密情報」、「防諜」を「スパイ防止」と言い換えることも行われている。

チョウコウ　名【兆候・徴候】

兆候　物事が起こることを感じさせるシラセ。例兆候が現れる　風邪の兆候

徴候　⇩兆候　物事が起こるときに現れるシルシ。

参考「兆」は「きざし」、「徴」は「しるし」の意味。「候」は「うかがう」で「ありさま」の意味。そのため、「兆候」も「徴候」も、同じ意味に用いられていた。今は、画数の少ない「兆候」が一般である。

チョウジ　名【弔辞・弔詞】

弔辞　口で言うお悔やみのことば。例弔辞を述べる　弔辞のような言い方

弔詞　文字に書いたお悔やみのことば。例

弔詞を送る　弔詞を読み上げる　弔詞を呈する

参考　「弔辞」をチョウジ、「弔詞」をチョウシと、清濁で区別することがある。なお、「くやみの詩」を「弔詩」というが、このほうはチョウシである。

チョウシュウ　名・サ変　【徴収・徴集】

徴収　特別の目的に使うために、金銭を持ってこさせること。例会費を徴収する　税金を徴収する

徴集　特別の目的に使うために、人・馬・車などを集めること。例徴集兵

チョウセイ　名・サ変　【調整・調製】

調整　手を加えて、良い状態に直すこと。例機械を調整する　意見を調整する　連絡調整　調整勘定

調製　目的に合うようにこしらえること。例洋服を調製する　書類を調製する　名簿の調製　脱穀調製

チョウド　副　【丁度・恰度】

丁度　数や量が、予定されたものと同じになるようす。例丁度十二時　丁度百個　丁度間に合う

恰度　⇩丁度　そのものの状態が、他のものの状態とほとんど同じであるようす。例恰度昼のようだ　恰度泣いているみたいだ

参考　「丁」は「物がぶつかりあう音」を表し、「恰」は「あたかも」の意味。「度」は「どあい」の意味。「丁度」という漢語はなく、チョウドという俗語に漢字を当てたものとされている。また、「恰」は漢音・呉音ともコウでチョウではない。「恰度」も、「あたかもその度合い」という意味の漢字に当てた熟字訓である。「丁度」も「恰度」も、俗語チョウドに当てたものとして、これを「丁度」に統一するのが現

代表記である。ただし、この種の当て字や熟字訓の副詞は、仮名書きで「ちょうど」とすることも行われている。

チョウホウ　**名・サ変・形動**　**【重宝・調法】**

重宝　いろいろと役に立って、都合がいいこと。例毎日重宝している　重宝な道具　便利重宝

調法　細かいところまで注意して行うこと。「不」を付けて用いる。例不調法いたしました　万事不調法

チョウモン　**名・サ変**　**【聴聞・聴問】**

聴聞　利害関係人に、意見を言ってもらうこと。例関係者に聴聞する　聴聞を開始する　聴聞会

聴問　⇩聴聞　利害関係人に、答えてもらうこと。

参考「聞」は「きく」意味、「問」は「とう」意味。それに「聴（意見をきく）」を組み合わせた「聴聞」と「聴問」は、法令用語としても同じ意味に用いられている。しかし、今は、「聴聞」のほうが一般である。

チョッカン　**名、サ変**　**【直観・直感】**

直観　**名**　本質がどうなっているかが、頭の中でその場で分かること。例直観が働く　直観による認識　直観判断　純粋直観　直観像　直観知

直感　**名・サ変**　実際にどうなるかが、感じとしてその場で分かること。例危険を直感する　これなら勝つと直感する　直感に頼る　直感を働かせる　直感で分かる　直感的に知る

チョメイ　**名・形動**　**【著名・著明】**

著名　世間に、非常によく知られていること。例著名な作家　著名な実例　神社として

著名

著明　内容が、非常によく分かっていること。例著明な事実　著明な意図　内容も著明

チン　語素【沈・鎮】

沈　①「浮」の対。水の中などで、下のほうへ向かわせること。例沈没　撃沈　②軽々しく動くことをしないこと。例沈黙　沈着　消沈

鎮　上から抑えて、動かないようにすること。例鎮座　鎮圧　鎮火　鎮定　鎮痛剤

チン　語素【珍・椿】

チンジ〔珍事・椿事〕（このページ下段）を見よ。

チンギン　名【賃金・賃銀】

賃金　①働いたことに対して払われるオカネ。例賃金を払う　労働に対する賃金　②使用したことに対して払われるオカネ。例賃貸借の賃金　乗車賃金

賃銀　⇩賃金「賃金」の前に用いられた語。

参考「賃」は「お礼として払うもの」の意味。労働に対して何を払うかにつき、ゼニを「銀」と称したために古くは「賃銀」と書かれ、経済学用語も「賃銀」を用いた。法令用語は②の意味で「賃金」を用い、初めは清音でチンキンと読んだ。それが、①の意味でも「賃金」を用いるようになり、経済学用語の発音と同じく、濁音でチンギンと読んだ。経済学用語としても、「賃金」を用いることが多くなっている。

チンジ　名【珍事・椿事】

珍事　めったに起こることのない出来事。例校内第一の珍事　前代未聞の珍事　珍事奇談

×椿事　そう思っていないときに起こる重大な出来事。一大事。例春の夜の椿事　戦場の

椿事

参考「珍事」は「めずらしいこと」の意味。「椿」は日本では「つばき」であるが、本来は「霊木」。「荘子」によれば、「上古、大椿ナルモノアリ。八千歳ヲモッテ春トナシ、八千歳ヲモッテ秋トナス」とのこと。「ながいき」のことを「椿寿」という。そんなところから、「珍事」のうち「特に思い掛けないかわりごと」を、「椿事」と書くようになったが、混用されることが多い。対しても、本来の形「珍事」を用いるのが現代表記である。

チンセイ 名・サ変 【沈静・鎮静】

沈静 名・自動 物事が落ち着いて、穏やかになること。例景気が沈静する　騒音が沈静する

鎮静 名・他動 物事を終わらせて、穏やかにすること。例神経を鎮静する　動乱を鎮静する　鎮静剤

チンツウ 名、形動 【沈痛・鎮痛】

沈痛 名・形動 大きな悲しみを、強く感じること。例沈痛な面持ち　沈痛悲壮

鎮痛 名 イタミを抑えて、終わらせること。例鎮痛に効く薬　鎮痛剤

ついえる 自動 【潰・費】

▲潰 ⇩かな その形が崩れて、だめになること。例賊軍が潰える　潰え衰える　潰え去る　潰えを待つ

費 使っていくために、減って少なくなること。例資金が費える　時間が費える　費えも少なくない

ツイキュウ 名・サ変 **【追求・追究・追及】**

追求 欲しいと思うものを、どうしても持とうとすること。例利潤を追求する　願望を追求する　目的の追求　幸福の追求　合理性の追求　国益の追求

追究 分からないことを、どこまでも明らかにしようとすること。例真理を追究する　理論を追究する　学理の追究

追及 ①先に進むものに対し、あとからそこまで進むこと。例先進国に追及する　先発隊に追及する　②どこまでも詰めて、逃げることができないようにすること。例責任を追及する　犯人を追及する　追及の手を緩めない

参考「追究」の意味で「追窮」を用いたこともあるが、今は「追究」が一般である。

ついたち 名 **【一日・朔日】**

一日 月の第一日としてのツイタチ。例三月一日　一日から晦日(みそか)まで

×朔▲日 ⇩一日　月の最初の日としてのツイタチ。

参考 ツイタチは、「ツキのタツ日」の意味、ツキタチの音便である。それが「一日」であるところから、その熟字訓とした。また、漢語としては「ツキのハジメの日」の意味を持つ「朔日（サクジツ）」があり、これも熟字訓でツイタチとした。常用漢字表の付表の中には「ついたち」に「一日」が掲げられているから、このほうが現代表記である。

ついに 副 **【終・遂】**

▲終 ⇩かな　「始」の対。物事が、最後の段階でそのようになるようす。例終に去った　終に完成しなかった　終にない

▲遂 ⇩かな　物事が、結果としてそのようになるようす。例遂に完成した　遂に死んだ

遂に行く道

つかう 他動 【遣・使】

遣 物事を、役に立つように動かすこと。例金を遣う　気を遣う　心遣い　仮名遣い　手品遣い　小遣銭

使 物事を行わせるようにすること。例人を使う　機械を使って仕事をする　召使

つかえる 自動 【支・痞・閊】

▲支 ⇩かな　物事が先へ進む場合の邪魔となること。例結婚に支える病気　事務に支える　差し支える

×痞 ⇩かな　胸が詰まったような感じになること。例胸が痞えて苦しい　喉（のど）が痞える

×閊 ⇩かな　物事がそれより先へ進まないこと。例戸が閊える　先が閊えて動けない　事務が閊える

参考 一「差し支える」をサシツカエルと読むのは、常用漢字表の付表の中に掲げられている表内訓である。しかし、このことは「支」に「つかえる」という訓を掲げたことではないから、「支」を「つかえる」と読むのは表外訓である。二「閊」は国字で、モンをフサグ意味を表す。

つかえる 【仕・事】

仕 職員として、勤め先の仕事をすること。例会社に仕える　役所に仕える　仕え人

▲事 ⇩仕　目上の人のそばにいて、その用をすること。例師に事える　親に事える　夫に事える

つかさどる 他動 【司・掌】

▲司 ⇩かな　長となって、その仕事を行うこと。例農政を司る　宗派を司る者

▲掌 ⇩かな　役目として、その仕事を行うこと。例会計を掌る　消化を掌る器官

つかまえる　他動【摑・捉・捕】

×摑　⇩かな　手でしっかりと押さえて持つこと。例首を摑まえて放さない　棒を摑まえる　摑まえどころ

▲捉　⇩かな　手で持って、離さないこと。例大臣を捉まえて聞く　機会を捉まえる　言葉尻（じり）を捉まえる

捕　追い掛けていって、押さえること。例虫を捕まえて殺す　犯人を捕まえる　取っ捕まえる

注意　一「摑」の送り仮名は、旧表記では「える」だけであった。現代表記で「まえる」と送るのは、「摑む」に合わせたものである。二「捉・捕」の送り仮名を「まえる」とするのは、「とらえる」と読まれることを防ぐためである。

つかまる　自動【摑・捉・捕】

×摑　⇩かな　手でしっかりと押さえて持つこと。例棒に摑まる　手に摑まる

▲捉　⇩かな　手で持って、離さないこと。例先生が学生に捉まる　街の女に捉まる

捕　追い付かれて、押さえられること。例犯人が警官に捕まる　鬼に捕まる　速度違反で捕まる

注意　一「摑」の送り仮名を「まる」とするのは、「摑む」に合わせたものである。二「捉・捕」の送り仮名を「まる」とするのは、「つかまえる」を「まえる」と送るのに合わせたものである。

つかむ　他動【摑・攫】

×摑　⇩かな　手でしっかりと押さえて持つこと。例棒を摑む　幸運を摑む　大意を摑む　雲を摑むような話

×攫　⇩かな　押さえて、自分の持ち物とすること。例お金を攫む　女を攫む　攫み取り　鷲攫（わしづか）み

つく 自動【付・附】

付 離れないように一緒になること。例墨が顔に付く　名が付く　味方に付く　技術が身に付く　仕事が手に付かない　目に付く　飛び付く　お墨付き

▲附 ⇩付　そばに加わって離れないようになること。例条件が附く　病人に附く　附き添う　お附き合い

つく 自動【就・即・着】

就 ①そばに行くこと。例床に就く　緒に就く　先生に就く　②その仕事を行うこと。例職に就く　任に就く　守備に就く　帰途に就く　死に就く

▲即 ⇩かな　①特別の地位に、自分を置くこと。例位に即く　帝位に即く　②その場所のすぐそばにあること。例即くも離れるも即かず離れず

着 目的のところまで行くこと。例席に着く　家に着く　東京に着く　手紙が着く　行き着く　落ち着く

つく 自動【漬・浸】

漬 ツケモノができ上がること。例大根が漬く　漬物が漬く　よく漬いた菜っぱ

▲浸 ⇩かな　物が隠れるほど、水がいっぱいになること。例家に水が浸く　床上まで浸く　水に浸いた田

つく 他動【撞・衝・突】

×撞 ⇩突　目的のものに、勢いよく当てること。例鐘を撞く　半鐘を撞く　鐘撞堂　玉撞き

▲衝 ⇩突　特定のところへ、勢いよく向かわせること。例悪臭が鼻を衝く　口を衝いて出る　急所を衝く　不意を衝く　意気天を衝く　風雨を衝いて出発する

突 手前から向こうへ、強く力を加えること。例短刀で突く　心臓を突く　毬(まり)を突く　突き通す

つく 他動【舂・搗】

×舂 ⇩かな 「搗」に同じ。

×搗 ⇩かな 臼(うす)に入れて杵(きね)で打つこと。例米を搗く　餅(もち)を搗く

つく 自動【蹤・点・憑】

×蹤 ⇩かな そのあとに続いていくこと。例方針に蹤く　民衆が蹤いていく　子供が蹤いてくる

▲点 ⇩かな 火が燃え始めること。例火が点く　明かりが点く　ネオンが点く

×憑 ⇩かな 他の魂が移ってくること。例狐(きつね)が憑く　物の怪(け)が憑く

つぐ 自動【亜・次】

▲亜 ⇩次 二番めの位置にあること。例聖人に亜ぐ人　熱帯に亜ぐ地域

次 前にあるもののあとに、順に続くこと。例事件が次ぐ　富士山に次ぐ山　相次ぐ事件　取り次ぐ

つぐ 他動【継・嗣・接・注】

継 物のあとに物を置いて、間がないようにすること。例布を継ぐ　紙を継ぎ足す　仕事を引き継ぐ　遺志を継ぐ　夜を日に継いで働く　火鉢に炭を継ぐ

▲嗣 ⇩継 前の人の財産・名・芸などを受けて続けること。例家を嗣ぐ　跡を嗣ぐ　家元を嗣ぐ

接 物を合わせて、離れないようにすること。例骨を接ぐ　鉄板を接ぐ　接ぎ木　木に竹を接ぐ

▲注 ⇩かな 液体を、流すようにして入れること。例お茶を注ぐ　酒を注ぐ　醤油(しょうゆ)を注

ぐ　器に注ぐ　資金を注ぎ込む

つくる　他動【作・創・造】

作　手作業でこしらえること。また、無形のものをこしらえること。例米を作る　草花を作る　着物を作る　料理を作る　家具を作る　黄金作りの太刀　子供を作る　文を作る　和歌を作る　規則を作る　組合を作る　計画を作る　前例を作る　作り事　作り笑い

創　今までなかったものを、新しくこしらえること。例小説を創る　学校を創る　天地を創る

造　近代工業的にこしらえること。また、有形のものをこしらえること。例船を造る　自動車を造る　兵器を造る　貨幣を造る　綿布を造る　薬品を造る　酒を造る　味噌（みそ）を造る　庭園を造る　校舎を造る　記念碑を造る　石造りの家　新語を造る　万物を造る

つける　他動【付・附】

付　離れないように一緒にすること。例色を付ける　名を付ける　値を付ける　日記を付ける　目を付ける　気を付ける　力を付ける　味方に付ける　火を付けて逃げる　押し付ける　受け付ける　貸し付ける

▲附　⇩付　そばに加えて離れないようにすること。例付録を附ける　保険を附ける　利息を附ける　条件を附ける　期限を附ける　附け加える　附け焼き刃

つける　他動【就・即・着】

就　①そばに行かせること。例床に就ける　家庭教師に就ける　②その仕事を行わせること。例職に就ける　役に就ける　守備に就ける

▲即　⇩かな　特別の地位に、その人を置かせること。例位に即ける　帝位に即ける

着　①目的のところまで行かせること。例船を岸に着ける　車を玄関に着ける　仕事に手を着ける　目の着けどころ　②体に持つようにすること。例衣服を身に着ける　技術を腕に着ける

つける　他動【漬・浸】

漬　ツケモノにこしらえること。例大根を漬ける　塩を塗(まぶ)して漬ける

▲浸　⇩かな　物が隠れるほど、水をいっぱいにすること。例水に浸ける　薬品に浸けて消毒する

つける　他動【跟・点・憑】

×跟　⇩かな　そのあとに続いていくこと。例あとを跟ける　刑事が跟けてくる

▲点　⇩かな　火を燃え始めさせること。例たばこに火を点ける　電灯を点ける

×憑　⇩かな　他の魂を移っていかせること。例狐(きつね)を憑ける　憑(つ)き物を憑けられる

つち　名【地・土】

▲地　⇩かな　「天」の対。地球の表面のうち陸の部分。例死んで地に返る　天地(あめつち)の初め　地の神

土　草や木の生えるところに広がっているツチ。例土と石　土を積む　腐って土になる　土で壁を塗る　土煙　黒土　土一升金一升

つつ　名【銃・筒・砲】

▲銃　⇩かな　鉄砲の弾を打ち出すところ。また、鉄砲そのもの。例銃が響く　銃の音　小銃(こづつ)

筒　丸く長くて、中が明いているもの。例竹の筒　筒に入れる　筒袖(つつそで)　井筒

▲砲　⇩かな　大砲の弾を打ち出すところ。また、大砲そのもの。例砲が轟(とどろ)く　砲の煙　大砲(おおづつ)

つつしむ　自、他【謹・慎】

謹　自動　相手を上と見て、自分のほうを下にしようとすること。(「つつしんで」の形で用いる) 例謹んで聴く　謹んでお受けする　謹んで祝意を表する

慎　他動　思うことを、全部は行わないようにすること。例言葉を慎む　言動を慎む　酒を慎む　慎み深い

つつましい　形【倹・虔】

倹　⇩かな　使いたいものを、なるべく使わないようにするようす。例倹しい生活　倹しく暮らす

虔　⇩かな　相手を上と見て、自分のほうを下にしようとするようす。例虔しい態度　虔しく控える

参考　「倹」の本来の字訓は「つましい」。

つづまやか　形動【倹・約】

倹　⇩かな　使いたいものを、なるべく使わないようにするようす。例倹やかに暮らす　万事倹やかにする　倹やかな日常

約　⇩かな　言葉が少ないけれども、内容がまとまっているようす。例約やかに話す　約やかな言葉

つとめる　自、他【勤・努・勉・務・力】

勤　自動　与えられた仕事を、毎日のように行うこと。例会社に勤める　一日の勤めが終わる　本堂でお勤めをする　勤め上げた人

努　自動　物事を一生懸命に行うこと。例解決に努める　サービスに努める　努めている態度が見える　努めて早起きする

勉　⇩努　「努」に同じ。

務　他動　与えられた役目を行うこと。例議長を務める　投手を務める　兵役を務める

力　⇩努「努」に同じ。

つまずく　自動【蹉・躓】

蹉　⇩かな　物事を行っているとき、途中でそれ以上進まなくなること。例事業に蹉く　勉学の途中で蹉く

躓　⇩かな　歩いているとき、足先を突いて倒れそうになること。例石に躓く　躓いて倒れる

注意　旧仮名遣いは「つまづく」であるが、現代仮名遣いは、本則に従って、「つまずく」となる。

つまむ　他動【撮・抓・摘】

撮　⇩かな　「摘」に同じ。

抓　⇩かな　物の一部を指の先で挟んで引っ張ること。例皮膚を抓む　端を抓む　抓んで洗う

摘　⇩かな　物を指の先で挟んで取ること。例豆を摘まむ　寿司(すし)を摘まむ　摘まんで食べる

注意　「摘」の送り仮名を「まむ」とするのは、「摘む」に合わせたものである。「撮・抓」にはこのような対応がないので、送り仮名も活用語尾の「む」だけになる。

つらつら　副【孰・熟・倩】

孰　⇩かな　「熟」に同じ。

熟　⇩かな　物事をよく考えて、見たり行ったりするようす。例熟〻考えるのに　熟〻思えば

倩　⇩かな　「熟」に同じ。

つらなる　自動【列・連】

列　⇩連　特定の順序に置かれること。例壇上に列なる　末席に列なる　列なる面々

連　①次々と一つずつ続くこと。例田が連なる　海面が空に連なる　連なる山々　②他

人の犯罪に関係すること。例疑獄事件に連なる　選挙違反に連なる

注意「つらなる」の送り仮名を「なる」とするのは、「つらねる」を「ねる」と送るのに合わせたものである。

つらねる 他動【列・連】

▲列 ⇩連　特定の順序に置くこと。例名を列ねる　席を列ねる　机を列ねる

連　次々と一つずつ続けること。例車を連ねる　軒を連ねる　言葉を連ねる　袂(たもと)を連ねる

つる 他動【吊・釣】

×吊 ⇩かな　上のほうから下へぶら下げるようにすること。例天井から吊る　紐(ひも)で吊る　吊り下げる

釣　針などで引っ掛けて、上へ上げること。例魚を釣る　竿(さお)で釣る　釣り上げる　お菓子に釣られて行く　釣り込まれる　釣り合い　釣り銭

注意自動詞ツレルには「釣れる」のみを用いる。

参考ツル意味でツルスという語も用いられている。この場合は「吊す」を用いていたが、「吊る」に合わせて「るす」と送ることもある。また、仮名書きで「つるす」と書く。

つる 名【弦・絃・鉉・蔓】

弦　弓に張る糸としてのツル。例弓の弦　弦を打ち鳴らす　弦音

×絃 ⇩弦　楽器に張る糸としてのツル。例バイオリンの絃　絃を張る

×鉉 ⇩弦　鍋(なべ)などに付けてある取っ手としてのツル。例鍋の鉉　土瓶の鉉　鉉を持つ

×蔓 ⇩かな　植物の茎が細く長く伸びたツル。例朝顔の蔓　蔓草　芋蔓

つる 自動【痙・攣】

痙 ⇩かな 筋肉などが、縮んで動かなくなること。例筋が痙る　胃が痙る

攣 ⇩かな 一方に強く引かれて、形が悪くなること。例布が攣る　糸が攣る　編み目が攣る

つんざく 他動【擘・劈】

擘 ⇩かな 「劈」に同じ。

劈 ⇩かな 強く打って破ること。例耳を劈く鋭い音　空気を劈いて響く　岩をも劈く力

て

であう 名・自動【出会・出合】

出会 人と人が両方から来て、同じところで一緒になる。例友に出会う　人と人との出会い　出会い頭のあいさつ

出合 お互いに同じところへ来る。人や人以外のものを含む。例川が出合う　売買の出合い　出合い頭の事故　難問に出合う

参考「会」も「合」も「あう」であるが、「会」は「いっしょになる」意味、「合」は「たがいにおこなう」意味である。したがって、「出会う」は「出て会う」ことであり、「出合う」は「たがいに出る」意味になる。

テイ 語素【丁・叮・鄭】

叮 ⇩丁 手厚いことばを添えて頼むこと。例叮嚀（ていねい）

鄭 ⇩丁 真心を尽くして、一生懸命に行うこと。例鄭重

参考「叮」は「たのむ」意味が強く、「鄭」は「つとめる」意味が強いが、「ねんごろな気持ち

で行う」点では共通の意味を持っている。また、「丁」にも「たのむ」意味があり、テイネイは、旧表記でも「丁寧」のほうが一般であった。これに準じ、「鄭重」の「鄭」も、同音の「丁」に書き換えるのが現代表記である。

テイ **語素**【**丁・釘・幀**】

ソウテイ〔装丁・装釘・装幀〕（三二四ページ上段）を見よ。

テイ **名**【**体・底**】

体 外から見た物の形。例困惑の体　体よく断る　世間体が悪い　職人体の男　体たらく

底 物を段階づけた場合の程度。例この底の品　泥棒をする底の男

テイ **語素**【**低・底**】

低 「高」の対。場所が、下のほうにあること。例低地　低下　低調　低級　低姿勢　最低

底 内側のいちばん下の平らなところ。例底辺　底面　水底　底流　底止するところを知らない　払底　徹底　到底できない

テイ **語素**【**底・柢**】

×柢 ⇩底　木の下のほうの根に当たるところで、物事でいえば元になるところ。例根柢

参考「柢」は「ねもと」の意味、「底」は「そこ」の意味。いずれも「下のほう」という点では共通の意味を持っているため、「柢」を、同音で意味の似ている「底」に書き換えるのが現代表記である。

テイ **語素**【**抵・牴・觝**】

テイショク〔抵触・牴触・觝触〕（三八一ページ上段）を見よ。

テイ　語素【停・碇】

碇　⇩停　おもりの石としてのイカリを下ろすこと。例碇泊

参考「碇」は「いかり」の意味、「停」は「とまる」意味。したがって、「碇」と「停」とは、意味的には関係のない文字である。しかし、「碇泊」の場合に全体の意味を考え、「碇」の部分を、同音の「停」に書き換えるのが現代表記である。

テイ　語素【提・呈】

提　中にあるものを外に出すこと。例提出　提起　提示　提供　提案

呈　物を前のほうへ出すこと。例進呈　贈呈　献呈　奉呈　露呈　呈上

テイケイ　名【定形・定型】

定形　決まったありさま。目に見える物のカタチが、決まっていること。例定形のないもの　定形貨物　定形郵便物

定型　決まった様式。一つ一つの物のカタチをこしらえる元になるものが決まっていること。例定型詩　定型的な業務

テイジ　名・サ変【提示・呈示】

提示　取り出して、相手方に見せること。例資料を提示する　金額を提示する　提示して教える

呈示　⇩提示　見せなければならないものを見せること。例手形を呈示する　免許証を呈示する

参考「提」は「もちだす」意味、「呈」は「あらわす」意味。それに「示（しめす）」を組み合わせた「提示」（形のあるなしにかかわらず用いる）と「呈示」（形のあるものだけに用いる）は似ているが、法令用語としては使い分けられていた。今は、法令用語も「提示」に統一

して用いることになったため、その他も「提示」を用いるのが一般である。

テイシュツ　**名・サ変**　**【提出・呈出】**

提出　相手方に渡して、利用してもらうこと。例資料を提出する　予算を提出する　議案を提出する

呈出　⇩提出　相手方に渡して、希望どおりにしてもらうこと。例建議を呈出する　請願書を呈出する

参考「提」は「もちだす」意味、「呈」は「あらわす」意味。それに「出（だす）」を組み合わせた「提出」と「呈出」は同じような意味であるが、法令用語としては使い分けられていた。今は、法令用語も「提出」に統一して用いることになったため、その他も「提出」を用いるのが一般である。

テイショク　**名・サ変**　**【抵触・牴触・觝触】**

牴触　⇩抵触　決められたことに合わないこと。例秩序と牴触する　他の権利と牴触する　矛盾牴触

觝触　⇩抵触　決められたことに反すること。

参考「牴」は「ふれる」意味、「觝」は「あたる」意味。しかし、「觝ハ、牴ト同ジナリ」「牴ハ、アルイハ觝ニ作ル」とされている。そのため、「牴触」と「觝触」は、同じ意味に用いられていた。また、「牴」も「觝」も、「通ジテ抵ニ作ル」とされている。そこで、この意味の「牴・觝」を、同音の「抵」に書き換えるのが現代表記である。

テイネイ　**形動**　**【丁寧・叮嚀】**

丁寧　①注意が行き届いていること。例丁寧に調べる　丁寧な取り扱い　②相手方に対して手厚く親切なこと。例丁寧に案内する　丁寧な言葉

叮嚀　⇩丁寧　相手方に対して手厚く親切なこと。

［参考］「丁」も「寧」も「ねんごろ」の意味を持ち、「丁寧」という組み合わせで用いられていた。それが「くちでいう」ことを明らかにするため、「親切」の場合にクチヘンを付けても用いた。そのクチヘンを除き、「丁寧」に統一して用いるのが現代表記である。

テイネン　名【定年・停年】

定年　決められた年齢に達したときに、その理由でその地位を退かせること。［例］六十で定年になる　定年退職　定年退官　定年制を布く

停年　⇩定年　決められた年齢に達したときに、その地位をそれ以上は続けさせないこと。

［参考］「定」は「さだめる」意味、「停」は「とめる」意味。それに「年（とし）」を組み合わせた「定年」と「停年」は、内容のとらえ方が異なっていても、同じことを表していた。今は、裁判官・検察官・自衛官に「定年」、教育公務員に「停年」が用いられているが、法令用語としては「定年」に統一することになっている。そのため、一般にも「定年」のほうが用いられている。

テイホン　名【定本・底本】

定本　いろいろの本の違いを対比して、原本に近い形でまとめた本。また、著者が自分で誤りを直して作り上げた本。［例］定本源氏物語　定本を作る

底本　翻訳や復刻をする場合に、その元になるものとして用いる本。［例］初版を底本とする　底本を決める

テキ　語素【摘・剔】

テキシュツ〔摘出・剔出〕（三八三ページ上

段）を見よ。

テキカク 名・形動 **【的確・適確】**

的確 実際と合っていて、間違いがないこと。例的確に表現する 的確な判断を下す 的確な字句

適確 最も良い方法で、間違いがないこと。例適確に遂行する 適確な措置を講じる 適確な指示

注意 他に、「適格」という語がある。これは「資格に合っている」意味で、「適格者・適格審査」などと用いる。

テキシュツ 名・サ変 **【摘出・剔出】**

摘出 多くの中から取り出すこと。例見本を摘出する 該当者を摘出する 不良品摘出

×剔出 ⇩摘出 中を開けて取り出すこと。例異物を剔出する 盲腸を剔出する 眼球剔出

参考 「摘」は「つまむ」意味、「剔」は「えぐる」意味。それに「出（だす）」を組み合わせた「摘出」と「剔出」は、別の意味の語である。しかし、「とりだす」点では共通の意味を持っているため、「剔出」の「剔」を同音の「摘」に書き換え、「摘出」に「剔出」の意味も含ませるのが現代表記である。

テキセイ 名、形動 **【適正・適性】**

適正 名・形動 ちょうどよくて、一方に偏っていないこと。例適正な処置 適正な価格 適正に行う

適性 名 ちょうど合っている、生まれ付きの力。例適性のある人 速記の適性 適性検査

テキチュウ 名・サ変 **【的中・適中】**

的中 考えていたことが、実際にそのとおりになること。例予想が的中する 計略が的

中する

適中　⇩的中　考えていたことが、ちょうどそのとおりになること。

参考　「的」は「まと」の意味、「適」は「ちょうどいい」意味。それに「中（あたる）」を組み合わせた、「的中」と「適中」は、同じ意味に用いられている。今は、字画の少ない「的中」のほうが一般である。

てチョウ　名【手帳・手帖・手牒】

手帳　心覚えのために書き込む、小さなノート。例手帳に書き込む　メモ用の手帳　労働手帳

手×帖　⇩手帳　心覚えのために書き込む、小さな綴じた紙。

手×牒　⇩手帳　身分などを示す、心得などを記した小さなノート型のもの。例軍隊手牒　警察手牒

参考　「帳」は「ノート」、「帖」は「おりほん」、「牒」は「ふだ」の意味。「手」は「手回品」の意味。「手帳」と「手帖」は同じ意味に用いられていたが、「手牒」は別の意味に用いられていた。このうち、「手帳」と「手帖」を、「手帳」に統一するのが現代表記である。また、「手牒」のほうは、「牒」の部分を同音の「帳」に書き換え、「手帳」に、「手帖」だけでなく、「手牒」の意味も含ませるのが現代表記である。

テツ　語素【徹・撤】

徹　一方から入って、もう一方に出ること。例信念に徹する　貫徹　徹夜　徹底　透徹　徹頭徹尾

撤　要らなくなったものを、取り去ること。例兵を撤する　撤廃　撤回　撤去　撤収　撤退　撤兵

テン　語素【天・纏】

ハンテン〔半天・袢天〕（四四四ページ下段）

を見よ。

テン 語素 **【典・奠】**

コウデン〔香典・香奠〕（一九六ページ上段）を見よ。

テン 語素 **【転・顛】**

転 今まで向いていた方向と、別の方向へ向けること。例転向　転用　転送　転落　反転　心機一転

×顛 今までの状態と、上下が反対になるようにすること。例顛倒　顛覆　七顛八倒　顛末

参考「転」は「ころがる」で「向きを変える」意味、「顛」は「くつがえる」で「上下が反対になる」意味。「それまでの向きを保たない」点では共通の意味を持っているため、「顛倒」や「顛覆」の「顛」を、同音で意味の似ている「転」に書き換えるのが現代表記である。

デン 語素 **【殿・澱】**

×澱 液体の中のものが、沈んで下に溜(た)まること。例沈澱

参考「殿」は「しんがり」で「おわり・下」の意味。「澱」は「水の中で下にたまる」から、「殿」にサンズイを付けた。「沈澱」の場合に「澱」を、同音の「殿」に書き換えるのが現代表記である。

注意「澱粉」については、「殿」に書き換えない。学術用語としては、仮名で「でんぷん」と書く。

テンカ 名・サ変 **【転化・転嫁】**

転化 状態が、次の状態へ変わっていくこと。例糖分が葡萄(ぶどう)糖に転化する　転化を与える　転化の過程

転嫁 失敗の責任などを、他の人のものにすること。例責任を転嫁する　使用者に転嫁

する

デンキ　名　**【電機・電器】**

電機　電力を使って動かす機械。例動力用の電機　電機工業　重電機　軽電機

電器　電力を使って役立てる器具。例家庭用の電器　電器製造　小型電器　家庭電器

テンケイ　名　**【天恵・天啓】**

天恵　天から受けるメグミ。例天恵を受ける　天恵と感謝する　天恵の豊かな国

天啓　天が与えてくれるミチビキ。例天啓が下る　天啓に従う　天啓節

デンドウ　名・サ変　**【伝導・伝動】**

伝導　次々と移っていくこと。例熱が伝導する　電気の伝導　伝導体　伝導性

伝動　動く力が、別のところへ移ること。例回転を伝動する　伝動装置

テンペン　名、サ変　**【天変・転変】**

天変　名　天空に起こる、特別な動き。例天変が起こる　天変地異

転変　名・サ変　状態が次の状態に移っていくこと。例転変する世の中　有為（うい）転変　転変無常

テンレイ　名　**【典例・典令・典礼】**

典例　以前に行われたことで、今もよりどころとなる事柄。例典例があればそれに従う　法規典例

典令　定められている規則や命令。例典令を守る　典令の解釈　典令の適用

典礼　物事を行う場合に決まっているやり方。例儀式の典礼　礼拝の典礼

と

ト　語素【途・杜】

杜（×）　⇩途　通り道に物を置いて、通れないようにすること。例杜絶

参考「杜」は「ふさぐ」意味、「途」は「みち」の意味。したがって、「杜」と「途」とは、意味的には関係のない文字である。しかし、「杜絶」の場合に全体の意味を考え、「杜」の部分を、同音の「途」に書き換えるのが現代表記である。

トウ　語素【到・倒】

到　目的のところまで、行き着くこと。例
到着　到来物　殺到　用意周到

倒　立っているものが、横になること。例
転倒　絶倒　倒壊　卒倒　圧倒的　七転八倒

トウ　語素【討・蕩】

ソウトウ〔掃討・掃蕩・剿討〕（三二四ページ下段）を見よ。

トウ　語素【燈・灯】

燈　⇩灯　辺りを明るくする明かり。例燈火　燈台　燈明　電燈　街燈　点燈　走馬燈　常夜燈

参考「燈」は漢音・呉音ともトウ、「灯」は漢音テイ、呉音ジョウ、唐音チン。この二字は、本来別の文字だったので、当用漢字表には「燈」が掲げられていた。しかし、「灯」は、古くから「燈」の略字としても用いられていたため、常用漢字表では新字体（旧字体）として「灯（燈）」と掲げられている。

トウ　語素　【踏・沓】

沓　⇩踏　物が重なり合って進むこと。例雑沓

参考「沓」は「重なり合う」意味。「足が重なり合う」ところから、アシヘンを付けて「ふむ」とした。したがって、「沓」と「踏」とは、意味的にも関連を持っている。そこで、「雑沓」の場合に全体の意味を考えて、「沓」にアシヘンを付け、「沓」の部分を、同音の「踏」に書き換えるのが現代表記である。

トウ　語素　【踏・蹈】

踏　足を地に強く着けること。例踏砕　踏殺　踏石

蹈　⇩踏　足を動かして、順に進むこと。足ぶみすること。例舞蹈　蹈破　蹈青　蹈査　蹈襲

参考「踏」も「蹈」も訓は「ふむ」であるが、「踏」は「足を地に着けるだけ」の意味、「蹈」は「それを何回も繰り返して進む」意味。しかし、「蹈青・蹈破」などは、旧表記でも「踏青・踏破」と書かれていた。これを他にも及ぼし、「蹈」を、同音で意味の似ている「踏」に書き換えるのが現代表記である。

とう　他動　【訊・訪・問】

訊　⇩問　明らかでないことを聞いて、明らかにすること。例事情を訊う　警察で訊われる

訪　⇩かな　ほかの人のうちへ、わざわざ会いに行くこと。例友を訪う　史跡を訪う

問　①知らないことを、ほかの人に聞くこと。例安否を問う　道を問う　問いと答え　②できるだけ明らかにしようとすること。例責任を問う　罪に問われる

ドウ　語素　【道・導】

道 ①人の踏み行うべき正しいミチ。例常道 仏道 教義の伝道 文武両道 道教の道士 ②心に思うことを、言葉で言うこと。例報道 唱道 道破

導 迷うことがないように、目的地まで連れていくこと。例指導 先導 誘導 仏教の導師 熱の伝導

ドウ 語素【動・働】

動 「静」の対。続けて位置が変わること。例動力 行動 活動 別動隊 実動部隊 自動販売機

働 仕事を行うために、体をウゴカスこと。例労働 実働時間 稼働(かどう)率

ドウ 語素【童・僮】

×僮 ⇩童 召使の若者。例僮子 僮僕(どうぼく) 僮使

参考 「童」は「わらべ」の意味、それにニンベンを付けて「めしつかい」とした。しかし、「わかもの」という点では共通の意味を持っているため、「僮」の場合にニンベンを除き、同音の「童」を用いることが多い。

トウカツ 名・サ変【統括・統轄】

統括 別々になっているものを、一つにまとめること。例規則を統括する 事務を統括する

統轄 ⇩統括 別々に行っている仕事を、一つのところで取り締まること。例支店を統轄する 統轄監督

参考 「括」は「まとめる」意味、「轄」は「とりしまる」意味。それに「統(しめくくる)」を組み合わせた「統括」と「統轄」は、別の意味の語である。そのため、「まとめる」か「とりしまる」かで書き分けることもあるが、法令用語は「統括」に統一することになっており、一般でも、意味の広い「統括」が用いられるこ

とが多い。

トウキ 名【冬季・冬期】

冬季 一年を四つに区切ったうちの一つとしてのフユの間。例冬季のオリンピック　冬季の交通　冬季休業　冬季渇水　冬季攻勢

冬期 一定の尺度で日や月のまとまりを一区切りと定めたうちのフユの分。例冬期の講習会　冬期分校

ドウシ 名【同士・同志】

同士 互いに同じ状態にある人。例好きな同士　同士打ち　女同士　学生同士　仲間同士

同志 同じ主義主張を持っている仲間。例同志を集める　同志を募る　同志の人々　革命の同志　同志会

注意「同士」を「女同士」のように接尾辞として用いる場合には、現代表記として、仮名で「どうし」と書くことも行われている。

トウセン 名・サ変【当選・当籤】

当選 選挙によって選び出されること。例議員に当選する　当選御礼　市長当選二回　当選証書

当×籤 クジによって選び出されること。例公団住宅に当籤する　当籤番号　当籤金付き

参考「選」は「えらぶ」意味、「籤」は「くじ」の意味。それに「当（あたる）」を組み合わせた「当選」と「当籤」は、別の意味の語である。しかし、「あたる」点では共通の意味を持っているため、「当籤」の「籤」を同音の「選」に書き換えることがある。

注意「当籤」の場合は「当選」と区別すべきだとし、交ぜ書きで「当せん」と書くことも行われている。

とうとい 形【貴・尊】

貴　「賤」の対。それ自身の持っている価値や身分が、他よりも上であるようす。例貴い体験　貴い資料　貴い人命　貴いお方　貴い身分

尊　「卑」の対。それを大切にすべきものとして、特別の気持ちを持つようす。例尊い神尊い犠牲を払う　平和の尊さ

とうとぶ　**他動**　【貴・尚・尊】

貴　「賤」の対。それ自身の持っている価値や身分を、他よりも上と考えること。例人命を貴ぶ　名誉を貴ぶ　拙速を貴ぶ　時間を貴ぶ

▲尚　⇩貴　大切なものとして、行うように心掛けること。例武を尚ぶ　徳を尚ぶ　礼儀を尚ぶ　志を尚ぶ

尊　「卑」の対。それを大切にすべきものとして、特別の気持ちを持つこと。例神を尊ぶ祖先を尊ぶ　平和を尊ぶ

トウヨウ　**名・サ変**　【登用・登庸】

登用　能力のある人を、上の地位に就けること。例人材を登用する　登用試験

登庸　⇩登用　能力のある人を、上の地位に雇うこと。

参考「用」は「もちいる」意味、「庸」は「やとう」意味。それに「登（のぼる）」を組み合わせた「登用」と「登庸」は、同じ意味に用いられていた。今は、字画の少ない「登用」が一般である。

とおす　**他動**　【通・透】

通　「塞」の対。こちらから向こうまで、届くようにすること。例糸を通す　手を通す　座敷へ通す　鉄道を通す　法案を通す

▲透　⇩通　こちらから向こうまで、光が届くようにすること。例光を透す　ガラスを透して見る

とおる　自動　【通・透】

通　「塞」の対。こちらから向こうまで、届くこと。[例]紐(ひも)が通る　下まで通る　応接間へ通る　鉄道が通る　法案が通る

▲透　⇩通　こちらから向こうまで、光が届くこと。[例]光が透る　透(す)き透る

とが　名　【科・咎】

▲科　⇩[かな]　法律に反すること。[例]科を負う　重い科　その科軽からず

×咎　⇩[かな]　やり方を間違えること。[例]咎のないようにする　だれの咎でもない

とき　名　【時・秋】

時　過去・現在・未来と続く、その一点としてのトキ。[例]この時に当たり　書き入れ時　花見時

▲秋　⇩時　簡単に考えてはならない、重大なトキ。一大事のトキ。[例]危急存亡の秋　開戦の秋　落城の秋　行わんとする秋

[注意]　旧表記では、軽い意味で「行くトキは」「そのトキ」などと用いるトキも、漢字で「時」と書いたが、現代表記では仮名で「とき」と書く。ただし、「時は金なり」「時と場所」「時と場合」「時の人」など、トキそのものを表す場合には、現代表記でも漢字で書く。

トク　名、形動　【得・徳】

得　名・形動　「損」の対。儲(もう)けがあること。[例]五円の得　得な点　お得な品　お買い得

徳　名　良いことがあること。[例]三文の徳　徳用　お徳用品　徳用米

とく　他動　【解・説】

解　よく考えて、答えを出すこと。[例]問題を解く　謎(なぞ)を解く　疑問を解く　絵解き

説　よく分かるように、言葉で言うこと。

例理由を説く　意味を説く　説いて聴かせる

とく　他動　【解・梳・溶】

解　一つになっているものを、分けて離すこと。例結び目を解く　帯を解く　包みを解く　禁を解く　誤解を解く　職を解く　警戒を解く　包囲を解く

梳　⇩解　乱れている髪を、そろえること。例髪を梳く　櫛で梳く

溶　液体の中に他のものを入れて、全体を液体のようにすること。例水に溶く　絵の具を溶く

トクイ　名・形動　【得意・特異】

得意　自分で、特によくできると思っていること。例得意な学科　得意な芸

特異　ほかのものとは、はっきり違っていること。例特異な現象　特異な性格　特異体質

参考　同音語ではあるが、アクセントは「得意」が中高型、「特異」が平板型である。

ドクシュウ　名・サ変　【独習・独修】

独習　技術などを身につけるため、自分ヒトリで、繰り返し勉強や練習をすること。例英語を独習する　独習書　独習法　独習者　自宅独習

独修　⇩独習　知識や技術を身につけるため、自分ヒトリで勉強して、自分のものにすること。

参考「習」は「ならう」意味、「修」は「おさめる」意味。それに「独（ひとり）」を組み合わせた「独習」と「独修」は、同じような意味に用いられている。しかし、「独修」のほうは、「自分で修養する」という意味にも用いられたことがある。今は、「独習」のほうが一般である。

トクチョウ　名【特徴・特長】

特徴　他と違っていて、目立つところ。例特徴のある声　富士山の特徴　特徴的　特徴づける

特長　他と違っていて、良いところ。例この辞書の特長　特長は器用なこと

ドクトク　名【独特・独得】

独特　そのものだけが、特別に持っていること。例独特の方法　独特の調子　彼独特の話し方

独得　⇩独特　自分だけが、分かるようになったこと。

参考「独」は「ひとり」の意味、「得」は「える」意味。本来の表記は「独得」であったが、それが「特徴・特別」などとの関連から、「独特」とも書かれるようになった。今は、「独特」のほうが一般である。

とける　自動【解・融・溶・熔・鎔】

解　一つになっているものが、分かれて離れること。例帯が解ける　疑いが解ける

▲融　⇩解　固体のものが、液体になること。例氷が融ける　雪が融ける　飴(あめ)が融ける

溶　液体の中に他のものが入って、全体が液体のようになること。例砂糖が水に溶ける　溶質が溶媒に溶ける　地域社会に溶け込む

×熔　⇩溶　金属が熱せられて、液体のようになること。例鉄が熔ける　火で熔ける

×鎔　⇩溶　「熔」に同じ

どける　他動【除・退】

▲除　⇩かな　その場所から、他の場所に移すこと。例石を除ける　足で除ける　除けて道を開く

▲退　⇩かな　その場所から、離れるようにさせること。例見物人を退ける　退けて前へ

出る

ところ　名【所・処】

所　①物のある場所。例所が分からない　勘所　所払い　台所　出所　見所　聞き所　居所　死に所　②⇩かな　事柄の内容。例調べた所を述べる　思う所あって　言う所の　聞く所によると

処　①⇩所　物事を行う場所。例お休み処　お食事処　②⇩かな　その場面、その場所を表す場合に用いることば。例この処雨だ　至る処にある　盗む処を見た　出た処に車が来た　中すべき処　処が　処で

注意　㊀旧表記では、軽い意味で「あるトコロに」「悪いトコロ」などと用いるトコロも、漢字で「所」と書いたが、現代表記では仮名で「ところ」と書く。ただし、「所変われば」「時と所」「所番地」など、トコロそのものを表す場面には、現代表記でも漢字で書く。㊁「金ドコロか物もない」「当たるドコロか大損だ」「それドコロではない」など、補助的な意味に用いるドコロは、旧表記でも仮名で書いた。現代表記も仮名で書く。

とざす　他動【鎖・閉】

鎖　⇩閉　物を動かして、出入りができないようにすること。例戸を鎖す　門戸を鎖す　氷に鎖される

閉　本来は「とじる」。

注意　「閉」をトジルと読む場合の旧仮名遣いは「とぢる」であるから、「トザス」と自他の対応になっているわけではない。しかし、現代表記でトザスと読む場合は、「閉じる」に合わせたものである。「閉ざす」と送るのはこのような対応がないので、送り仮名も活用語尾の「す」だけになる。

とし 名【歳・年】

▲歳 ⇩年 本来は、立春から次の節分までの一年。今は、元日から大晦日（おおみそか）までの一年にも用いるが、慣用的な用い方が多い。例歳の豆 歳の市 歳の神

年 元日から大晦日までの一年。例年が明ける 年を取る 年の瀬 年の初め

トツ 語素【突・凸】

突 全体が、特に一方に長く出ていること。例突堤 突端 突出 突起 煙突

凸 中ほどや特定の部分が、特に高くなっていること。例凸レンズ 凸面鏡 凸版印刷 凹凸

トッカン 名、サ変【突貫・吶喊】

突貫 名・サ変 大声を出して、敵に向かって進むこと。例敵陣目掛けて突貫する 突貫の叫び 突貫玉砕

×吶×喊 名 大勢の者が一緒に叫ぶ大声。例吶喊の響き 軍旗を囲む吶喊

参考「突」は「つく」、「貫」は「つらぬく」意味。「吶」は「どもる」で「意味の分からない叫び」、「喊」は「おおごえ」の意味。それらを組み合わせた「突貫」と「吶喊」は、別の意味の語である。しかし、「吶喊」と「突貫」は共通の意味もあることから混用されることがある。

ととのう 自動【整・調】

整 乱れたところが、無くなること。例室内が整う 体裁が整う 準備が整う 隊列が整う

調 全部でき上がること。例嫁入り道具が調う 交渉が調う 縁談が調う 髪が調う

ととのえる 他動【斉・整・調】

▲斉　⇩かな　物事が正しく置かれるようにすること。例家を斉える　心を斉える

整　乱れたところがないようにすること。例隊列を整える　準備を整える　調子を整える

調　全部でき上がるようにすること。例費用を調える　味を調える　洋服を調える

とどまる　自動　【止・停・留】

▲止　⇩かな　次の段階へ進むことが、できないようになること。例足が止まる　一部に止まる　希望を言うだけに止まる　思い止まる　それのみに止まらない　止まるところを知らない

▲停　⇩かな　一時的に、進むことができないようになること。例たびたび停まって考える

▲留　⇩かな　他のところへ行かないようになること。例先方に留まる　現職に留まる　米国に留まる

注意「とどまる」の送り仮名を「まる」とするのは、「とどめる」を「める」と送るのに合わせたものである。

とどめる　他動　【止・停・留】

▲止　⇩かな　次の段階へ進ませないようにすること。例足を止める　行くのを止める　五人に止める　言うだけに止める　押し止める

▲停　⇩かな　一時的に、進ませないようにすること。例車を停めて見物する

▲留　⇩かな　他のところへ行かせないようにすること。例子を家に留める　名を留める　心に留める

となえる　他動　【称・唱】

▲称　⇩唱　声に出して言うこと。例念仏を称える　呪文(じゅもん)を称える　覇を称える

唱　大きな声で言うこと。例万歳を唱える　反対を唱える　平和を唱える

とばり　名【帷・帳】

×帷　⇩かな　張り巡らして、屋外の区切りとするもの。例帷を巡らす　夜の帷　霧の帷

▲帳　⇩かな　垂らして、室内の区切りとするもの。例帳を垂らす　仏前の帳　帳を上げて見る

とぶ　自動【跳・飛】

跳　足を使って、高く上がること。例足で跳ぶ　溝を跳ぶ　ぴょんぴょん跳ぶ　跳び跳(は)ねる　三段跳び

飛　①空中を、速く動くこと。例鳥が空を飛ぶ　弾が飛ぶ　家を飛び出す　海に飛び込む　噂(うわさ)が飛ぶ　②間に、無いところができること。例一つ飛んだ先の項目　一行(いちぎょう)飛んで次へ行く　飛び石

とまる　自動【止・駐・停・泊・留】

止　「動」の対。動いているものが、動かなくなること。例交通が止まる　機械が止まる　止まって動かない　水が止まる　成長が止まる　笑いが止まらない

▲駐　⇩留　動くものが、しばらくの間、同じところに置かれること。例軍隊が駐まる　駐まっている車

▲停　⇩止　動くものが、一時的に動かないようになること。例急行の停まる駅　電気が停まる

泊　船が、港に入って休むこと。また、うちの中で夜を過ごすこと。例船が港に泊まる　宿屋に泊まる

留　「去」の対。そのところへ来て、動かなくなること。例小鳥が木の枝に留まる　よく留まっていない　目に留まる　耳に留まる　お高く留まる　歩留まり

注意「とまる」の送り仮名は、旧表記では「る」だけであった。現代表記で「まる」と送るのは、「とめる」を「める」と送るのに合わせたものである。ただし、現代表記でも、「止る・泊る・留る」のように、「ま」を省く送り仮名が許容されている。

とめる　他動【止・駐・停・泊・留】

止　「動」の対。動いているものを、動かなくすること。例交通を止める　ラジオを止める　息を止める　痛みを止める　射止める　引き止める　足止め

▲駐　⇩留　動くものを、しばらくの間、同じところに置くようにすること。例軍隊を外国に駐める　車を駐めておくところ

▲停　⇩止　動くものを、一時的に動かないようにすること。例電車を停める場所　車を停めて乗る

泊　船を、港に入れて休ませること。また、うちの中で夜を過ごさせること。例船を港に泊める　友達を家に泊める

留　「去」の対。そのところに置いて、動かさないこと。例ボタンを留める　釘(くぎ)で留める　気に留める　心に留める　留め置く　書き留める

注意アシドメは「足留め」とも書くが、「足止め」のほうが一般的。

とも　名【共・供・友・与】

共　すべてを一緒にすること。また、同じであること。例夫婦共に働く　読み書き共に指導する　両案共に　送料共百円　共の切れ共々

供　あとについていく人。例供に従える　社長のお供をする　お供の人々

友　気の合う仲間。例友と交わる　心の友　友達

▲与　⇩共　同じ仲間になること。例与に進

む　与に図る　与に与に

［注意］「私ドモ」などのドモは、旧表記では漢字で「共」と書いた。現代表記では、仮名で「ども」と書く。

とら　名【寅・虎】

×寅　⇩［かな］　十二支の三番め。［例］寅年の生まれ。五黄(ごおう)の寅　寅の方角　寅の刻

虎　動物としてのトラ。［例］虎に襲われる　虎の威を借る狐(きつね)　虎退治　虎狩りに出る　頭を虎刈りにされる

とらえる　他動【捉・捕】

捉　手で持って、離さないこと。［例］手を捉える　機会を捉える　意味を捉える　要点を捉える　真相を捉える　言葉尻(じり)を捉える　捉えどころがない

捕　追い掛けていって、押さえること。［例］犯人を捕らえる　泥棒を捕らえる　密漁船を捕らえる

［注意］「とらえる」の送り仮名は、旧表記では「える」だけであった。「捕」の場合に現代表記で「らえる」と送るのは、「捕る」に合わせたものである。ただし、現代表記でも、「捕える」のように、「ら」を省く送り仮名が許容されている。

とらわれる　自動【囚・捕】

▲囚　⇩［かな］　①獄につながれること。［例］獄窓に囚われる　独房に囚われる　②考えなくてもよいことを、必要以上に考えること。［例］形式に囚われる　議論に囚われる　因習に囚われる　先入観に囚われる

捕　追い掛けられて、押さえられること。［例］敵に捕らわれる　犯人が捕らわれる

［注意］「とらわれる」の送り仮名は、旧表記では「れる」だけであった。「捕」の場合に現代表記で「らわれる」と送るのは、「捕る」に合

わせたものである。ただし、現代表記では、「捕われる」のように、「ら」を省く送り仮名が許容されている。

とり 名【**鶏・鳥・酉**】

▲鶏 ⇩かな 動物としてのニワトリ。または、その肉。例鶏を飼う　鶏の卵　鶏の鍋物（なべもの）　鶏料理　鶏肉

鳥 動物としてのトリ。例鳥が飛ぶ　小鳥　水鳥

×酉 ⇩かな 十二支の十番め。例酉年の生まれ　酉の日　酉の市（いち）　一の酉　酉の方角　酉の刻

注意「椋鳥（むくどり）・鵯（ひよどり）」など表外字を含む鳥名の現代表記は、「鳥」だけを漢字とするまぜ書きをしない。

とりこ 名【**擒・虜**】

×擒 ⇩かな 周りを囲まれて、動けなくなった敵。例城を擒にする　文学の擒になる

▲虜 ⇩かな 生きているまま捕らえた敵兵。例敗残兵を虜にする　虜の辱めを受ける

とる 他動

【**獲・穫・採・撮・執・取・摂・盗・捕**】

▲獲 ⇩取 漁や猟でエモノを捕まえること。例魚を獲る　雉（きじ）を獲る

▲穫 ⇩取 田や畑で作って、その実などを集めること。例米を穫る　穫り入れの時期

採 ほかのところから持ってきて集めること。例血を採る　芋から酒を採る　卒業生を採る　会議で決を採る　措置を採る　方針を採る

撮 写真機などで、とらえること。例写真を撮る　映画を撮る　事故現場を撮る　録画撮り

執 物をつかまえて放さないこと。また、仕事を行うこと。例筆を執る　態度を執る

責任を執る　事務を執る　手続を執る

取　①「捨」の対。付いているものを離すこと。また、自分のものにすること。例着物の汚れを取る　雑草を取る　手に取る　料金を取る　連絡を取る　②強意の接頭辞。例取り扱う　取り調べる

▲摂　⇩取　必要なものを中に入れて、自分のものとすること。例栄養を摂る　滋養分を摂る

▲盗　⇩取　ほかの人の持っているものを、かってに自分のものとすること。例財布を盗る　金を盗る

捕　動物や人を捕まえて放さないこと。例鼠(ねずみ)を捕る　ボールを捕る　生け捕る　捕り物

な

ない　形【亡・無】

亡　「存」の対。人が死んで、この世にいないようす。例今は亡い人　亡き父を偲(しの)ぶ　亡き数に入る　親を亡くす　交通事故で亡くなる

無　「有」の対。物が存在しないこと。また、持っていないこと。例有るか無いか　無い物ねだり　宿無し　財布を無くす　自信が無くなる

注意　「読まナイ・高くナイ・有名でナイ」など否定の意味のナイは、仮名で「ない」と書く。

ナイコウ　名・サ変【内向・内攻】

内向　心の働きが自分のほうにばかり入ってきて、外に出ないこと。例内向する性格　内向性　内向型

内攻　病気が体の中のほうへ入っていって、ますます悪くなること。例病気が内攻する

内攻すると致命的　内攻症状

なお 副、接【尚・仍・猶】

▲尚 ⇩かな 副・接　そのうえにさらに加えるようす。例尚続ける　尚五人いる　尚、この点は　尚、次の場合には　尚々　尚又　尚且つ　尚更

×仍 ⇩かな 副　今もまだ前と同じであるようす。例春仍浅い　着ても仍寒い　仍続けて見ている　今仍

▲猶 ⇩かな 副　ちょうどそれと同じだと考えられるようす。例猶昼のごとし　猶飛ぶがごとし

なおす 他動【治・直】

治　病気を無くして、健康にすること。例風邪を治す　傷を治す

直　悪いところを無くして、正しくすること。例誤りを直す　故障を直す　服装を直す　癖を直す

なおる 自動【治・直】

治　病気が無くなって、健康になること。例風邪が治る　怪我（けが）が治る　治らない病気

直　悪いところが無くなって、正しくなること。例故障が直る　歪（ゆが）みが直る

なか 名【中・仲】

中　上中下の一。区切られた部分の間。例箱の中　心の中　この中にある　中を取る　中休み　中程

仲　①人と人との交わり。例仲がいい　仲良し　恋仲　仲違（たが）い　仲直り　仲間　不仲　②二つのものに挟まれたマンナカ。例仲買い　仲値　仲働き　仲仕　仲人（なこうど）　仲買人

ながい 形【永・長】

永　時間が、いつまでも続くようす。例永

い人の世　永い一日　春の日永　永くその名が残る　永い眠りに就く　永の別れ　永く住む気はない　永年の経験　末永く契る　永々お世話になった　永続き

長　「短」の対。両端の離れる程度が大きいようす。例長い髪の毛　長い橋　長い道　長い年月　長い夜　秋の夜長　日が長くなる　気が長い　長い目で見る　長く伸びる　長引く　行列が長々と続く

なかみ　名【中身・中味】

中身　①刀剣の刃の付いている部分。例中身を抜く　月夜に光る中身　②入れ物の中に入れてあるもの。例箱の中身　鍋(なべ)の中身　計画の中身　予算の中身

中味　⇩中身　入れ物の中にある良い部分。

参考　「中身」というのは、「ナカにある本体」であり、刀剣についていうのが本来の用い方であった。それが他の場合にも用いられるとともに、「正味、薬味」などの「味」との関連から、「中味」とも書かれるようになった。今は、本来の形「中身」を用いるのが一般である。

ながや　名【長屋・長家】

長屋　屋根の長く続いている建物を区切り、各区切りを一つの住宅としたもの。例長屋に住む　長屋の大家(おおや)さん　裏長屋　長屋住まい

長家　⇩長屋　長く続いている家を区切り、各区切りを一つの住宅としたもの。

参考　ナガヤというのは「屋根の長い建て方」に特徴があり、「長屋」が本来の書き方であった。それが、「平家・二階家」などとの関連から、「長家」とも書かれるようになった。今は、本来の形「長屋」を用いるのが一般である。

ながら　助【乍・随】

×乍　⇩かな　そのことから考えられることとは、反対に続くときに用いることば。例気

付き乍ら教えない　貧しい乍ら楽しい　あるとは知り乍ら

▲**随**　⇩かな　①二つの動作が並んで行われることを表すことば。例見随ら食べる　歩き随ら話す　②そのまま、または、一緒であることを表すことば。例昔随らの習慣　いつも随らの話　親子随らの死　神(かん)随らの道

なぎさ　名【渚・汀】

×**渚**　⇩かな　海や湖の、波が寄せる砂地のところ。なみうちぎわ。例渚の砂　渚に潮が満ちる　渚に寄る波

×**汀**　⇩かな　海や湖の岸にある、平らなところ。みずぎわ。例汀に咲く花　汀の道　汀まで追い詰める　汀伝いに行く

なく　自動【泣・哭・啼・鳴】

泣　人が、涙を流してナクこと。例子供が泣く　殴られて泣く　泣き叫ぶ　泣いても笑っても

×**哭**　⇩泣　人が、悲しんでナクこと。例悲しんで哭く　親に死なれて哭く　死を悼んで哭く　哭き伏す

×**啼**　⇩鳴　鳥が、声を出してナクこと。例小鳥が啼く　雀(すずめ)が啼く

鳴　動物が、音を出してナクこと。例犬が鳴く　蝉(せみ)が鳴く　蟋蟀(こおろぎ)が鳴く　鳴かず飛ばず

なぐる　他動【殴・擲・撲】

殴　拳骨(げんこつ)や棒で、強く打つこと。例頭を殴る　ぽかぽか殴る　ごつんと殴る　横殴りに降る

×**擲**　⇩かな　物事を乱暴に行うこと。（他の動詞に付けて用いる）例書き擲る　塗り擲る　擲り書き

▲**撲**　⇩殴　平手で強く打つこと。例頬(ほお)を撲る　ぴしゃっと撲る

なげうつ 他動【擲・抛】

×擲 ⇩かな 特定の目的のために、大切なものを差し出すこと。例一命を擲つ　私財を擲つ　職を擲って

×抛 ⇩かな 「擲」に同じ。

なげく 自動【慨・嘆・歎】

▲慨 ⇩嘆 悪いことに対して、けしからんと思ったり言ったりすること。例汚職を慨く　世を慨く

嘆 「歎」に同じ。

×歎 ⇩嘆 悲しいことに対して、溜(た)め息をついたり涙を流したりすること。例死を歎く　病身を歎く　腐敗を歎く　学力の低下を歎く　末世(まっせ)を歎く

なげる 他動【投・抛】

投 ①手の力で、目標のところへ飛ばすこと。例ボールを投げる　槍(やり)を投げる　賽(さい)を投げる　身を投げる　②持っているものを離れたところに置くこと。例試験を投げる　仕事を投げる　匙(さじ)を投げる

×抛 ⇩投 手の力で、高く勢いよく飛ばすこと。例石を抛げて遊ぶ　抛げ込む

なす 他動【為・做・済・作・生・成】

▲為 ⇩かな 物事を、わざわざ行うこと。例事を為す　妨害を為す　無益のことを為す　為せば成る

×做 ⇩かな 特にそのように考えること。例もって勝ちと做す　過ちと做す　見做す　言い做す

▲済 ⇩かな 借りたものを返すこと。例借金を済す　済し崩しで返す

▲作 ⇩かな そのような形にこしらえること。例色を作す　山作す宝

▲生 ⇩かな 子供を産むこと。例子を生す

生さぬ仲

成　物事の形を仕上げること。例形を成す　体を成す　天然の良港を成す　原因を成す　産を成す　一家を成す　群れを成す　意味を成さない

なぞらえる　他動【擬・准・準】

▲擬　⇩かな　似たものと同じように考えること。例水に擬えて説明する　猛獣に擬える　外国品に擬えた品

▲准　⇩かな　「準」に同じ。

▲準　⇩かな　他のものと同じように考えること。例憲法に準えて解釈する　前例に準える

なダイ　名【名代・名題】

名代　その名が、広く知られていること。例名代の色好み　名代の蕎麦　名代のやり手

名題　歌舞伎や浄瑠璃などの題名。例芝居の名題　名題看板　名題役者

なにがし　名【何・某】

何　分量を、あいまいにするときに用いることば。例何がしかの金　何がしかのお礼　千円何がし

▲某　⇩かな　固有名詞を、あいまいにするときに用いることば。例何の某　田中某　某の重役

注意「何」の場合に「がし」と送るのは、「何者・何事」などの「なに」に合わせたものである。「某」のほうは、本来の名詞として、送り仮名を付けない。

なまぐさい　形【腥・生臭】

×腥　⇩かな　血のニオイがするようす。例腥い風が吹く　腥い戦場　血腥い

生臭　ナマの魚や肉のニオイがするようす。例生臭い魚　生臭い口　生臭坊主

なまける 自、他 **【惰・怠】**

▲惰 ⇩怠 **自動** 力や元気がなく、締まりが無くなること。例体が惰ける　惰けた顔

怠 **他動** 行うべきことを行わないこと。例仕事を怠ける　勉強を怠ける　怠け癖

なまぬるい 形 **【生温・生緩】**

生▲温 ⇩生ぬるい　温度が少し上であるが、良い感じがしないようす。例風が生温い　生温い湯

生▲緩 ⇩生ぬるい　規則どおりに行わなければいけないことが、十分に行われないようす。例取り締まりが生緩い　生緩い返事　生緩い課長

なみ 名 **【濤・波・浪】**

×濤 ⇩波　海に起こる大きなナミ。例濤が押し寄せる　千里の濤を越える

波　上下の運動でできるナミ。例波が立つ　波に乗る　雲の波　音の波　景気の波　人波

▲浪 ⇩波　海に起こる荒いナミ。例浪の洗う岸辺　浪に呑(の)まれる　津浪　大浪　高浪

なめる **他動** **【舐・嘗】**

×舐 ⇩かな　舌の先を動かして、物に触ること。例飴(あめ)を舐める　指を舐める　火が舐める　人を舐めるな

×嘗 ⇩かな　それがどんな苦しいものかを、実際に知ること。例苦労を嘗める　辛苦を嘗める

ならう 自、他 **【習・倣】**

習 **他動** 上手(じょうず)になるために、同じことを何回も繰り返し行うこと。例字を習う　音楽を習う　習い覚える　見習う　手習い　習い性(せい)となる

倣 **自動** すでにあることを元にして、その

とおり行うこと。例例に倣う　欧風に倣う　手本に倣う　顰(ひそみ)に倣う　以下これに倣う　右へ倣え

ならぶ 自動 【並・列】

並 二つ以上のものが同じように置かれること。例一列に並ぶ　並んで走る　並び立つ　歯並び

▲列 ⇩並　二つ以上のものが特定の順序に置かれること。例大きい順に列ぶ　末席に列ぶ

ならべる 他動 【並・列】

並 二つ以上のものを同じように置くこと。例料理を並べる　数字を並べる　肩を並べる　文句を並べる

▲列 ⇩並　二つ以上のものを特定の順序に置くこと。例古い順に列べる　成績で列べる

ならわし 名 【慣・習】

▲慣 ⇩習　毎日、同じように行っている物事。例朝六時に起きる慣し　散歩する慣し　慣しを改める

習 古くから、同じように行われている物事。例昔からの習わし　古い習わし　習わしに従う

注意「習」は、動詞「習う」の場合に合わせ、「わし」と送る。「慣」は、もともと動詞「慣す」から転じた名詞として、送り仮名「し」を付けることもあった。今は、「習」に合わせて「わし」と送ることが多い。

なる 自動 【為・生・成】

▲為 ⇩かな　今までとは違う状態に移ること。例人と為る　男に為る

▲生 ⇩かな　形のあるものができ上がること。例実が生る　桃が生る　枝もたわわに生

る

成　物事の形が仕上がること。例大事業遂に成る　酸素と水素から成る　各界代表から成る委員会　相成る　成り立つ

注意「大きくナル」「有名にナル」「先生にナル」などと用いるナルは、仮名で「なる」と書く。

なれる　自動【慣・狎・熟・馴】

慣　同じことを何度も行って、楽に行うことができるようになること。例事務に慣れる　土地に慣れる　習うより慣れろ　見慣れる　書き慣れる

狎　⇩かな　打ち解けて、礼儀を忘れた行いをすること。例恩寵に狎れる　狎れて礼を失する

熟　⇩かな　時間が過ぎて、ちょうど食べごろになること。例鮓が熟れる　塩辛が熟れる

馴　⇩かな　動物が、人に対して親しい気持ちを持つこと。子供や女にも用いる。例鳥が馴れる　馬が馴れる　人馴れする　馴れ初める

に

に　名【二・弐】

二　数字一般に用いる。例二万　二枚　二、三人

弐　重要な文書では、数字の混同を避けるため、特に「弐」を用いる。例金弐万円　参拾弐万壱千円

参考「二」は、書いたあとで「三・五・百」などに書き改めることができる。それを防ぐため、「二」の代わりに「弐」を用いる。

におう 自動 【香・臭・匂】

▲香 ⇩かな 鼻で、気持ちの良い感じを受けること。例酒が香う　香水が香う　鰻を焼くのが香う　ほんのりと香う

臭 鼻で、いやな感じを受けること。例便所が臭う　魚が臭う　ガスが臭う　腋臭が臭う　変に臭う　ぷんぷん臭う

匂 色がきれいで、特に良い感じを受けること。例花が匂う　朝日に匂う　咲き匂う

参考「匂」は国字。

にくむ 他動 【悪・憎】

▲悪 ⇩憎　悪いことに対して、けしからんと思うこと。例不正を悪む　汚職を悪む　罪を悪んで人を憎まず

憎 相手を嫌って、いつも心に思っていること。例相手を憎む　人の成功を憎む

にせ 名 【贋・偽・似】

×贋 ⇩偽　本物をまねて、そのとおりこしらえたもの。例贋の絵　贋金造り　贋の判を押す　贋鼾

偽 本物のように見えるけれども、本物ではないもの。例偽の札　偽の本人　偽の判が押してある

似 本物をまねて、そのとおりこしらえること。例似せの程度　似せ事　似せ絵

注意「似」は、動詞「似せる」から転じた名詞として、送り仮名「せ」を付ける。「贋・偽」は、本来の名詞として、送り仮名を付けない。

ニソク 名 【二足・二束】

二足 靴・下駄など、一組みを一足とした場合の二組み。例靴二足　二足の草鞋を履く

二束 紐などで結わいてタバにしたものを

一束とした場合の二タバ。例薪二束　二束三文で売る

にわかに　副【俄・遽】

×俄　⇩かな　物事が起こると思っていないときに、急に起こるようす。例俄かに降りだす　一天俄かに掻(か)き曇る　俄か雨　俄か勉強

×遽　⇩かな　物事が必要なときに、すぐその場で行うようす。（下に打消の語が来る）例遽かに改めることができない　遽かに予断を許さない

ニン　語素【任・認】

任　思うとおりにさせておくこと。例任意　一任　信任　委任　自由放任

認　してもよろしいとして許すこと。例承認　黙認　公認　是認　認可　認証　認知　認定

ぬく　他動【貫・抽・抜】

▲貫　⇩かな　中に穴を開けて、紐(ひも)などを通すこと。例玉を貫いた飾り　糸を貫く

▲抽　⇩抜　中にあるものから、その一部を取り出すこと。例カードを抽く　籤(くじ)を抽く

抜　中にあるものを、外に取り出すこと。例刀を抜く　毛を抜く　染みを抜く　気を抜く　書き抜く

ぬける　自動【脱・抜】

▲脱　⇩抜　①ついているべきものが、離れてしまうこと。例毛が脱ける　人形の首が脱ける　②その場所から外へ出てしまうこと。例会を脱ける　党を脱ける　包囲を脱ける

抜 ①中にあるものが、無くなってしまうこと。例中身が抜ける　底が抜ける　空気が抜ける　気が抜ける　②こちら側から、向こう側まで届くこと。例穴が抜ける　道が抜ける　村へ抜ける道

ぬすむ 他動 【偸・盗】

偸 ⇩盗　上手（じょうず）に使って、役に立てること。例寸暇を偸む　一刻を偸む　人目を偸む　安きを偸む

盗 ほかの人の持っているものを、かってに自分のものとすること。例金を盗む　計画を盗む　盗み出す　盗み聴き

ぬるい 形 【温・緩】

温 ⇩かな　そのものの全体の温度が、満足な状態より低いようす。例お湯が温い　温い風呂（ふろ）

緩 ⇩かな　悪い意味で、適当に行われているようす。例やり方が緩い　仕事が緩い　手緩い

ね

ネイ 語素 【寧・嚀】

テイネイ〔丁寧・叮嚀〕（三八一ページ下段）を見よ。

ねえさん 名 【姉・姐】

姉 同じ親から生まれた関係にある年上の女。例姉さんと妹　兄（にい）さんと姉さん

姐 ⇩かな　特定の集団の中で先輩の女。女の人を親しんで呼ぶ場合にも用いる。例姐さん芸者　ちょっとそこの姐さん

注意　かつて女性の使用人をネエヤと呼ぶ場合、旧表記では「姐や」と書いた。現代表記では、

仮名で「ねえや」と書く。

ねじれる 自動 【捻・捩】

▲捻 ⇩かな 関節などが、向きの変わった悪い状態になること。例足が捻れる　手の筋が捻れる

×捩 ⇩かな 正しい状態から回って、正しくない状態になること。例紐（ひも）が捩れる　性質が捩れる

ねたむ 他動 【猜・嫉・妬】

×猜 ⇩かな 良い状態にある人に対し、悪いことが起こればよいと、強く思うこと。例優等生を猜む　金持ちを猜む　猜んで意地悪をする

▲嫉 ⇩かな 自分以外の者との間で愛情が進むことに対して、悪い気持ちを強く持つこと。例交際を嫉む　逃げた女を嫉む　嫉んで殺す

妬 相手方が良いほうへ向かうのに自分がそうなれないことについて、悪い気持ちを持つこと。例成功を妬む　幸福を妬む

ねまき 名 【寝巻・寝間着】

寝巻 夜、ネルときに体に着ける衣服。例寝巻きで寝る　浴衣（ゆかた）の寝巻き

寝間着 夜、ネル部屋で体に着ける衣服。例寝間着で寛（くつろ）ぐ　寝間着のガウン　寝間着姿で会う

参考 「寝巻き」と「寝間着」は、用途が異なるので、それぞれに応じて使い分けることになった。

ねむる 自動 【睡・眠】

▲睡 ⇩眠 寝てはいけないときに、眼を閉じてネムルこと。例授業中に睡る　睡って下を向いている　昼食後少し睡る

眠 寝るべきときに、眼を閉じてネムルこ

と。例夜よく眠る　草木も眠る丑満時(うしみつどき)　床の中で眠っている　蚕が眠る　冬は眠って過ごす

ねる　他動【煉・練・錬】

×煉　⇩練　粉などを、水とよく混ざる状態にすること。例白粉(おしろい)を煉る　薬を煉る　煉り固める　煉り雲丹(うに)　煉り歯磨き

練　伸ばしたり、押したり、固めたりして、良い状態にすること。例土を練る　絹を練る　案を練る　文章を練る　練り糸　練り塀

▲錬　⇩練　熱したり、冷やしたり、たたいたりして、良い状態にすること。例鉄を錬る　体を錬る　錬り金

ねる　自動【寝・寐】

寝　寝床の上に横になること。例ベッドの上に寝る　寝て新聞を読む　資産が寝る

×寐　⇩寝　目を閉じて、ぐっすりネルこと。例ベッドで寐る　よく寐る　寐る子は育つ　寝ても寐られない

ネンキ　名【年季・年期】

年季　仕事を行うことを、義務づけられた期間。例年季を入れる　年季が明く　年季を抜く　年季奉公

年期　⇩年季　奉公することを、約束した期間。

参考　一年を「一季」、半年を「半季」として奉公する場合に、「年季」という語を用いた。しかし、「その期間」というところから、「季」の代わりに「期」が用いられるようになった。今は、本来の形「年季」のほうが一般である。

ネンパイ　名【年配・年輩】

年配　ある程度の年を取った年齢。例年配になる　年配の婦人　年配の係員　同年配の人

年輩　⇩年配　ある程度の年を取った人々。
参考「配」は「くばる」で「ちょうどよい」意味、「輩」は「やから」で「同じような人たち」の意味。それに「年（とし）」を組み合わせた「年配」と「年輩」は、同じような意味に用いられている。今は、字画の少ない「年配」のほうが一般である。

ネンレイ　名　【年齢・年令】

年齢　生まれてから今まで過ごしてきた年月によって数える年の数。例年齢を偽る　年齢別

年令　⇩年齢　「年齢」に同じ。

参考「齢」は「よわい」であるが、ツクリが音を示しているところから、ツクリの「令」だけで「齢」の代わりに用いることが行われた。しかし、常用漢字表は、「齢」と「令」とを別の字としているから、本来の用い方に従って「年齢」と書くことになる。

注意「年齢」の場合に「年令」と書くことはあっても、「妙齢・老齢・高齢」などに「令」を用いるのは誤り。

ノウ　語素　【悩・脳】

悩　悪いことを無くそうとしても、無くすことができないで困ること。例苦悩　煩悩　悩殺

脳　頭の働きの元になるところ。例頭脳　脳髄　脳裏　洗脳　首脳部

ノウ　名　【能・脳】

能　物事を行うことができる力。例能がない　その能ではない　出るだけが能ではない

脳　頭の働きの元になるところ。例脳が弱

い

のがれる 自動【逃・遁】

逃　危険な場所から、遠くへ離れること。例難を逃れる　刑を逃れる　責任を逃れる　外に逃れる

遁[×]　⇩逃　その場所から離れて、隠れること。例世を遁れる　俗世間を遁れる　山に遁れて暮らす

注意　他動詞ノガスには、主として「逃」を用いる。

のける 他動【除・退】

除[▲]　⇩かな　その場所から、他の場所に移すこと。例石を除ける　取り除ける　女を除けて考える

退[▲]　⇩かな　その場所から、離れるようにさせること。例人を退ける　退けて前へ出る

参考　常用漢字表の付表の中には「たちのく」に「立ち退く」が掲げられているから、この形は表内訓である。しかし、このことは、「退」に「のく」という訓を掲げたことではないから、「退」を「のく・のける」と読むのは表外訓である。

のこす 他動【遺・残】

遺[▲]　⇩残　死んだあとなどに、物事をそのままにしておくこと。また、そのままの形で伝えること。例財産を遺す　妻子を遺して死ぬ　作品を遺す　教訓を遺す　名声を遺す　悔いを遺す　言い遺して死ぬ

残　全部を使ってしまわないで、余りを出すこと。また、そのままでいつまでも置くこと。例食べ物を残す　予算を残す　香りを残す　記憶に残す　小金を残す　書いて残す　言い残して去る

注意「残す」は、接尾辞として、「することをノコス、全部してしまわないでその一部をその

ままにしておく」意味にも用いる。「書き残したことに気付く」は、このほうの用例である。

のこる　自動　【遺・残】

▲遺　⇩残　死んだあとなどに、物事がそのままになっていること。また、そのままの形で伝わること。例財産が遺る　死後に妻子が遺る　作品が遺る　名声が遺る　悪例が遺る　未完の原稿が遺っている

残　全部を使ってしまわないで、余りが出ること。また、そのままの形でいつまでもあること。例食べ物が残る　予算が残る　残り少なになる　残りなく使う　口伝えに残る　記憶に残る　雨が朝まで残る　暑さが残る　生き残る

注意「残る」は、接尾辞として、「することがノコル、全部が終わらないでその一部がそのままになっている」意味にも用いる。「消え残る雪」「散り残る花」は、このほうの用例である。

のせる　他動　【載・乗】

載　物を、車などの上に積むこと。また、物の上に物を置くこと。例自動車に貨物を載せる　台の上に本を載せる　雑誌に広告を載せる　原簿に載せる

乗　人を、車などの上に移すこと。また、上に移して共に動かすこと。例電車に乗せて帰す　電波に乗せて送る　計略に乗せる

のぞく　他動　【覗・覘】

覗　⇩かな　中の状態が、どうなっているかを見ること。例鍵穴(かぎあな)から覗く　部屋の中を覗く

覘　⇩かな　相手方の状態が、どうなっているかを見ること。例敵状を覘く　会社を覘く

のぞむ　自、他　【望・臨】

望 他動 ①そうなってほしいと考えること。例成功を望む　報酬を望む　望みを達する
②遠くのほうを見ること。例対岸を望む　遠くに湖を望む高台

臨 自動 ①その場所に出ること。例儀式に臨む　試合に臨む　機に臨んで　終わりに臨んで　②すぐその横にあること。例道路に臨む　湖に臨む公園

のち 名【后・後】

▲后 ⇩後「後」に同じ。

後「前」の対。物事が行われる順序として見た場合のその次。例晴れ後曇り　帰った後に来る　後程

参考「后」は、呉音ゴで、「後」の略字としても用いた。これを、本来の「後」で書くのが現代表記である。

のばす 他動【延・伸】

延 同じものを、付け加えて長くすること。時期をあとにすること。水分を多くすること。例線を延ばす　ホームを延ばす　開会を延ばす　決定を延ばす　糊(のり)を延ばす　絵の具を延ばす

伸「屈」の対。それ自身の全体を長くすること。例針金を伸ばす　皺(しわ)を伸ばす　手足を伸ばす　羽を伸ばす　勢力を伸ばす　輸送力を伸ばす

のびる 自動【延・伸】

延 同じものが、付け加わって長くなること。時期があとになること。水分が多くなること。例地下鉄が郊外まで延びる　寿命が延びる　期日が延びる　出発が延びる　饂飩(うどん)が延びる　延び延びになる

伸「屈」の対。それ自身の全体が長くなること。例ゴムが伸びる　草が伸びる　身長が伸びる　学力が伸びる　販路が伸びる　伸び

上がる　伸び縮み　背伸び　伸び伸びする

のべる　他動　【述・宣・陳】

述　考えていることを、言葉で言うこと。例考えを述べる　意見を述べる

▲宣　⇩述　多くの人に向かって、言葉で言うこと。例公約を宣べる　全員の前で宣べる

▲陳　⇩述　一つ一つ取り上げて、言葉で言うこと。例事情を陳べる　問われて陳べる　陳ぶれば

のべる　他動　【延・伸】

延　同じものを、広げて長くすること。時期を次にすること。例床を延べる　支払いを延べる　繰り延べる　日延べ　延べで百人

伸　「屈」の対。それ自身を、目的のところまで長くすること。例救済の手を伸べる　差し伸べる

のぼる　自動　【昇・上・登】

昇　高いところへ向かって、勢いよく動いていくこと。例日が昇る　煙が昇る　地位が昇る　天に昇る

上　「下」の対。低いところから、高いところへ進むこと。例坂を上る　物価が上る　寒暖計が上る　損害が一億円に上る　上り坂　上り列車　お上りさん

登　「降」の対。高いところにある目的の場所に行くこと。例山に登る　木に登る　壇に登る　鰻(うなぎ)登り

のむ　他動　【飲・喫・呑】

飲　「食」の類。ノミモノを、口から中に入れること。例水を飲む　酒を飲む　薬を飲む　牛乳を飲み込む

▲喫　⇩かな　たばこの煙などを、少しずつ口から中に入れること。例たばこを喫む　阿(あ)

片（へん）を喫む

呑　⇩かな　固体を、かまないで口から中に入れること。例丸薬を呑む　蛇が卵を呑む　恨みを呑む　欠伸（あくび）を呑む　こつを呑み込む　清濁併せ呑む

のり　名【則・典・法】

則　⇩かな　それぞれの場合に決まっている法則。例則を守る　則とする

典　⇩かな　物事を行う場合の、手本となる理論。例典を貴ぶ　典を聴く　典を広める　万古不易の典

法　⇩かな　①守らなければならない規則。例法に従う　法を破る　法を越える　②測ったときの長さ。例内法（うちのり）　外法　道法　法高

のりかえる　他動【乗換・乗替】

乗換　その乗り物を降りて、別の乗り物に乗ること。例電車を乗り換える　別の馬に乗り換える　乗換駅

乗替　乗っていた乗り物をやめて、別の乗り物にすること。例牛を馬に乗り替える　別の店に乗り替える

のる　自動【載・乗】

載　物が、車などの上に積まれること。また、物の上に物が置かれること。例車に載る荷物　机の上に載っている本　新聞に載った広告　歴史に載る大事件

乗　人が、車などの上に移ること。また、上に移って共に動くこと。例電車に乗る人　馬に乗る　風に乗って飛ぶ　電波に乗る　相談に乗る　調子に乗る

のろう　他動【呪・詛】

呪　物事に対して、満足しない気持ちを強く持つこと。例世を呪う　獣（けだもの）だと呪う

詛　⇩かな　神などに頼んで、相手方に悪

いことが起こるようにすること。例詛って殺す　詛いを掛ける

は

ばあさん 名【婆・祖母】

婆 ⇩かな 老人の女の人を親しんで呼ぶことば。例隣の婆さん　昔々お爺(じい)さんとお婆さんがいました

祖母 ⇩かな 父または母の母に当たる人。例お祖母さんの米寿の祝い　お祖母さんの郷里

ハイ 語素【杯・盃】

杯 酒を飲むときに用いる、小さな器。例杯を挙げる　乾杯　返杯　杯洗　杯盤狼藉(ろうぜき)　玉杯

盃 ⇩杯 賞品・記念品として用いるサカズキ。例天皇盃　養老盃　金盃　賜盃　祝盃

参考「盃」は、本来は「杯」の俗字であるが、サラのほうがキよりもりっぱに見えるため、旧表記では、賞品や記念品などに「盃」を書くことが多かった。この場合も、正字の「杯」で書くのが一般的である。

ハイ 語素【背・悖】

悖 ⇩背 正しい道理に従わないで、反対のことを行うこと。例悖徳

参考この音の「悖」は「もとる」意味、「背」は「そむく」意味。いずれも「反する」点では共通の意味を持っているため、「悖」を、同音で意味の似ている「背」に書き換えることが多い。

ハイ 語素【排・廃】

排 中から外のほうへ、無理に進ませるこ

と。例万難を排する　排出　排斥　エンジンの排ガス　排気ガス　排煙装置　妨害を排除する

廃　役に立たなくなって、捨てること。例虚礼を廃する　廃止　廃棄処分　廃物　石油精製の廃ガス　撤廃　廃藩置県　荒廃　相続人を廃除する

ハイ　語素【廃・癈】

×癈　重い障害の残る怪我や病気。また、その状態。例癈兵

参考「廃」は「すたれる」意味。病気としてそのような状態になる場合、マダレをヤマイダレに改めた。しかし、「癈ハ、通ジテ廃ニ作ル」とされている。そこで、ヤマイダレをマダレに改め、病気の場合にも「廃」を用いることが多い。

バイ　語素【梅・黴】

バイドク〔梅毒・黴毒〕（四二四ページ下段）を見よ。

バイ　語素【売・買】

売　物を相手方に渡して、代わりに金を受け取ること。例売価　売却　非売品　販売　即売　売買

買　金を相手方に渡して、代わりに物を受け取ること。例買収　購買力　不買同盟　買弁資本

ハイザン　名・サ変【敗残・廃残】

敗残　戦いに負けて、まだ生きていること。例敗残する部隊　敗残兵

廃残　落ちぶれて、また体がだめになって、まだ生きていること。

参考「敗」は「やぶれる」で「まける」意味、「廃」は「すたれる」で「だめになる」意味。それに「残（のこる）」を組み合わせた「敗

残」と「廃残」は、別の意味の語である。しかし、今はハイザンを戦いの場合に用いるため、「敗残」が一般である。
注意 「廃残」は、「物がだめになったままある」意味で、「廃残した寺院」などと用いられたこともある。

ハイジョ　名・サ変【排除・廃除】

排除　その中に入れないで、別にしてしまうこと。例障害を排除する　他の規則を排除する　集中排除

廃除　その権利を捨てさせて、別にすること。例相続人の廃除を請求する　遺言によって廃除する

ハイソウ　名・サ変【敗走・背走】

敗走　戦いに負けて、後ろへ逃げること。例猛攻を受けて敗走する　敗走する敵兵を撃つ

背走　前に向いたまま、後ろのほうへ速く進むこと。例目を離さず背走する　背走して安全地帯に行く

バイドク　名【梅毒・黴毒】

梅毒　ウメのような模様のでる性病。例梅毒に罹(かか)る　梅毒患者

黴毒　⇩梅毒　皮膚が青黒くなる毒を持っている性病。
参考 性病としては、本来の書き方が「黴毒」であった。その皮疹(ひしん)の模様が梅の花の形に似ているため、「梅毒」とも書かれるようになった。これを、「梅毒」に統一して用いるのが現代表記である。

ハイフ　名・サ変【配布・配付・配賦】

配布　広く一般に渡すこと。例選挙公報を配布する　配布刊行物　配布網　駅頭でビラを配布する

配付　特定の一人一人に渡すこと。例資料を配付する　配付議案　各団体に配付する

配賦　それぞれに割り当てること。例人口に応じて配賦する　負担金を配賦する　予算の配賦

参考　法令用語としては、「配布」と「配付」を「配布」に統一して用いることになっているが、一般には使い分けられている。

ハイレツ　名・サ変　【配列・排列】

配列　それぞれに分けて並べること。例踏み石を配列する　順に配列する　模様の配列　展示品の配列

排列　⇩配列　全体を順に一列に並べること。

参考　「配」は「くばる」意味、「排」は「おしのける」から転じて「つらねる」意味。それに「列（ならべる）」を組み合わせた「配列」と「排列」は別の意味の語で、「配列」は平面的または立体的に並べ、「排列」は線的に並べる意味であった。今はその区別を無くし、意味の広い「配列」を用いるのが一般である。

注意　図書館用語では、「五十音順ハイレツ」などの場合に、「排列」を用いている。

はう　自動　【延・這・匍】

▲延　⇩かな　一面に延び広がること。例蔦（つた）が延う　延い広がる　延い纏（まつ）わる

×這　⇩かな　うつぶせになって動き回ること。例地面を這う　虫が這う　這い回る　這い上がる

▲匍　⇩かな　「這」に同じ。

はえる　自動　【映・栄】

映　光を受けて、全体がきれいに見えること。例紅葉が夕日に映える　和服の映えるお嬢さん　映えない仕事　その柄（がら）では帯が映えない　夕映え　代わり映えがしない

栄　努力や値打ちが認められること。例優勝に栄えるチーム　栄えある勝利　見事な出来栄え　見栄えがする

はかる　他動【計・測・量】

計　まとめて数えたり考えたりすること。例時間を計る　数量を計る　国の将来を計る　設立を計る　計り知れない恩義　まんまと計られる

測　長さなどを明らかにすること。例距離を測る　標高を測る　水深を測る　面積を測る　傾きを測る　速度を測る　能力を測る　測定器で測る

量　①重さや、嵩(かさ)を明らかにすること。例目方を量る　体重を量る　升で量る　容積を量る　分量を量る　量り売り　②多分こうだろうと考えること。例相手の心中を量る　推し量る

はかる　他動【諮・図・謀】

諮　互いに思っていることを言って考えること。例審議会に諮る　重役会に諮る　お諮りいたします

図　物事を行おうとして、いろいろ考えること。例合理化を図る　促進を図る　便宜を図る　図らずも

謀　よくないことを行おうと、一緒に考えること。例暗殺を謀る　悪事を謀る　相謀って行う

ハキ　名・サ変【破棄・破毀】

破棄　①形を壊して、使えないようにすること。例書類を破棄する　伝統を破棄する　②約束事を一方的に取り消すこと。例約束を破棄する　契約の破棄

破毀　⇩破棄　上級の裁判所が、原判決を取り消すこと。例判決を破毀する

参考「棄」は「すてる」意味、「毀」は「こわす」意味。それに「破（やぶる）」を組み合わせた「破棄」と「破毀」は、別の意味の語であった。しかし、「取り消す」点では共通の意味があり、現在では法令用語の「破毀」も、「破棄」に統一して用いることになっている。

ハク 語素【拍・搏】

×搏 力を入れて、強く打つこと。例脈搏

参考「搏」も「拍」も「うつ」意味であるが、「搏」は「つよくうつ」意味、「拍」は「リズムをつけてうつ」意味。しかし、「搏ハ、拍ナリ」とされている。そこで、「脈搏」や「搏動」の場合、「搏」の部分を、同音で意味の似ている「拍」に書き換えるのが現代表記である。

ハク 語素【迫・魄】

×魄 「魂」の類。人間が生きている本になっているもの。例気魄

参考「魄」も「魂」も「たましい」で、「魄」は「陰の精気」、「魂」は「陽の精気」とされている。いずれにしても、「魄」は、「迫（せまる・おいつめる）」とは別の意味の文字である。しかし、「気魄」の場合に全体の意味を考え、「魄」の部分を、同音の「迫」に書き換えるのが現代表記である。

はく 他動【刷・掃】

▲刷 ⇩かな 刷毛（はけ）で、払うようにして塗ること。例紅を刷く　金色に刷く　薄く刷く

掃 道具を使って、芥（ごみ）などを集めて捨てること。例箒（ほうき）で掃く　部屋を掃く　庭を掃く

はく 他動【嘔・吐・噴】

×嘔 ⇩吐 口から、続けて外へ出すこと。例血を嘔く　食べたものを嘔く　げろを嘔く

吐 「呑」の対。口から外へ、勢いよく出すこと。例唾（つば）を吐く　息を吐く　大言を吐く

気炎を吐く

▲噴 ⇩吐　空気と一緒に、勢いよく外へ出すこと。例火山が煙を噴く　火の粉を噴く　舌端火を噴く

はく 他動【穿・佩・履】

×穿 ⇩かな　体の下半分に着るものを着ること。例ズボンを穿く　靴下を穿く　パンツを穿く　袴(はかま)を穿く

×佩 ⇩かな　武器を腰に着けること。例刀を佩く

履　歩くために足に着けるものを足に着けること。例下駄(げた)を履く　靴を履く　草履を履く　履き違える

はぐ 他動【矧・接・剝】

×矧 ⇩かな　鳥の羽根を棒に付けて矢をこしらえること。例白羽で矧いだ矢

▲接 ⇩かな　小さい布などを続けて一つにすること。例小切れを接ぐ　継ぎ接ぎの着物　掛け接ぎ

剝　表面に付いているものを力を入れて無理に取り去ること。例皮を剝ぐ　着物を剝ぐ　剝ぎ取る

バク 語素【暴・曝】

バクロ〔暴露・曝露〕（このページ下段）を見よ。

はぐくむ 他動【育・哺】

育　世話をして、大きくすること。例子供を育む　幼君を育む

▲哺 ⇩かな　食べ物を与えて、大きくすること。例親鳥が雛(ひな)を哺む　ひよこを哺む

バクロ 名・サ変【暴露・曝露】

暴露　隠していることを無理に取り出して、外から分かるようにすること。例内情を暴露

する 欠陥を暴露する 暴露記事

×曝露 ⇩暴露 外に置いて、風や雨に当てること。例原野に曝露する 風雨に曝露する

参考「暴」は「あばく」意味、「曝」は「さらす」意味。それに「露（あらわす）」を組み合わせた「暴露」と「曝露」は、別の意味の語であった。しかし、旧表記では「暴露」の意味で「曝露」を用いることも行われた。これを逆にし、「暴露」に「曝露」の意味も含ませるのが現代表記である。

はげしい 形【劇・激・烈】

▲劇 ⇩激 力が特に強く働いて苦しいようす。例暑さが劇しい 痛みが劇しい 職務が劇しい

激 普通の程度以上になるようす。例競争が激しい 議論が激しい 戦いが激しい 流れが激しい

▲烈 ⇩激 静かなところが少しも感じられないようす。例風が烈しい 火勢が烈しい 気性が烈しい 勢いが烈しい 言葉遣いが烈しい

はげる 自動【禿・剥】

×禿 ⇩かな 表面に生えているものが無くなること。例頭が禿げる 山の木が禿げる 禿げた丘 禿げ山

剥 物の表面を覆っているものが無くなること。例漆が剥げる 鍍金(めっき)が剥げる 色が剥げる

はこ 名【函・筥・篋・箱】

×函 ⇩箱 物を包む形のハコ。例手紙を受ける函 函と蓋(ふた)とが相応じる

×筥 ⇩箱 円い形のハコ。例飾り筥 宝石筥 筥文

×篋 ⇩箱 長方形のハコ。例竹で編んだ篋

箱 物を入れる大きなハコ。例箱に入れる

箱に詰める　お菓子の箱　汽車の箱　箱入り娘

ハサイ　名・サ変　【破砕・破摧】

破砕　壊して、小さくすること。例岩石を破砕する　粉末に破砕する

破×摧　⇩破砕　壊して、だめにすること。例容器を破摧する　敵を破摧する　陣地を破摧する

参考「砕」は「くだく」意味、「摧」は「くじく」で「だめにする」意味。それに「破（やぶる）」を組み合わせた「破砕」と「破摧」は、別の意味の語であった。しかし、「こわす」点では共通の意味を持っているため、「破摧」の「摧」を同音の「砕」に書き換え、「破砕」に「破摧」の意味も含ませるのが現代表記である。

はさむ　他動　【挟・剪・挿】

挟　左右から近づけて、物をその間に入れること。例箸（はし）で挟む　書類に挟む　指を挟まれる　川を挟んで対立する　挟み撃ち

×剪　⇩かな　鋏（はさみ）で切ること。例髪を剪む　枝を剪む　爪（つめ）を剪み切る

▲挿　⇩かな　物と物との間に入れること。例本の間に挿む　栞（しおり）を挿む　条文を挿む

はじめ　名　【始・首・初・創】

始　「終」の対。物事を新しく行うこと。例始めと終わり　手始め　事始め　御用始め　歌会始め

×首　⇩初　順に並ぶ場合の、いちばん先のもの。例社長を首めとして　校長を首めとして

初　物事と新しく関係を持つとき。例年の初め　春の初め　初めの日　初めのうちは初めこう思った

▲創　⇩初　今までなかったものを新しくこしらえたとき。例会社の創め　世界の創め

はじめる　他動【始・創】

始　「終」の対。物事を新しく行うこと。例勉強を始める　会議を始める　九時に始める　書き始める

▲創　⇩始　今までなかったものを新しくこしらえること。例会社を創める　事業を創める　神の創めた世界

はじらう　自動【羞・恥】

▲羞　⇩恥　ハズカシそうな身振りをすること。例羞じらう少女　羞じらって顔を隠す　花も羞じらう娘盛り

恥　ハズカシイ気持ちになること。例赤面するほど恥じらう　恥じらうところがない

注意「はじらう」の送り仮名は、旧表記では、名詞「はじ」に送り仮名を付けないのに合わせ、「らう」とした。現代表記で「じらう」と送るのは「恥じる」に合わせたものである。ただし、現代表記でも、「恥らう」のように、「じ」を省く送り仮名が許容されている。

はしる　自動【趨・走】

×趨　⇩走　一方に集まること。例感情に趨る　極端に趨る　名利に趨る

走　歩くよりも、ずっと速く進むこと。例道を走る　全力で走る　走り回る　走り書き

はじる　自動【愧・慙・恥】

×愧　⇩恥　見苦しいことをしたために、ハズカシク思うこと。例涙を愧じる　病床を愧じる

×慙　⇩恥　悪いことをしたために、ハズカシク思うこと。例汚職を慙じる　不貞を慙じる

恥　自分の思うようにできなかったために、ハズカシク思うこと。例失言を恥じる　落第を恥じる

はずみ　名【機・弾】

機（▲）⇩かな　物事が行われるに至るキッカケ。例転んだ機みに　時の機み　妙な機みでどうした機みか

弾　勢いよく跳ね返ること。例球の弾み　弾みが付く　弾みよく進む　弾みが出てくる　弾みを受ける

注意「弾」は、動詞「弾む」から転じた名詞として、送り仮名「み」を付ける。「機」は名詞にのみ用いるが、読みやすくするため、最後の音節「み」を送る。

はた　名【端・傍】

端　物のある横のところ。例池の端　川の端　炉端　船端　道端　井戸端

傍（×）⇩端　物のある周りのところ。例傍で見る　傍目には　傍迷惑　傍騒がせ

はだ　名【肌・膚】

肌　人間の体の表面の部分。例肌が白い　肌を脱ぐ　女の柔肌（やわはだ）　職人肌　肌着　肌寒い

膚（▲）⇩肌　物の表面に現れている部分。例木の膚　山の膚　鳥膚が立つ　鮫膚（さめはだ）

はたあげ　名【旗揚・旗挙】

旗揚　物事を新しく始めること。例公演の旗揚げ　東京で旗揚げする　新運動の旗揚げ

旗挙　新しく兵を起こすこと。例源氏の旗挙げ　辺境で旗挙げする

はたけ　名【畑・畠】

畑　本来は「はた」。

畠（×）⇩畑　野菜や麦などを作るところ。例畠に植える　畠を耕す　畠違い

参考 ㊀旧表記では、「畑」を「はた」、「畠」を「はたけ」と区別して用いることが多かった。

しかし、同じ意味の場合には混用されることもあった。これを、「畑」に統一して用いるのが現代表記である。㈡「畑」も「畠」も国字で、水田に対するカワイテイル田（区画地）を表す。

はたち 名 【二十・二十歳】

二十 人の年齢が二十のこと。例二十になる 十九や二十で 二十で成人 二十過ぎればば

二十歳 人の年齢としての二十歳。

参考 ㈠「はたち」は本来「二十」そのものであったが、今は「二十歳」のときだけに用いる。㈡常用漢字表の付表の中には、「二十」も「二十歳」も「はたち」として掲げられているから、いずれも表内訓である。

ハツ 語素 【発・撥・潑】

×撥 ⇩発　勢いよく元の状態に戻すこと。例反撥

×潑 ⇩発　勢いよく周りに飛び散ること。例活潑

参考 「発（發）」は、本来は「はじきだす」意味。それにテヘンを付けて「手ではじきだす」意味を表し、また、サンズイを付けて「水をはじきだす」意味を表した。しかし、「はじきだす」点では共通の意味を持っているため、「反撥」の場合は「撥」を「活潑」の場合は「潑」を、同音の「発」に書き換えるのが現代表記である。

ハツ 語素 【発・醱】

×醱 ⇩発　菌の作用により、時間を掛けて酒や味噌（みそ）などをこしらえること。例醱酵

参考 「醱」は「酒をかもす」意味、そこで、「はじきだす」意味の「発（發）」をツクリとし、サケヅクリをヘンとした。「醱酵」の場合、そのサケヅクリを除き、「醱」の部分を、同音の「発」に書き換えるのが現代表記である。

ハッコウ　名・サ変【発行・発効】

発行　名・他動　必要な書類や本を作って渡すこと。例証明書を発行する　著書を発行する

発効　名・自動　法律や規則が、その力を持つようになること。例条約が発効する　四月一日から発効する

バッスイ　名・サ変【抜粋・抜萃】

抜粋　良いところを取り出すこと。例関係記事から抜粋する　論文から抜粋する

抜×萃　⇩抜粋　中から取り出して集めること。例関係記事を抜萃する　人物を抜萃する

参考「粋」は「よいところ」の意味、「萃」は「あつめる」意味。それに「抜（ぬく）」を組み合わせた「抜粋」と「抜萃」は、別の意味の語であった。しかし、「ぬきだす」点では共通の意味を持っているため、「抜萃」の「萃」を同音の「粋」に書き換え、「抜粋」に「抜萃」の意味も含ませるのが現代表記である。

ハップン　名・サ変【発奮・発憤】

発奮　元気を出して、物事を行うこと。例発奮して勉強する　発奮して事に当たる　発奮興起

発憤　しないことがあってはいけないと思って、物事を行うこと。

参考「奮」は「ふるう」意味、「憤」は「いきどおる」意味。それに「発（おこす）」を組み合わせた「発奮」と「発憤」は、同じような意味に用いられていた。今は「発奮」を用いるのが一般である。

はて　名【果・涯】

果　物事が続いて起こる、その最後のところ。例人生の果て　この世の果て　果てはどうなるか

▲涯 ⇩果 物事が続いて存在する、その最後のところ。［例］世界の涯　海の涯　涯はどうなっているか

［注意］「果」は、動詞「果てる」から転じた名詞として、送り仮名「て」を付ける。「涯」は、本来の名詞として、送り仮名を付けない。

はな 名、語素 【花・華】

花 **名** 草や木に咲くハナそのもの。［例］桜の花　花も実もない　花の都パリ　花形スター

華 ①**語素** ハナのようにきれいなこと。［例］華やか　華やぐ　華々しい　②**名** ハナのようにきれいなもの。［例］華と散る　火事は江戸の華

［注意］常用漢字表の音訓欄では「華」に「はな」という訓を掲げてあるが、例欄には「華やか・華やぐ・華々しい」だけが示されている。単独のハナについては、仮名で「はな」と書くこともある。

はなし 名 【咄・話・噺】

×咄 ⇩［かな］ 笑いを求めてまとめた、落語などのハナシ。［例］寄席の咄　落とし咄　咄家

話 内容を、言葉で言い表したハナシ一般。［例］先生の話　話が纏(まと)まる　話変わって

×噺 ⇩話 一続きの内容を持つ、物語としてのハナシ。［例］お婆(ばあ)さんの噺　お伽(とぎ)噺　一口噺

［参考］「噺」は国字で、アタラシイことをイウ意味を表す。

［注意］「はなし」は、動詞「はなす」の意味を持っている場合に送り仮名「し」を付けるが、名詞としての「はなし」には送り仮名を付けない。［例］お話しになる　お話しする　お話をする　話にならない

はなす **他動**【**放・離**】

放 自由でなかったものを、自由にさせること。例鳥を放す　見放す　突き放す　放し飼い　手放し

離 間が大きくなるように動かすこと。例間を離して植える　仲を離す　目を離す　切り離す

はなれる **自動**【**放・離**】

放 自由でなかったものが、自由になること。例矢が弦を放れる　親の手から放れる　束縛から放れる　放れ馬　株価の上放れ

離 間が大きくなるように動くこと。例職を離れる　人心が離れる　遠く離れた町　離れ島　離れ離れ

はなれわざ **名**【**離業・放業**】

離業 普通の人の仕方とは大いに異なる芸当。例サーカスの離れ業　危ない離れ業

放業 ⇩離業　立ったりつかまったりするところのない危ない芸当。

参考「離」も「放」も「はなれる」であるが、「離」は「間があいている・普通の人と異なる」意味、「放」は「自由になる・つかまるところがない」意味。それと「業（わざ・しごと）」を組み合わせた「離れ業」と「放れ業」では、「離れ業」のほうが意味が広いともされて今は、「離れ業」が一般に用いられている。

はね **名**【**羽・羽根**】

羽 鳥などが飛ぶために用いるハネ。例羽で飛ぶ　蝶の羽　飛行機の羽　羽が生えたように売れる

羽根 鳥などの体に生えているハネ。例赤い羽根　羽根飾り　正月の羽根突き　扇風機の羽根　羽根車

はねる 自､他 【跳・撥・刎】

跳 自動 足を使って、何回も高く上がること。例馬が跳ねる　魚が跳ねる　炭が跳ねる　値段が跳ねる

撥 ⇩跳　他動 勢いよく、周りに飛び散らすこと。例泥を撥ねる　筆を撥ねる　撥ね返す　撥ね上げる

刎 ⇩かな　他動 勢いよく、刀で切り落とすこと。例首を刎ねる　上前(うわまえ)を刎ねる　刎ね付ける

はばむ 他動 【沮・阻】

沮 ⇩阻「阻」に同じ。

阻 進んで来る相手方を、押さえて止めること。例敵を阻む　阻まれて進めない

はめ 名 【羽目・破目】

羽目 建物の側面に付けてある板の部分。例羽目の板　羽目を外す

破目 ⇩羽目　周りの状態が進んだために感じる、苦しい立場。例破目に陥る　とんだ破目になる

参考「羽目」は、本来「建物の側面の板」で、「はめこむ」意味であった。それが「苦しい立場」の意味になり、「破目」とも書かれるようになった。しかし、建築用語が「羽目」となっているため、「苦しい立場」の場合にも、「羽目」を用いるのが一般である。

はやい 形 【疾・早・速】

疾 ⇩速　特に、突然過ぎていくようなハヤイに用いることがある。例疾い矢　疾い弾丸　疾い風

早 ①「晩」の対。物事を、始めたり終わったりする時刻や時期が、前であるようす。例時期が早い　早く起きる　②物事を、急いで行うようす。例早馬　早口　早替わり　手

っ取り早い　言うより早く

速　「遅」の対。一つのところからもう一つのところまで動くのに、掛かる時間が少ないようす。例流れが速い　投手の球が速い　テンポが速い　足が速い

はやめる　他動　【早・速】

早　物事を、始めたり終えたりする時刻や時期を、前にすること。例期日を早める　出発を早める

速　「遅」の対。一つのところからもう一つのところまで動くのに、掛かる時間を少なくすること。例速度を速める　テンポを速める　回転を速める

はら　名　【肚・腹】

×肚　⇩腹　考えや行いの、元になる部分。例肚を決める　肚が据わる　肚が太い　肚が分からぬ　肚に一物（いちもつ）

腹　体の中で、胸から下の前の部分。例腹に巻く　腹を壊す　腹が痛い　腹を立てる　腹帯

はらう　他動　【掃・払・祓】

▲掃　⇩払　手や道具を使って、芥（ごみ）を取り除くこと。例埃（ほこり）を掃う　雪を掃う　露を掃う　威厳地を掃う

払　その目的のために、特に動かすこと。例金を払う　売り払う　注意を払う　尊敬を払う　犠牲を払う

×祓　⇩かな　神に祈って、悪いことを取り除くこと。例罪を祓う　汚れを祓う　祓い清める

はらむ　他動　【妊・孕】

▲妊　⇩かな　「孕」に同じ。

×孕　⇩かな　女の体の中に、子供ができること。例子供を孕む　女を孕ませる　風を孕

んだ帆

はり 名【鉤・針・鍼】

鉤 ⇩針　先の曲がった形のハリ。例鉤に掛ける　鉤に餌（え）を付ける　釣り鉤（ばり）

針 物を縫うために用いるハリ。例針と糸で縫う　計器の針　注射の針　針の目　針の山　針金　針仕事

鍼 ⇩針　物を刺すために用いるハリ。例鍼を患部に刺す　治療用の鍼　鍼の名手　鍼医

はる 他動【張・貼】

張 引き伸ばして、長くしたり広くしたりすること。例綱を張る　網を張る　帆を張る　テントを張る　宴を張る　見えを張る　意地を張る　体を張る

貼 ⇩張　薄い平らなものを、表面に付けること。例切手を貼る　膏薬（こうやく）を貼る　封筒を貼る　ポスターを貼る　貼り紙　貼り札

はれる 自動【晴・霽】

晴 空に雲が無くなること。例空が晴れる　疑いが晴れる　気分が晴れる　日本晴れ　晴れの場所

霽 ⇩晴　降り続いた雨が終わること。例雨が霽れる　霧が霽れる　空が霽れる

ハン 語素【反・半】

反 二つ合わせたうちの、その一つ。例反対　反転　盾の反面

半 全体を二つに分けた、その一つ。例半分　半身　半月　顔の半面

ハン 語素【反・叛】

反 本来の状態とは、逆の関係になること。例反抗　反逆　反動　反撃　反響　反作用

叛 ⇩反　従うべき相手方に、従わないこ

と。例叛旗　叛将　叛兵　叛徒　叛逆　叛乱　背叛　離叛

参考「反」は「かえる」で「くつがえる」意味、「叛」は「そむく」意味。「叛乱・背叛・離叛」などは、旧表記でも「反乱・背反・離反」のほうが一般であった。これを他にも及ぼし、「叛」を、同音で意味の似ている「反」に書き換えるのが現代表記である。

ハン　名・語素【判・版】

判　①紙・書物などの大きさ。例大判の本　A5判　新書判　②しるしとなる印（いん）。例判を押す　三文判

版　印刷して、書物をこしらえること。例版を重ねる　初版　新版　絶版　平版印刷　出版

注意「いつも同じように行われる場合」の「ハンで押したように」には、もとは印刷用の「版行」の読みが略されて「ハンコ」となり、さらに「ハン」となったもの。今は意味の同じ「判」が用いられる。

ハン　語素【板・版】

板　薄く平たくした堅いイタ。例鋼板　鉄板　合板　看板　甲板　乾板

版　印刷のために用いる図形。例木版　活版　版画　版権　写真版

注意　ハンガ・ハンギなどは「板画・板木」とも書いたが、今は「版画・版木」のほうが一般的。

ハン　語素【班・斑】

斑　地色の上に見えるいろいろな形の模様。例斑点　斑紋　紫斑

参考「斑」は「まだら」の意味、「班」は「わける」で「半分ずつ」の意味。「斑点」を「班点」とするのは誤り。

ハン 語素【範・汎】

汎 全体に、一様に行き渡っていること。例広汎

参考「汎」は「水にただよう」意味から転じて「ひろい」意味、「範」は「のり」で「きまり・ひろがり」の意。そこで、「広汎」の場合、「汎」を同音の「範」に書き換えたことにより、一部の医学用語を除き、「広範」を用いるのが一般的である。

ハン 語素【繁・煩】

繁 物事が多くて、勢いが大きくなること。例繁茂　繁栄　繁華街

煩 物事が多くて、苦しい状態になること。例煩雑　煩多　煩忙

参考「繁」は「しげる」意味、「煩」は「わずらわしい」意味。共通の意味もあるが、細かい点では異なっている。

ハン 語素【繁・蕃】

ハンショク〔繁殖・蕃殖〕（四四三ページ上段）を見よ。

バン 語素【板・鈑】

×鈑 イタガネ。金属を、板のように薄く打ち延ばしたもの。例鈑金

参考「鈑」は「のべがね」の意味、「板」は「いた」の意味。しかし、「薄く平ら」という点では共通の意味を持っているため、「鈑金」の場合、カネヘンをキヘンに改め、「鈑」を、同音の「板」に書き換えるのが現代表記である。

バン 語素【蛮・蕃】

蛮 文化が開けていないこと。例奥地の蛮人　野蛮　蛮族　蛮習　蛮風　蛮力　蛮勇　蛮行　蛮声

×蕃 治めている範囲より外のところ。また、

そこに住んでいる人。例蕃人　蕃族　蕃民　蕃地　蕃風　蕃社

参考「蛮」は「南方のえびす」であるが、「未開」の意味になった。「蕃」は「えびす」で、本来は「外国・外国人」の意味であるが、原住民を指すようになった。「原住民」という言い方をするときには「未開」の意味が含まれることも多いので、「蕃族」など、一部の「蕃」を、同音で意味の似ている「蛮」に書き換えることがある。

バン 語素【盤・板】

バンダイ〔盤台・板台〕（四四四ページ上段）を見よ。

バン 語素【盤・磐】

盤 物を載せる大きなサラ。例将棋の盤　配電盤　円盤　盤面　地盤　岩盤

×磐 広く大きなイシ。例落磐　磐石(ばんじゃく)

参考「盤」は「さら」の意味、「磐」は「いわ」の意味。いずれも大きく広がっているので、「般（本来は大きなフネ）」のアシにサラまたはイシを付けた。

ハンガ 名【版画・板画】

版画 印刷用の台に絵をかいて絵の具を塗り、それを印刷した絵。例年賀状用の版画　木版画　銅版画

板画 ⇩版画　イタに絵をかいて絵の具を塗り、それを印刷した絵。

参考「版」は「印刷用の台」の意味、「板」は「いた」の意味。「画」は「え」の意味。印刷したものは「版画」であったが、「木のイタ」に原画をかく場合には「板画」とも書かれた。今は、意味の広い「版画」が一般である。

ハンコウ 名・サ変【反攻・反抗】

反攻 負かそうと進んで来た相手方に対し、

逆にこちらが相手方を負かそうと進むこと。例機を見て反攻する　反攻に転じる　反攻期の戦局　反攻作戦

反抗　相手方の思うこととは逆に行おうとすること。例命令に反抗する　反抗期の子供　反抗的態度

ハンザツ　名・形動　【繁雑・煩雑】

繁雑　物事が多くて、込み入っていること。例繁雑な構造　繁雑な事務

煩雑　物事が多過ぎて、込み入っていること。例煩雑な手続　煩雑な申し出

参考「繁」は「しげる」で「おおい」意味、「煩」は「わずらわしい」で「おおすぎる」意味。それに「雑（まざる）」を組み合わせた「繁雑」と「煩雑」は、別の意味の語であったが、実際には混用されることも多い。

ハンショク　名・サ変　【繁殖・蕃殖】

繁殖　（木が茂るように）数が多くなってフエルこと。例植物が繁殖する　繁殖力　繁殖期

蕃殖　⇩繁殖　（草が茂るように）数が多くなってフエルこと。

参考「繁」は「木がしげる」意味、「蕃」は「草がしげる」意味。それに「殖（ふえる）」を組み合わせた「繁殖」と「蕃殖」は、同じような意味に用いられていた。これを「繁殖」に統一して用いるのが現代表記である。

ハンセツ　名　【半切・半折】

半切　二つに切ったその一つ。例布を半切にして使う　半切の一つを取る　紙を半切にする

半折　全紙を縦に二つに切ったその一つ。例半折に一筆書く　半折を軸物にする　半折画

半截　⇩半切　「半切」に同じ。

参考 「半切」は、「紙を半切する」など動詞にも用いたが、今は名詞にのみ用いる。また、同義の「半截」の「截」を、同音の「切」に書き換えるのが現代表記である。

ハンソク　名【反則・犯則】

反則　決められた規則に従わないこと。例 競技の反則　反則郵便物　交通反則金　反則者

犯則　納めるべき税金を納めないこと。例 国税犯則の取り締まり　犯則事件　犯則の容疑者

バンダイ　名【盤台・板台】

盤台　魚屋が用いる、大きな入れ物。例 盤台を担ぐ　盤台に入れた魚

板台　⇩盤台　魚屋が用いる、木でこしらえた入れ物。

参考 ハンダイとも読む。魚屋の用いる長円形の浅い大きな入れ物については、「盤台」と書くのが本来の書き方であったが、簡略に「板台」とも書かれるようになった。

ハンテン　名【半天・袢天】

半天　簡略化された上っぱり。例 半天を着る　ねんねこ半天

×袢天　襦袢（じゅばん）のような上っぱり。

参考 古くは、「じゅばん（襦袢）」のように「まとう」意味で、「袢纏」と書いた。「纏」という字が難しいところから、音だけ表す「天」を用いるようになり、また、「半分」との関連から、「半天」とも「半纏」とも、今はいろいろな形で書かれている。

ハンプク　名・サ変【反復・反覆】

反復　同じことを何度も繰り返すこと。例 反復して練習する　丁寧に反復する

反覆　①大きなものを引っ繰り返すこと。

また、うらぎること。例政府を反覆する　天下を反覆する　②⇩反復　同じことを何度も繰り返すこと。

参考「復」は「また」で「もう一度おこなう」意味、「覆」は「くつがえす」意味。それに「反（かえす）」を組み合わせた「反復」と「反覆」は、別の意味の語であるが、「反覆」は「くりかえす」意味にも用いた。その意味では、今は、字画の少ない「反復」を用いることが多い。

ハンメン 名【反面・半面】

反面　二つ合わせたうちの、もう一つのメン。例壁の反面　盾の反面　その反面　愛する反面に虐（いじ）める　反面教師

半面　全体を二つに分けた、その一つのメン。例全体の半面　隠れた半面　半面の真理　半面神経痛

ヒ 名・語素【否・非】

否　①それと同じ考えではないこと。例答えは否　否とする者三名　否決　否認　否定　②…か、そうではないか、という意味を表すことば。例可否　適否　安否　成否　賛否

非　①正しくないこと。例非を暴く　非行　非常　非道　②そうではない、という意味を表すことば。例非常　非凡　非公開　非科学的

ヒ 語素【非・菲】

ヒサイ〔非才・菲才〕（四四九ページ下段）を見よ。

ヒ 語素【卑・鄙】

×鄙 すべてが田舎のような状態になっていること。例野鄙

参考「鄙」は「ひな・いなか」で、「ひなびる」意味、「卑」は「いやしい」で「教養がない」意味。そこで、「野鄙」や「鄙見」などの場合に全体の意味を考え、「鄙」の部分を、同音の「卑」に書き換えるのが現代表記である。

ヒ 語素【飛・蜚】

ヒゴ〔飛語・蜚語〕（四四九ページ上段）を見よ。

ひ 名【火・灯・燈】

火 燃え上がる炎を持っているヒ。例火を燃やす　ガスの火　火の用心　焚き火

灯 小さなしるしとなる明かり。例灯が点る　入り口の灯　赤い灯

燈 ⇩灯　辺りを明るくするための明かり。例遠くに町の燈が見える　電気の燈

参考「燈」は漢音・呉音ともトウ、「灯」は漢音テイ、呉音ジョウ、唐音チン。この二字は、本来別の文字であり、当用漢字表には「燈」が掲げられていた。しかし、「灯」は古くから「燈」の略字としても用いられていたため、常用漢字表では新字体（旧字体）の「灯（燈）」として掲げられている。

ひ 名【旭・日・陽】

×旭 ⇩日　朝東から昇ってくる太陽の意味に用いることがある。例旭が昇る　旭を拝む　真っ赤な旭

日 朝から夕方までの一日。また、昼と夜を合わせた一日。例日が暮れる　日が短くなる　日で数える　日を経る　日雇い

▲陽 ⇩日　東から昇って、西に沈む太陽のひざし。例陽が照る　陽が強い　陽に焼ける

陽当たり　夕陽

ビ　語素【美・媚】

×媚　いかにも女だと感じる美しさを持っていること。例明媚　風光明媚

参考「媚」は「なまめかしい」意味、「美」は「うつくしい」意味。そこで、「明媚」の場合に全体の意味を考え、「媚」の部分を、一時同音の「美」に書き換えたことがあったが、今はほとんど用いられない。

ヒウン　名【悲運・非運】

悲運　良いところのない運命。例悲運に泣く　悲運を託(かこ)つ　生き別れの悲運

非運　運命が良い状態でないこと。運がないこと。

参考「悲」は「かなしい」意味、「非」は「そうでない」意味。それに「運（運命）」を組み合わせた「悲運」と「非運」は、別の意味の語である。「非運」はまた「否運」とも書かれた。

ひき　助数【尾・匹・疋】

▲尾　⇩匹　魚を数えるときに用いることば。例鯵(あじ)一尾　一尾も釣れない

匹　小さい動物を数えるときに用いることば。例犬一匹　小猫一匹通らぬ

×疋　⇩匹　織物を数えるときに用いることば。例絹一疋　反物一疋

参考　当用漢字の旧音訓表では、「匹」の音として「ヒツ・ヒキ」を掲げていた。これに対し、改定音訓表で、音を「ヒツ」、訓を「ひき」と改め、これが常用漢字表に受け継がれている。

ひきのばす　他動【引延・引伸】

引延　同じものを付け加えて長くすること。時期を次々とあとにすること。例ホームを引き延ばす　面会時間を引き延ばす　工事を引き延ばす　回答を引き延ばす　引き延ばしを

図る　引き延ばし作戦

引伸　それ自身の全体を大きくすること。例左右を引き伸ばす　写真を引き伸ばす　翼を引き伸ばす

ヒキョウ　名【悲境・悲況】

悲境　良いところのない不幸な身の回り。例悲境に泣く　悲境に屈しない

悲況　良いところのないありさま。

参考「境」は「さかい」で「身のまわりの場所」の意味、「況」は「ありさま」の意味。それに「悲（かなしい）」を組み合わせた「悲境」と「悲況」は、似てはいるが別語である。

ひく　自、他【引・曳・牽・惹・退・弾・抽】

引　自・他　自分のほうへ来るように動かすこと。例戸を引く　幕を引く　網を引く　袖(そで)を引く　糸を引く　弓を引く　電話を引く　例を引く　辞書を引く

曳　⇩引　他動　後ろに付けたまま進むこと。例舟を曳く　馬を曳く　網を曳く　尾を曳く　裾(すそ)を曳く　杖(つえ)を曳く　曳かれ者の小唄(こうた)

牽　⇩引　他動　前から力を加えて、前のほうへ進めること。例車を牽く　貨車を牽く　機関車に牽かれる

惹　⇩引　他動　自分のそばへ持ってくること。例注意を惹く　同情を惹く　風邪を惹く　惹き付ける

退　⇩引　自・他　後ろのほうへ進めること。例身を退く　一歩退いて　役所を退く　現役を退く　勢いが退く

弾　他動　楽器などを使って、音を出すこと。例ピアノを弾く　三味線を弾く　弾き手

抽　⇩引　他動　多くの中から、その一部を取り出すこと。例籤(くじ)を抽く　カードを抽く

ひく　他動【碾・挽・轢】

碾　⇩かな　ヒキウスを用いて、細かくす

ること。例粉を碾く　麦を碾く　碾き割り

挽 ⇩かな 刃物を動かして、切ったり削ったりすること。例鋸で挽く　板を挽く　轆轤を挽く　挽き肉

轢 ⇩かな 車輪で、押し付けて通ること。例人を轢く　自動車で轢く　轢き逃げ

ひげ 名【髭・鬚・髯】

髭 ⇩かな 口の上に生えるクチヒゲ。また、ヒゲ一般。例口の髭　八字髭　鯰髭　ナポレオン髭　猫の髭　髭を蓄える

鬚 ⇩かな 頤のところに生えるアゴヒゲ。例頤の鬚　山羊鬚　易者の鬚

髯 ⇩かな 頰に生えるホオヒゲ。例頰の髯　顔を埋める髯

ヒゴ 名【飛語・蜚語】

飛語 根拠のない噂そのもの。例飛語が聞こえてくる　飛語を信じる

蜚語 ⇩飛語 根拠のない噂を言い回ること。例蜚語を禁じる　流言蜚語

参考「飛」は「とぶ」意味、「蜚」は「あぶらむし」で、「とぶ」意味。「語」は「ことば」の意味。しかし、「飛語」は「飛言」と同じく、「うわさ」の意味に用いられていた。それに対し、「蜚語」は「うわさをとばすこと」の意味に用いられていた。この場合、「蜚語」の「蜚」を同音で意味の似ている「飛」に書き換え、「飛語」に「蜚語」の意味も含めるのが現代表記である。

ヒサイ 名【非才・菲才】

非才 才能と言えるものではないこと。才のないこと。例非才に陥る　年とともに非才に傾く

菲才 粗末で劣った才能。自分の才能についていう謙譲語。例菲才の身　菲才を恥じる　浅学菲才

参考 「非」は「そうでない」意味、「菲」は「そまつ」の意味。それに「才」(才能)を組み合わせた「非才」は他人について用い、「菲才」は自分について用いた。しかし、「才能のない」点では共通の意味を持っているとみなされたため、「菲才」の「菲」を同音の「非」に書き換えたこともあった。

ひさし 名【廂・庇】

廂 ⇩かな 「庇」に同じ。

庇 ⇩かな 窓や出入り口の上に突き出た小さな屋根。例庇に宿る　庇の雨滴れ（あまだれ）　庇を貸して母屋を取られる　帽子の庇　庇髪

ひじ 名【肱・肘・臂】

肱 ⇩かな 腕の関節を挟む上下の部分。例肱を折る　肱を曲げる　肱枕（ひじまくら）

肘 腕の関節の外側の部分。例肘を突く　肘を張る　肘にする　肘の節　肘鉄砲　肘掛け　肘当て

臂 ⇩かな 腕の関節より上の部分。例臂に付ける　臂に巻く

ビショウ 名、形動【微小・微少】

微小 名 大きさが非常にチイサイこと。例微小の鉄片　微小生物　微小地震

微少 名・形動 分量が非常にスクナイこと。例微少な金額　微少な分量　微少量

ひそかに 副【私・窃・秘・密】

私 ⇩かな 「公」の対。自分だけで行うようす。例私かに喜ぶ　心私かに考える　私かに察するに　内心私かに　夜私かに行く末を案じる

窃 ⇩かな 人の見ていないときに行うようす。例窃かに抜く　夜窃かに物を取る

秘 ⇩かな 「密」に同じ。

密 ⇩かな 人に知られないように行うよ

うす。例密かに会う　密かに作る　夜密かに家を出る

ひだ　名【襞・襞】

×襞　⇩かな　細く折り畳んだように見える皺。例襞が寄る　山の襞　砂浜の襞

×襞　⇩かな　洋服などに、折り畳んで付けた折り目。例襞を付ける　襞を取る　スカートの襞　襞目

ヒッシ　名【必死・必至】

必死　特別の場合に、全力を尽くして行うこと。例決意は必死だ　必死の努力　必死の勇　必死になって　必死に逃げる　必死必中の武器

必至　そのまま進めば、そうなるに違いないこと。例失敗は必至だ　必至の結果　必至の勢い　必至の罰

ひつじ　名【未・羊】

▲未　⇩かな　十二支の八番め。例未年の生まれ　未の方角　未の刻

羊　動物としてのヒツジ。例牛と羊　羊の毛　羊の肉　羊飼い　羊雲

注意　方角のヒツジサル（南西）は、「坤」と書く。仮名で「ひつじさる」とも書く。

ひでり　名【旱・日照】

×旱　⇩かな　長い間、雨が降らないこと。例旱で水が涸（か）れる　旱の害　旱に雨乞（あまご）いする　旱による不作

日照　太陽が強い光を当てること。例日照りが足りない　日照りに不作なし　日照りの激しい道

注意「旱」は、本来の名詞として、送り仮名を付けない。「日照」は、動詞「照る」から転じた名詞が付いたものとして、送り仮名「り」

を付ける。

ひと 名【人・他人】

人 生きている人間としてのヒト。例人が来る　人が足りない　人を人とも思わぬ

他▲人▲ ⇩人　自分に対して、自分以外の人間。例他人の物を取る　他人の言うことを聴く　他人に頼る　他人の成功を妬む　他人事ではない

ひとしく 副詞【斉・等】

▲斉 ⇩かな　全部のものを、一緒にしてしまうようす。例斉しく望む　斉しく恩恵を受ける

等 多くのものに対して、同じに行うようす。例等しく分ける　等しく配分を受ける

ひとみ 名【瞳・眸】

瞳 目の中央の丸い部分。例瞳を輝かす　瞳を凝らす　円らな瞳　青い瞳の子

×眸 ⇩かな　「瞳」に同じ。

ひとり 名、副【独・一人】

独 名・副　連れになる人がいないこと。例独りで決める　独り合点　独り言　独り者　独り占め　独り立ち　独り善がり　独り舞台　独りぼっち　独り暮らしの老人　独り日本のみならず　独りでに動く

一人 名　人を数えるときに、その人だけのこと。例一人の学生　一人ずつ　一人だけ　一人当たり

参考「一人」を「ひとり」と読むのは、常用漢字表の付表の中に掲げられている表内訓である。

注意「独」は名詞であるけれども、副詞にも用いるため、最後の音節「り」を送り仮名とする。

ひながた　名　【雛型・雛形】

雛型　⇩ひな型　実物と同じにして、特に小さくこしらえたもの。例建物の雛型　舞台の雛型　社会の雛型

雛形　⇩ひな形　実際の書き方、でき上がりなどを示したもの。例書類の雛形　模様の雛形

ヒナン　名・サ変　【非難・批難】

非難　悪いところを強く言って、苦しくさせること。例方法を非難する　非難攻撃

批難　⇩非難　道理に合わないことを見付けて言うこと。例規約を批難する　批難の要旨　批難事項

参考「非」は「誹」と同じで、「そしる」意味。「批」は「論じる」意味。それと「難（なじる）」を組み合わせた「非難」と「批難」は、観点の違いはあっても、同じような意味に用いられていた。ただし、会計検査については、「批難」のほうが用いられていた。今は、意味の広い「非難」を用いるのが一般である。

ひねる　他動　【拈・捻・撚】

拈　⇩かな　「捻」に同じ。

捻　⇩かな　指先を使って回すこと。例水道の栓を捻る　電灯を捻る　捻り取る　捻り餅（もち）

撚　⇩かな　前後を持って、互いに反対に強く回すこと。例紙を撚る　首を撚る　体を撚る

ひま　名、形動　【暇・閑・隙】

暇　名　物事を行うための時間。例する暇がない　暇を見て書く　暇取る　暇を下さい　暇を出す

閑　⇩暇　形動　行わなければならない仕事がないようす。例仕事が閑だ　閑な時　閑に

なる

▲隙　⇩かな　名　物と物との間の、少し離れているところ。例障子の隙から　氷の隙

ひめ　名　【媛・姫】

▲媛　⇩姫　美しくて、頭も良い、若い女。例才色兼備の媛　大学出の媛を娶（めと）る　良妻賢母になるお媛様

姫　①身分の高い人の娘。例深窓に育つ姫　貴族の姫を娶（めと）る　良家のお姫様　②小さくて、きれいな感じのするもの。例姫小松　姫百合（ひめゆり）　姫鏡台

ヒョウ　語素　【表・票・標】

表　内容が一覧できるように書いたもの。例表に書く　図表　年表　墓表　表札

票　内容を簡単に書いた紙。例投票　伝票　計算票

標　内容の違いを明らかにするための形。例商標　標識　座標　目標

ヒョウキ　名・サ変　【表記・標記】

表記　①言葉を文字で書くこと。例漢字で表記する　副詞の表記　表記法　②オモテに書くこと。例伝票に表記する　はがきの表記

標記　目じるしとなるように書くこと。例書類に標記する　標記の件につき　貨物の標記

ヒョウケツ　名　【表決・評決】

表決　各自が、賛成か反対かを明らかにすること。例表決に加わる　書面による表決　投票表決　表決権

評決　互いに意見を言い合って結論を出すこと。例評決によって決める　裁判官の評決

ビョウゲン　名　【病原・病源】

病原　病気の起こる原因。例病原を絶つ

病原不明　病原菌　病原体

病源　⇩病原　病気の起こるミナモト。

参考「病」は「やまい」の意味。「原」も「源」も「もと」であるから、「病原」も「病源」も、本来は同じ意味である。しかし、ビョウゲンの場合は、「原因」との関連から、「病原」と書かれるようになった。

ヒョウサツ　名【表札・標札】

表札　氏名を書いて、門などに掲げておくもの。例表札を出す　姓だけの表札

標札　⇩表札　目じるしに、書いて掲げておくもの。例選挙事務所の標札

参考「表札」は「おもてのふだ」である。また、目じるしというところから、「しるしのふだ」の意味で、「標札」とも書かれており、公的機関などの建物を示すものについて用いられている。「表札」は、個人の家に用いられるのが一般である。

ヒョウジ　名・サ変【表示・標示】

表示　よく分かるように書くこと。広くさまざまな方法で表すことに用いる。例品質を表示する　内容を表示する　不当表示　住居表示　意思表示

標示　①しるしを用いて、分かるようにすること。道や土地など、目印によって表すときに用いる。例道路交通関係の標示　標示板　標示柱　道路標示　②⇩表示　よく分かるように書くこと。

注意　法令用語としては、「表示」の意味の「標示」を、「表示」に統一することになっている。

ヒョウダイ　名【表題・標題】

表題　内容全体に付けた短いことば。例著書の表題　演劇の表題

標題　内容を短いことばで言い表したもの。

例文書の標題　講演の標題

ひらく　他動【開・啓・拓】

開　「閉」の対。ふさがっている間を広げること。例戸を開く　口を開く　包みを開く　店を開く

▲啓　⇩開　気付かないことを、気付くようにさせること。例知識を啓く　蒙（もう）を啓く

▲拓　⇩開　荒れた土地を整えて、人が使えるようにすること。例不毛の地を拓く　西部を拓く

ひる　名【午・昼】

▲午　⇩昼　一日のうち、前半分の十二時間が過ぎたとき。十二支で「ウマ（午）の刻」と呼んだときのヒル。例午になる　午頃（ひるごろ）行く　午を過ぎてから

昼　「夜」の対。一日のうち、太陽の出ているはずの明るいほうの半分。また、その中ほどのころ。例昼の日中　昼は働く　昼のご飯　朝昼晩

ひる　自動【干・乾】

干　「満」の対。海の水が引いて、海の底が現れること。例潮が干る　干潟

▲乾　⇩干　中に入っている水分が無くなること。例池が乾る　乾物

ひろい　形【広・宏・博】

広　全体の面積が大きいようす。例校庭が広い　幅が広い　心が広い

×宏　⇩広　「広」に同じ。

▲博　⇩広　行き渡る範囲が大きいようす。例知識が博い　交際が博い　顔が博い

ひろがる　自動【拡・広】

▲拡　⇩広　全体の面積が大きくなること。例運動場が拡がる　道幅が拡がる　火事が拡

がる　噂（うわさ）が拡がる

広　本来は「ひろい」。

[注意]「ひろがる」の送り仮名を「がる」とするのは、「ひろげる」を「げる」と送るのに合わせたものである。

ひろげる　他動【拡・広】

▲拡　⇩広　全体の面積を大きくすること。[例]敷地を拡げる　道幅を拡げる　手を拡げる

広　本来は「ひろい」。

ひろまる　自動【弘・広】

×弘　⇩広　大きな範囲に行われるようになること。[例]仏教が弘まる　テレビが弘まる　名前が弘まる

広　本来は「ひろい」。

[注意]「ひろまる」の送り仮名を「まる」とするのは、「ひろめる」を「める」と送るのに合わせたものである。

ひろめる　他動【弘・広】

×弘　大きな範囲に行われるようにすること。[例]キリスト教を弘める　野球を弘める　名前を弘める

広　本来は「ひろい」。

びん　名【壜・瓶】

×壜　⇩瓶　トックリの形をしたビン。[例]サイダーの壜　ビール壜　薬壜　壜詰めの飲み物　一升壜

瓶　カメの形をしたビン。[例]花瓶　土瓶　鉄瓶　茶瓶　瓶詰めの食料品　角瓶

[参考]「瓶」の場合は、唐音がビンで、訓ではない。

ふ

フ　語素【夫・婦】

夫　①一人前になった男性。例農夫　漁夫　工夫　採炭夫　人夫　②結婚した男性。例夫妻　夫君

婦　①家事を行う女性。例家政婦　看護婦　助産婦　②結婚した女性。例主婦　寡婦　貴婦人

参考　妻をフジンと呼ぶ場合に「夫人」と書くのは、「夫」が「たすける」意味を持っているからである。

フ　語素【付・附】

付　そこまで持っていくこと。あたえる。例交付　下付　送付　配付　付議　付託　付与　公判に付する　議に付する　競売に付する　茶毘(だび)に付する

附　前にあるものと一緒にすること。つく。つける。例附加　附則　附帯　附属　附置　附録　附箋(ふせん)　添附　寄附　意見を附する　書類を附する　驥尾(きび)に附して

注意　㊀新聞では、「附」を同音の「付」に書き換えて用いる。㊁法令用語は「附則・附帯・附属・附置・寄附」は「附」を使い、それ以外を、「付」に統一している。

フ　語素【布・蒲】

蒲　⇩布　ガマという植物。また、その穂に付いている綿のようなホワタ。例蒲団

参考　フトンは、古くはガマの葉を編んで作った円い形のもの。そのため「団（漢音タン、呉音ダン、唐音トン）」を付けた。後に、ガマノホワタなどを「布（ぬの）」で包むようになり、また、形も四角になった。そこで、「ぬの」を

用いる点だけ実情に合わせ、「蒲」を、同音の「布」に書き換えるのが現代表記である。

ブ 語素【不・無】

不 否定。そうでないこと。例不器用 不格好 不細工 不風流 不気味 不調法 不用心 不祝儀 不粋 不精 不躾け

無 「有」の対。それがないこと。例無愛想 無遠慮 無作法 無頼の徒 ご無沙汰 無礼 無難 無様 無事 無音 無勢

参考 一「ブ粋・ブ精・ブ様」などは、旧法規でも「不・無」両様に書かれていた。二当用漢字の旧音訓表では「不」に「ブ」という音を掲げなかったため、「不」を「無」に書き換えて用いた。しかし改定音訓表では、「不」にも「ブ」という音を掲げたため、本来の使い分けに従って、「不」と「無」を使い分けることになり、これが常用漢字表に受け継がれている。

ブ 名【分・歩】

分 全体に対する程度。例分がある 分が悪い 分がない 八分通り 五分五分 五分利付 分厚い 男の一分が立たない

歩 元金に対する割合。例歩を取る 歩の良い定期預金 日歩 歩合 歩留まり

注意 ブアツイは「部厚い」とも書くが、「分厚い」のほうが一般的。

ブあつい 形【分厚・部厚】

分厚 全体に対する程度として見たときにアツイようす。例分厚い唇 分厚い袋

部厚 ⇩分厚 全体を一つの単位として見たときにアツイようす。例部厚い本 部厚い辞書

参考 割合を主として「あつい」のが「分厚」であるが、書物の場合には、一部・二部と数えるところから、「部厚い」も用いられるように

なった。今は、広く用いることのできる「分厚い」が一般である。

注意 形容詞ブアツイのほかに、形容動詞として「ブアツナ本」などの形も用いられるが、「分・部」の関係は、形容詞の場合と同じである。

フウ 語素 【風・諷】

諷[×] はっきり言わないで、何となく分からせるように言うこと。例諷刺　意を諷する

参考 「風」は「かぜ」で、「目には見えないが万物を動かす」意味。それにゴンベンを付けて、言葉でそのようにすることを表した。しかし、「諷ハ、風ト通ズ」とされている。そこで、ゴンベンを除き、「諷刺」などのほのめかす意の「諷」を、同音の「風」に書き換えることがある。

フウタイ 名 【風体・風袋】

風体 その人の、外側から見て分かる形。例異様な風体　怪しい風体の男　風体は保険の外交員

風袋 品物を包んである外側のフクロ。例風袋ごと量る　風袋だけで三百グラムある　風袋込みの目方

参考 「風体」は、今はフウテイと読むのが一般的である。

ふえる 自動 【殖・増】

殖 それ自身の力で、全体が多くなること。例癌(がん)細胞が殖える　鼠(ねずみ)が殖える

増 同じものが他から加わって、全体が多くなること。例水嵩(みずかさ)が増える　人数が増える

フク 語素 【服・伏】

服 言われるとおりに行うこと。例服従　服務　服役　承服　屈服　心服　帰服　克服

伏 体を低くして、下を向くこと。例伏在

伏線　伏兵　平伏　降伏　潜伏　雌伏　威伏　説伏　論伏

注意 ショウフク・クップクは「承伏・屈伏」とも書くが、「承服・屈服」のほうが一般的。

フク 語素【復・複】

復　①前の状態に戻ること。例旧に復する　復旧　復古　復元　復活　復職　復籍　回復　②もう一度行うこと。例復路　報復　復習　復唱

複　「単」の対。二つ以上からできていること。例複数　複合　複葉　複線　複製　複写　重複　複利

フク 語素【腹・愎】

×愎　自分の説を通し、他の人の言葉を考えないこと。例剛愎

参考 ㊀「愎」は「もとる」で「かえりみない」意味、「腹」は「はら」の意味。字形が似ている「剛腹」は、度量が広く、ふとっぱらなこと。「腹」は「体の中でふくらんだところ」の意味でニクヅキ。「愎」は「心の中でふくらんだところ」の意味でリッシンベン。その点で共通の意味が見られないこともない。「剛愎」を、「業腹(ごうはら)」と混同する向きもあるが、意味も読みもまったく別である。㊁「腹」は漢音・呉音ともフク、「愎」は漢音ヒョク、呉音ビキ。しかし、「復・複・腹」などと同じツクリのため、フクとも読まれている。

ふく 自・他【吹・噴】

吹　①勢いよく空気を動かすこと。例笛を吹く　法螺(ほら)を吹く　風が吹く　たばこの煙を吹き出す　潮を吹く　吹き消す　②中にあるものが、表面に出てくること。例芽を吹く　緑青(ろくしょう)を吹く　吹き出物

噴　空気と一緒に、勢いよく外へ出すこと。例霧を噴く　火の粉が噴く　蒸気を噴き出す

噴き出し笑い

ふく 他動 【葺・拭】

×葺 ⇩［かな］ 板や瓦(かわら)で、屋根を包むこと。［例］茅(かや)で葺く　瓦で葺く　茅葺き

拭 布や紙で、汚れを取り去ること。［例］食卓を拭く　顔を拭く　拭き取る　お手拭き

フクゲン 名・サ変 【復元・復原】

復元 前の状態に戻すこと。［例］遺跡を復元する　民家を復元する　復元して展示する

復原 前の位置に戻すこと。［例］復原する力　復原力　復原性

ふくらむ 自動 【脹・膨】

×脹 ⇩膨 中に物が入ったために大きくなること。［例］風船が脹らむ　お腹(なか)が脹らむ　脹らんだ足

膨 そのもの全体が大きくなること。［例］蕾(つぼみ)が膨らむ　熱せられて膨らむ　夢が膨らむ　計画が膨らむ

［注意］「ふくらむ」の送り仮名を「らむ」とするのは、「ふくれる」を「れる」と送るのに合わせたものである。

ふくれる 自動 【脹・膨】

×脹 ⇩膨 大きくなっては困るものが、全体に大きくなること。［例］おできが脹れる　脹れっ面(つら)

膨 普通と異なる状態で、全体が大きくなること。［例］パンだねが膨れる　餅(もち)が膨れる

ふける 自動 【更・深・耽・老】

更 夜になってから、時間が過ぎること。［例］夜が更ける　夜更けの町

▲深 ⇩更 その季節になってから、月日が過ぎること。［例］秋が深ける　春に深けた山々

×耽 ⇩［かな］ 一つの事柄に熱中して、さら

に進むこと。例読書に耽る
老　人が年を取って、おじいさん・おばあさんに近くなること。例年が老ける　年よりも老けて見える　年の割に老けない　老け込む

フゴウ　名・サ変　【符号・符合】

符号　名　特別の性質が分かるように付けるしるし。例符号を付ける　地図の符号　濁音符号　電信符号
符合　名・サ変　二つの事柄が同じになること。例事実と符合する　教理の符合　偶然の符合

ブコツ　名・形動　【武骨・無骨】

武骨　性質や行動が、上品でないこと。例学生の行動が武骨だ　乱暴な武骨者
無骨　礼儀や作法をわきまえていないこと。洗練されていないこと。例学生の作法も無骨だ　無風流な無骨者
参考　ブコツは「こちなし（骨無し）」を音読した語。それが、「武張る（強く勇ましい）」などとの関連から、「武骨」とも書かれるようになり、今は、両方用いられている。

ふさ　名　【総・房】

▲**総**　⇩房　糸や紐（ひも）を集めて、飾りとしたもの。例毛糸の総　カーテンの総　総を下げる
房　一つのところに集まってぶら下がるもの。例葡萄（ぶどう）の房　藤（ふじ）の房　房が下がる　乳房　花房　玉房

ふさぐ　自・他　【鬱・塞】

▲**鬱**　⇩かな　心の中を、特別の感情だけでいっぱいにすること。例心を鬱ぐ　気が鬱ぐ
塞　物を置いて、通れないようにすること。例道を塞ぐ　流れが塞ぐ　耳を塞ぐ　場所を塞ぐ

フジン 名【夫人・婦人】

夫人 結婚した女の敬称。例田中氏の夫人　夫人同伴で出席する　社長夫人　賢夫人

婦人 成人した女。例田中という婦人　婦人の多い会合　妙齢の婦人　貴婦人　婦人会　婦人服

注意「婦人」は近年差別的表現とされ、「女性」に言い換えられている。

フセイ 名・形動【不正・不整】

不正 物事が正しくないこと。悪（あく）。例不正な行為　不正を摘発する　職員の不正　不正糾弾

不整 物事がそろっていないこと。例不整なリズム　脈拍が不整になる　業務執行の不整　積み荷の不整

ふせぐ 他動【禦・防】

禦 ⇩防　攻めてくる相手を止めること。例攻撃を禦ぐ　敵を禦ぐ

防 悪い状態にならないようにすること。例災害を防ぐ　火災を防ぐ　病気を防ぐ

フセツ 名・サ変【敷設・布設】

敷設 設備を特定の場所にこしらえること。例鉄道を敷設する　航路標識の敷設　敷設水雷

布設 設備を広く行き渡らせること。例水道を布設する　都市ガスの布設　海底電線の布設

注意 どちらのフセツが適切か明らかでない場合には、「敷設」を用いるのが一般である。

ふせる 自、他【臥・伏】

臥 ⇩伏　自動　体全体を、長く横に置くこと。例ベッドに臥せる　病に臥せる

伏 他動　表に当たる部分を下に向けて、横

に置くこと。例体を伏せる　下に伏せる　蓋(ふた)を伏せる

ふた　**語素**　**【双・二】**

双　二つ組み合わせて一対となること。例双子　双葉　双子座　双子山

二　一より一つだけ多い数。例二桁(ふたけた)　二重に折る　二目と見られない　二言めには　二つながら

フダイ　**名**　**【譜代・譜第】**

譜代　「外様(とざま)」の対。関ケ原(せきがはら)の戦い以前から徳川家に仕えていた者。例譜代の大名

譜第　その家の地位・職業を代々継ぐこと。例譜第の技芸　譜第の職

フタク　**名・サ変**　**【付託・負託】**

付託　物事を処理してもらうように頼むこと。例委員会に付託する　付託事項　再付託

負託　任務や責任を引き受けてもらうこと。例政治を負託する　国民の負託に応(こた)える

ふたたび　**名、副**　**【再・二度】**

再　**副**　同じことを、もう一度行うようす。例再び雨になる　再び会う日まで　二度(にど)と再び

二度　**名**　一回より一つ多い回数。例一度(ひとたび)や二度ならいいが　二度だけ行う　二度めに成功した

注意「再」は、副詞として、最後の音節「び」を送り仮名とする。

ふたり　**名**　**【二人・両人】**

二人　一人より一人だけ多い数。例学生が二人来た　子供が二人になる　左右に二人いる

▲両▲人　⇩二人　男女組み合わせて一対となること。例両人は若い　両人の前途　両人だ

けの約束

参考「二人」を「ふたり」と読むのは、常用漢字表の付表の中に掲げられている表内訓である。

ふち　名【淵・縁】

×淵　⇩縁　川の底が、特に深くなっているところ。例淵に沈む　淵に嵌(は)まる　淵が瀬となる

縁　物の周りに当たる部分。例縁を彩る　茶碗(ちゃわん)の縁　池の縁　縁無しの眼鏡　額縁

フチョウ　名【符丁・符帳・符牒】

符丁　「符帳」に同じ。

符帳　⇩符丁　商人が心覚えとして商品に書き付ける特別のしるし。例符帳を付ける　商家の符帳

符×牒　⇩符丁　仲間だけに分かる特別のしるしや言葉。例符牒で知らせる　仲間の符牒

参考「符」は「わりふ」で「しるし」の意味。「帳」は「ノート」で、「ノートに書く文字」の意味、「牒」は「平たい札・ノート」で「ノートに書く文字」の意味。そこで、「符牒」の「牒」を、同音の「帳」に書き換え、「符帳」に「符牒」の意味も含ませる。また、「符帳」は、古くから簡略に「符丁」とも書かれていた。そこで、「符帳」も「符牒」も、「符丁」と書くのが現代表記である。

フッコク　名・サ変【復刻・覆刻】

復刻　原本を、もう一度別の版で印刷すること。例古典を復刻する　復刻版

覆刻　前に刷ったものを版下として用いて版木を彫り、同じものを印刷すること。

参考「復」は「もういちど」の意味。「覆」は「おおう」で「かぶせる」意味。それに「刻(きざむ)」を組み合わせた「復刻」と「覆刻」は、同じ意味に用いられている。今は、字画の

少ない「復刻」が一般である。

ふとる 自動 【太・肥】

太 「瘠」の対。物が多くなって、全体に大きくなること。例財産が太る 計画が太る 焼け太り

▲肥 ⇩太 「痩」の対。体に肉が付いて、横に大きくなること。例体が肥る 足が肥る 肥った豚 水肥り

ふね 名 【舟・船】

舟 ①水上の小さな乗り物としてのフネ。例漁師の舟 舟を漕(こ)ぐ 小舟 渡し舟 帆掛け舟 笹舟(ささぶね) ②物を入れる入れ物。例刺身の舟 湯舟

船 水上の大きな乗り物としてのフネ。例船の甲板 船で帰国する 船の旅 大船 親船

参考 「ふな」と読む場合も、「舟歌・船旅」のように、フネの場合と同じ使い分けになる。

ふみ 名 【書・文】

▲書 ⇩文 書物や記録など、読み物の形になっているもの。例雨の日は書を読む 書を学ぶ

文 手紙・書類など、文字で書いたもの。例友の文を読む 文を送る

ふむ 他動 【践・踏・蹈・履】

▲践 ⇩踏 物事を実際に行うこと。例約束を践む 人の道を践む

踏 足を地に強く着けること。例足で踏んで砕く 踏み殺す 踏み石 踏み絵 鉄道の踏切

×蹈 ⇩踏 足を動かして、順に進むこと。例若草を蹈んで行く 手の舞い足の蹈むところを知らず

▲履 ⇩踏 足を動かして、その上を行くこ

と。例薄氷を履む　轍（てつ）を履む　場数（ばかず）を履む　手続を履む

ふやす　他動　【殖・増】

殖　それ自身の力で、全体が多くなるようにすること。例イースト菌を殖やす　財産を殖やす

増　同じものを他から加えて、全体を多くすること。例水量を増やす　人数を増やす

注意「ふやす」の送り仮名は、旧表記では「す」だけであった。現代表記で「やす」と送るのは、「ふえる」を「える」と送るのに合わせたものである。ただし、現代表記でも、「殖す・増す」のように、「や」を省く送り仮名が許容されている。

フユウ　名・形動　【富裕・富有】

富裕　財産が十分にあって、生活の程度が良いこと。例富裕な家庭　富裕な身となる　富裕安楽

富有　⇩富裕　財産をたくさん持っていること。

参考「裕」は「ゆたか」の意味、「有」は「もつ」意味。それに「富（とむ）」を組み合わせた「富裕」と「富有」は、同じ意味に用いられている。今は、生活程度まで含めていうことが多いので、「富裕」が一般である。

注意 甘柿（あまがき）の品種としてのフユウガキは、固有名詞であるから、「富裕」には書き換えず、本来の形「富有柿」のままで書く。

フヨ　名・サ変　【付与・賦与】

付与　代金などを受け取らずに、ただで与えること。例選挙権を付与する　耕地の付与

賦与　それぞれのところへ、配って与えること。例貧民に賦与する　才能を賦与される

フヨウ　名　【不用・不要】

不用　そのものの本来の役に立てないこと。例不用の施設　不用物品　予算の不用額　不用の用

不要　そのものがなくても困らないこと。例不要の買い物　不要品　不要不急の工事

ふるい　形【旧・古】

▲旧　⇩古　「新」の対。現在行われているような新しさがないようす。例旧い型　旧い制服　旧い事務所

古　「今」の対。現在まで多くの年月が過ぎているようす。例古い話　古い書物　古い寺院

ふるう　自、他【揮・篩・振・震・奮】

▲揮　⇩振　他動　自分の思うとおりに動かすこと。例腕を揮う　筆を揮う　采配(さいはい)を揮う

×篩　⇩かな　他動　フルイなどを使って、物を取り分けること。例土を篩う　粉を篩う　篩って五人にする

振　自・他　左右前後に、繰り返し大きく動かすこと。また、盛んにすること。例刀を振るう　士気が振るう　権力を振るう　事業が振るわない

震　自動　左右前後に、繰り返し強く動くこと。例体が震う　震え上がる　声を震わせる

奮　他動　元気を出して行うこと。例勇気を奮う　奮い立つ　奮って参加する

注意「振」の送り仮名も、旧表記では「う」だけであった。現代表記で「振」だけ「るう」と送るのは、「振る」に合わせたものである。他はこのような対応がないので、送り仮名も活用語尾の「う」だけになる。ただし、現代表記でも、「振う」のように、「る」を省く送り仮名が許容されている。

フン 語素 **【粉・扮】**

扮 塗って、下が見えないようにすること。例扮装 扮飾

参考「扮」は「よそおう」意味、「粉」は「こな」の意味。しかし、「扮」は、「音ハ粉、義モ同ジ」とされている。また、「扮飾」は、旧表記でも、「粉飾」のほうが一般であったため、現在ではこちらを用いるのが一般的である。

フン 語素 **【粉・紛】**

粉 塊(かたまり)が壊れて小さくなったもの。例粉末 金粉 脂粉 粉砕 粉骨砕身

紛 物事が多くて、関係が複雑になること。例紛争 紛糾 紛乱 紛議 内紛 紛失 落花紛々

フン 語素 **【憤・忿・奮】**

フンゼン〔憤然・忿然・奮然〕(四七一ページ上段)を見よ。

フン 語素 **【奮・憤・噴】**

奮 元気を出して行おうという気持ちを強く持つこと。例奮起 奮発 奮励 奮闘 奮戦 発奮 興奮

憤 そういうことがあってはいけないという気持ちを強く持つこと。例憤慨 憤激 憤死 義憤 公憤 痛憤 悲憤の涙

噴 空気と一緒に、勢いよく外へ出すこと。例噴出 噴射 噴火 噴煙 噴水 噴霧機 噴飯物

フンショク 名・サ変 **【粉飾・扮飾】**

粉飾 表面だけりっぱに見せてごまかすこと。例損失を粉飾する 決算を粉飾する 粉飾を加える

扮飾 ⇩粉飾 塗ってきれいにすること。

参考「粉」は「こな」であるが、本来は「お

しろい」の意味。「飾」は「かざる」の意味。その「粉飾」が、「扮装・扮する」などとの関連から、「扮飾」とも書かれるようになった。今は、本来の形「粉飾」が一般である。

フンゼン 形動 【憤然・忿然・奮然】

憤然 そういうことがあってはいけないという気持ちを強く持つようす。例憤然として立つ

忿然 ⇩憤然 物事が思うとおりに進まないために、腹を立てるようす。例忿然として去る

奮然 一生懸命に行おうと、元気を出すようす。例奮然として誓う

参考「憤」は「いきどおる」、「忿」は「いかる」、「奮」は「ふるいたつ」意味。それに「然（ようす）」を組み合わせた「憤然・忿然・奮然」は、それぞれ別の意味の語である。しかし、「忿然」は「憤然」のほうに近いため、「憤然」を用いるのが一般的である。

へ

ヘイ 語素 【併・並】

併 二つのものを、一緒にすること。例併設 併置 併用 併読 併発 刑の併科 併合 合併 生年月日を併記する

並 二つのものを、同じように置くこと。例並列 並進 並立 三名並記する 鉄道の並行線

ヘイ 語素 【弊・敝】

敝 着物などが破れること。例敝衣 敝帽 敝履 敝車 敝舎

参考「敝」は「ころもがやぶれる」意味、「弊」は「ふるくなってやぶれる」意味。「敝ハ、

は共通して用いられる語が多い。

俗ニ弊ニ作ル」とされている。「敝」と「弊」

ヘイ　語素【幣・弊】

幣　①神の前にささげるささげもののヌサ。例官幣大社　御幣を担ぐ　②物を売ったり買ったりするときに用いるオカネ。例貨幣　紙幣　造幣局　幣制改革

弊　①古くなって破れたもの、悪い事柄。例弊衣　弊害　弊風　旧弊　宿弊　語弊がある　②自分のことに付ける接頭辞。例弊社　弊店　弊宅

ヘイキ　名・サ変【併記・並記】

併記　二つのものを、一緒に書くこと。例生年月日を併記する　職業と氏名の併記

並記　二つのものを、同じように書くこと。例三名並記する　候補者の並記

ヘイコウ　名、サ変【平行・並行・平衡】

平行　名・サ変　二つの直線が、延長しても交わらないこと。例二辺が平行する　平行線を辿（たど）る　平行棒

並行　名・サ変　同時に行うこと。また、同じように進むこと。例並行して審議する　鉄道の並行線

平衡　名　物事が一方に偏らず、つりあっていること。例平衡を保つ　平衡交付金

ベツジョウ　名【別条・別状】

別条　普通のことと特に変わっている事柄。例別条のない毎日　勉強に別条はない

別状　普通のときと特に変わっているありさま。例命に別状はない　外部に別状もない

ベツドウタイ　名【別動隊・別働隊】

別動隊　本隊とは別に行動する部隊。例空

から救援の別動隊　別動隊の記者

別働隊　⇩別動隊　本隊とは別の仕事を行う部隊。

参考「別動」は「別にうごく」意味、「別働」は「別にはたらく」意味。それに「隊（部隊）」を組み合わせた「別動隊」と「別働隊」は、本来別の意味だが、今は同じ意味に用いられており、字画の少ない「別動隊」が一般的である。

へつらう　自動【諂・諛】

諂　⇩かな　その人の前で、その人の気に入るように言うこと。例諂ってお世辞を言う　諂って笑う

諛　⇩かな　その人の前で、その人の言うとおりに行うこと。例諛って指示に従う　表面だけ諛う

ヘン　語素【偏・扁】

扁　表面が平らなこと。例扁平　扁平足

参考「扁」は「たいら」の意味。「偏」は「かたよる」意味。「扁平」の場合に全体の意味を考え、「扁」の部分を、同音の「偏」に書き換えるのが現代表記である。

ヘン　語素【偏・遍】

偏　一方にだけ集まっていること。例偏愛　偏見　偏屈　偏狭　偏執　一部に偏在する

遍　全部に行き渡っていること。例遍歴　普遍的　万遍なく　全国に遍在する

ヘン　語素【編・篇】

編　材料を集めて、書物を作り上げること。例編集　編纂（へんさん）　編年体　民法親族編　第一編

篇　⇩編　材料を集めて作り上げた書物。例短篇小説　長篇　前篇　後篇　論語二十篇　千篇一律

参考「編」は「あむ」で「つづる」意味、

えるのが現代表記である。

「篇」は「たけふだ」で「かきもの」の意味。いずれも書物に関する点では共通の意味を持っているため、「篇」を、同音の「編」に書き換えるのが現代表記である。

ベン　語素【弁・辨・辯・瓣】

辨　⇩弁　善い悪いを、はっきり分けること。例善悪を辨じる　辨別　事理を辨明する　辨償　辨理士　辨当　辨財天

辯　⇩弁　言葉で、善い悪いを明らかにすること。例一席辯じる　辯士　辯舌　雄辯　辯論　辯解　趣旨を辯明する　辯護士

瓣　⇩弁　切れめを入れて、一つ一つに分けたもの。例花瓣　安全瓣　瓣膜　瓣の作用

参考　㈠「ベン証法」は「辨」「辯」両様に書いたが、「辨証法」のほうが一般であった。㈡「弁」は「かんむり」で「武弁」などと用いた文字である。しかし、古くから「辨・辯・瓣」の略字として用いていたため、常用漢字表では、「辨・辯・瓣」のところに新字体として「弁」が掲げられている。そのため、「辨・辯・瓣」の使い分けをせず、すべて「弁」に書き換えるのが現代表記である。

ヘンイ　名、サ変【変移・変異】

変移　名・サ変　一つの状態から、次の状態へ進むこと。例時代の変移　世相の変移　何の変移も見いだせない

変異　名　普通と異なった物事が起こること。例天体の変異　境遇変異　交配変異　突然変異

ヘンキョウ　名【辺境・辺疆】

辺境　都から遠く離れた、国ザカイに近いところ。国のはて。例辺境の地　辺境を侵される

辺×疆　⇩辺境　都から遠く離れた、国ザカイのところ。例辺疆を守る　辺疆を破られる

参考「境」も「疆」も「さかい」であるが、「境」は「さかい」に近い内側、「疆」は「さかい」そのもの。それに「辺（かたいなか）」を組み合わせた「辺境」と「辺疆」は、別の意味の語である。しかし、「さかい」という点では共通の意味を持っているため、「辺疆」の「疆」を同音の「境」に書き換え、「辺境」に「辺疆」の意味も含ませるのが現代表記である。

ヘンザイ　名・サ変【偏在・遍在】

偏在　そこの一部分にだけあること。例南部に偏在する　一部に偏在する意見

遍在　全部にわたって、どこにでもあること。例全国に遍在する　世界に遍在する宗教

ヘンシュウ　名・サ変【編集・編修】

編集　一定の方針に従って、書物などをまとめること。例雑誌を編集する　新聞を編集する

編修　資料に基づいて、書物の形にまとめること。例辞書を編修する　教科書を編修する　実録の編修

参考「編集」は、旧表記「編輯」の「輯」を、同音の「集」に書き換えた現代表記である。

ヘンジン　名【変人・偏人】

変人　普通と異なったところのある人。例学者には変人が多い　奇妙な変人

偏人　⇩変人　一方に傾いたところのある人。例芸術家には偏人が多い　頑固（がんこ）な偏人

参考「変人」は「かわった人」の意味、「偏人」は「かたよった人」の意味。その点で、「変人」と「偏人」は、別の意味の語である。しかし、実際問題として、「かわっている」のか「かたよっている」のか区別の付けにくい場合も多い。今は、意味の広い「変人」のほうが一般である。

ヘンセイ　**名・サ変**　**【編成・編制・編製】**

編成　個々のものを集めて、全体をまとめること。例予算を編成する　チームを編成する　教科課程の編成　八両編成の列車

編制　個々のものを集めて、団体をこしらえること。例部隊を編制する　三学級編制の学年　戦時編制

編製　個々のものを集めて、一覧表にすること。例戸籍を編製する　選挙人名簿の編製

ヘンタイ　**名**　**【変体・変態】**

変体　字体や文体が、普通の形と異なること。例変体の片仮名　変体仮名　変体漢文

変態　普通の状態と異なること。また、一つの状態から次の状態へ進むこと。例変態性昆虫の変態　変態を来す

ほ

ホ　**語素**　**【保・哺】**

ホイク〔保育・哺育〕（四七八ページ上段）を見よ。

ホ　**語素**　**【保・堡】**

×堡　敵を防ぐためにこしらえた小さな陣地。例堡塁　橋頭堡

参考　一「堡」は「とりで」で、「保（たもつ）」にツチアシを付けた。しかし、「堡ハ、保ニ作ル」とされている。そこで、「橋頭堡」の「堡」を、一時同音の「保」に書き換えたことがある。二「堡」は漢音・呉音ホウであるが、ツチアシに「保」のため、ホとも読まれる。

ホ 語素【補・輔】

補 足りないところに入れて、いっぱいにすること。例補給　補欠　補強　補修　補充

×輔 ⇩補 そばにいて、仕事を手伝うこと。例輔佐　輔導　輔助

参考「輔」は「たすける」意味、「補」は「おぎなう」意味。しかし、「補助・輔助」のように、両様に書かれていたものもある。これを他にも及ぼし、この意味の「輔」を、同音の「補」に書き換えるのが現代表記である。

ホ 語素【舗・鋪】

舗 商品を並べて売るミセ。例店舗　書舗　茶舗　本舗　老舗

×鋪 ⇩舗 広く全体の上に一面にかぶせること。例鋪装道路　アスファルトの鋪道　鋪石

参考「舗」は「鋪」の正字。「鋪」は、「門の環をつける金具」で、転じて「みせ」の意味になった。しかし、「敷」に通じて「しく」意味にも用いられていたため、「みせ」の意味では、カネヘンを「舎（いえ）」に改めて「舗」とした。これを「しく」意味の場合にも及ぼし、「鋪」を、「舗」に書き換えることが多い。

ボ 語素【母・姆】

×姆 ⇩母 付き添って世話をする女の人。例保姆

参考「姆」は「めのと」の意味。ハハの役をするオンナとして、オンナヘンに「母（はは）」を書いた。しかし、「保姆」の場合に全体の意味を考え、「姆」を、同音の「母」に書き換えた。現在、資格としての名称は性差別を避けて「保育士」という。

ボ 語素【母・拇】

×拇 指の中で、いちばん大きなオヤユビ。

例拇指　拇印

参考 オヤユビは、五本のユビの中でいちばん大きいところから、テヘンに「母（はは）」を書いた。その「拇指」の場合に、「拇」を、同音の「母」に書き換えていたことがある。

ホイク　名・サ変　【保育・哺育】

保育　世話をして、子供を大きくすること。例幼児を保育する　新入社員の保育　保育園　保育器

哺育　⇩保育　乳などを与えて、赤ん坊を大きくすること。例乳児を哺育する　子犬を哺育する親犬

参考「保」は「たもつ」意味、「哺」は「はぐくむ」意味。それに「育（そだてる）」を組み合わせた「保育」と「哺育」は、別の意味の語である。しかし、「子供を育てる」点で共通の意味を持っているため、「哺」を同音の「保」に書き換え、「保育」に「哺育」の意味も含ませるのが現代表記である。ただし、「飲食物や餌を与えて育てる」意味で「哺育」を使う場合もある。

ホウ　語素　【包・庖】

×庖　食べ物を料理する台所。例庖丁　庖刀

参考「庖」は「くりや」の意味。料理を作る部屋というところから、マダレ（屋根）に「包（つつむ・つくる）」を書いた。そこにいる人が「庖丁（ほうてい）」、庖丁の用いる刀が「庖丁刀」であった。その「庖丁刀」を略したのが「庖丁（ほうちょう）」である。その場合に「庖」を、同音の「包」に書き換えるのが現代表記である。

ホウ　語素　【包・繃】

×繃　周りから巻いて、束にすること。例繃帯

参考「繃」は「まいてたばねる」意味、「包」は「つつむ」意味。そこで、「繃帯」の場合に

全体の意味を考え、「綳」を、同音で意味の似ている「包」に書き換えるのが現代表記である。

ホウ　**語素**　**【放・抛】**

放　遠くへ投げて、そのままにしておくこと。例放置　放言　放出　放逐　追放

抛　手の力で、高く勢いよく飛ばすこと。例抛棄　抛物線

参考「放」も「抛」も「ほうる」であるが、「放」は「なげ出してそのままにしておく」、「抛」は「勢いよくなげ飛ばす」点が異なっている。しかし、共通の意味も見られるので、「抛物線」などの一部の「抛」を、同音で意味の似ている「放」に書き換えることがある。

ホウ　**語素**　**【奉・捧】**

奉　上の人に、下から物を渡すこと。例奉納　奉還　親書を奉呈する　勅語を奉読する　奉加帳

捧　両手に持って、目の高さまで上げること。例捧持　捧献　親書捧呈の儀　勅語捧読

参考「捧」は、「手でたてまつる」ところから「奉（ささげる）」にテヘンを付けた。いずれも上の人に対する動作として共通の意味を持っているため、「捧」を、同音の「奉」に書き換えるのが現代表記である。

ホウ　**語素**　**【報・褒】**

ホウショウ（報賞・褒賞・褒章）（四八一ページ上段）を見よ。

ボウ　**語素**　**【防・妨】**

防　外から入って来ないようにすること。例予防　防止　防犯　防圧

妨　物事を行うことができないようにすること。例妨害

ボウ　**語素**　**【傍・旁】**

旁　⇩傍　近くにあること。また、そこにあるもの。例旁側　旁若無人　偏旁

参考「旁」は「かたわら」の意味。それにニンベンを付けて、「ひとのかたわら」を表した。しかし、「傍」も単なる「かたわら」の意味に用いるため、「旁」を、同音で意味の同じ「傍」に書き換えるのが現代表記である。

ボウ　**語素**　**【膨・厖】**

厖　⇩膨　物が厚く大きいこと。例厖大

参考「厖」は「おおきい」意味、「膨」は「ふくれる」意味。意味のとらえ方は異なるが、「形が大きい」点では共通の意味を持っている。そこで、「厖」を、同音で意味の似ている「膨」に書き換えるのが現代表記である。

ボウガイ　**名、サ変**　**【防害・妨害・妨碍】**

防害　**名**　悪い結果になる物事が入らないようにすること。例防害に努める　防害施設

妨害　**名・サ変**　相手に危害を加えて、物事が進まない状態にすること。例妨害を受ける　進歩を妨害する

妨碍　⇩妨害　**名・サ変**　物事が進むのを、途中でわざと物などを置いて進めないようにしてしまうこと。

参考「碍」は「さまたげる」意味、「害」は「そこなう」から転じて「さまたげる」意味。それに「妨（さまたげる）」を組み合わせた「妨碍」と「妨害」は結果的には同じ意味を持っていたため、今でもこれを、意味の広い「妨害」に統一して用いるのが現代表記である。

ホウショウ　**名・サ変**　**【報奨・報償】**

報奨　善い行いに対し、もっと行うように元気づけること。例完納を報奨する　納付報奨金　報奨物資

報償　受けた損害を埋め合わせるために、金銭などを与えること。例役務を報償する　報償金

ホウショウ　**名、サ変**　**【報賞・褒賞・褒章】**

報賞　**名・サ変**　功績に対して、物を与えてホメルこと。例功臣を報賞する　厚く報賞する

褒賞　**名**　特に善い行いをした人に与える品物。例功労者への褒賞　褒賞を受ける

褒章　**名**　業績に対して国家が与える記章。例褒章を頂く　褒章の授章式

参考　褒章としては、紅綬（人命救助）、緑綬（善行）、藍綬（発明・公益）、紺綬（私財寄付）、黄綬（業務精励）、紫綬（文化功労）の六種があり、それぞれ綬（おびひも）の色が異なる。

ボウチョウ　**名・サ変**　**【膨張・膨脹】**

膨張　物の形が、大きく広がること。例腹部が膨張する　腐敗して膨張する　予算が膨張する

膨×脹　⇩膨張　熱が加わることによって、体積が大きくなること。例熱で膨脹する　空気の膨脹　膨脹係数

参考「張」は「はる」意味、「脹」は「ふくらむ」意味。それに「膨（ふくらむ）」を組み合わせた「膨張」と「膨脹」は、別の意味の語である。しかし、学術用語としては「膨脹」を「膨張」に改めたため、新聞をはじめ、他でも「膨張」に統一して用いている。

ホウテイ　**名・サ変**　**【奉呈・捧呈】**

奉呈　下の人が、上の人に渡すこと。例賀詞を奉呈する　辞表奉呈

×捧呈　両手で目の高さに持って、上の人に渡すこと。例信任状を捧呈する　祝詞捧呈

参考「奉」は「たてまつる」意味、「捧」は「ささげる」意味。それに「呈（さしだす）」を

組み合わせた「奉呈」と「捧呈」では、「捧呈」のほうが敬意を持ち、式次第に用いられた。しかし、「さしあげる」点では共通の意味を持っているため、「捧呈」の「捧」を同音の「奉」に書き換え、「奉呈」に「捧呈」の意味も含ませることがある。

ホウフク 名・サ変【抱腹・捧腹】

抱腹 お腹(なか)に両手を当てて、大いに笑うこと。例抱腹して笑う　抱腹絶倒

捧腹 お腹を両手で持って、大いに笑うこと。

参考「捧」は「ささげる」で「両手で持つ」意味。大いに笑うときには「腹を両手で持つ」ため、「捧腹」と書いた。それが、「抱擁」などとの関連から、俗に「抱腹」とも書かれるようになった。

ホウヨウ 名・サ変【包容・抱擁】

包容 その中に入れて持つこと。例千人を包容する　意味を包容する　包容力が大きい

抱擁 手を用いて、全体をしっかり持つこと。例男が女を抱擁する　抱擁して喜ぶ

ボウヨウ 名、形動【亡羊・望洋】

亡羊 名　逃げたヒツジを見失うこと。どこから始めてよいか分からない場合。例亡羊の嘆　多岐亡羊

望洋 名・形動　遠く広々とした大海を眺めること。力の足りないことを反省する場合。例望洋の感　望洋たる心

ほうる 他動【放・抛】

放 離れたところに置いて、そのままにしておくこと。例仕事を放る　務めを放り出す　放っておけ

抛 ⇩かな　手の力で、高く勢いよく飛ばすこと。例ボールを抛る　池に石を抛る　抛

り投げる

ホウレイ 名【法令・法例】

法令　国会が制定する法律と、行政機関が制定する命令。例法令で定める　法令に規定のない事項

法例　法律をどのように適用するかについて定めた通則。例商法第一章の法例　「法例」という法律

ホウレツ 名【放列・砲列】

放列　物を横に一列に並べること。例カメラの放列　放列を布く

砲列　大砲を横に一列に並べた隊形。例野砲の砲列　砲列を構える

ほえる 自動【吼・吠】

吼　⇩かな　大きな獣や人が、大きな声を出すこと。例虎が吼える　壇上で吼える

吠　⇩かな　あまり大きくない獣が、大きな声で鳴くこと。例犬が吠える　狼が吠える

ほか 名【外・他】

外　問題になっている範囲の、内側になっていない部分。例外に五件ある　田中君外五名　外でもない　驚くの外ない　休むより外ない　不勉強の結果に外ならない　以ての外　思案の外

他　問題になっている物事ではない物事。例他に行く　他の事件　他の人　他の規則　その他こういうこともある　他ならぬ田中くんのことだから

ホケン 名【保険・保健】

保険　事故による損害を埋め合わせる制度としてのホケン。例保険を付ける　保険価額　健康保険　傷害保険　保険年金

保健　健康を守り続けることに関する事柄

としてのホケン。例保健に悪い　保健衛生　保健所　保健師

ほこ　名【戈・鋒・鉾・矛】

×戈　⇩矛　先が一本で、平らになっているホコ。戦いを表すことが多い。例戈を交える　戈を向ける　戈を執って立つ　戈を収める

×鋒　⇩矛　ホコの先の部分。例鋒の先　鋒先が鋭い

×鉾　⇩かな　ホコの形をした飾りもの。それを載せるもの。例金の鯱鉾(しゃちほこ)　蒲鉾(かまぼこ)　山鉾

矛　先が三つまたに分かれているホコ。例盾と矛　矛の刺股(さすまた)。

ホサ　名・サ変【補佐・保佐】

補佐　そばに付いていて、その仕事を手伝うこと。例課長を補佐する　議長を補佐する　補佐人と共に出頭する　補佐人の陳述

保佐　悪いことが起こらないように助けること。例保佐人の同意を得る

参考「補佐」は、旧表記「輔佐」の「輔」を、同音の「補」に書き換えた現代表記である。

ほしいまま　形動【恣・縦】

×恣　⇩かな　悪いことと知りながら行うこと。例権力を恣にする　悪名を恣にする

▲縦　⇩かな　自分の好きなことを、自由に行うこと。例縦に振る舞う　想像を縦にする　名声を縦にする

ホショウ　名・サ変【保証・保障・補償】

保証　間違いがないということを、請け合うこと。例品質を保証する　債務の保証　保証人　保証書　信用保証協会

保障　悪い状態にならないように、守ること。例身分を保障する　言論の自由を保障する　社会保障　安全保障　最低賃金保障法

補償　損害に対して、その埋め合わせをす

ること。例損害を補償する　災害を補償する　遺族補償　買上補償金　事故による収入減の補償

ほす　他動　【干・乾】

干　日などに当てて、含まれている水分を無くすこと。例日に干す　洗濯物を干す　布団を干す　虫干し　物干し竿　干し椎茸

▲乾　⇩干　中に入っている水分を無くすこと。例杯を乾す　飲み乾す　田を乾す　池の水を乾す　腹を乾す　役を乾す　干乾しになる

ボタイ　名　【母体・母胎】

母体　子供を産むカラダ。現在の形を支える本になるもの。例母体の健康　研究の母体　選挙母体

母胎　子供を産むオナカ。現在の形が生み出される元になるもの。例母胎での発育　美の母胎

ボツ　語素　【没・歿】

没　水の中で、下のほうへ行って見えなくなること。例海中に没する　日没　没落　没頭　没収　没交渉

×歿　⇩没　人が死んで、どこへ行ったか分からなくなること。例人が歿する　死歿　病歿　歿年　歿後

参考　「没」の旧字体は「沒」で「しずむ」意味。「歿」は「ほろびる」意味。いずれも古い字体はツクリの部分だけであった。後に、「しずむ」ほうは水に関係のあるサンズイを付け、「ほろびる」ほうは死に関係のあるカバネヘンを付けた。その場合、「沒」のほうに、「歿」の意味も含ませるのが現代表記である。

ホッキ　名・サ変　【発起・発企】

発起　新たに、物事を始めること。例事業

の発起人　一念発起する

発企　⇩発起　新たに、物事を計画すること。

参考「はじめおこす」意味のホッキは、「発起」が本来の形とされている。それが、「企画・企図」などとの関連から、「発企」とも書かれるようになった。今は、本来の形「発起」が一般である。

ほったてごや　名【掘立小屋・掘建小屋】

掘立小屋　柱の下のところを、直接地中に入れてこしらえた小屋。例戦災の跡の掘っ立て小屋　掘っ立て小屋同様の家

掘建小屋　⇩掘立小屋　柱の穴を作って、その上にこしらえた小屋。

参考ホッタテゴヤは、土を掘ってそこに柱を建てた小屋のことで、「掘立小屋」と書いた。それが、「家を建てる」場合の「建」との関連から、「掘建小屋」とも書かれるようになった。今は、建築用語が「掘立て・掘立て柱」としているため、「掘っ立て小屋」が一般である。

ホドウ　名・サ変【補導・輔導】

補導　善い方向に進もうとする者を世話すること。例職業を補導する　厚生補導　補導訓練

^×^輔導　⇩補導　悪い方向に進まないように、世話をすること。例不良学生を輔導する　輔導処分

参考「補」は「おぎなう」意味、「輔」は「たすける」意味。それに「導（みちびく）」を組み合わせた「補導」と「輔導」は、別の意味の語である。しかし、「みちびく」点では共通の意味を持っているため、「輔導」の「輔」を同音の「補」に書き換え、「補導」に「輔導」の意味も含ませるのが現代表記である。

注意「保護指導」の意味で、「保導」という語を用いることがある。例校外保導

ほとり　名【畔・辺】

畔　⇩かな　川や池のあるところに近いところ。例川の畔　池の畔　湖の畔　水の畔

辺　⇩かな　そのもののあるところに近いところ。例道の辺　城門の辺

注意　旧表記では、「辺」を読みやすくするため、特に送り仮名として「り」を付けたが、「辺り」という形は「あたり」とも読んだ。ただし、常用漢字表の音訓欄に掲げられている訓は、「あたり」だけである。

ほのお　名【炎・焔】

炎　火が燃えるとき、火の先の高く上がる部分。例炎を上げて燃える　焚(た)き火の炎　炎が舐(な)める

焔　⇩炎　心の中で起こる強い気持ち。例恨みの焔　怒りの焔　嫉妬(しっと)の焔

ほり　名【堀・掘・壕・濠・塹】

堀　水を溜(た)めるためにこしらえたホリ。例釣り堀　堀川　堀を掘る

掘　穴などをこしらえるために、土を出すこと。例掘りの浅い井戸　掘り割り

壕　⇩掘　城の周りにある、中に水のないホリ。例空壕(からぼり)をめぐらす　壕に隠れる

濠　⇩堀　城の周りにある、中に水のあるホリ。例水を湛(たた)えたお濠　内濠　外濠

塹　⇩堀　人が入るためにこしらえたホリ。例砦(とりで)の塹　塹に逆茂木(さかもぎ)を巡らす

参考　本来はいずれも動詞ホルの名詞形。

注意　「掘」の場合は、動詞「掘る」から転じた名詞として、送り仮名「り」を付ける。他は、本来の名詞として、送り仮名を付けない。

ほる　他動【掘・彫】

掘　一部を外へ出して、そこに穴をこしら

えること。例穴を掘る　堀を掘る　掘り出す　掘り出し物　掘り割り　掘り抜き井戸　掘っ立て小屋

彫　切れめを入れて、形をこしらえること。例仏像を彫る　彫り付ける　彫り刻む　彫り物　彫物師

ほろびる　**自動**　**【亡・滅】**

亡　⇩滅「存」の対。今まであったものが、すべて無くなること。例身が亡びる　仏教が亡びる

滅　「興」の対。まとまって生きるものが、すべて無くなること。例害虫が滅びる　平家が滅びる　賊が滅びる　滅びた国を興す

ほろぼす　**他動**　**【亡・滅】**

亡　⇩滅「存」の対。今まであったものを、すべて無くしてしまうこと。例身を亡ぼす　詩を亡ぼす

滅　「興」の対。まとまって生きるものを、すべて無くしてしまうこと。例害虫を滅ぼす　賊を滅ぼす

注意「ほろぼす」の送り仮名を「ぼす」とするのは、「ほろびる」を「びる」と送るのに合わせたものである。

ま

マ　**語素**　**【麻・痲】**

マスイ〔麻酔・痲酔〕（四九二ページ上段）を見よ。

マ　**語素**　**【摩・磨】**

摩　当てたままで、左右前後に動かすこと。例摩擦　按摩（あんま）　摩耗　減摩　肩摩の雑踏

磨　当てたまま強く動かして、きれいにす

ること。例磨滅　研磨機

参考「摩」は「する」意味、「磨」は「こする」意味。しかし、「磨滅・研磨」は、一時「摩滅・研摩」とも書かれた。

マク　語素【幕・膜】

幕　間を仕切るために用いるマク。例幕を張る　紅白の幕　出る幕ではない　暗幕　銀幕　天幕　除幕式

膜　体内の器官を包む、薄いマク。例肺臓の膜　肋膜（ろくまく）　腹膜　網膜　角膜　横隔膜　骨膜炎

まく　他動【巻・捲】

巻　ぐるぐると丸くマクこと。例紐（ひも）を巻く　布を巻く　螺子（ねじ）を巻く　舌を巻く

×**捲**　⇩巻　中にしまうためにマクこと。例捲いて外す　捲き込む　持ち物を捲き上げる　捲上機

まく　他動【撒・蒔・播】

×**撒**　⇩かな　広い範囲に散るようにすること。例ビラを撒く　水を撒く　豆を撒く　愛敬（あいきょう）を振り撒く

×**蒔**　⇩かな　本来は名詞「まき」。例種子蒔き　遅蒔き　早蒔き　蒔絵（まきえ）

×**播**　⇩かな　草木を育てるために、種（たね）を置くこと。例種を畑に播く　麦を播く

まげる　他動【枉・曲】

×**枉**　⇩曲　本来の形でない形にすること。例事実を枉げる　節（せつ）を枉げる　説を枉げる　枉げてご承諾を

曲　「直」の対。物の形を、まっすぐでない形にすること。例手を曲げる　針金を曲げる　曲げて張る

まこと　名【信・真・誠】

▲信　⇩誠　うそのことを言わないこと。例信の言葉　信の人　信を約する

▲真　⇩誠　うその点の全くない、本当のこと。例嘘(うそ)か真か　その知らせは真か　真の話　真らしい話

誠　心から、そのことだけを思うこと。例奉公の誠　誠を尽くす　誠を致す　受けた誠を感じる

まことに　副【洵・真・誠】

×洵　⇩誠　何度考えても、そのとおりであるようす。例洵に有り難い　洵に困難なことだ

▲真　⇩誠　うその点が全くないと感心するようす。例真に大きい　真に優れている　真に秀才だ

誠　心から、そのことだけを思うようす。例誠に驚いた　誠に悲しい

まさに　副【将・正・当・方】

▲将　⇩かな　これからそうなろうとするようす。例将に始まらんとするとき　将に終わろうとした瞬間

正　ちょうどそのとおりで、間違いがないようす。例正にそのとおり　正に受け取った　正に承知した

▲当　⇩かな　今こそそれを行わなければいけないようす。例当に然(しか)るべきこと　当に行うべき件

▲方　⇩かな　今ちょうどそのときになっているようす。例時方に平和が訪れ　芳紀方に十八歳　方に酣(たけなわ)

まさる　自動【勝・優】

勝　「負」の対。他と比べて、その分量が多くなること。例気の勝った女　男勝り　立ち

勝る

▲優　⇩勝　「劣」の対。他と比べて、その程度が上になること。例質の優った品　優り劣り

まざる　自動【交・混・雑】

交　いろいろのものが、入り組むこと。例麻にナイロンが交ざっている。

混　いろいろのものが、一緒になること。例青と赤が混ざると紫になる。

▲雑　⇩混　「純」の対。本来のものと、別のものとが、一緒になること。例外国人の血が雑ざる

注意　「まざる」の送り仮名を「ざる」とするのは、「まざる」を「ぜる」と送るのに合わせたものである。

まじる　自動【交・混・雑】

交　別のものが、入り組むこと。例女も交じる　白髪が交じる　漢字仮名交じり文

混　別のものが、一緒になること。例雑音が混じる　混じりけがない

▲雑　⇩混　「純」の対。本来のもののほかに、別のものが一緒になること。例異物が雑じる

注意　「まじる」の送り仮名を「じる」とするのは、「まぜる」を「ぜる」と送るのに合わせたものである。

ます　名【升・枡・桝】

升　本来は「分量の単位」。

×枡　⇩升　分量を量るときに用いる道具。例枡で量る　木の枡　一升枡　枡酒　枡目　相撲の枡席

×桝　⇩升「枡」の俗字。

参考　「枡」は国字で、「升」を量る木の器を表す。

ます 自・他 【益・増】

益 ⇩増　すでにある上に、さらに加わって多くなること。例利益が益す　人数を益す

増　「減」の対。分量が、少しずつ多くなること。例水が増す　スピードを増す　一グラム増すごとに　増し料金

注意　副詞のマスマスは、旧表記では「益々」と書いた。現代表記では、仮名で「ますます」と書く。

マスイ 名 【麻酔・痲酔】

麻酔　薬品を使って、感覚を失わせること。例麻酔を打つ　全身麻酔　局部麻酔

痲酔 ⇩麻酔　痺(しび)れさせて、感覚を失わせること。

参考　㊀「痲」は「しびれる」意味、「酔」は「よう」意味。しかし、「痲ハ、モト麻ニ作ル」とされている。そのため「麻酔」とも書かれ、旧表記でも、簡略な形「麻酔」のほうが多く用いられていた。今でも、「麻酔」のほうを用いることが多い。㊁マヒも「痲痺」「麻痺」両様に書かれていたが、これも「麻痺」のほうが多く用いられており、「痺」が常用漢字表に掲げられていないため、仮名で「まひ」とも書かれる。

まずい 形 【拙・不味】

拙 ⇩かな　「巧」の対。物事のやり方が悪いようす。例拙い文字　その作戦は拙い　途中で会うと拙い

不味 ⇩かな　「美味」の対。食べ物の味が悪いようす。例不味い料理　その薬は不味い

まぜる 他動 【交・混・雑】

交　いろいろのものを、入り組ませること。例カードを交ぜる　交ぜ織り

混　いろいろのものを、一緒にすること。例絵の具を混ぜる　セメントに砂を混ぜる　掻き混ぜる

雑　⇩混「純」の対。本来のものと、別のものとを、一緒にすること。例不良品を雑ぜて売る。

また　接　**【亦・復・又】**

亦　⇩かな　同じ事柄が、もう一つあるときに用いることば。「もまた」の形で用いる。例これも亦　日本においても亦　今日も亦雨が降る　今年も亦不作

復　⇩かな　同じ事柄が、繰り返されるときに用いることば。例夕方復た来る　今日復た雨が降る

又　そのほかに、もう一つ別の事柄があるときに用いることば。例それから又　更に又　山又山　次に又　昨年も、又今年も

参考　二つのうち一方を選ぶ意味のマタハは、「又は」と書く。

注意　㈠旧表記では、「復」に送り仮名として「た」を付けたが、「又・亦」には送り仮名を付けなかった。現代表記でも、「又」には送り仮名を付けない。㈡法令用語は、マタを仮名で「また」と書くのに対し、マタハは漢字で「又は」と書く。

また　名　**【股・叉・又】**

股　胴の下で、二本の足の分かれているところ。例股に挟む　二股掛ける　股旅物

叉　⇩かな　一つのものが、二つ以上に分かれているところ。例木の叉　三つ叉

又　同じ種類の物事が、もう一つ続くこと。例又の名　又とない機会　又貸し　又家来　又従姉妹（いとこ）

まち　名　**【街・町】**

街　店などが道に沿って並んでいるところ。

ストリート。例学生の街　人通りの多い街　街を歩く　街を吹く風　街の明かり　街の噂(うわさ)　街角　街の女　色街

町　人の住む家が集まっているところ。夕ウン。例町と村　織物の町　町の中　町ぐるみ　町役場　下町　港町　屋敷町　町並み　町外れ

まぢか　名　【間近・目近】

間近　時間的に、もうすぐであること。例冬が間近に迫る　入学試験も間近だ

目近　⇩間近　距離的に、すぐ前にあること。例目近のものが見えない　自動車が目近に迫ってきた

参考　マヂカは、「あいだがちかい」意味で、「間近」が本来の形であった。それが、「目のあたり」などとの関連から、特に距離の場合に「目近」とも書かれたことがあった。今は、本来の形「間近」が一般である。

まつ　他動　【俟・待】

俟　⇩待　助けてくれるものとして用いること。例力に俟つ　両々相俟って　説明を俟つまでもない　援助に俟つところが多い

待　人などが来るまで、そこにいること。例友人を待つ　客を待つ　駅で待つ　待ち合わせる　待ち遠しい　待ちに待った夏休み　時機を待つ

まっとうする　他動　【完・全】

完　⇩全　悪い状態にしないで続けること。例天寿を完うする　本分を完うする　名誉を完うする

全　でき上がるまで行うこと。例志を全うする　念願を全うする　使命を全うする　責任を全うする

まつる　他動　【祭・祀】

祭　神や仏を慰めるために、儀式を行うこと。例祖先を祭る　祭り上げる　秋祭り　神田祭

祀　⇩祭　神として、神社などにとどまってもらうこと。例神として祀る　英霊を祀る　合わせ祀る

まもる　他動　【衛・護・守】

衛　⇩守　危ないことがないように取り囲むこと。例皇居を衛る　首相を衛る　身辺を衛る

護　⇩守　攻められることがないように持ち続けること。例国を護る　辺境を護る　身を護る　銃後の護り

守　大切なものとして持ち続けること。例宝を守る　約束を守る　伝統を守る　沈黙を守る　見守る

まり　名　【鞠・毬】

鞠　⇩かな　ケマリに用いるマリ。例鞠を蹴る　鞠の庭　鞠の神

毬　⇩かな　遊びに用いるマリ。例毬を突く　手毬　ゴム毬　毬投げ　毬藻（まりも）

まる　名　【円・丸】

円　「方」の対。平面的なマル。例四角と円　円柱（まるばしら）

丸　立体的な球の形のマル。また、記号としてのマル。完全の意味にも用いる。例丸になる　丸を付ける　二重丸　日の丸　丸一年　丸焼け　丸々と太る

注意　動詞としてのマルメル・マルマルは、「丸める・丸まる」と書く。

まるい　形　【円・丸】

円　「方」の対。平面的なマルのようす。例円い板　円い窓　円い筒　円く輪になる

丸　立体的な球の形のマルのようす。例丸

い顔　丸い屋根　背中が丸くなる　丸く治まる

まれ　形動　【罕・希・稀】

罕　⇩[かな]　同類の物事の起こる回数が、非常に少ないようす。[例]雪の降るのは罕だ　罕にしか会えない

希　⇩[かな]　「稀」に同じ。

稀　⇩[かな]　同類の物事が、非常に少ないようす。[例]世にも稀な秀才　人も稀な山道　稀に見る出土品

まわす　他動　【回・廻】

回　音読で「廻」と同じに用いる文字。

廻　⇩回　輪の形のように、ぐるぐると動かすこと。[例]輪を廻す　モーターを廻す　順に廻す　乗り廻す

まわり　名　【回・廻・周・巡】

回　音読で「廻」と同じに用いる文字。

廻　⇩回　①輪のように、ぐるぐると動くこと。[例]廻りが遅い　一廻り五秒　廻り持ち　遠廻り　②そのものの外側のところ。[例]胴廻り　身の廻り　手廻り

周　物を囲んでいる、外側のところ。[例]池の周り　家の周り　周りの人　周りじゅうにある

巡　⇩回　一定の範囲を、順によく見て通ること。[例]巡りの見張人　お巡りさん

[参考]「お巡りさん」を「おまわりさん」と読むのは、常用漢字表の付表の中に掲げられている表内訓である。

[注意]「回・廻・巡」は、動詞「まわる」から転じた名詞として、送り仮名「り」を付ける。「周」は「シュウ」と読まれることを防ぐため、最後の音節「り」を送る。

まわる　自動　【回・廻・巡】

回　音読で「廻」と同じに用いる文字。

×廻　⇩回　輪の形のように、ぐるぐると動くこと。例輪が廻る　目が廻る　番が廻る　見廻る　歩き廻る

▲巡　⇩回　一定の範囲を、順によく見て通ること。例見学して巡る　四国を巡る

マン　語素【万・満】

万　数の単位、千の十倍。また、非常に多いこと。例五万三千　一千万　億万長者　巨万の富　紅灯万点　万灯　万巻の書　万年助手　万言を費やす　万一の場合　万が一にも

満　その場所いっぱいに広がること。例満点を取る　満座の者　満場一致　満山紅葉　満目荒涼　豊年満作　満載　満艦飾　満腹感　満幅の誠意　満腔(まんこう)の感謝　満遍なく　自信満々

マン　語素【慢・漫】

慢　①自分のほうが上だ、というふうに見せること。例慢心　自慢　怠慢　②同じ状態が、いつまでも続くこと。例緩慢　慢性　我慢

漫　深く考えないで、物事を行うこと。例散漫　放漫　冗漫　漫歩　漫遊　漫談　漫画　漫筆　漫才

マンザイ　名【万歳・漫才】

万歳　新年を祝うために行う、特別の歌や舞。普通は、二人で行う。例元日の万歳　三河(みかわ)万歳　大和(やまと)万歳　大夫(たゆう)と才蔵の万歳

漫才　二人の芸人が、おかしい話し合いをして観客を笑わせる演芸。語源的には、「万歳」に別の漢字を当てたもの。例寄席の漫才　掛け合い漫才

みいる 自動【魅・魅入・見入】

魅 ⇩魅入 （受身の形で）魂を取られてしまうこと。例悪魔に魅られる　異様な光景に魅られる

見入 よく注意して見ること。例展示品に見入る　美人に見入る　時の経つのも忘れて見入る

参考 旧表記では、「魅」の訓としての「みいる」を「魅る」と書いたが、「魅入る」とも書いた。現代表記では「魅」の音「ミ」を用い、「魅入る」と書く。

みえ 名【見・見栄・見得】

見 ほかの人の目に映る状態。例見えがいい　見えが変わる　見え隠れ

見栄 ⇩見え　ほかの人の目によく映るように、表面だけよくすること。例見栄を張る　見栄にする　見栄を捨てる　彼の慈善は見栄だ　見栄坊

見得 ⇩見え　動きを止めて、特別の姿勢を取ること。例見得を切る　見得を作る　大見得　お目見得

みおさめ 名【見納・見収】

見納 見ることが、これで最後になること。例見納めによく見る　この世の見納め

見収 ⇩見納　終わりまで、すべて見てしまうこと。

参考 「納」は、「御用納め」の場合と同じく、「最後」の意味。したがって、ミオサメは、「見納め」が本来の書き方であった。それが「見たものをすべて入れる」意味から、「収」も用いられるようになった。今は、本来の形「見納

め」が一般的である。

みがく 他動【研・琢・磨】

▲研 ⇩磨 ①とがったものをこすって、光るようにすること。例刀を研く　槍(やり)を研く ②勉強して、学問を深めること。例学を研く　文章を研く

×琢 ⇩磨 玉をこすって、光るようにすること。例玉を琢く　ダイヤを琢く

磨 ①汚れたものをこすって、きれいにすること。例床(ゆか)を磨く　歯を磨く ②練習して、技術を良くすること。例腕を磨く　技術を磨く

みかた 名【味方・身方】

味方 「敵」の対。同じ敵に対している仲間。例味方の軍勢　敵味方に分かれる

身方 ⇩味方 同じ志を持っている仲間。例身方の同志　身方身贔屓(みびいき)

参考 ミカタは、本来は「御方」であって、「朝廷側に属する者」の意味であった。それが、自分の属しているほうという意味になって、「身内」との関連から「身方」と書かれるようになった。また、「敵」に対する語として「同じ味わいの者」という意味も含め、「味」が当てられるようになった。今は、「身方」の場合にも、「味方」を用いることが多い。

みことのり 名【詔・勅】

詔 天皇のお言葉のうち、特別の事柄を行うときに出されるもの。例開戦の詔　国会召集の詔

▲勅 ⇩詔 天皇のお言葉のうち、一般的な問題で出されるもの。例教育に関する勅　軍人に賜った勅

みず 名【水・瑞】

水 自然界にある、液体としてのミズ。例

川の水　水を浴びる　水と油　水に流す　水っぽい

瑞 ⇩かな 若々しく、生き生きとしていること。例瑞の宮　瑞茎　瑞穂　瑞々しい

みずから 副 【自・親】

自 物事を、他の人の力を借りないで、自分で行うようす。例自ら手を下す　自ら考える　自ら進んで　自ら好んで　自ら招いた不幸

親 ⇩自 物事を、そのことを行うべき本人が行うようす。例親ら任命する　親ら参拝する　親ら迎える

参考「自ら」は、名詞として、「自らの力」「自らを省みる」など、「自分自身」の意味にも用いる。

みたす 他動 【充・満】

充 ⇩満 予定の枠を、いっぱいにすること。例欠員を充たす　欠損を充たす

満 その場所いっぱいに広げること。例水を満たす　腹を満たす　願いを満たす

注意「みたす」の送り仮名は、旧表記では「す」だけであった。現代表記で「たす」と送るのは、「みちる」を「ちる」と送るのに合わせたものである。ただし、現代表記でも、「満す」のように、「た」を省く送り仮名が許容されている。

みだす 他動 【紊・乱】

紊 ⇩乱 決まりがあるのに、そのとおり行わないこと。例風紀を紊す　平和を紊す

乱 整っているものを、整わない状態にすること。例列を乱す　髪を乱す　会議を乱す

みだら 形動 【淫・猥】

淫 男女関係が、正しくないようす。例淫らな過去　淫らな行為

×猥 ⇩かな 性的な興味があって、下品なようす。例猥らな本　猥らな言葉

みだり 形動 【漫・妄・濫】

▲漫 ⇩かな 深く考えないで、物事を行うようす。例漫りな言葉　漫りに時の経(た)つのを待つ　漫りに女を愛するべからず

▲妄 ⇩かな 正当な理由もなく、物事を行うようす。例妄りな空想　妄りに論じるべからず

▲濫 ⇩かな 一定の範囲から外へ出て、物事を行うようす。例濫りな外出　濫りに飲酒するべからず

みだれる 自動 【紊・乱】

×紊 ⇩乱 決まりがあるのに、そのとおり行われないこと。例風紀が紊れる　校内が紊れる

乱 整っているものが、整わない状態になること。例世が乱れる　列が乱れる　会議が乱れる

みち 名 【径・途・道・路】

▲径 ⇩道 普通のミチに対して、特に小さく、狭いミチ。例庭園の径　小径

▲途 ⇩道 ①目的地まで行く、その途中。例行く途で会う　途にある本屋　帰り途　途々考える　後進に途を開く　②目的の物事を行うやり方。例解決の途を求める　治療の途がない　どっち途できない

道 ①人の行き来する普通のミチ。例道を歩く　道を尋ねる　通り道　道筋　②人の行うべき正しいミチ。例人の道　仏の道　武の道　守るべき道　道ならぬ恋

▲路 ⇩道 普通のミチに対して、特に大きく広いミチ。例町を貫く路　路を練り歩く

みちる 自動【充・満】

充 ⇩満　予定の枠が、いっぱいになること。例欠員が充ちる　不足が充ちる

満　その場所いっぱいに広がること。例潮が満ちる　月が満ちる　香りが満ちる　希望に満ちた毎日　活気に満ちる　任期が満ちる　満ち溢(あふ)れる　満ち足りる

ミトウ 名【未到・未踏】

未到　まだだれもそこまで到達・達成していないこと。例未到の水源地　前人未到の地　前人未到の記録

未踏　まだだれもそこを通らないこと。足をふみいれたことがないこと。例未踏の密林　人跡未踏の地

みどり 名【翠・緑】

翠 ⇩緑　草木などの若々しいミドリ。例松の翠　若葉の翠　山の翠　翠滴る初夏　翠の黒髪

緑　青と黄との間の色としてのミドリ。例緑に塗る　緑の屋根　緑の中の紅一点　緑の週間　薄緑色

みとる 他動【見取・看取】

見取　見て、その通り行うこと。例見取って描く　見取り算　見取り芸　見取図

看取　病人のそばにいて、よく世話をすること。例父親を看取る　子に看取られて死ぬ

みにくい 形【醜・見難】

醜　「美」の対。見て、いやな気持ちがするようす。例醜い顔　醜い行い　醜い争い　人間の醜さ

見難 ⇩見にくい　よく見ることができないようす。例舞台が見難い席　見難い双眼鏡

みはなす 他動【見放・見離】

見放 あきらめて、それ以上の世話をしないこと。例女を見放す　親に見放される　神に見放される

見離 ⇩見放　あきらめて、それ以上は近くにいないこと。

参考 ミハナスは「世話をしないで自由にさせる」意味であり、「見放す」が本来の形であった。それが、「そばで見ない」ところから、「離」も用いられるようになった。今は、本来の形「見放す」が一般である。

みはる 他動【瞠・見張】

瞠[×] ⇩かな 目を大きく開けて見ること。例目を瞠る　瞠りの形相（ぎょうそう）

見張 悪いことが起こらないように、よく注意して見ること。例動きを見張る　敵を見張る　見張りの番　見張所　見張人

みみざわり 名、形動【耳障・耳触】

耳障 名・形動 言葉などを聞いていて、気持ちよく感じないこと。例耳障りになる　耳障りな言葉

耳触 名 言葉などを聞いたときに感じる気持ち。例耳触りのいい言葉　耳触りの悪い言い方

みやこ 名【京・都】

京[▲] ⇩都　天子の住んでいる町。特に、「京都」の場合に用いることがある。例西の京　京の者

都 天子の住んでいる町。また、大きな町。例都を定める　田舎から都に出る　花の都パリ

ミョウ 語素【名・苗】

ミョウジ〔名字・苗字〕（次項）を見よ。

ミョウジ　名　**【名字・苗字】**

名字　公家(くげ)や武家の家に付けられたナマエ。例名字を継ぐ　名字拝領　名字帯刀　名字盗み

▲苗字　⇩名字　同じ血筋を引く者に付けたナマエ。

参考　本家に付けられたのはもともと「名字(なあざな)」であったが、それぞれの分家には別のナマエが付けられるようになり、「苗字」と書くようになった。今は、「苗」にミョウの音がないため、「名字」と書くことが多い。

ミョウリ　名　**【名利・冥利】**

名利　社会的な名声と現実的な利益。例名利を求める　名利を捨てる　名利のためではない

冥利　そのことによって自然に受ける利益。例冥利に尽きる　商売冥利　男冥利

参考　「名利」は、メイリとも読まれている。

みる　他動　**【看・観・見・視・診・覧】**

▲看　⇩見　そばにいて、よく世話をすること。例病人を看る　老後を看る　赤ん坊を看てもらう

観　⇩見　遠くから、そのものだけをよく眺めること。例行進を観る　花を観る　芝居を観る

見　物事を、目で感じること。例映画を見る　エンジンの調子を見る　名所を見る　傍(わき)を見る　馬鹿(ばか)を見る　見た目には　見るからに

▲視　⇩見　物事を、よく注意して調べること。例現地を視る　視れども見えず

診　医者が患者の体を調べること。例患者を診る　脈を診る

▲覧　⇩見　物事を、ひととおり眺めること。例目録を覧る　新聞を覧る

［注意］「書いてミル」など、「こころみる」意味で補助動詞に用いるミルは、仮名で「みる」と書く。

ミンゾク 名 **【民俗・民族】**

民俗　一般の人たちの間で行われている風俗習慣。［例］民俗芸能　民俗楽器　地方の民俗衣装　民間伝承の民俗学　民俗語彙　民俗語源

民族　起源や文化を共にする一団の人間。［例］民族意識　民族主義　民族解放　民族国家　民族自決主義　民族舞踊　祖国の民族衣装　文化全般の民族学

む

むかえる 他動 **【迎・邀】**

迎　向こうから来る人を、用意して待つこと。［例］客を迎える　妻を迎える　医者を迎えに行く　出迎える

×邀　⇩迎　敵が攻めて来るのを、待っていて防ぐこと。［例］敵を邀える　邀えて防ぐ　邀え撃つ

むくいる 自動 **【酬・報】**

▲酬　⇩報　相手方の働きに合うものを渡すこと。［例］労に酬いる　仕事に酬いる　酬いを得る

報　相手方から受けたものを、相手方に返すこと。［例］恩に報いる　恨みに報いる　悪事の報い

むこ 名 **【婿・壻・聟】**

婿　夫として迎える、身分関係でのムコ。［例］婿を迎える　婿養子　娘の婿　入り婿

×壻　⇩婿　「婿」に同じ。

聟(×) ⇩婿 夫として迎える、一般語としてのムコ。例娘一人に聟八人 花聟 お聟さん

ムザン 名・形動【無残・無惨・無慚】

無残 人や動物の苦しみが、かわいそうなこと。例無残な最期 見るも無残な光景

無惨 ⇩無残 人や動物が苦しんでかわいそうなこと。

無慚(×) ⇩無残 人や動物を苦しめても、何とも思わないこと。

参考 ムザンは、本来、「破戒無慚」などと用いられる仏語の「無慚」で、「僧が罪を犯して恥じない」意味の語。そこで、「無（それがない）」に「慚（はじる）」を組み合わせた。後に「むごたらしい」意味に用い、「惨酷・残酷」との関連から、「無惨・無残」とも書かれた。このうち、「無残」を用いることが多い。

ムジョウ 名、形動【無情・無常】

無情 名・形動 人の気持ちを、思いやる心がないこと。例無情な男 無情な世の中 無情な雨 ああ無情

無常 名 すべてのものが、移り変わっていくこと。例無常の人生 無常の灯 諸行(しょぎょう)無常

むすぶ 他動【掬・結】

掬(×) ⇩かな 両手を組み合わせて、水をすくうこと。例水を掬ぶ 掬んで飲む 潮を掬ぶ

結 紐(ひも)などを、合わせてつなぐこと。例糸を結ぶ 帯を結ぶ 網を結ぶ 縁(えん)を結ぶ 国交を結ぶ

ムソウ 名、サ変【無想・夢想】

無想 名 いろいろの考えをなくすこと。例無想の境地 無念無想

夢想 名・サ変 実際にないことを、いろい

ろ考えること。例夢想に耽ける　未来を夢想する

むち　名【策・笞・鞭】

▲策　⇩かな　「鞭」に同じ。

×笞　⇩かな　悪人を罰するのに用いる、刑具としてのムチ。例笞で懲らしめる　笞打ちの刑

×鞭　⇩かな　物を打つのに用いる、道具としてのムチ。例馬の鞭　鞭で指す　鞭を執る

むなしい　形【虚・空・曠】

▲虚　⇩かな　「実」の対。内容が、何もないようす。例虚しい名声　虚しい気持ち　虚しく威張る

▲空　⇩かな　効果が、何もないようす。例空しい努力　空しい夢　空しく帰る　空しくなる

×曠　⇩かな　あるべきものが、何もないようす。例曠しい毎日　曠しい広野　曠しく過ぎる

むね　名【旨・宗】

旨　事柄の中で、主となる内容。例事の旨その旨を伝える　この旨を述べる　質素を旨とする

▲宗　⇩旨　全体の中で、主となる物事。例宗とする事柄　宗とする貿易品

むら　語素【群・叢】

群　動物などが集まっていること。例群鳥群雀（むらすずめ）　群千鳥　群肝を刻む

×叢　⇩群　植物などが集まっていること。例竹叢　叢笹（むらざさ）　叢薄（むらすすき）　叢菊　叢草　叢雲　叢霧　叢霞（むらがすみ）

むらがる　自動【群・叢】

群　人や動物が、たくさん集まること。例

子供が群がる　猿の群がる山　蜜(みつ)に群がる蟻(あり)　群がり飛ぶ

×叢　⇩群　植物などが、たくさん生えていること。例竹が叢がる　薄(すすき)の叢がる河原　叢がり生える

注意「むらがる」の送り仮名を「がる」とするのは、名詞の「むら」を含むとするからである。

め

め　名【眼・目】

▲眼　⇩目　顔についているメ全体。例眼を光らす　眼が悪い　白い眼で見る　眼医者　眼鏡(めがね)

目　物を見る器官としてのメ。例目に付く　目に留まる　目を瞑(つぶ)る　目を放す　目の前　青い目の外国人　目薬　目覚まし時計　目当て　目印

め　語素【雌・女・牝】

雌　「雄」の対。生物一般のメス。例雄蝶(おちょう)　雌蝶(めちょう)　雌花　雌蕊(めしべ)

女　「男」の対。人間や神のオンナ。例女の子　女神　女坂　女滝　大原女(おはらめ)　女々しい

×牝　⇩雌　「牡」の対。人が飼って役立てている動物のメス。例牝牛　牝馬　牝鶏(めんどり)

メイ　語素【名・銘】

名　①そのものを呼ぶときに使うナマエ。例氏名　記名　題名　名義　無名戦士の墓　②とても良いと言われていること。例名物　名産　名所　名勝　名園　名画　名店街　有名　著名

銘　①器具に付いている作者のナマエ。例刀の銘　銘を打つ　刻銘　無銘の刀　②程度

が特に良いこと。例銘酒　銘菓　銘香（めいこう）　銘茶　銘木　銘品　銘柄

メイ　語素【名・迷】

名　他のものよりも非常に良くて、広く知られているようす。例名文　名著　名案　名士　名答弁

迷　特に変わっていて、非常に困るようす。例迷文　迷答　迷案　迷論　迷答弁

メイカイ　名・形動【明解・明快】

明解　はっきりと、筋道を立てて説明すること。例明解な注釈　字義明解

明快　筋道がはっきりしていて、気持ちがいいこと。例明快な答弁　明快な判断　明快な理論

メイキ　名・サ変【銘記・明記】

銘記　よく覚えて、忘れないようにすること。例肝に銘記する　原因を銘記する　銘記して忘れない

明記　はっきりと書いておくこと。例本文に明記する　契約書に明記する　解説を明記する

メイクン　名【名君・明君】

名君　広く知られていて、優れている君主。例古来稀（まれ）な名君　名君に仕える　名君の聞こえが高い

明君　⇩名君「暗君」の対。頭が良くて、優れている君主。明主。

参考「名」は「なだかい」意味、「明」は「あきらか」で「りこう」の意味。それに「君（君主）」を組み合わせた「名君」と「明君」は、別の意味の語である。

メイゲツ　名【名月・明月】

名月　旧暦八月十五日の夜のツキ。例名月

を観賞する　仲秋の名月　栗名月(くり)

明月　少しの曇りもなく、澄み渡ったツキ。例明月に照らされる　中秋の明月

参考「仲秋」は「八月」の意味、「中秋」は「八月十五日」の意味。したがって、秋のお月見の月は、「仲秋の名月」か「中秋の明月」となるが、「中秋の明月」とすべきである。「仲秋の明月」は必ずしも八月十五日の月とは限らない。「中秋の名月」というのも、八月十五日の夜の満月と、重ねて念を入れた形と考えれば、その点での表現効果が認められる形である。

メイシュ　名【銘酒・名酒】

銘酒　特別の名称を持っている良い酒。例上等の銘酒　銘酒に酔う　銘酒屋

名酒　⇩銘酒　広く知られている良い酒。

参考「銘」は「銘柄」の意味、「名」は「有名」の意味。それに「酒（さけ）」を組み合わせた「銘酒」と「名酒」は、同じような意味に用いられていた。今は、「銘柄」の意味を強調し、「銘酒」を用いるのが一般である。

メイブン　名【明文・名文・銘文・名分】

明文　はっきりと書いてある文章。例法律の明文　明文化する

名文　広く知られている良い文章。例名文として残る　天下の名文　名文家

銘文　銘として書かれている文章。例座右の銘文　銘文を刻む

名分　必ず守らなければならない事柄。例名分が立たない　大義名分

めぐらす　他動【運・巡・繞】

運▲　⇩巡　ああかこうかと、いろいろ考えること。例思いを運らす　工夫を運らす　知恵を運らす

巡　本来は「めぐる」。

繞×　⇩巡　周りを、全部取り巻くようにす

ること。例囲いを繞らす　鉄条網を繞らす　垣(かき)を繞らす

注意「めぐらす」の送り仮名を「らす」とするのは、「めぐる」を「る」と送るのに合わせたものである。

めぐる 自動【廻・巡・繞】

×廻 ⇩巡　外側を順に通り、元のところへもどること。例周りを廻る　春が廻る　駆け廻る　血の廻りが悪い

巡 一定の範囲を、順によく見て通ること。例寺を巡る　富士五湖巡り　仲間を一巡り

×繞 ⇩巡　周りを、全部取り巻いていること。例盆地を繞る山々　首相を繞る噂(うわさ)　問題を繞って

めす 名【雌・牝】

雌「雄」の対。生物一般のメス。例鼠(ねずみ)の雌　蚊の雌　雄雌の分かれていない下等生物

×牝「牡」の対。人が飼って役立てている動物のメス。例犬の牝　鶏の牝　牝牛　牝馬

メン 語素【綿・棉】

綿 布団や着物に入れるワタそのもの。例綿糸　綿布　綿織物　綿業界

×棉 ⇩綿　ワタの実を付ける植物としてのワタ。例棉花　棉作　原棉　印棉　米棉　棉実油

参考「綿」は「わた」としてイトヘン、「棉」は「わたのき」としてキヘン。しかし、「わた」の点では共通の意味を持っているため、「棉」を、同音で意味の似ている「綿」に書き換えることが多い。

メン 語素【綿・緬】

×緬 ⇩綿　柔らかい、手触りの良い糸。例緬羊

参考「緬」は「いと」の意味、「綿」は「わ

た」で「いとのあつまり」の意味。そこで、「緬羊」の場合に全体の意味を考え、「緬」の部分を、同音の「綿」に書き換えるのが現代表記である。

モ 語素【模・摸】

模 物事の形に似せてこしらえること。例 模型　模倣　模造　模様　模範　模擬試験

×摸 ⇩模　見えないところにあるものを、手で見付けようとすること。例 摸索　摸写

参考 「模」は「かたどる」意味、「摸」は「さぐる」意味。しかし、「模擬・模倣・模造」などは、「摸」でも書かれていたが、「摸」のほうを同音の「模」に書き換えるのが現代表記である。

もえる 自動【燃・萌】

燃 火が、炎を上げて盛んになること。例 火が燃える　家が燃える　枯れ草が燃える　陽炎（かげろう）が燃える　希望に燃える　愛国心に燃える　燃え広がる

×萌 ⇩かな　草木の、葉になる芽が出ること。例 若葉が萌える　若草が萌える　柳も萌え始める　萌え渡る

もぐ 他動【挘・捥】

×挘 ⇩かな　少し回して、無理に取ること。例 実を挘ぐ　手足を挘ぎ取られる

×捥 ⇩かな　「挘」に同じ。

参考 ㊀「挘」は国字で、テでスコシマワス意味を表す。㊁「もぐ」と同じ意味で「もぎる」も用いられる。このほうは旧表記で「挘る」「捥る」と書いたが、現代表記では仮名で「もぎる」となる。

モクレイ 名・サ変 【目礼・黙礼】

目礼 目つきで、簡単にあいさつをすること。例目礼を交わす　目礼して去る

黙礼 何も言わないで、静かにおじぎをすること。例式次第に黙礼を入れる　司会者が「黙礼」と言う

もち 名 【糯・黐・餅】

糯 ⇩かな　「粳（うるち）」の対。粘りけの多い米としてのモチ。例糯を蒸して搗（つ）く　糯の米

黐 ⇩かな　モチノキの皮からこしらえた粘りの強いモチ。例黐を塗る　黐で小鳥を捕る

餅 蒸して臼（うす）でついてこしらえたモチ。例餅を搗（つ）く　搗きたての餅　正月の餅　尻餅（しりもち）をつく

もつ 自、他 【以・持・保】

以 ⇩かな 他動　手段・方法・原因・理由・状態などを表すときに、「以て」の形で用いる。例竹を以て作る　これを以て終わる　優秀な成績を以て卒業する　法を以てする　以ての外

持 他動　自分のものとしてモツこと。例手に持つ　妻を持つ　金を持つ　権利を持つ　考えを持つ　恨みを持つ　会合を持つ　費用を持つ　持ち出す　書類を持って行く　持ってこいだ　持って生まれた性分

保 ⇩かな 自動　同じ状態で続くこと。例三年は保つ　長く保つ　保ちがいい

注意「以て」の送り仮名は「て」だけであるが、モチマシテの場合は、旧表記でも「以ちまして」と送った。

もっとも 副、形動、接 【最・尤】

最 副　程度がいちばん上であることを表すことば。例最も多い　最も有名だ

尤[×] ⇩かな ①**形動** 当然そうあることを表すことば。例その考えは尤もだ　その行動は尤もだ　尤もな道理 ②**形動** なぜそうなるかが分かるときに用いることば。例尤もなことだ　尤もらしい ③**接** 例外を言うときに用いることば。例尤もこういうこともある

参考 同音語ではあるが、アクセントは、「最も」が中高型、「尤も」が頭高型である。

もてあそぶ 他動 【玩・翫・弄】

玩[▲] ⇩かな 好きなものとして、楽しむこと。例笛を玩ぶ　花を玩ぶ　奇を玩ぶ　玩び物のおもちゃ

翫[×] ⇩かな 心の慰めとして、愛すること。例美女を翫ぶ　俳句を翫ぶ

弄 自分のもののように、かってに動かすこと。例人の感情を弄ぶ　運命に弄ばれる

もと 名 【因・下・基・許・元・素・本】

因[▲] ⇩かな 「果」の対。物事が起こるときの原因となるもの。例過労が因で死ぬ　口は災いの因

下 上に広がるものに隠れる範囲。影響を受ける範囲。例木の下に集まる　法の下に平等である　先生の指導の下に　一撃の下に倒した　足下

基 助けとして用いる物事。例資料を基とする　基肥　基づく

許[▲] ⇩元 そのもののある場所に近いところ。例両親の許から通う　手許　口許　目許　親許　国許　身許

元 ①物事の始め。例生じる元になるもの　動力の元　火の元　根元　お膝元(ひざもと)　地元　元が掛かる　元も子もない ②順序がある場合の前のほう。例元の住所　元の鞘(さや)　元の形　元の色　元の社長　元大臣

素[▲] ⇩かな 物をこしらえるときの原料となるもの。例ケーキの素　味付けの素　栄養

の素

本　「末」の対。物事の成り立つ大切なところ。例本を正す　農は国の本　本を尋ねる　正直をもって本となす　本立って道生じる　生きる本になるもの

注意　アシモトは、「足元」と書くと、立っている足の場所のあたりを広くいい、また「足下」と書くと、立っている足のその場所をいう。今は「足元」を用いることが多い。

もの　名【者・物】

者　主として人に用いるモノ。例家の者　該当する者　賛成する者の一人　他所(よそ)者　小者　横着者

物　「事」の類。見たり触れたり考えたりするモノ。例物の値段　物事　物が分かる　安物　香の物　物覚え　大物　大立て物

注意　「問題そのモノ」「こういうモノ」「したモノだ」など軽い意味のモノは、仮名で「もの」と書く。

もも　名【股・腿】

▲股　⇩かな　足の上部の、胴につながる部分に近いところ。例股の付け根　股引き

×腿　⇩かな　足が胴につながる部分の、後ろ側のところ。例腿が当たる部分　腿の肉

もらす　他動【洩・泄・漏】

×洩　⇩漏　①出してはいけないものを、出してしまうこと。例涙を洩らす　声を洩らす　秘密を洩らす　感情を洩らす　②入れなければいけないものを、入れないでしまうこと。例生年月日を洩らす　書き洩らす

×泄　⇩漏　体の中にあるものを、体の外に出してはいけないときに出すこと。例尿を泄らす　便を泄らす

漏　本来は「もれる」。

注意　㊀「もらす」の送り仮名を「らす」とす

るのは、「もれる」を「れる」と送るのに合わせたものである。[二]自動詞モレルには、「漏れる」のみを用いる。

もり 名【森・杜】

森　大きな木が、一面に数多く生えているところ。[例]森の木を切る　森に棲(す)む鳥

×杜　⇩森　神社などのあるところで、大きな木が生えているところ。[例]鎮守の杜　杜のご神木

もろ 語素【諸・双・両】

▲諸　⇩[かな]　同種類のものすべてを表すことば。[例]諸人　諸神　諸々　諸共に　諸に受ける

▲双　⇩[かな]　二つ一組みになっている場合の両方。[例]双手を挙げる　双肌脱ぐ　双刃の刀　双差し

▲両　⇩[かな]　「双」に同じ。

や 語素【家・屋】

家　人が住むために建てたもの。また、その形式に添えて用いる。[例]家主　大家　家賃　二階家　平家　空家　借家　貸家　一軒家

屋　物を入れるために建てたもの。また、商店・職業などに添えて用いる。[例]屋台　屋根　母屋(おもや)　長屋　上屋　小屋　納屋　屋敷　酒屋　揚げ屋　寺子屋　屋号　政治屋　やかまし屋　音羽(おとわ)屋

[注意]「一軒ヤ・二階ヤ・平ヤ」は、「家・屋」両様に書かれるが、「家」のほうが一般的。「納ヤ・母ヤ・長ヤ・上ヤ」は、「屋」のほうが一般的。

やく 他動【灼・焼】

灼 ⇩焼　日光に当てて、色を変えること。例皮膚を灼く　海浜で灼く　炎熱灼くがごとし　灼け付く夏

焼 ①火によって、焦がすこと。例炭を焼く　魚を焼く　家を焼く　焼き払う　②相手方のために世話をすること。例世話を焼く　お節介を焼く　手を焼く

やく 他動【嫉・妬】

嫉 ⇩かな　他人の幸福の、じゃまをしたく思うこと。例成功を嫉く　合格を嫉く

妬 ⇩かな　他者の間の愛情の、じゃまをしたく思うこと。例仲を妬く　妻が妬く　妻の妬きもち

やさしい 形【易・優】

易 「難」の対。いろいろ考えなくても、物事を行うことができるようす。例問題が易しい　易しい仕事　易しい言葉で話す　口で言うのは易しい　生易しいことではない

優 感じがよく、親しみがあって好ましいようす。例優しい目　優しい言葉を掛ける心の優しい人

やしき 名【邸・屋敷】

邸 ⇩屋敷　大きなりっぱな住宅。例社長の邸　豪華な邸　鉄筋の邸　お邸に住む

屋敷 家の建っているところ。また、そこに建っている家。例先祖伝来の屋敷　武家屋敷　軽井沢の屋敷

やすい 形【安・易・泰】

安 ①「高」の対。値段が下であるようす。例値が安い　安い品　安手の品　安売り　安上がり　②気持ちが自由であるようす。例気安い　心安い仲　お安いご用　安請け合い

安々と眠る

▲**易**　⇩かな　「難」の対。①いろいろ考えなくても、物事を行うことができるようす。例言うのは易い　書き易い　分かり易い　易々と書く　②そういう傾向が強いようす。例壊れ易い機械　雨の降り易い季節

▲**泰**　⇩安　心配事が何もないようす。例盤石の泰きに置く　泰山の泰き　泰きにいて驕らず

やすむ　自動【休・憩・寝】

休　続けている仕事を、しばらくの間行わないこと。例仕事を休む　学校を休む　休んで旅行に行く

▲**憩**　⇩休　疲れを取るために、少しの間だけ仕事を行わないこと。例十五分憩む　憩んでたばこにする

▲**寝**　⇩休　寝床の上に横になって、体の疲れを取ること。例床に寝む　十時に寝む

ヤセイ　名、サ変、代名【野生・野性】

野生　①名・サ変　動植物が、自然の中で自由に育つこと。例野生の馬　野生の芋　密林に野生する獣　②代名　一人称の謙譲の代名詞。例野生の場合は　野生不肖にして

野性　名　動植物が、自然のまま育ったときに持っている性質。例野性に返る　野性に目覚める　馬の野性

参考　同音語ではあるが、アクセントは、代名詞の「野生」が頭高型、他はすべて平板型である。

やせる　自動【瘠・痩】

×**瘠**　⇩かな　「太」の対。物が少なくなって、力が無くなること。例土地が瘠せる　財産が瘠せる　瘠せても枯れても　瘠せ地　瘠せ腕　瘠せ我慢

痩　「肥」の対。体の肉が少なくなって、細

くなること。例体が痩せる　足が痩せる　痩せた女　痩せた豚　痩せこける　痩せぎす　夏痩せ

やとう　他動　【雇・傭】

雇　自分の下で働かせること。例秘書を雇う　人を雇う　雇い入れる　雇い主　臨時雇い

×傭　⇩雇　特別の用途に役に立てること。例船を傭う　兵を傭う　日傭い

やぶさか　形動　【嗇・吝】

×嗇　⇩かな　物を、必要なだけ少しずつ用いるようす。例嗇かなるに如くはなし

×吝　⇩かな　したくない気持ちになるようす。例認めるに吝かではない　協力するのに吝かではない

やぶれる　自動　【破・敗】

破　物が壊れて、だめになること。例紙が破れる　夢が破れる　平和が破れる　案が破れる　破れかぶれ

敗　戦って、相手に負けること。また、思うとおりに行うことができなくなること。例敵に敗れる　競技に敗れる　人生に敗れる　敗れても悔いがない

注意　他動詞ヤブルには、「破る」のみを用いる。

やむ　自動　【已・止】

×已　⇩かな　続いてきた物事が、そこですべて終わりになること。例倒れて後已む　望んで已まない　已むを得ず行く

▲止　⇩かな　続いてきた物事が、そこで一応は終わりになること。例雨が止む　風が止む　騒ぎが止む

やめる　他動【止・辞・廃・罷】

▲止　⇩かな　続いてきた物事を、そこで終わりにすること。例たばこを止める　交際を止める　進学を止める　書くことを止める　取り止める

辞　雇われてきたところを、自分から終わりにすること。例会社を辞める　委員を辞める　自分で辞める

▲廃　⇩かな　続けてきた商売を、そこで終わりにすること。例発行を廃める　商売を廃める

▲罷　⇩辞　雇われてきたところを、相手方から終わりにさせられること。例会社を罷めさせる　人員整理で罷めさせられる

やわらか　形動【柔・軟】

柔　「剛」の対。力を加えると形が変わるけれども、すぐに元に戻るようす。例柔らかな体　柔らかな竹　身の動きが柔らかだ　物柔らかな態度　お手柔らかに

軟　「硬」の対。力を加えれば、簡単に形が変わって、元へ戻らないようす。例軟らかな土　水に浸して軟らかにする　軟らかな日ざし

やわらかい　形【柔・軟】

柔　「剛」の対。力を加えると形が変わるけれどもすぐに元に戻るようす。例柔らかい毛布　柔らかい牛肉　粘土を柔らかくする　手触りが柔らかい

軟　「硬」の対。力を加えれば、簡単に形が変わって、元へ戻らないようす。例軟らかいご飯　表情が軟らかい　軟らかい話

注意「やわらかい」の送り仮名を「らかい」とするのは、形容動詞の語幹「やわらか」の送り仮名を「らか」とするのに合わせたものである。

ゆ

ユ　語素【愉・諭】

愉　良いことに出会って、気持ちが良いこと。例愉快　愉悦　愉楽

諭　言って聞かせることによって、分からせること。例説諭　諭旨解雇　教諭　勅諭

ユウ　語素【勇・雄】

勇　物事を怖がらないこと。例勇を鼓す　勇敢　勇健　勇壮　勇猛　勇躍　勇往邁進（まいしん）　勇断　勇退　勇士　勇将　勇名を馳（は）せる

雄　普通よりずっと強いこと。また、その人。例雄大　雄渾（ゆうこん）　雄弁　雄姿　雄途に上る　雄図を企てる　雄飛　一方の雄　英雄

注意「ユウ姿」は「勇姿」とも書くが、「雄姿」のほうが一般的。

ユウ　語素【遊・游】

×游　⇩遊　水の中を自由に動き回ること。目的もなく巡ること。例游泳　回游魚　游民　游歴

参考「游」は「およぐ」意味、「遊」は「あそぶ」意味。水中の場合にサンズイ（水）の「游」、陸上の場合にシンニュウ（行ったり来たり）の「遊」を用いるが、そこに共通の意味もある。そこで、「游」を、同音で意味の似ている「遊」に書き換えるのが現代表記である。

ユウギ　名【遊戯・遊技】

遊戯　子供などの遊びとして行う、音楽的な動き。例幼稚園の遊戯　室内遊戯　遊戯的

遊技　遊びのために行う、許可営業の勝負事。例パチンコなどの遊技　ボウリング場などの遊技場

ユウシ　名【雄姿・勇姿】

雄姿　どう見ても雄々しく、りっぱなスガタ。例雄姿を現す　空に聳える雄姿

勇姿　敵を恐れない、りっぱなスガタ。

参考「雄」は「おおしい」意味、「勇」は「いさましい」意味。それに「姿（すがた）」を組み合わせた「雄姿」と「勇姿」は、同じような意味に用いられている。

ユウシュウ　名【憂愁・幽愁】

憂愁　悪いことが起こりそうに思って持つ、悲しい気持ち。例憂愁を含んだ顔　憂愁の心

幽愁　心の奥深く持つ、悲しい気持ち。例幽愁を催す　幽愁の趣

参考「憂」は「心配する」、「幽」は「奥深い」意味。それに「愁（悲しい気持ち）」を組み合わせた「憂愁」と「幽愁」は、別の意味の語である。

ユウト　名【雄図・雄途】

雄図　りっぱな大きな計画。例雄図を抱く　雄図を企てる　雄図空しく

雄途　雄図への出発。例雄途に就く　雄途に上る

ゆうべ　名【夕・昨夜】

▲夕　⇩夕べ　「朝」の対。日が沈もうとするユウガタ。また、ユウガタから始まる催し物。例夕の祈り　秋の夕　音楽の夕　夕を楽しむ

▲昨▲夜　⇩かな　前の日のヨル。例昨夜の雨　昨夜見た夢

注意　旧表記では、「夕」の訓として「ゆう・ゆうべ」があり、送り仮名を付けなかった。現代表記で「べ」を送るのは、「ゆう」を含むとするからである。

ユウワ　名・サ変【融和・宥和】

融和　対立する気持ちを無くして、仲良くすること。例周囲と融和する　社会の融和を図る　感情の融和　官民融和

宥和　相手方の態度をあえて許して、仲良くすること。懐柔すること。例原住民と宥和する　宥和政策

参考「融」は「とけあう」意味、「宥」は「なだめる」意味。それに「和（一緒になる）」を組み合わせた「融和」と「宥和」は、別の語である。

ゆく　自動【往・行・征・逝】

往　⇩行　「復」の対。元の場所に戻ることを予定して、目的地まで進むこと。例汽車で往く　往きは船

行　「来」の対。ここにあるものが、他のところへ進むこと。例行く春を惜しむ　行く水の流れ　梢（こずえ）を行く風　行く末　行方不明　成り行き　東京行

征　⇩行　敵を滅ぼすために、外国の土地へ出ること。例戦地に征く　いざ征け

逝　人が死んで、永久にいなくなってしまうこと。例父遂（つい）に逝く　師逝きて十年

注意　ユクには「往・行・征・逝」を用いるが、このうち、イクに用いるのは「行」と「往」だけになる。例東京へ行く　道を行く　納得が行く　実家に往く　会社に往く

ゆする　他動【揺・強請】

揺　前後に軽く動かすこと。例揺り籠（かご）を揺する　風が枝を揺する　木を揺すって落とす　貧乏揺すり

強請　⇩かな　脅して、金や物を取り上げること。例金を強請る　寄附を強請る　強請って出させる

注意「揺」の場合の送り仮名を「する」とするのは、「揺れる」に合わせたものである。また「強請る」の読みは、ほかに「ねだる」「も

がる」もある。

ゆたか 形動【豊・裕】

豊 物が必要以上に多くあるようす。例豊かな産物　財豊か　国富み家豊かに

▲裕 ①⇩豊　物事を行ったあとに、余りがあるようす。例裕かな暮らし　裕かな村　財政が裕か　心裕か　②⇩かな　限度を超えて、余りがあるようす。例六尺裕かの男

ゆるす 他動【許・赦・恕・宥】

許 物事を、行ってもよろしいとすること。例入学を許す　営業を許す　気を許す

▲赦 ⇩許　すでに決めた罪を、無しにすること。例罪を赦す　刑を赦す

×恕 ⇩許　相手方の事情を考えて、問題にしないこと。例一定の限度まで恕す　やむをえないものとして恕す

×宥 ⇩許　事実を知っているけれども、問題にしないこと。例過ちを宥す　不正を宥す

ゆるむ 自動【緩・弛】

緩 本来は「ゆるい・ゆるやか」。

×弛 ⇩緩　「張」の対。張っている度合いが、少なくなること。例張りが弛む　結びが弛む　気が弛む　綱紀が弛む　寒さが弛む　心の弛み

注意　形容詞ユルイ、形容動詞ユルヤカには、「緩い・緩やか」のみを用いる。

よ

ヨ 語素【与・預】

与 ①物事と関係を持つこと。特に、目上の人と関係を持つこと。例関与　参与　与党
②物を相手方に渡すこと。例付与　供与　授

与　貸与　贈与　譲与

預　頼まれたものを引き受けて、安全に持ち続けること。例預金　預貯金　預託

ヨ　語素【予・余】

予　物事の起こる前に行うこと。例予習　予防　予備　猶予　予断を許さない

余　一定の分量より多いこと。例余分　余計　余裕　余生　残余　窮余の一策

注意　ここに取り上げた「予・余」の旧字体は、「豫・餘」である。「予・余」は、古くから「豫・餘」の略字として用いられていたが、「予・余」自体は、本来、一人称の代名詞を表す文字である。

ヨ　代名【予・余】

予　改まったときに用いる男性一人称の代名詞。例予は主君と共に遊ぶ　予の妻

余　目下の者に対して用いる男性一人称の代名詞。例余のごときは　余輩は

注意　ここに取り上げた「予・余」は、旧字体も「予・余」である。したがって、「豫・餘」の新字体としての「予・余」とは、別の意味である。

ヨ　語素【世・輿】

ヨロン〔世論・輿論〕を見よ。

よ　名【世・代】

世　人が生活しているところ。例世を驚かす　世に出る　世を捨てる　わが世の春　あの世　世の中　世の習い　世々の生　生々世々

代　その地位にある期間。例徳川の代　君が代　昭和の御代(みよ)　代々の帝(みかど)

よい　形【佳・宜・吉・好・善・良】

▲佳　⇩かな　特にお祝いする値打ちがある

ようす。例今日の佳い日　佳い年を迎える

▲宜　⇩かな　特に困ったことは起こらないようす。例ちょうど宜い　用意は宜いか　宜い時間　しても宜い　するほうが宜い　晴れれば宜いと思う　書き宜い

▲吉　⇩かな　「凶」の対。幸福の原因と考えられるようす。例日が吉い　吉い夢　運が吉い

▲好　⇩良　こうあってほしいと思う状態であるようす。例天気が好い　感じが好い　気分が好い　都合が好い　好い景色　好い職業　好い機会　人が好い

善　「悪」の対。道徳的に見て、褒めるべきだと考えられるようす。例行儀が善い　性質が善い　善いにつけ悪いにつけ　善い意味で善い人

良　「優」の類。性質が、他のものより上であるようす。例品質が良い　成績が良い　待遇が良い　経過が良い　良い作品　良い計画　良い習慣　良い友達

ヨウ　語素【用・傭】

×傭　特別の用途に役に立てること。例雇傭　傭船　傭人

参考　「傭」は「やとう」意味、「用」は「もちいる」意味。いずれも「はたらかせる」点では共通の意味を持っているため、「雇傭」の場合に限り、「傭」を、同音で意味の似ている「用」に書き換えるのが現代表記である。ただし、「傭兵」は「用兵」と区別し、「雇い兵」と言い換えられている。

ヨウ　語素【用・要】

用　行わなければならない事柄。例用がある　所用　用件を話す　用事で外出する

要　物事の中心となる、大切な事柄。例要を得ている　肝要　要領　要件を備える　要事で会談する

ヨウ **語素**【**揚・陽**】

揚 「抑」の対。低いところから高いところへ動かすこと。例掲揚 発揚 揚言 揚陸

陽 「陰」の対。日の当たるほうのところ。例山陽 陽気 陽春 陽画 陽報 陽徳 陽導

ヨウ **語素**【**溶・熔・鎔**】

溶 液体の中に混ぜて一緒にすること。例水に溶解する 溶質 溶媒 溶液 溶剤

×熔 ⇩溶 金属を熱して、液体のようにすること。例火で熔解する 熔岩 熔鉱炉 熔接

×鎔 ⇩溶 「熔」に同じ。

参考「溶」は「水の中に入れてとける」からサンズイ、「熔」は「火の中に入れてとける」からヒヘン。「鎔」は「金属が火にとける」からカネヘンで、本来「熔」と同じ。しかし、「とける」点では共通の意味を持っている。そこで、その種類を分けず、「熔」を、同音の「溶」に書き換えるのが現代表記である。

ヨウケン **名**【**用件・要件**】

用件 行わなければならない事柄。例用件を話す 用件があって訪ねる 用件が終わらない

要件 物事を行う場合に、なくてはならない事柄。例要件を具備する 要件を満たす 資格要件

ヨウゴ **名・サ変**【**擁護・養護**】

擁護 悪いことが起こらないように、よく世話をすること。例憲法を擁護する 人権擁護

養護 特別に世話をして、大きくすること。例虚弱児を養護する 養護学級 養護施設

ヨウコウ 名 【要項・要綱】

要項 中心となる大切な事柄。例学生募集の要項　要項を列記する　要項に明記した試験

要綱 基本となる重要な事柄。例準拠すべき要綱　要綱に基づいて行動する　法律学要綱

ヨウシャ 名・サ変 【容赦・用捨】

容赦 大目に見て、特に罰したりはしないこと。例少しの遅刻は容赦する　絶対に容赦しない　情け容赦もなく

用捨 ①採用することと、採用しないこと。例用捨を決める　用捨箱　②⇩容赦　特に取り上げては問題にしないこと。

参考「用捨」は「もちいる」と「すてる」であって、そのままの意味が本来の形であった。それが「すてる」ほうに重点を移して「ゆるす」意味になり、「容赦（いれゆるす）」とも書かれるようになった。今は、「ゆるす」ほうは、その意味に適した「容赦」が一般である。

ヨウジン 名、サ変 【用心・要心】

用心 名・サ変 悪いことが起こらないように注意すること。例盗難に用心する　火の用心　ご用心

要心 ⇩用心 名 悪いことに備える、注意深い心。

参考「用心」は「心を用いる」意味で、「心掛け」を表した。それが「注意する気持ち」になり、「要所」などとの関連から、「要心」とも書かれるようになった。今は、本来の形「用心」が一般である。

ヨウス 名 【様子・容子】

様子 物事や人の、外から感じる状態。例中の様子を窺う（うかがう）　学校の様子　様子がおかし

い

容子 ⇩様子 人の、外から感じる状態。［参考］「様」は「さま」で、「子」は接尾辞。それが人の場合には、「容姿」などとの関連から、「容子」とも書かれるようになった。今は、広く用いることのできる「様子」が一般的である。

ヨウダイ 名【容体・容態】

容体 病人の、病気の形。［例］容体が悪化する 容体を伺う 容体を話す

容態 ⇩容体 病人の、病気のありさま。［参考］「容体」というのは、「さま」と「かたち」で、「人の姿」の意味であった。それが、病気の場合に用いられるようになり、「状態」との関連から、「容態」とも書かれるようになった。今は、字画の少ない「容体」を用いるのが一般である。

ヨウダン 名・サ変【用談・要談】

用談 普通の事柄についての話し合い。［例］友人と用談する 用談があって行く 用談を済ませる

要談 大事な事柄についての話し合い。［例］大臣と要談する 要談を控えて準備する 要談に成功する

ヨウリョウ 名【用量・容量】

用量 薬を用いるときの、一定の分量。［例］薬の用量 一回の用量 用量に注意する

容量 入れ物の中に入っている分量。［例］一箱の容量 積み荷の容量 容量が不足する

ヨク 語素【欲・慾】

欲 物がホシイと思うこと。［例］欲望 欲求 意欲

×慾 ⇩欲 物がホシイと思う気持ち。［例］食慾 物慾 性慾 色慾 愛慾 大慾 強慾（ごうよく） 無慾 名誉慾 慾心 慾情 慾得

参考 「欲」は動詞としての「ほしがる」意味、「慾」は名詞としての「ヨクそのもの」の意味。意味のとらえ方は異なるが、同じことを表すため、「慾」を、同音で意味の似ている「欲」に書き換えるのが現代表記である。

よける 他動【除・避】

▲除 ⇩かな じゃまなものを、その場所から他の場所に移すこと。例雪を除ける　石を除ける　日除け　災難除け　厄除けのお守り

▲避 ⇩かな 一緒にならないように、その場所から離れること。例危険を避ける　難を避ける　避けて通る

よし 名【葦・葭・芦・蘆】

×葦 ⇩かな 大きくなったヨシ。例葦簾(よしず)張り

×葭 ⇩かな 「蘆」に同じ。

×芦 ⇩かな 「蘆」の略字。

×蘆 ⇩かな 穂の出ていないヨシ。例蘆の葉

参考 本来は「あし」。「あし」が「悪し」に通じるところから、「よし」と言い替えたもの。

よしみ 名【嘉・誼・好】

×嘉 ⇩かな 「好」に同じ。

×誼 ⇩かな 人と人との親しい交わり。例誼を修める　誼を交わす　誼を通じる　昔の誼で　同郷の誼

▲好 ⇩かな 相手方に対して持つ、親しい気持ち。例好を示す　好を知る　好が仇(あだ)になる

よす 他動【止・辞・廃・罷】

▲止 ⇩かな 続いてきた物事を、そこで終わりにすること。例酒を止す　進学を止す　読むことを止す

▲辞 ⇩かな 雇われてきたところを、自分

から終わりにすること。例役所を辞す　自分で辞す

▲**廃**　⇩かな　続けてきた商売を、そこで終わりにすること。例発行を廃す　商売を廃す

▲**罷**　⇩かな　雇われてきたところを、相手方から終わりにさせられること。例役所を罷させる　人員整理で罷させられる

よそおい　名【粧・装】

▲**粧**　⇩装　美容を整えて、おしゃれをすること。例派手(はで)な粧い　雪の粧い　白一色の粧い

装　飾りを付けて、外見をきれいにすること。例振り袖(そで)の装い　開業の装い　卒業式の装い　金色(こんじき)の装い

よぶ　他動【喚・呼】

▲**喚**　⇩呼　命令で、こちらへ来させること。例証人を喚ぶ　裁判所へ喚ばれる　注意を喚ぶ　喚び起こす

呼　こちらへ来るように言うこと。例医者を呼ぶ　客を呼ぶ　人気を呼ぶ　結婚式に呼ばれる　呼び寄せる　呼び集める　呼び鈴

よみがえる　自動【甦・蘇】

×**甦**　⇩かな　一度衰えたものが、もう一度盛んになること。例昔の姿が甦る　緑が甦る　甦った気持ち

×**蘇**　⇩かな　一度死んだものが、もう一度生き返ること。例三日後に蘇る　キリストが蘇る　枯れ松が蘇る

よむ　他動【詠・訓・読】

詠　和歌や俳句を作ること。例詩を詠む　歌を詠む　一首詠む　情景を詠み込む　詠み人知らず　歌詠み

▲**訓**　⇩読　文字を、意味に基づいて解釈すること。例「子」を「こ」と訓む　「子」の

字の訓み

読　①文字を、言葉に変えて理解すること。例本を読む　字を読む　読み返す　棒読み　読み切り小説　②数を一つ一つ数えること。例札（さつ）を読む　秒読み

よる　自動　【依・倚・因・寄・拠・凭・由】

▲依　⇩かな　物事を行う手段とすること。例労働に依る所得　先例に依る　図に依って説明する　所に依ると　人は見掛けに依らない

×倚　⇩寄　ほかのものに体を付けて、楽な姿勢になること。例椅子（いす）に倚る　欄干に倚る　手摺（てす）りに倚る　倚り掛かる　一方に倚らない

因　物事が起こる原因になること。例事故は過失に因る　病気は過労に因る

寄　そのものの近くに行くこと。例帰りに本屋へ寄る　柱に寄り掛かる　隅に片寄る　思いも寄らない　寄ると触ると　寄り合い　寄り寄り協議中　身寄り

▲拠　⇩かな　物事を行う場所として用いること。例天然の要害に拠る　城に拠って防ぐ　数字に拠る反論　拠るべき資料　徳に拠って治める

×凭　⇩寄　「倚」に同じ。

▲由　⇩かな　あとに従っていくこと。例民は由らしむべし　由って来るところ　これに由ってこれを見れば

注意　接続詞のヨッテは、旧表記では「仍て」と書いた。現代表記では、仮名で「よって」と書く。

よる　他動　【選・撰・択】

▲選　⇩かな　多くの中から目的に合ったものを取り出すこと。例商品を選る　選って買う　選り出す　選り分ける　選り抜きの　選り取り見取り　選り好み

×撰　⇩かな　材料を集めた中から取り出し

て書物を作ること。例和歌を撰る　撰って編む

▲択 ⇩かな 多くの中から悪いものを捨て去り、良いものを取り出すこと。例職業を択る　カードを択る

よる 他動 【縒・撚】

×縒 ⇩かな 糸の材料を組み合わせて、一本の糸にすること。例糸を縒る　緒を縒る　縒り合わせる

×撚 ⇩かな でき上がったものを、さらにねじって回すこと。例紙を撚る　糸に撚りを掛ける　撚りを戻す　腕に撚りを掛ける

よろこぶ 自動 【悦・喜・欣・慶】

▲悦 ⇩喜 満足して、非常に良いと思うこと。例内閣更迭を悦ぶ　悦んで従う　悦んで服する

喜 「悲」の対。良いことがあって、うれしいと思うこと。例快復を喜ぶ　思い出して喜ぶ　子のために喜ぶ　喜び勇んで

×欣 ⇩喜 成功して、非常に良かったと思うこと。例合格を欣ぶ　卒業を欣ぶ　欣びに堪えない

▲慶 ⇩喜 お祝いをする値打ちがあると思うこと。例成功を共に慶ぶ　婚約を慶ぶ　心からお慶び申し上げる　この慶びの日に当たり　新年の慶び

ヨロン 名 【世論・輿論】

世論 世の中で行われている意見。例世論の動向　汚職に対する世論　世論調査

×輿論 ⇩世論 一般の人が持っている意見。

参考 一 「世論」は、本来セイロンまたはセロンと読まれ、「世の中で行われている意見」の意味で用いられていた。「輿論」の「輿」は「くるま」であるが、ここでは「世の中」の意味を表していた。そこで、「世」を訓読して

「よ」と読み、「輿論」の「輿」を、「世」に書き換えるのが現代表記である。□二「世論」については、ヨロンと読むと訓音混用の読み方になるため好ましくないとし、セロンと読むことも行われている。その場合には、「輿論」の言い換え語となるわけである。ただし、セイロンのほうは古い形であり、今は行われていない読み方である。

ら

ライメイ　名　【雷鳴・雷名】

雷鳴　カミナリが、大きく鳴り響くこと。例雷鳴が響く　雷鳴を伴う俄(にわ)か雨　大雨雷鳴に驚く

雷名　その名が、社会に広く知られていること。例雷名を轟(とどろ)かす　雷名を馳(は)せる

ラクがき　名　【落書・楽書】

落書　①時事問題に対する批判を、よく見えるところに、かってに書くこと。例公邸の塀の落書き　風刺の落書き　②書いてはいけないところにかってに文字や絵を書くこと。例子供の落書き

楽書　⇩落書　書いてはいけないところに、楽しみとして文字や絵を書くこと。

参考　直接には言いにくいことを、紙に書いて落としておくのが「おとしぶみ（落書）」であった。それがラクショ・ラクガキと読まれるようになり、紙に書いて見えるところに張るやり方に変わった。しかし、批判的なことでなく、単に「たのしみ」として書く場合には、「楽書」とも書かれるようになった。今は、「たのしみ」の場合も含め、本来の形「落書き」が一般的である。

ラクゴ 名・サ変 **【落後・落伍】**

落後 ほかの人より遅くなること。例事業で落後する 社会の落後者

落×伍 ⇩落後 仲間と一緒に進んで行けなくなること。例途中で落伍する 行軍の落伍者

参考「後」は「うしろ」の意味、「伍」は「隊列」の意味。それに「落（おちる）」を組み合わせた「落後」と「落伍」は、別の意味の語である。しかし、「一般の人よりおくれる」点では共通の意味を持っているため、「落伍」の「伍」を同音の「後」に書き換え、「落後」に「落伍」の意味も含ませるのが現代表記である。

ラクセン 名・サ変 **【落選・落籤】**

落選 ①「当選」の対。選挙で事を決めるとき、それに当たらないこと。例衆議院に落選する 落選議員 ②「入選」の対。良いものを集めるとき、その中に入らないこと。例展覧会に落選する 落選作品

落×籤 ⇩落選 「当籤」の対。クジ引きで事を決めるとき、それに当たらないこと。例公団住宅に落籤する 落籤者を優遇する 落籤の宝くじ

参考「選」は「えらぶ」意味、「籤」は「くじ」の意味。それに「落（おちる）」を組み合わせた「落選」と「落籤」は、別の意味の語である。しかし、「おちる」点では共通の意味を持っているため、「落籤」の「籤」を同音の「選」に書き換え、「落選」に「落籤」の意味も含ませるのが現代表記である。

注意「落籤」の場合は「落選」と区別すべきだとし、交ぜ書きで「落せん」と書いたり、「くじに落ちる」と言い換えることも行われている。

ラン　語素　**【乱・濫】**

乱　整っているものが、整わなくなること。例乱雑　乱暴　乱闘　混乱　乱世　奇岩乱立　快刀乱麻を断つ

濫　一定の範囲から外へ出て、物事を行うこと。例濫用　濫読　濫作　濫造　濫売　濫発　濫伐　濫獲　濫費　氾濫（はんらん）　候補者濫立

注意　新聞では、「濫」を、同音の「乱」に書き換えて用いることがある。

ラン　語素　**【乱・瀾】**

×瀾　崩れてうねる、大きな波。例波瀾

参考　「瀾」は「おおなみ」で、「くずれてうねる」意味。「乱」は「みだれる」意味。そこで、「波瀾」の場合に全体の意味を考え、「瀾」を、同音の「乱」に書き換えるのが現代表記である。

ラン　語素　**【乱・爛】**

×爛　皮や肉が崩れて、だめになること。例腐爛

参考　「爛」は「ただれる」意味、「乱」は「みだれる」意味。そこで、「腐爛」の場合に限り、「爛」を、同音の「乱」に書き換えることがある。

ランリツ　名・サ変　**【乱立・濫立】**

乱立　多くのものが、ふぞろいに並んでいること。例奇岩が乱立する　乱立する看板

濫立　決められた範囲以外の者が並んでいること。例候補者が濫立する　濫立する業者

注意　新聞では「濫」を「乱」に書き換えるから、「乱立」に「濫立」の意味を含ませることになる。

り

リ 語素【利・悧】

リコウ〔利口・悧巧〕（五三八ページ上段）を見よ。

リ 語素【里・俚】

×俚 田舎(いなか)じみていること。例俚謡　俚語　俚言　俚諺(りげん)

参考「里」は「さと」で、「いなか」の意味。それにニンベンを付けた「俚」は「いなかのひと」の意味。「俚謡」「俚称」などの場合に限り、「俚」を、同音の「里」に書き換えることがある。

リ 語素【裏・裡】

裏 「表」の対。物の内側や後ろ側。例裏面　表裏　脳裏　胸裏

×裡 ⇩裏　物事が行われていくときの、ようすを表すことば。例暗々裡に　成功裡に終わった

参考「裡」は、「裏」の異体字。「裡」も「裏」も同じであるので、「裡」を、「裏」に書き換えることが多い。「裡」は、今はもっぱら「…のうちに」の意で用いられている。

リカイ 名・サ変【理解・理会】

理解 物事の内容や文章の意味が、よく分かること。例文章を理解する　英語を理解する　事件の理解

理会 ⇩理解　物事の道理が、よく分かること。例仏教を理会する　世間を理会する　人生の理会

参考「解」は「わかる」意味、「会」は「えとくする」意味。それに「理（ことわり）」を組み合わせた「理解」と「理会」は、用いる対象が異なっていた。しかし、今は「解釈」する意味に重点が移ったため、「理解」を用いるのが一般である。

リコウ　形動　【利口・悧巧】

利口　物事を上手（じょうず）に言い表して、頭が良いこと。例利口に言う　利口なことも多い

×悧巧　⇩利口　物事がよく分かって、頭が良いこと。例悧巧な子供　悧巧そうな顔

参考「利口」は「するどいくち」の意味、「悧巧」は「さとくたくみ」の意味。したがって、「利口」と「悧巧」は、別の意味の語である。また、「利巧」「悧口」と書くこともあった。しかし、「頭のいい」点では共通の意味を持っているため、「利口」に「悧巧」の意味も含ませるのが現代表記である。

リャク　語素　【略・掠】

略　他のところへ、無理に入り込むこと。例奪略　領土を侵略する

×掠　注意していないときに、物を取ること。例掠奪　財産を侵掠する

参考「略」は「はぶく」で「おかす」意味、「掠」は「かすめとる」意味。しかし、「掠ハ、通ジテ略ニ作ル」とされている。そこで、「掠奪」などの「掠」を、同音で意味の似ている「略」に書き換えることがある。

リュウ　語素　【留・溜】

×溜　そのままの状態であとに残ること。例乾溜　蒸溜　溜飲が下がる

参考「溜」は「水がしたたる」意味であるが、「留（とどまる）」にサンズイが付いているため、「水がとどまる」意味の「たまる」に用いるようになった。しかし、「溜ハ、又、留ト同ジ」ともされている。そこで、「蒸溜」などの「溜」を、同音の「留」に書き換えることがある。

リョウ　語素　【了・諒】

了　相手の言うことが、よく分かること。

例話を了解する　了解し得ない　了承した　了承を通知する

×諒　⇩了　物事を、間違いなく正しく知ること。例諒解を求める　ご諒解願いたい　ご諒承をいただきたい

参考「了」は「自分が分かる」意味、「諒」は「相手方に分かってもらう」意味。しかし、「わかる」点では共通の意味を持っているため、「諒解」などの「諒」を、同音で意味の似ている「了」に書き換えるのが現代表記である。

リョウ　語素【両・輌】

×輌　⇩両　車の付いた乗り物。また、それを数えることば。例車輌　八輌連結

参考　車の付いた乗り物は、「ふたつのくるま」が単位になるため、クルマヘンに「両（ふたつ）」を書いた。しかし、「輌ハ、両ト同ジ」とされている。それで、「輌」を、同音の「両」に書き換えるのが現代表記である。

リョウ　語素【料・量】

料　①物をこしらえるもととなるもの。例材料　原料　燃料　調味料　②売ったり買ったりするときの値段。例料金　送料　入場無料　電気料　使用料を払う

量　物の嵩（かさ）や割合など。例容量　分量　適量　水量　力量　降雨量　使用量に応じて払う　感慨無量

リョウ　語素【涼・寥】

コウリョウ〔荒涼・荒寥〕（一九九ページ下段）を見よ。

リョウ　語素【陵・凌】

×凌　相手方に対して、してはならない行いをすること。例凌辱　凌犯　凌虐

参考「凌」は「おかす」意味、「陵」は「みささぎ」であるが「おかす」意味もあり、「陵ハ、

又、凌ト通ズ」とされ、共通の語がある。ただし、必ずしも常用漢字の「陵」に統一する必要はない。

リョウ 語素 **【量・倆】**

×倆 ⇩量　技の程度が、非常に上であること。例技倆　伎倆

参考「倆」は「たくみ」の意味、「量」は「かさ」の意味。したがって、「倆」と「量」とは、意味的には関係のない文字である。しかし、「技倆」の場合に全体の意味を考え、「倆」の部分を、同音の「量」に書き換えるのが現代表記である。

リョウ 語素 **【漁・猟】**

漁　魚や貝を、捕まえること。例海の漁師　大漁　不漁　禁漁区の海面

猟　鳥や獣を、捕まえること。例山の猟師　猟犬　猟期　狩猟　禁猟区の山林　渉猟

参考「漁」の音は、漢音ギョ、呉語ゴ。これをリョウとするのは、「猟」の音を借りたものとされている。

リョウケン 名 **【了見・料見・料簡・了簡】**

了見　よく分かって、実際をよく見ること。例悪い了見を起こす　了見が狭い

料▲簡 ⇩了見　よく考えて、良いものを取り出すこと。例料簡違い　料簡尽く

了▲簡 ⇩了見　よく分かって、良いものを取り出すこと。

参考「了」は「わかる」、「料」は「かんがえる」意味。「見」は「みる」、「簡」は「えらぶ」意味。これらを組み合わせた「了見」「料見」は「考える」意味、「料簡」「了簡」は「選ぶ」意味に重点が置かれていた。今は「考える」意味が主となるため、字画の少ない「了見」が一般的である。

リョウヨウ　名、サ変【両様・両用】

両様　名　二通りのやり方があること。例両様の意味　両様に聞こえる　和戦両様

両用　名・サ変　二通りの使い道があること。例両用する機械　水陸両用　晴雨両用

リン　語素【臨・隣】

臨　その場所の、すぐ近くにあること。例臨海　臨床　臨席　臨場感　臨終

隣　その場所の、すぐ横のところ。例隣邦　隣国　隣県　隣家　隣人　近隣　四隣　隣接

る

ルイ　語素【類・累】

類　互いに似ているために、同じように考えられるもの。例種類　魚類　親類　類型　類別　類推

累　前からあるものの上に、次のものを置くこと。例累積　累計　累年　累次　係累

れ

レイ　語素【令・齢】

ネンレイ〔年齢・年令〕（四一六ページ上段）を見よ。

レキ　語素【暦・歴】

暦　日の動きによって、季節や月日をまとめたもの。例暦日　暦法　新暦　旧暦　改暦　太陽暦

歴　今までいろいろと移り変わってきたこと。例歴史　来歴　学歴　経歴　履歴　発育

歴

レキ　語素【歴・瀝】

×瀝 ⇩歴　水などが、滴となって落ちること。例瀝青　瀝青石　瀝青炭

参考「瀝」は「したたる」意味。そのため、「へる・次々とつづく」意味の「歴」にサンズイを付けた。一時、「瀝青」に限り、「瀝」を、同音の「歴」に書き換えたことがあった。

レン　語素【連・聯】

連　一つずつあるものが、順に続くこと。例連結　連日　連鎖　連絡　連係　連勝　連敗　連呼　連作　連発　連累　連座　連帯

×聯 ⇩連　左右に次々と、切れないで続くこと。例聯合　聯立　聯盟　聯邦　聯想　関聯　聯珠

参考「連」は「つらなる」で、「順につづく」意味、「聯」は「きれないでつづく」意味。続き方は異なるが、「つらなる」点では共通の意味を持っている。そこで、その意の「聯」を、同音で意味の似ている「連」に書き換えるのが現代表記である。

レン　語素【練・煉】

×煉 ⇩練　材料をどろどろにしてねりかため、良い製品をこしらえること。例煉炭　煉瓦(れんが)　煉丹　煉乳　試煉

参考「煉」は「火によって繰り返す」ことから、「繰り返してよい糸にする」意味の「練」のイトヘンをヒヘンに改めた。その「煉」のヒヘンをイトヘンに改め、一部、常用漢字で同音の「練」に書き換えることがある。

レン　語素【練・錬】

練　同じことを繰り返し行うことによって良くすること。例練習　熟練　訓練　練達の士　体の鍛練

錬　熱したり打ったりすることによって強くすること。例鉄の鍛錬　修錬　百錬の鉄　錬成

レンケイ　名・サ変　**【連係・連携】**

連係　互いに関係を持つこと。例連係を保つ　論理的な連係　何の連係もない　連係動作

連携　互いに連絡を取りながら物事を行うこと。例連携して事に当たる　友好的な連携　両党の連携

ろ

ロ　名　**【櫓・艪】**

櫓　⇩かな　「艪」に同じ。

艪　⇩かな　船をこぎ進める道具としてのロ。例艪で漕ぐ　艪で進める　八丁艪

参考「櫓」には「やぐら」の意味もあるため、フネの場合は、キヘンをフナヘンに改めるようになった。

ロウ　語素　**【労・撈】**

撈　⇩労　水の中の物を取ること。例漁撈　漁撈長

参考「撈」は「すくいとる」意で、手を使ってはたらくことを意味するから、「はたらく」意味の「労（勞）」にテヘンを付けた。そのテヘンを除き、同音の「労」に書き換えることがある。

ロウシ　名　**【労使・労資】**

労使　労働者と使用者（雇用主）。例労使の交渉　労使代表　労使協議会　労使懇談会　労使不介入

労資　⇩労使　労働者と資本家。例労資の

対立　労資協調主義　労資休戦

参考 本来は「労資」であったが、雇用関係で、使用者が資本家の代わりを務めるようになったため、今は、「労使」を用いるのが一般である。

ロウジャク　名【老若・老弱】

老若　老人と若者。例老若を分かたず　老若男女

老弱　①老人と子供。例老弱も銃後を守る　老弱相携えて　②年を取って体が弱いこと。例老弱の身

参考「老若」は、ロウニャクと読むのが一般である。その場合には、それに続く「男女」もナンニョと読む。

ロウドウ　名【郎党・郎等】

郎党　同じ主人に仕える人々。例郎党を従える

郎等　⇩郎党　主人と血縁のない従者。例家の子郎等

参考「郎」は「おとこ」の意味、「党」は「なかま」、「等」は「ともがら」の意味。これらを組み合わせた「郎等」は、血縁のある「家の子」に対する語として用いられた。それが家来一般の意味となり、「徒党」などとの関連から、「郎党」とも書かれるようになった。今は、仲間意識が強いため、「郎党」が一般である。ロウトウとも読む。

ロケン　名・サ変【露見・露顕】

露見　隠していたことが、外に現れること。例悪事が露見する　陰謀が露見する

露顕　⇩露見　隠していたことが、明らかになること。

参考「見」は「みえる」意味、「顕」は「あらわ」の意味。それに「露（あらわれる）」を組み合わせた「露見」と「露顕」は同じ意味に用いられている。今は、字画の少ない「露見」が

一般的である。

ロジ 名 **【路地・露地・路次】**

路地 建物の間や庭の、狭い道。例路地の突き当たり　路地裏　路地住まい　路地伝い

露地 上を覆うものがない土地。例露地に植える　露地栽培　露地行灯（あんどん）　露地板

路次 目的地まで行く、その途中。例路次に郷里へ寄る　出張旅行の路次

ロンキュウ 名・サ変 **【論及・論究】**

論及 名・自動 その点まで、筋道を立てて考えること。例この点に論及すると　細部に論及する

論究 名・他動 どこまでも、筋道を立てて考えること。例この点を論究すると　現状を論究する

わ

わ 名 **【環・輪】**

▲環 ⇩輪　ワの形になっている飾り。例花の環　首に掛ける環　花環　首環　指環　腕環　飾り環

輪 円く曲げて合わせた形のワ。例輪を描く　輪になって座る　車の輪　浮き輪　騒ぎに輪を掛ける

わが 連体 **【我・吾】**

我 「彼」の対。①自分の国に付けることば。例我が国　②⇩かな　自分のものに付けることば。例我が校　我が家　我が儘（まま）

×吾 ⇩かな　「他」の対。自分独自のものに付けることば。例吾が志　吾が言　吾が妻

注意 常用漢字表の音訓欄では「我」に「わ」の訓を掲げてあるが、例欄には、「我が」でなく、「我が国」だけが示されている。「吾」は「あ（が）」とも。

ワカイ 名・サ変【和解・和諧】

和解 互いに譲り合って、争いをやめること。例損害賠償の和解　示談和解　和解調査

和諧 調和すること。また、互いに話し合って、どちらかに決めること。例離婚訴訟の和諧　和諧による婚姻継続か婚姻解消

参考「解」は「うちとける」、「諧」は「やわらぐ」意味。「和」は「なかなおり」の意味。これらを組み合わせた「和解」と「和諧」は、法令用語としては使い分けられている。

わかつ 他動【頒・分・別】

▲頒 ⇩分　一人一人に行き渡るように渡すこと。例実費で頒つ　希望者に頒つ

分 「合」の対。一つのものを離して、二つに区別すること。例前後を分かつ　昼夜を分かたず

別 一緒になっている二つをそれぞれに離すこと。例黒白を別つ　袂（たもと）を別つ　男女の仲を別つ

注意「わかつ」の送り仮名は、旧表記では「つ」だけであった。現代表記で「分」の場合に「かつ」と送るのは、「分ける」に合わせたものである。「別・頒」にはこのような対応がないので、送り仮名も活用語尾の「つ」だけになる。ただし、現代表記でも、「分つ」のように、「か」を省く送り仮名が許容されている。

わがはい 代名【我輩・吾輩】

我輩 ⇩かな　男性が自分の仲間を、自分を含めて指すときに用いることば。例我輩三人　我輩のごときも

×吾輩 ⇩かな　男性が、自分自身を指すと

きに用いることば。例吾輩の意見は　吾輩は猫である

わかる　自動【解・判・分】

▲解　⇩分　どんな意味かを、知ることができること。例意味が解る　言うことが解る　英語が解る　よく解る説明　解りにくい文章

▲判　⇩分　どちらであるかを、知ることができること。例味が判る　善悪が判る　明るくなれば判る　男か女か判らない

分　どうなっているかを、知ることができること。例事情が分かる　理由が分かる　成績が分かる　人に分かってしまう　どうなるか分からない　行くかどうか分からない　分からず屋

注意「わかる」の送り仮名は、旧表記では「る」だけであった。現代表記で「分」の場合に「かる」と送るのは、「分ける」に合わせたものである。「解・判」にはこのような対応がないので、送り仮名も活用語尾の「る」だけになる。ただし、現代表記でも、「分る」のように、「か」を省く送り仮名が許容されている。

わかれる　自動【分・別】

分　一つのものが離れて、二つ以上になること。例道が二つに分かれる　紅白に分かれる　意味が分かれる　勝負の分かれ目　分かれ道

別　一緒になっていた人の間が、離れること。例友と駅で別れる　家族と別れて住む　夫婦が別れる　別れの杯　生き別れ

注意「分」の場合の送り仮名は、旧表記では「れる」だけであった。現代表記で「かれる」と送るのは、「分ける」に合わせたものである。「別」にはこのような対応がないので、送り仮名も活用語尾の「れる」だけになる。ただし、現代表記でも、「分れる」のように、「か」を省く送り仮名が許容されている。

わき　名【腋・脇・傍】

×腋　⇩かな　体の左右両側で、腕の根元のすぐ下の部分。例腋から汗が出る　腋の毛　腋の下

脇　主なものの、右または左の側に近いところ。例脇に置く　脇に立つ仏像　脇を向く　主役と脇役　脇差し　脇付け

▲傍　⇩かな　その場所から少し離れたところ。例傍にやる　傍道　傍見　傍目も振らず　傍役を買って出る

注意　能楽の場合には、主役「シテ」に対する脇役を、片仮名で「ワキ」と書く。

わく　自動【沸・湧・涌】

沸　水などが熱せられて、泡などが立つこと。例湯が沸く　風呂(ふろ)が沸く　人気が沸く　沸き返る

湧　見えなかったものが、表面にどんどん出てくること。例水が湧く　温泉が湧く　涙が湧く　虫が湧く　興味が湧く　希望が湧く　湧き出る

×涌　⇩かな　「湧」に同じ。

わけ　名【分・訳】

分　一つのものを離して、二つ以上にすること。例組分け　区分け　株分け　山分け　遺産分け　種類分け　仕分けをする　追分(おいわけ)

訳　物事のそうなっている理由。例訳を話す　訳が分からない　言い訳　申し訳　内訳　仕訳帳

注意　㈠「なるワケである」「行くワケにはいかない」「頼まれたワケではない」など軽い意味のワケには、仮名で「わけ」と書く。㈡「分」は、動詞「分ける」から転じた名詞として送り仮名「け」を付ける。「訳」は、本来の名詞として、送り仮名を付けない。

わける 他動【頒・分・別】

頒 ⇩分　一人一人に行き渡るように渡すこと。例実費で頒ける　希望者に頒ける

分「合」の対。一つのものを離して、二つ以上にすること。例二つに分ける　種類を分ける　利益を分ける　草を分けて進む　見分ける　踏み分ける　分け前　天下分け目の戦い

別 ⇩分　一緒になっているものをそれぞれに離すこと。例白黒を別ける　別け隔て取り別け　別けても

わざ 名【技・業】

技　理論を実際に当てはめるときに必要なやり方。例技を磨く　技が決まる　柔道の技　早技

業　一定の目的を持つ行い。例至難の業　離れ業　軽業　業師

わざわい 名【禍・災】

禍 ⇩災「福」の対。良いことが何もない状態。例禍いは口から出る　禍いも福の種　禍いを転じて福となす　禍いする　禍いされる

災　地震・火事・風水害など、突然起こる不幸なできごと。例不測の災い　災いを受ける

注意 ワザワイは名詞であるが、「幸い」などと同じく、特に最後の音節「い」を送り仮名とする。

わずか 副、形動【僅・纔】

僅 副・形動　物が非常に少ないようす。例僅か三人　僅かに一点　僅かに見える　僅かなこと

纔 ⇩かな 副　何とかそのことだけができるようす。「わずかに」の形で用いる。例

纔かに逃れる　纔かに身をもって逃げた　纔かに今日あるを得た

わずらう 自動 【患・煩】

患 病気のために、苦しい状態になること。例胸を患う　神経痛を患う　三年ほど患う　長患い

煩 物事が複雑なために、苦しい状態になること。例思い煩う　恋煩い　煩いを避ける

注意 ワズラワス・ワズラワシイには、「煩わす・煩わしい」のみを用いる。

わた 名 【棉・綿】

×棉 ⇩綿　ワタの実を付ける植物としてのワタ。例棉を栽培する　棉の産地　棉畑

綿 布団や着物に入れるワタそのもの。例布団の綿　化繊の綿　真綿　木綿(もめん)綿

わたる 自動 【亘・渉・渡】

×亘 ⇩かな　その範囲にまで関係すること。例総(すべ)てに亘る　三時間に亘って　二月から三月に亘る　久しきに亘る　百ページに亘る　身上に亘る事柄

▲渉 ⇩かな　「亘」に同じ。

渡 こちら側から向こう側へ進むこと。例川を渡る　海を渡る　道路を渡る　人手に渡る　渡り歩く　渡りに舟　渡りを付ける　世渡りが巧(うま)い　明け渡る

わびる 自、他 【侘・詫】

×侘 ⇩かな　自動　思うようにならないで、心配すること。例雨を侘びる　つれづれを侘びる　待ち侘びる

×詫 ⇩かな　他動　悪いことを行ったあと、そのことで許しを求めること。例過ちを詫びる　ご無沙汰(ぶさた)を詫びる　詫び入る　詫び状　詫び証文

わらう 自、他【嗤・笑】

嗤 ⇩笑 他動 相手方をばかにしてワラウこと。例陰で嗤う　馬鹿(ばか)だと言って嗤う　嗤うべき事件　人に嗤われる　嗤い物になる　物嗤い

笑 自動 「泣」の対。大きな声で、喜んでワラウこと。例大声で笑う　にこにこ笑う　笑って別れる　思わず笑い出す　笑い声　笑い話　笑い事ではない

われ 代名【我・吾】

我 「彼」の対。自分を指すことば。例我は我、彼は彼　我を忘れて　我も我もと　我々の考えは

吾 ⇩我 「他」の対。自分を主として持ち出すときに指すことば。例吾は日本男児　千万人といえども吾行かん　吾々学生は

われる 自動【割・破】

割 力によって、幾つかに分かれること。例ガラスが割れる　仲が割れる　意見が割れる　秘密が割れる

破 ⇩割 完全なものが、ひびの入った状態になること。例鏡が破れる　小判が破れる　破れが入る　破れ鐘　破れ銭　破れ声　破れ鍋(なべ)に閉じ蓋(ぶた)

ワン 語素【湾・彎】

彎 弓を引いたときのように、大きく曲がること。例彎曲　彎入

参考「彎」は「まがる」意味、海水がそのように曲がって入りこんでいるところが「湾」。その点で共通の意味が認められないこともない。そこで、「彎曲」「彎入」の「彎」を、同音の「湾」に書き換えるのが現代表記である。

ワン　語素【碗・椀】

碗 ⇩ かな 陶磁器でこしらえた入れ物としてのワン。例茶碗　飯茶碗　茶飲み茶碗

椀 ⇩ かな 木でこしらえた入れ物としてのワン。例一椀の飯　吸い物用の椀　お椀の舟

付録

日本語と漢字の用い方

日本語と漢字の用い方

一　漢字仮名交じり文と漢字

日本語は、漢字に仮名を交ぜて書くのが一般である。これが漢字仮名交じり文で、「デンシャニノリマス」は「電車に乗ります」となる。

これをさらに詳しく見ると、どういう部分を漢字で書き、どういう部分を仮名で書くかが、慣用として決まっている。すなわち、「電車」「乗」のように、実質的な意味を表す部分を漢字で書く。また、「に」「り」「ます」のように、助詞・活用語尾・助動詞のような部分を平仮名で書く。その場合、片仮名は仮名の一種であるが、漢字仮名交じり文では、実質的な意味を表す部分に用いられている。「バスニノリマス」が「バスに乗ります」となるからである。

ところで、問題は、そういう実質的な意味を表す部分の漢字についてであるが、その種類が多く、読み方が複雑なこと、周知のとおりである。そのため、何とか簡便にならないかと、漢字の種類や読み方を制限したのが、当用漢字表（一九四六年）と当用漢字音訓表（一九四八年）である。また、「制限」は行き過ぎだとして「目安」に改め、音訓のほうも増補したのが当用漢字改定音訓表（一九七三年）である。

しかし、実質的な意味を表す部分は、その種類が非常に多い。そのうえ、同じ発音を異なる漢字で書く場合も少なくない。そうして、この「同じ発音を異なる漢字で書く」ということが、漢字の用い方を一層複雑にしている。本書で「漢字の用い方」をまとめるに当たり特にこの面を重視したのも、これに習熟すれば、他はそれほど難しくないと考えたからである。

二　意味の単位としての漢字

漢字の用い方を取り上げるに当たり、まず、「電車」を「デンシャ」と読むような、音読から始めることにする。この場合に注意しなければならないのは、「デンシャ」という語を、全体として「電車」と書くわけではないということである。それは、「電」という漢字、「車」という漢字を組み合わせることによって、「電車」と書いているということである。

すなわち、「電車」の「電」は、「電灯・電信・電動機」などと用いる「電」である。

「車」のほうは、「馬車・汽車・自動車」などと用いる「車」である。つまり、同じ「デン」という発音でも、それは「伝言・田園・殿堂」の「デン」とは、別の意味を表している。「シャ」のほうも「作者・校舎・会社」の「シャ」とは別の意味である。したがって、「デンシャ」の場合、単に「デン」という音と「シャ」という音から成り立っていると考えるのは適切でない。「電」という漢字で書かれる「デン」と、「車」という漢字で書かれる「シャ」から成り立っているのである。

そのうえ、「電車」という漢字の組み合わせを見れば、「電灯・電信・電動機」と同じく「電気を利用するもの」ということも分かる。また、「馬車・汽車・自動車」と同じく「車で進むもの」ということも分かる。したがって、「電車」は「電気を利用して、車で進むもの」である。それは、電車というものの実体をすべて示しているわけではない。しかし、そのうちの重要なヒントを示していることになる。そのために「デンシャ」という語がそれだけ理解しやすく、また、記憶しやすくなっているわけである。

ただし、この場合、「電車」が「電」の「車」という組み合わせになっているからといって、「○車」がすべて前の漢字の意味に修飾されると考えてはならない。「乗車・駐車・操車場」などは、「車に乗る・車を駐める・車を操る場所」であり、こういうふうに、前の漢字の意味が動詞で、その次にそれに対する補語や目的語の来る場合も見られるからである。すなわち、個々の漢字の組み合わせには、造語法という一つの法則が行われているが、このような造語法によって理解することも、決して難しいことではないのである。

また、この場合、「電〇」という語が、すべて「電気を利用するもの」を表しているわけでもない。「電」は、「電気そのもの」を表す場合もあり、このほうがむしろ基本的な用い方である。「電池・電波・発電」などがこれである。あるいは、「電」が電気を利用する「電信」を表す場合もあり、電気で動かされる「電車」そのものを表す場合もある。「外電・返電・打電」や「終電・市電・国電」などがこれである。しかし、これらを含めて、そこに「電」という漢字の意味を理解することもまた、難しいことではないのである。

三　同音漢字と同音語

個々の漢字がそれぞれ独自の意味を持っており、その意味に基づいて漢字が使われていること、以上のとおりである。ところが、漢字の種類が極めて多いにもかかわらず、それらに与えられた音の種類は決して多くない。そのため、漢字の中には同音のものが非常に多いのである。この場合、使用される漢字の種類が多いということは、必要とする意味の単位が多いということである。しかし、音の種類が少なくても用が足りてきたということは、漢字の音読に当たり、意味の違いを発音の上に表すことが、あまり重視されてこなかったからである。

ところで、音読に用いる発音の種類であるが、現在は、すべての漢字の音読が「汽」とか「車」のような一音節、または「電」とか「乗」のような二音節になっている。そうして、二音節の場合の二音節めは、「電・空・海・決・七・約・式」のように「ン・ウ・イ・ツ・チ・ク・キ」の七種に限られている。こうして、実際に使用される発音の種類は三百余種に過ぎないが、当用漢字だけでも千八百五十字ある。これでは、同音の漢字、同音の熟語が多いのも当然である。

そこで、同音の漢字であるが、例えば「シャ」について見ると「車・者・舎・社」があり、その他「写・砂・射・捨・斜・赦・煮・謝」なども「シャ」である。「くるま」も「ひと」も「たてもの」も「かいしゃ」も、その他いろいろのものがすべて「シャ」である。こうなると、数多くの同音漢字の中に、意味の似ているものが現れても仕方がない。「器」と「機」などがこれである。「一定の働きを持っている道具」という点では、共通の意味が感じられる。ただ、「器」のほうは単純な組み立てのもので「楽器・計量器・電熱器」などと用いる。「機」のほうは複雑な組み立てのもので「写真機・掃除機・印刷機」などと用いる。つまり、それぞれの漢字をその意味によって使い分けるという原則は、すべての漢字について言えることであり、同音の漢字の場合も、その例外にはならないのである。

また、個々の漢字がそれぞれ独自の意味を持っていて、その意味に基づいて多くの漢字熟語が造られていること、「電車」の場合と同じである。その際に考慮されていることは、どのような意味の漢字を組み合わせるかということであって、どのような発音になるかということではない。したがって、当用漢字の中に「タイ」と読む字が二十字、「セイ」と読む字が三十一字あれば、「タイセイ」と読む語が「大成・大声・体勢・対生・胎生……」など数多く見られても、別に不思議はない。「体制」と「態勢」も、このようにして使用される同音語の一組みである。しかし、「体制」は「システム」であり、「態勢」は「ポーズ」である。そうして、このことは、「体（もとになるかたち）」「制（しくみ）」「態（ありさま）」「勢（なりゆき）」という、それぞれの漢字の意味の違いから来ている。同音語の場合にも、それぞれの漢字の持つ意味の違いによって使い分けること、同音漢字の場合と同じである。

四　漢字の統合と書き換え

個々の漢字がそれぞれ独自の意味を持っていること、ここに述べてきたとおりである。しかし、数多くの漢字の中には、同じ意味を持ちながら同じ音を持っているものもある。こういう場合には、わざわざ書き分けるには及ばないわけである。

例えば、「なげく」意味を持っている「歎」と「嘆」であるが、旧表記では「歎息・詠歎」と書かれることが多かった。しかし、同じ意味で「嘆息・詠嘆」という形も用いていた。こういう場合に、「歎」と「嘆」と二つとも必要かどうかということが問題になる。そうして、当用漢字表の審議に当たっては、このように意味が同じで音も同じものは、一方に統合するという方針が採られた。「歎」と「嘆」についていえば、字画の少ない「嘆」が採用され、「歎」のほうが省かれた。そのため、「歎息・詠歎」と書く代わりに「嘆息・詠嘆」と書くようになった。これが、「同音の漢字による書き換え」（一九五六年）といわれる中の一つである。

ところで、こういう方針は、意味が同じ場合だけでなく、意味の似ている同音漢字にまで広げられている。例えば「坐」と「座」であるが、「坐」のほうは動詞としての「すわる」意味、「座」のほうは名詞としての「すわる場所」の意味。意味のとらえ方は異なるとしても、いずれも同じことを表している。そのため、「坐」を、同音で意味の似ている「座」に書き換えるのが現代表記である。そうして、このような書き換えは、「坐⇩座」だけでなく「兇⇩凶」「篇⇩編」など、同じ要素を持つ場合にその例が多いのである。しかし、中には「聯⇩連」のように全く形の異なるものもある。「聯」は「切れないで続く」意味、「連」は「順に続く」意味。「つらなる」点で共通の意味が見られるため、「聯」を、同音で意味の似ている「連」に書き換えるのが現代表記である。「輯⇩集」「掠⇩略」などもこれである。これらもまた、同音の漢字による書き換えである。

また、漢語の中には、「訊問」と「尋問」のように、意味の似ているものが少なくない。「訊問」は「職権をもって知っていることを言わせること」、「尋問」は「疑問に思うことを明らかにするために聴くこと」とされていた。この意味の違いは、「訊（上の人が下の人に問うこと）」と「尋（分からないことを教えてもらうこと）」の違いによるわけであるが、「たずねる」点では共通の意味を持っている。こういう場合に、よく用いる漢字「尋」を含むほうを採用して「訊」を省き、「尋問」に「訊問」の意味も含ませるのが現代表記である。また、この方針は、既存の語だけにとどめず、「杜絶」に対し、新しく「途絶」という語を造って「杜」を省くなどにも拡大された。こうして、「活潑⇩活発」「交叉⇩交差」としたのが現代表記である。これらもまた、同音の漢字による書き換えである。

しかし、この種の統合は、一方に表外字を含む場合に限らないのである。例えば、「探険」と「探検」を「探検」に統合するなどもこれである。「探険」は「危ないところをさぐる」意味、「探検」は「さぐり調べる」意味。しかし、どの程度の危険が伴えば「探険」かは、必ずしも明らかでない。その点で「探険」と「探検」は同じような意味の語と考えて差し支えない。そうして、こういう場合に、積極的に「探検」に統合して用いることも行われている。この種の統合は、新聞社など、大勢集まって仕事を行う場合に、特に必要な統一である。

このように見てくると、現代表記での同音の漢字による書き換えも、それほど無理な統合とは言えないのである。それは、「探険・探検」を「探検」に統合するのと同じ行き方だからである。ただ異なる点は、「探検」の場合に、現代表記として、もう一つの「探険」を用いる余地が残されているのに対し、同音の漢字による書き換えには、その余地が残されていないということである。

五　漢字の音読と訓読

以上は、漢字を音読した場合の考察である。しかし、漢字は、音読のほかに訓読でも用いられている。このうち、音のほうは、その漢字の中国語としての発音が日本に伝わって崩れたものである。それに対し、訓というのは、漢字の中国語としての意味に当たる日本語が、その漢字の読みとして固定したものである。

例えば、「電車」の「車」であるが、これを「シャ」と読むのが音で、「くるま」と読むのが訓である。この「くるま」という訓は「車」という漢字の意味に当たる日本語であるから、「車」という漢字の意味そのものと考えて差し支えない。ところで、漢字というのがそれぞれ独自の意味を持っていること、すでに述べたとおりである。そうして、その意味は、「車」という漢字を音で「シャ」と読んでも、訓で「くるま」と読んでも変わらない。「車」という漢字は、音として「馬車・汽車・自動車」に用いるとともに、訓として

「荷車・乳母車・手押し車」に用いるが、いずれもその意味は同じ「くるま」だということである。

ただし、音と訓については、注意しなければならないことが幾つかある。その一つは、「細」のように、中国語としての意味は一つにまとめられるとしても、それに当たる日本語が「ほそい」と「こまかい」とに分かれる場合である。こうなると、音で読む場合にも、「毛細管」と「細部」では、「細」の意味が異なると考えなければならないのである。もっとも、中には「易」のように、中国語として読みが意味によって異なるために、音として「イ」と「エキ」があり、それぞれに「やさしい」「かえる」という訓が対応している場合である。こうなると、「容易」と「貿易」で「易」の意味が異なるのも当然である。ただし、中には「成」のように、漢字伝来の経路によって「漢音セイ」と「呉音ジョウ」とに分かれているものもある。こういう場合には、どの語にどの音を用いるかが慣用として決まっていても、その意味に変わりはないのである。「成」の意味は、訓「なる」に表されているとおりで、「成功」も「成就」も同じ「成」である。

ところで、この種の訓が、個々の漢字の読みとして固定しているだけでなく、漢字二字またはそれ以上を組み合わせた熟語についても固定していることがある。「紅葉」に対する「もみじ」、「双生児」に対する「ふたご」などの熟字訓がこれである。また、固定させず自由に、「裁縫」と書いて「しごと」と仮名を振る二重表記も行われている。しかし、

「野良」を「のら」と読むのは、この種の用い方とは異なるのである。この場合の「良」は「ら」という接尾辞を表すために読みだけ借りた当て字であって、「よい」という意味ではない。「素敵（すてき）・丁度（ちょうど）」なども音を借りただけであり、「矢張（やはり）・呉々（くれぐれ）」も訓を借りただけである。そうして、こういう当て字には、それぞれの漢字が独自の意味を持っているという原則が、当てはまらないのである。

六　同訓異字の書き分け

個々の漢字が訓を持っている場合、それがその漢字の意味に当たる日本語であること、以上のとおりである。しかし、漢字の持っている意味に当たる日本語を求めた場合、必ずしも一対一の対応にならないこと、「細」の「ほそい・こまかい」に見られるとおりである。それとともに、同じ訓が異なる漢字に与えられている場合も決して少なくない。これが、同訓異字である。

例えば、「電車に乗ります」という場合の「乗」であるが、これには「のる・のせる」という訓が与えられている。ところが、「載」にも同じく「のる・のせる」という訓が与えられている。その点で、「乗」と「載」とは同訓異字である。しかし、同じ「のる・のせる」という訓だからといって、「乗」と「載」が同じ意味を持っていると考えてはならない。そこには細かい意味の違いが見られるからである。「乗」のほうは、「人が車にノル・人を車にノセル」意味である。「載」のほうは、「物が車にノル・物を車にノセル」意味である。そこに、「人」と「物」との違いが見られるのである。

このような意味の違いは、「乗」と「載」をそれぞれ音読した場合についても言えるのである。「乗」のほうは「乗車・乗船」など、「人」について用いるのに対し、「載」のほうは「積載・満載」など、「物」について用いるからである。そうして、そういう違いが、「車に乗る人」「子供を車に乗せる」、「車に載る荷物」「貨物を車に載せる」という「乗」と「載」の違いになるのである。すなわち、同訓異字の場合にも、音読・訓読を通じて漢字が同じ意味を持っているという原則が、そのまま当てはまるのである。

しかし、このことは、「乗」と「載」とが、「人」と「物」とを区別するだけだと考えてはならないのである。例えば、「犬」はどうかといえば、人扱いにもでき、物扱いにもできる。ペットとしての犬が人間と同じように乗用車にノルのは「乗」である。おりに入れて荷物と同じようにトラックにノルのは「載」である。「車に乗った犬」と「車に載った犬」では、そのノリカタが異なるのである。

同じことは、「まぜる」の「混（一緒にする）」と「交（組み合わせる）」についても言える。「酒に水を混ぜる」「漢字に仮名を交ぜる」の使い分けを、「黄色と青をマゼル」に適用したらどうか。全体を緑にするのは「混」であり、しま模様にするのは「交」である。

また、「捜(見えなくなったものをサガス)」と「探(欲しいものをサガス)」の場合はどうか。「犯人を捜す」「空家を探す」の使い分けを「親切なおばあさんをサガス」に適用するとこうなる。かつて世話になったあのおばあさんはどこにいるかとサガスのが「捜」である。これに対し、これから世話をしてもらうためにサガスのは「探」である。要するに、同訓異字は、その訓として用いられた日本語の意味を、漢字の意味によって細分しているのである。

七　同訓に基づく統合

異なる漢字に同じ訓が与えられていても、細かい点で意味の違いが見られること、ここに扱ったとおりである。しかし、中には、同じ意味を持っているために同じ訓が与えられているものもある。こういう場合には、わざわざ書き分けるには及ばないのである。例えば、「歎」と「嘆」であるが、いずれも訓は「なげく」である。しかし、「歎」と「嘆」の意味が同じであることは、音読のほうで扱ったとおりである。そうして、こういう場合に、当用漢字表で「歎」を「嘆」に統合するのに合わせ、「歎く」を「嘆く」に統合するのが現代表記である。また、中には、意味がほとんど同じで書き分けるには及ばないものもある。「しげる」に対する「茂」と「繁」がこれである。当用漢字音訓表では、

「しげる」という訓が「茂」にのみ掲げられ、「繁」には掲げられていない。したがって、「しげる」については、「茂る」に統合するのが現代表記である。

この場合、旧表記での扱いはどうなっていたかというと、「なげく」は「歎く」のほうが一般であったが、「嘆く」も用いられていた。また、「しげる」には「茂る」もあり「繁る」もあり、どちらが多いとも言えなかった。こういう場合に、現代表記で「嘆く」「茂る」に統合することは、決して無理な統合ではないのである。しかし、現代表記での統合は、旧表記で書き分けていた場合にまで及んでいる。それは、当用漢字表・当用漢字音訓表の審議に当たり、同訓異字をなるべく整理するという方針が採られたからである。

こうして、「たすける」の「援・助・扶・輔」は「助」に統合された。同じ「たすける」でもそのタスケカタの違いによって書き分けたのが旧表記である。これに対し、そのすべてを「助」に統合して「助」の意味を拡大し、他の同訓異字の意味も含ませたのが現代表記である。そうして、このような統合は、例えば「援護・助力・扶養・輔佐（補佐）」など、音読の場合との意味の関連を断ち切ることになった。その点では、漢字は音訓を通じ同じ意味を表すという原則が崩れたのである。

また、同訓異字の場合、すべてを当用漢字音訓表に掲げられたほうに統合するわけではない。例えば「こたえる」であるが、音訓表に掲げられたのは「答」に対してだけである。したがって、「問いに答える」はそのままである。しかし、「望みどおりにする」意味の

「応える」にまで「答える」を用いるには、意味の違いが余りにも大きい。こういう場合には、仮名で「こたえる」とするのが現代表記なのである。

（編集部付記）

本文中で言及されている「当用漢字表」「当用漢字音訓表」「当用漢字改訂音訓表」や、それらに基づく国語施策に対しては各方面から様々な意見が寄せられた。これを踏まえた検討の結果、一九八一年に「常用漢字表」が告示された。これは、漢字使用の目安であることを旨とし、それまでの「当用漢字表」による表記の方針や制限を緩めることに繋がった。また、それまでの「同音の漢字による書き換え」も、一部いきすぎた点もあったことから見直され、必ずしも行う必要はないと考えられるようになった。その後、情報機器の広範な普及に伴う漢字使用の変化に対応するため、二〇一〇年に「改定　常用漢字表」が告示され、収録された漢字数も二一三六字と当用漢字にくらべ大幅に増えた。これにより日常生活で用いられる漢字も多様になってきている。しかし、「同音の漢字による書き換え」などにより、長年にわたり定着した表記については、社会的に尊重され、引き続き用いられている。

本書は、一九九五年に小社より刊行された『漢字用法辞典』を底本とし、改題のうえ文庫化したものです。文庫化にあたり、底本刊行以降に行われた漢字施策の変更等に鑑みて、一部内容の修正、補足を行いました。

漢字使い分け辞典

武部良明

令和3年 2月25日 初版発行
令和6年 11月15日 再版発行

発行者●山下直久

発行●株式会社KADOKAWA
〒102-8177 東京都千代田区富士見2-13-3
電話 0570-002-301(ナビダイヤル)

角川文庫 22571

印刷所●株式会社KADOKAWA
製本所●株式会社KADOKAWA

表紙画●和田三造

ISBN 978-4-04-400619-8 C0181

角川文庫発刊に際して

角川源義

第二次世界大戦の敗北は、軍事力の敗北であった以上に、私たちの若い文化力の敗退であった。私たちの文化が戦争に対して如何に無力であり、単なるあだ花に過ぎなかったかを、私たちは身を以て体験し痛感した。西洋近代文化の摂取にとって、明治以後八十年の歳月は決して短かすぎたとは言えない。にもかかわらず、近代文化の伝統を確立し、自由な批判と柔軟な良識に富む文化層として自らを形成することに私たちは失敗して来た。そしてこれは、各層への文化の普及滲透を任務とする出版人の責任でもあった。

一九四五年以来、私たちは再び振出しに戻り、第一歩から踏み出すことを余儀なくされた。これは大きな不幸ではあるが、反面、これまでの混沌・未熟・歪曲の中にあった我が国の文化に秩序と確たる基礎を齎らすためには絶好の機会でもある。角川書店は、このような祖国の文化的危機にあたり、微力をも顧みず再建の礎石たるべき抱負と決意とをもって出発したが、ここに創立以来の念願を果すべく角川文庫を発刊する。これまで刊行されたあらゆる全集叢書文庫類の長所と短所とを検討し、古今東西の不朽の典籍を、良心的編集のもとに、廉価に、そして書架にふさわしい美本として、多くのひとびとに提供しようとする。しかし私たちは徒らに百科全書的な知識のジレッタントを作ることを目的とせず、あくまで祖国の文化に秩序と再建への道を示し、この文庫を角川書店の栄ある事業として、今後永久に継続発展せしめ、学芸と教養との殿堂として大成せんことを期したい。多くの読書子の愛情ある忠言と支持とによって、この希望と抱負とを完遂せしめられんことを願う。

一九四九年五月三日

角川ソフィア文庫ベストセラー

訓読みのはなし
漢字文化と日本語

笹原宏之

言語の差異や摩擦を和語表現の多様性へと転じた訓読みは、英語や洋数字、絵文字までも日本語の中に取り入れた。時代の波に晒されながら変容してきたユニークな例を辿り、独自で奥深い日本語の世界に迫る。

漢文脈と近代日本

齋藤希史

漢文は言文一致以降、衰えたのか、日本文化の基盤として生き続けているのか——。古い文体としてではなく、現代に活かす古典の知恵だけでもない、「もう一つのことばの世界」として漢文脈を捉え直す。

つい他人(ひと)に試したくなる読めそうで読めない漢字

編／現代言語セミナー

漢字読み書きクイズの元祖ベストセラー。表ページには漢字、裏ページには読み方と解説が載っていて、漢字を見て読みの力を試した後は、逆から読んで書き取りにも挑戦できる！　楽しいコラムも充実の決定版。

明治生まれの日本語

飛田良文

私たちの日本語には、150年前には誰も知らなかった明治の新語、流行語があふれている。「時間」「世紀」「恋愛」「新婚旅行」から「個人」「常識」「科学」まで。国語辞典の編纂者が迫る、言葉の誕生の物語。

ホンモノの日本語

金田一春彦

普通の会話でもヨーロッパ言語三〜四カ国語分にも相当するという日本語の奥深さや魅力を、言語学の第一人者が他言語と比較しながら丁寧に紹介。日本語ならではの美しい表現も身につく目から鱗の日本語講義！

角川ソフィア文庫ベストセラー

角川ソフィア文庫ベストセラー

気持ちをあらわす「基礎日本語辞典」
森田良行

「驚く」「びっくりする」「かわいそう」「気の毒」など、普段よく使う言葉の中から心の動きを表すものを厳選。日本人特有の視点や相手との距離感を分析し、使い分けの基準を鮮やかに示した、読んで楽しむ辞書。

違いをあらわす「基礎日本語辞典」
森田良行

「すこぶる」「大いに」「大変」「なんら」など、普段使っている言葉の中から微妙な状態や程度をあらわすものを厳選。その言葉のおおもとの意味や使い方、差異を徹底的に分析し、解説した画期的な日本語入門。

時間をあらわす「基礎日本語辞典」
森田良行

日本語の微妙なニュアンスを、図を交えながら解説する『基礎日本語辞典』から、「さっそく」「ひとまず」など、「時間」に関する語を集める。外国語を学ぶとき、誰もが迷う時制の問題をわかりやすく解説！

思考をあらわす「基礎日本語辞典」
森田良行

「しかし」「あるいは」などの接続詞から、「〜なら」「〜ない」などの助動詞まで、文意に大きな影響を与える言葉を厳選。思考のロジックをあらわす言葉の使い方、微妙な違いによる使い分けを鮮やかに解説！

日本語教室Q&A
佐竹秀雄

「あわや優勝」はなぜおかしい？「晩ごはん」「夕ごはん」ではなく、なぜ「夜ごはん」というの？ 敬語や慣用句をはじめ、ちょっと気になることばの疑問を即座に解決。面白くてためになる日本語教室！

角川ソフィア文庫ベストセラー

悩ましい国語辞典　神永　曉

辞書編集37年の立場から、言葉が生きていることを実証的に解説。思いがけない形で時代と共に変化する言葉を、どの時点で切り取り記述するかが腕の見せ所。編集者を悩ませる日本語の不思議に迫るエッセイ。

辞書から消えたことわざ　時田昌瑞

著者は『岩波ことわざ辞典』等を著した斯界の第一人者。世間で使われなくなったことわざを惜しみ、「名品」200本余を、言葉の成り立ち、使われた文芸作品、時代背景などの蘊蓄を記しながら解説する。

毎日の言葉　柳田国男

普段遣いの言葉の成り立ちや変遷を、豊富な知識と多くの方言を引き合いに出しながら語る。なんにでも「お」を付けたり、一言目にはスミマセンという風潮などへの考察は今でも興味深く役立つ。

日本の歳時伝承　小川直之

現代に受け継がれる年中行事から、正月、節分、花見、節供、花火、盆、月見、冬至、歳暮など慣れ親しんでいる、40の行事を取りあげる。それぞれの行事の歴史と地域差なども示しながら、本来の意味や目的を明らかにする。

大人のための日本の名著50　木原武一

『源氏物語』『こころ』『武士道』『旅人』ほか、日本人としての教養を高める50作品を精選。編者独自のわかりやすい「要約」を中心に、「読みどころと名言」や「文献案内」も充実した名著ガイドの決定版！